法律文書作成の基本

[第2版]

田中 豊［著］

Legal Reasoning and Legal Writing

日本評論社

第2版　はしがき

　本書の初版を上梓したのは平成23年１月ですから、それから８年６月が経過
しました。また、この間、民法（債権関係）改正が実現したこともあり、初版
の改訂作業に取り組むことにしました。

　本書は、初版のはしがきに明示したとおり、良い法律文書を作成するために
は、Legal Reasoning（事案を論理的に分析しそれを統合して一定の結論を導くと
いう作業）と Legal Writing（その分析→統合→結論の過程を文章化するという作
業）との２つの作業に成功する必要があり、これら２つの作業のいずれに欠陥
があっても、良い法律文書を作成することはできないという著者の考え方に従
って出来上がっています。

　法律実務家の使用する Legal Reasoning は、基本的に「三段論法」と呼ばれ
るものです。三段論法の論理を展開させる出発点は、そこで議論の対象になる
規範（要件と効果）の意義を明らかにするところにありますが、制定法国であ
る我が国においても、判例を使用して制定法中の条項の意義を説明するのが最
も効果的な方法です。法律実務家が法律文書の作成に成功するかどうかは、判
例を正しく取り扱うことができるかどうかにかかっているといっても過言では
ありません。

　そこで、本書は、我が国の法学教育においてそれとして取り上げられていな
い判例の扱い方の基本——判例の射程、判例の種類、主論と傍論との区別、多
数意見と少数意見の意味といった事柄——につき、そのあらましを説明してい
ます。現実の紛争を解決するための法律実務家のする議論であるのに、判例変
更の手続を経ない限り通用しない法律論であるのかどうかについてすら意識す
ることなくされていると思われる議論にしばしば出くわします。そのような事
態が少しでも減って、生産的な議論が日常的にされるようになることを夢見て
います。

　法律文書は必ず具体的な又は将来具体化する紛争（意見の衝突）の解決を目
指して作成されるものですから、法律実務家としては、抽象的な理屈を抽象的

に理解するというだけでは物の役に立たず、抽象的な理屈を具体的な事案に適用した実践はどのようなものであるべきなのか、逆に、具体的な実践に共通する要素を抽象するとどのような理屈に行き着くのかを、考え身につけることが必須です。本書は、読者がそのような体験をするために演習問題を用意していますが、今回の改訂に当たって、第4章の「A 第一審における文書の作成」における演習問題を新しくしました。新たなしかし基本的な法律問題と事実問題とを含む演習問題によって、Legal Reasoning と Legal Writing とを実践し、読者のみなさんにとって良い法律文書のイメージ形成の一助になればと期待しています。

　また、本書の末尾に、実際の事件において著者が実践した文書例を Appendix として収録しています。そのうち、答弁書と控訴理由書とを新たなものに差し替えるとともに、近時の ADR の活況に鑑み、ADR 申立書とその結果を示す和解契約書を追加しました。読者が批判的な観点から検討され、自らの法律文書作成能力の向上に資することを期待しています。

　ところで、初版のはしがきに、基本的読者層である法律実務家又はそれを目指している人たち以外にも、法律文書を自ら作成する必要はないが仕事の過程で法律文書に接する方々にも参考になることを期待している旨を述べました。そうしたところ、日本国外在住の経営者の方から、第1章の「法律文書作成の基本5段階」は文書作成のみならずビジネス上の決定そのものにも応用が利くものであるし、第2章の「日本の法と裁判手続の構造」は日本の司法制度の基本を説明するのに非常に役に立ったというお言葉をいただきました。本書がそのような形で様々なニーズに応えることができるものであることは、正に望外の幸せです。

　本書の第2版の発行についても、初版と同様、日本評論社第一編集部の田中早苗氏に尽力していただきました。深甚なる謝意を表します。

　　令和元年7月

　　　　　　　　　　　　　　　　　　　　　　　　　　　田中　豊

初版　はしがき

　法律実務家は、既に紛争状態にあるものであれそうでないものであれ、眼前の事案を論理的に分析しそれを統合して一定の結論を導くという作業を日々繰り返しています。そして、法律実務家は、知的行為であるこの作業を頭の中でしているだけでは用が足りず、これを文書化して初めて１つの仕事になります。むしろ、法律実務家が真に考えたということができるのは、文書化するという過程を経たときであるといった方が正確です。

　以上を一言で表現すると、「法律実務家は、言葉を命とする職業である。」ということになります。

　法律文書の作成能力はこのように法律実務家に要求される必須の能力なのですが、実際には、全体が明確に構造化されていて、各部分の論理展開も明快であると感ずる法律文書に出会うのは極めて稀です。そして、著者は、長年にわたって裁判官及び弁護士として自ら法律文書を作成してきたばかりか、先輩・同僚・後輩の作成した夥しい数の法律文書に接してきましたが、その経験に照らしてみますと、作成された法律文書の質の高低と実務経験の時間的な長さとの間には直接の関係がないといわざるを得ません。

　本書は、基本的読者層として、良い法律文書を作成しようとして努力している法律実務家（裁判官・検察官・弁護士・司法書士・行政書士）、法律文書作成の基本をこれから学ぼうと考えている司法修習生、法科大学院生又は法学部生を想定しています。

　良い法律文書を作成するためには、前述の「事案を論理的に分析しそれを統合して一定の結論を導くという作業（これを "Legal Reasoning" といいます。）」と「その分析→統合→結論の過程を文章化するという作業（これを "Legal Writing" といいます。）」との２つの作業に成功する必要があります。２つの作業のいずれに欠陥があっても、良い法律文書を作成することはできません。どんなに簡単そうにみえる法律文書を作成するときにも、この点を明確に認識して、地道な努力を継続する以外に上達の道はありません。そこで、本書は、

"Legal Reasoning" の基本を押さえた上で、"Legal Writing" の倫理と論理（技術）とを考えるという順序で検討を進めています。

　アメリカ合衆国の主要なロー・スクールでは、1年生の基礎カリキュラムとして "Legal Reasoning" と "Legal Writing" に法律調査（これを "Legal Research" といいます。）を加えたクラスを提供しており、このようなクラスは、法律実務家の養成に必須のものとして高い評価を得ています。他方、我が国の法科大学院における教育課程においては "Legal Reasoning" と "Legal Writing" のクラスは緒についた段階にあるといってよいと思われます。本書は、直接的には、法科大学院における教材として作成されました。

　そこで、本書は、抽象的な理屈を抽象的に理解するというのではなく、抽象的な理屈を具体的な事案に適用した実践はどのようなものであるのか、逆に、具体的な実践に共通する要素を抽象するとどのような理屈に行き着くのかを、読者が体験することができるように、数多くの演習問題を用意しています。良い法律文書を作成することができるようになるには、毎日の仕事の中で意識してこれら両方向の検討をし、精進を続けることが必要です。

　そして、演習問題として取り上げた事例は、上記の基本的読者層に興味をもって取り組んでいただけるように、できるだけ普遍性のある素材を選択し、そこでした検討と実践が射程の長いレッスンになるように配慮しました。当然のことながら、各事例には法律問題（実体法上の問題と手続法上の問題との双方があります。）と事実問題とが含まれています。本書は、そこに含まれている諸問題を解明すること自体を目的とするわけではなく、それらの諸問題を含む事例によって "Legal Reasoning" を試み、"Legal Writing" を実践することを目的とするものですから、本書の説明中の議論はこのような目的に必要な範囲でのものにしています。そこでは、例えば最高裁判例の評価にわたる論述をするといった場面もありますが、すべて著者個人の意見であることをお断りしておきます。本書で取り上げた個別の問題点について興味を抱かれた読者は、各論点をテーマとした論文等に当たられることを推奨しておきます。

　法律文書の作成に向かうに際し、各法律文書の位置付けを視野におく必要があるため、我が国の民事訴訟手続の構造を概観することができるようにし、また、どのような法律文書を作成するためにも必須の道具である要件事実論を実

践的に学ぶことができるようにしました。

　また、本書の末尾に Appendix として、文書例を収録してあります。いずれも、実際の事件における著者による実践例です。本文における提言がどの程度に実現しているであろうかという批判的な観点から眺めていただくことによって、読者の法律文書作成能力の向上に資するところがあればと期待しています。

　以上のとおり、本書は、法律文書を作成することを職務とする法律実務家又はそれを目指している人たちを基本的読者層として想定しているのですが、他方で、法律文書を自ら作成する必要はないものの、仕事の過程で法律文書に接する方々が法律文書を読み解く一助になり、又は法律以外の分野における文書作成にも参考になるところがあれば、望外の幸せです。

　最後に一言。本書の企画から最終校正に至るまで、日本評論社第一編集部の田中早苗氏に尽力していただきました。同氏の叱咤と激励なしには、この時期における本書の出版が実現することはなかったものと思われます。ここに記して謝意を表します。

　　　平成23年1月

　　　　　　　　　　　　　　　　　　　　　　　　　　　　田中　　豊

●法律文書作成の基本〔第2版〕── Legal Reasoning and Legal Writing
目次

はしがき
第2版 はしがき

第1章 法律文書作成の基本5段階 ……………………………………1

I 法律実務家と文書の作成　2

1 法律実務家にとって言葉とは　2
2 法律文書の性質と特徴──客観的文書と説得的文書　3
3 法律文書の読者の属性　4

II 法律文書の共通作成プロセス　6

1 はじめに　6
　［法律文書の作成プロセス］　6
2 第1段階──事案の整理と問題点の抽出・性質分類（前提作業）　7
　［演習問題1］　10
　［演習問題1についてのメモ例］　11
　［演習問題2］　15
　［演習問題2についてのメモ例］　17
3 第2段階──問題点の調査（Legal Research）　21
　［演習問題3］　23
　［演習問題3の調査結果］　23
　［演習問題4］　25
　［演習問題4の参考資料］　26
4 第3段階──構造の決定　30
5 第4段階──第1案（First Draft）の作成　37
6 第5段階──最終文書（Final Product）の作成　42
7 小括　43
　Tea Time ●ブロック・ダイアグラムと Kg、E、R等の略語●　14

第2章　日本の法と裁判手続の構造 ·· 45

I　日本法の存在形式——法源　46

1　法源とは　46
2　日本法における判例　46

II　制定法と慣習（法）　46

1　制定法の種類と構造　46
2　慣習（法）　47
3　法律文書作成上の留意点　48
4　解釈方法論の色々　48
　　［演習問題5］　50
　　［演習問題5の検討メモ］　50

III　判例　51

1　判例という用語の意義　51
2　判例の体系　53
　　［判示事項・判決要旨・参照条文の例1］　54
3　判例の射程　56
　　［演習問題6］　58
　　［演習問題6の検討結果］　60
4　判例の種類——法理判例、場合判例、事例判例　61
　　［判示事項・判決要旨・参照条文の例2］　62
5　判例の射程外であるというだけでは用が済まない　64
6　主論と傍論との区別、少数意見（特に、反対意見）の意味　66
　　［演習問題7］　67
　　［演習問題7の検討メモ］　69
7　判例集、判例評釈、判例解説　70
　　Tea Time ●法理判例と事例判例、反対意見と意見●　64

IV　裁判手続　72

1　審級制とは　72
2　同一審級内での手続段階の把握　76
3　民事訴訟手続の基本原理の理解　85
4　法律実務家の共通言語としての要件事実論　88
　　Tea Time ●予備的抗弁と仮定抗弁●　82

第3章　相談過程の文書 ·· 91

Ⅰ　受任に至るプロセス　92

1　依頼者と弁護士との関係　92
2　依頼者との面談（インタビュー）　94
3　受任時の留意事項　100

Ⅱ　法律意見書又はメモランダム　101

1　法律意見書作成の目的　101
2　法律意見書の構成　102
　[法律意見書の構成]　102
　[演習問題8]　103
　[演習問題8の論点整理案]　105
　[演習問題8についての詳細な結論要旨案]　107
　[演習問題8についての簡潔な結論要旨案]　108
3　法律意見書作成の技術と留意事項　112

Ⅲ　訴訟外（訴訟前）における法律文書　118

1　はじめに　118
2　内容証明郵便　118
　[演習問題9]　119
　[演習問題9の内容証明郵便の文面例]　121
3　合意書、公正証書、訴え提起前の和解（即決和解）等の案の
　作成　123
4　あっせん、調停等いわゆるADRの申立書　126
5　保全処分の申立書　132
　[保全命令申立書の構成]　134

第4章　訴状・答弁書・控訴状等 ································· 137

A　第一審における文書の作成　138

Ⅰ　訴状　138

1　作成前の準備　138
2　訴状の記載事項とその構成　138

［訴状の構成］　139

3　形式的記載事項　141

4　請求の特定——民訴法上の必要的記載事項　142

　　　［演習問題10］　144

　　　［演習問題10の検討結果］　147

5　攻撃方法としての請求原因等——民訴規則上の必要的記載事項　150

　　　［演習問題11］　151

　　　［演習問題11についての甲弁護士のメモ例］　154

　　　［演習問題11による「請求の趣旨」と「請求の原因」の記載例］　159

6　証拠方法——民訴規則上の必要的添付書類　163

Tea Time ●書証と文書●　158

Ⅱ　**答弁書**　163

1　作成前の準備　163

2　答弁書の意義、記載事項及びその構成　164

　　　［答弁書の構成］　165

3　形式的記載事項　167

4　請求の趣旨に対する答弁　168

5　請求の原因に対する答弁　170

　　　［演習問題12］　175

　　　［演習問題12についての乙弁護士のメモ例］　179

　　　［演習問題12についての乙弁護士による答弁書記載例］　181

6　求釈明　184

7　反訴状　186

Tea Time ●釈明権の行使とそれへの対応●　185

Ⅲ　**準備書面**　187

1　準備書面の意義、記載事項及びその構成　187

　　　［準備書面の構成］　187

2　準備書面の提出・不提出の効果、提出時期等　188

3　新たな攻撃防御方法（再抗弁・再々抗弁）を主張する準備書面　189

　　　［演習問題13］　191

　　　［演習問題13についての甲弁護士のメモ例］　193

　　　［演習問題13についての甲弁護士による準備書面例］　195

　　　［演習問題14］　198

　　　［演習問題14についての乙弁護士のメモ例］　200

　　　　［演習問題14についての乙弁護士による準備書面例］　202
　　4　最終準備書面　202

Ⅳ　証明活動関係　204

　　1　民事訴訟における証明の過程　204
　　2　証拠収集過程における法律文書　205
　　　　［演習問題15］　212
　　　　［演習問題15についてのC弁護士による文書提出命令申立書例］　213
　　3　証拠申出に係る法律文書　215
　　　　［演習問題16］　216
　　　　［演習問題16についての乙弁護士による証拠申出書例］　217
　　4　証拠調べのための手控えとしての尋問メモの作成　219

B　上訴審における文書の作成　223

Ⅰ　上訴審の性質　223

Ⅱ　控訴審　224

　　1　控訴状　224
　　　　［控訴状の構成］　225
　　2　控訴理由書　227
　　　　［控訴理由書の構成］　232
　　3　被控訴人による反論の準備書面等　235

Ⅲ　上告審　237

　　1　法律審と民訴法の平成8年改正　237
　　2　上告状と上告受理申立書　238
　　3　上告理由書又は上告受理申立て理由書　239
　　　　［上告受理申立て理由書の構成］　242
　　4　最高裁判所への許可抗告　246
　Tea Time ●「その他」と「その他の」●　241

第5章　判決書・決定書 ·· 249

A　判決書の作成　250

　Ⅰ　第一審判決書の作成　250

　1　第一審判決書作成の目的　250
　2　在来様式の判決書と新様式の判決書　251
　　　［在来様式の判決書の構成］　252
　　　［新様式の判決書の構成］　254
　3　判決書作成前の準備等　258
　4　「事実及び理由」欄の記載　260
　5　「請求」及び「事案の概要」記載上の注意点　262
　　　［演習問題17］　262
　　　［演習問題17の請求原因事実］　266
　　　［演習問題17の「請求」及び「事案の概要」記載例］　267
　6　「争点に対する判断」記載上の注意点　270
　　　［演習問題18］　271
　7　事実上の争点についての判断（認定）の説示方法　275
　Tea Time ● 「場合において」「ときは」●　262
　Tea Time ●判決書における認定と判断●　274

　Ⅱ　控訴審判決書の作成　280

　1　第一審判決書との異同　280
　2　いわゆる「引用判決」の実状と改善の必要　282
　3　控訴審判決書の構成　283
　　　［控訴審判決書の構成］　283
　4　事案の概要と当裁判所の判断　285

　Ⅲ　上告審判決書・決定書の作成　286

　1　民訴法の改正　286
　2　事実審判決書との異同　290
　3　最高裁判決書の構成　291
　　　［最高裁判決書の構成］　291

B　決定書の作成　296
　1　決定書作成の重要性の認識　296

2 決定書の構成　297

　　［第一審決定書の構成］　297

　　［抗告審決定書の構成］　299

　　［許可抗告審決定書の構成］　300

第6章　契約書 …………………………………………………………303

A　契約と契約書——その意義と機能　304

I　現代における契約と契約書　304

1 身分から契約へ　304
2 契約と契約書の意義　305

II　和解契約（典型契約中の特殊な類型）と和解条項　305

1 締結目的からの分類——和解契約とその他の契約　305
2 和解条項作成の基本的心得　307

　　［演習問題19］　307

　　［演習問題19の検討メモ例］　309

　　［演習問題20］　312

　　［演習問題20の期限の利益喪失条項の例］　313

III　取引関係に入るための契約と契約書　316

1 契約書の存在理由——2つの目的　316
2 当事者の性質による契約の類型　318

B　契約の成立過程と契約書　319

I　契約書とLOI　319

1 契約の締結交渉過程　319
2 LOIとその作成上の留意点　320

II　基本契約書と個別契約書　323

1 契約関係に入った後の当事者間の関係構築の仕方　323
2 基本契約書と個別契約書を作成するに当たっての留意点　324
3 変更合意　327

［演習問題21］　328

［演習問題21についての弁護士Ｃの意見書例］　328

C　法律実務家と契約書の作成　330

Ⅰ　法律実務家と契約書作成過程への関与　330

1　自らの依頼者の用意した契約書原案の検討　330
2　契約の相手方の用意した契約書原案の検討　332
3　依頼者の手持資料とインタビューとに基づく契約書原案の起案　333

Ⅱ　契約書作成の基礎的注意事項　334

1　要件事実論による各条項の分析と位置付けの確認　334
　　［演習問題22］　334
　　［演習問題22についての検討メモ例］　336
2　真意に従った条項であること
　　——錯誤、虚偽表示、詐欺、強迫の排除　338
3　強行規定と任意規定との識別
　　——違法な条項の排除、特約と交渉力の相違　339
　　［演習問題23］　340
　　［演習問題23についての弁護士甲によるアドバイス・メモ例］　341
4　契約の当事者となる者及び締結権限の確認　344
5　税務の確認　348
Tea Time ●署名・記名と押印・捺印●　347

D　契約書の構成と各種条項作成上の留意点　350

Ⅰ　契約書の構成　350

1　全体構成　350
　　［契約書の構成］　350
2　表題（タイトル）　352
3　前文　352
4　本文　352
5　後文　353
6　日付　353
7　署名（記名）押印欄　354

Ⅱ　本文の条項作成上の留意点　355

1　はじめに　355
2　実体条項と手続条項　356
　　［売主の担保責任に係る検査・通知条項の例］　357
　　［売主の担保責任に係る救済方法の特約の例］　358
　　［継続的契約における契約終了原因］　360
　　［販売店契約における契約期間の条項の例］　361
　　［販売店契約における契約期間の条項の別例］　362
3　平時条項と戦時又は危急時条項　362
　　［信用不安等を理由とする無催告解除条項の例］　364
　　［催告解除条項の例］　365
　　［売主の担保責任に係る救済方法の特約の例］　366
　　［演習問題24］　367
　　［演習問題24についての弁護士Bの意見書例］　368
　　［演習問題24の約定(3)の修正案］　369
4　紛争解決条項　369
　　［準拠法に関する条項例］　370
　　［裁判管轄条項例］　371
5　契約書の全体像の確認　372
　　［動産売買契約書例］　372

Appendix─文書例─ 377

1　訴状と内容証明郵便──氷見うどん事件　378
　Appendix1　訴状　379
　Appendix2　内容証明郵便　388
2　答弁書──建物明渡等請求事件　390
　Appendix3　答弁書　391
3　最終準備書面──質権設定否認権行使事件　396
　Appendix4　最終準備書面　397
4　控訴理由書──路木ダム事件　417
　Appendix5　控訴理由書　418
5　上告受理申立て理由書──ビデオメイツ事件　430
　Appendix6　上告受理申立て理由書　430

6 ADR 申立書（原子力損害賠償紛争解決センター）
——産業廃棄物処分場営業損害請求事件　449
Appendix7　和解仲介手続申立書　450
Appendix8　和解契約書　466

事項索引　468
判例索引　478

凡　例

▽**法令名**

民訴法＝民事訴訟法

刑訴法＝刑事訴訟法

民訴規則＝民事訴訟規則

刑訴規則＝刑事訴訟規則

▽**判例集・判例解説等**

民（刑）集＝最高裁判所民事（刑事）判例集・大審院民事（刑事）判例集

集民（刑）＝最高裁判所裁判集民事（刑事）

民録＝大審院民事判決録

高民（刑）集＝高等裁判所民事（刑事）判例集

下民集＝下級裁判所民事裁判例集

判時＝判例時報

判タ＝判例タイムズ

金判＝金融・商事判例

金法＝金融法務事情

判評＝判例評論

最判解民事（刑事）平成〇年度＝最高裁判所判例解説民事（刑事）篇平成〇年度

▽**文献**

・単行本は著者名の後に書名に『』を付して入れ、論文は著者名の後に論文名を「」を付して入れた。共著は「＝」で結んだ。

・本書の基本的な参考文献については、以下の略語を用いた。

司法研修所・要件事実(1)＝司法研修所編『民事訴訟における要件事実　第1巻［増補版］』（法曹会、1986年）

司法研修所・要件事実(2)＝司法研修所編『民事訴訟における要件事実　第2巻』（法曹会、1992年）

司法研修所・起案の手引＝司法研修所編『民事判決起案の手引［10訂版］』（法曹会、2006年）

司法研修所・類型別＝司法研修所編『紛争類型別の要件事実——民事訴訟における攻撃防御の構造［改訂版］』（法曹会、2007年）

司法研修所・弁護の手引＝司法研修所編『民事弁護の手引［8訂版］』（日本弁護士連合会、2017年）

司法研修所・立証活動＝司法研修所編『民事弁護における立証活動［7訂版］』（日本弁護士連合会、2017年）

最高裁・新様式＝最高裁判所事務総局編『民事判決書の新しい様式について』（法曹会、
　1990年）
裁判職員研修所・書記官和解条項＝裁判所職員総合研修所監修『書記官事務を中心とした和
　解条項に関する実証的研究［補訂版・和解条項記載例集]』（法曹会、2010年）
田中・事実認定＝田中豊『事実認定の考え方と実務』（民事法研究会、2008年）
中野ほか・新民訴法講義＝中野貞一郎・松浦馨・鈴木正裕『新民事訴訟法講義（第３版)』
　（有斐閣、2018年）

▽その他
・判例や文献の引用は「　」を付して入れ、その中に著者の注釈等を挟む場合は〔　〕を付して
　入れた。
・判例解説書中の判例評釈は論文名を略した。ex.門口正人・最判解民事昭和62年度
・民法の条文は、特に注記がない限り、平成29年改正後のものである。

第1章　法律文書作成の基本5段階

I　法律実務家と文書の作成

1　法律実務家にとって言葉とは

　法律実務家の仕事をイメージしてみてください。弁護士であれば、問題を抱えた市民に対して法律的な側面からのアドバイスをし、対立する相手方と交渉し、交渉がうまく行かなければ訴訟を提起して裁判所で紛争の解決を図るといった仕事を毎日のようにしています。これらの仕事の節目では、依頼者に対する法律意見書、紛争の相手方に対する内容証明郵便、訴状や準備書面といった多種多様の文書を作成することが必要になります。これから契約を結ぼうとする会社が契約書の原案の作成を依頼してきた場合には、契約書という文書の作成そのものが仕事の目的ということになります。

　裁判官や検察官であっても、このような消息に変わりはありません。裁判官であれば、判決起案をし又は和解条項を作成して担当する事件の終了をみるというのが一般です。検察官であれば、事件捜査中には、被疑者や参考人の供述調書を作成し、起訴状によって起訴し、公判手続中には、冒頭陳述書、論告書等の文書を作成し、それぞれの手続に臨むことになります。

　本書では、このような法律実務家の作成する文書を「**法律文書**」と呼ぶことにします。上に挙げた文書は法律文書のほんの一部にすぎません。法律文書の作成は法律実務家の仕事の根幹を成すものですから、法律文書の作成能力は法律実務家が備えていなければならない必須の能力ということになります。

　順次具体的に説明していきますが、法律文書には何よりも**論理的な明晰**さが要求されます。法律実務家に事案を論理的に分析する能力とそれを統合する能力とが求められるのは当然のことですが、法律実務家にとって更に重要であるのは、みずからのした分析と統合とを文書化し、それを読者に対して正確かつ迅速に伝えるために、できるだけ豊富な語彙を保有し、それぞれの案件に応じて適切に選択した上で、全体として理解しやすい構造をもった文書の形に完成させる能力です。

　法律実務家は、言葉を命とする職業です。

2　法律文書の性質と特徴──客観的文書と説得的文書

　前記１に法律文書の幾つかを例示しましたが、これらの文書がすべて同じ性質のものというわけではありません。大別すると、次の２つの性質の文書があります。１つは読者に**中立的評価ないし予測を提供する**ことを主目的とする文書であり、他の１つは読者に**一定の結論を受け入れさせる**ことを主目的とする文書です。相談者に対する法律意見書ないし報告書は前者の文書の典型例ですし、訴訟代理人として作成する訴状、答弁書、準備書面等の主張書面は後者の文書の典型例です。このような文書の性質に応じて、要求される能力にも文章スタイルにも差異があります。前者の文書を "**客観的文書**" と名付け、後者の文書を "**説得的文書**" と名付けてみると、その差異をイメージしやすいでしょう。

　前者の "**客観的文書**" においては、当該事案に含まれる「法的問題点（legal issue）」をすべて洗い出し、それぞれについて「**予測される結論**」と「**結論に至る論理**」をできる限り客観的・中立的に記述することが何よりも重要です。この「結論に至る論理」のことを "Legal Reasoning" といいます。「予測される結論」は、前提となる事実（facts）如何で異なりますから、通常の場合、「暫定的な結論（tentative conclusion）」で満足するしかありません。そして、読者にとっては、前提となる事実と予測される結論との間に一定の関係があること、すなわち、**何が原因で暫定的な結論となるのかを正確に認識することができるような文書になっている**ことが重要なのです。したがって、相談者からその希望する結論を聞き出しておき、その希望に沿った結論を導くため、都合のよい事実のみを前提とし、都合の悪い事実を無視してこれらに触れないといった法律意見書は、ものの役に立たないばかりでなく、法律文書作成の倫理に反するものということになります。具体的には、後述の第３章で検討することにします。

　後者の "**説得的文書**" は、法律実務家が特定の依頼者の利益のために活動することを約束した上で作成するものですから、**当該依頼者の利益となる結論は一定の範囲において決まっており、そのような結論を導くことのできる論理を説得的に記述する**ことが何よりも重要です。この場合の "Legal Reasoning" は、当該事案において提出された証拠から一定の事実を認定することが合理的

であり、そのようにして認定される事実から一定の効果を導くことが法律論として要求されるゆえんを構造的に明らかにすることを目的としています。読者（例えば、裁判官や仲裁人）を説得するという観点から、当該事案の性質に応じて、事実論に焦点を当てるべきか法律論に焦点を当てるべきか、事実論又は法律論においても、責任論に焦点を当てるべきか損害論に焦点を当てるべきかなどを戦略的に検討して、**文書全体について分かりやすい構造を構築し**、また、それぞれの議論において具体例やレトリックを駆使するなどの工夫が必要になります。"説得的文書"の場合には、"客観的文書"の場合におけるような倫理上の問題は少ない代わりに、読者を説得したいために不必要に相手方を攻撃したり侮辱したりする表現をしたい誘惑にかられることがあるので、注意が肝要です。品位のない文章によって読者が動かされることはないと心得ておくべきです。具体的には、後述の第4章で検討することにします。

3 法律文書の読者の属性

　"客観的文書"であれ"説得的文書"であれ、法律文書には、必ず当該文書の具体的な読者が存在します。法律文書は、日記のように筆者自身を読者とするのではなく、また、小説や論文のように多数で匿名のしかし何らかの理由で当該小説や論文に興味を抱いた者を読者とするのでもありません。

　法律文書の読者に共通の属性を具体的にイメージしていることは、良い法律文書を作成する第一歩であると思われます。その主要な属性を整理することから始めましょう。

　最大の属性は、法律文書の読者には当該文書を読む明確な目的があるという点です。例えば、法律意見書の提出を受けた会社の法務部長であれば、検討中のプロジェクトに潜在する法的な観点からのリスクをすべて把握したいと考えていますし、その上で各法的リスクをコントロールするための選択肢を提示してほしいと考えています。事業経営にリスクはつきものですから、リスクをゼロにしなければならないとは考えてはおらず、どのようなリスクが潜在するのかを把握しないままに当該プロジェクトが進行してしまうことを懸念しているのです。また、最終準備書面の提出を受けた民事事件担当裁判官であれば、当該民事事件の法律上の争点と事実上の争点とが整理され、それぞれの争点につ

き、証拠の具体的な根拠が明示され、又は確立した判例の立場と当該事件における法律論とが明快に関連付けられて論じられていることを期待しています。このように、当該法律文書は、その具体的に特定されている読者の目的に沿い、的確にそれに応えるものであることが必要です。

第2の属性は、**法律文書の読者は多忙である**ということです。上記のとおり目的をもった読者ではありますが、当該文書の論理の筋道や個々の文章の意図を、暇にあかせて、ああでもないこうでもないといって解読するといった努力をしてくれることを期待することはできません。したがって、**冗長な法律文書は、それだけで欠陥品**です。法律文書は、一定の時間内で読了することができ、かつ、その趣旨が読者に十分に理解することができるように簡潔に作成されていなければなりません。論理が明快であり、簡潔な文書になっているかに意を用いることなく、繰返しの多い冗長なだけの法律文書に接することしばしばですが、その原因は法律文書の読者の第2の属性を十分に意識して法律文書の作成に当たっていないところにあります。

第3の属性は、**法律文書の読者は論理の明晰さを尊び好む者である**ということです。これを言い換えると、**法律文書の読者は懐疑的に法律文書に向かう者**であるということです。宗派、党派、ファンクラブ等の一員のように、そこに記述されている内容が正しいものと信頼して又は正しいことを前提として当該文書に向かうわけではありません。むしろ、記述内容に不正確な点がないか、あやふやな点がないか、論理の展開に飛躍がないかなどと検討しつつ、批判的な観点から読む者であると心得ていなければなりません。一部の小さな誤りが当該文書の記述内容全体についての信頼性に疑念を呼び起こすこともありますので、法律文書の作成にはこの点を意識して細心の注意をもって当たる必要があります。

第4の属性は、第3の属性の系ですが、**法律文書の読者は文書の形式、文法、引用の方式、誤字脱字等の細部にもうるさい者である**ということです。これは、読者がその業務の一環として日常的に文書に接しており、自らも法律文書の作成者であることが多いという事情によっています。ですから、上記の諸点を些事として軽視することはできません。これらに誤りやいいかげんな点の多い法律文書に接した読者は、作成者の文書作成についての基礎能力に不信の

目を向け、ひいては作成者の法的能力そのものと当該文書の記述内容に不信感をもつことになります。

II　法律文書の共通作成プロセス

1　はじめに

第3章以降で各種法律文書に即してその作成プロセスを検討しますが、ここでは、法律文書に共通する作成プロセスを整理しておきましょう。

法律文書の作成は、次の5つの段階を踏んで進行し終結します。

これらのすべてが知的作業ですから、法律文書の作成プロセスに踏み出した法律実務家の頭の中では、第1段階に属する作業と第2段階に属する作業とが並行的に進行したり、第2段階に属する作業と第3段階に属する作業とが並行的に進行したりすることになります。また、第5段階においては、第1段階から第4段階までの作業を繰り返すことになります。

どのような法律文書であれ、この5つの段階を踏んで作成されること（より正確には、この5つの段階を踏んで作成されるべきこと）を常に意識して精進するのが、法律文書の作成に習熟し上達するための必須の条件です。欠陥のある法

律文書は、知ってか知らずしてかはともかく、この5つの段階のどこかに手抜きがあるのです。

　法律文書の作成上達の**最初の一歩は、法律文書の作成上達は至難の業であると肝に銘ずること**です。弁護士、検察官又は裁判官として世間で一応通用しているから、自分の法律文書の作成能力も向上しているはずであると考えるのは、大きな誤りです。法律家として事案を分析し相当な結論にたどり着けるようになるのは、もちろん、重要なことです。しかし、仮に経験の積み重ねで一定程度の進歩が認められる場合であっても（これとても、法律実務の経験がすべてを解決してくれるわけではありません。）、そのことと法律文書の作成能力の向上とは同じことではないのです。法律文書の作成能力の向上は、意識的で的を射た努力の積み重ねによるほかはなく、安直な近道はありません。本書は、読者が真摯な努力をすることを前提として、その努力をするに当たっての1つの道標を提供しようとするものです。

2　第1段階——事案の整理と問題点の抽出・性質分類（前提作業）

　法律実務家は、社会的紛争に法的側面からアプローチして、当該紛争を法的な観点から一定の解決に導き、その過程を通じて正義を実現するという仕事をしています。

　紛争に直面した法律実務家の**最初の仕事は、当該紛争をめぐる事実関係を正確に理解し把握すること**です。一口に「事実関係の正確な理解・把握」といっても、法律相談の場面における作業と訴訟の場面における作業との間には相違がありますし、また、弁護士としての作業と裁判官としての作業との間にも相違があります。これらの場面や役割の相違に応じての具体的な問題については、第3章以降で取り上げることにします。

　ここでは、場面や役割の相違にかかわらず共通して必要な基本的心得について説明しておくことにします。

(1)　図表の活用——関係図、時系列表等の作成

　法律実務家が直面する紛争は、人と人との紛争です。したがって、紛争の事実関係を理解する第一歩は、当該紛争に登場する人物の関係を知ることです。

例えば、親族間の紛争の場合には系図の形で、会社の買収をめぐる当該会社の経営陣と株主との間の紛争の場合には要点の情報を摘記したチャートの形で整理しておき、法律文書の作成に際して常に参照することができるようにしておきます。

X_1とその夫X_2（分家側）がX_1の従兄の妻Y_1とその子Y_2（本家側）に対し、1筆の土地の所有権（持分）移転登記手続を求めるという事件[1]であったとします。その事件において用意する**関係図**の一例は、以下のようなものです。

[関係図]

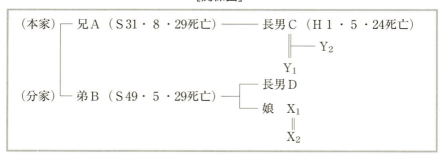

次に、問題点の所在を正しく探知する前提として、当該紛争にかかわる具体的事実の流れを把握する必要があります。そのために、事実関係の**時系列表**を作成しておきます。事実関係の理解に混乱が生じるのを防止することができます。時系列表は、後に訴訟になった場合、本人又は証人に対する主尋問及び反対尋問にも役立ちます。

上記の事件についての時系列表の一例を挙げると、以下のとおりです。

---

(1) 最2小判平成7・12・15民集49巻10号3088頁の事案についての関係図と時系列表です。この最高裁判例については、田中豊・最判解民事平成7年度1041頁を参照してください。

第1章　法律文書作成の基本5段階　9

[時系列表]

S30・10	兄A：本件土地L所有、登記簿上の所有名義人
S30・10・3	兄A―弟B：Lの交換契約締結？ 弟B：Lに建物を建築して妻子とともに居住開始（ただし、Aに対して所有権移転登記手続を求めず）←A：異議述べず
S31・8・29	A：死亡→長男CがLの所有名義人←B：Cに対して所有権移転登記手続を求めず
S38ころ	弟B：Lの北側角に建物移築←C：異議述べず
S40・8ころ	B：移築した建物の東側に建物増築←C：異議述べず
S42・4ころ	Bの娘X_1と結婚したX_2：Bが移築・増築した建物の東側に隣接して作業所兼居宅建築←C：異議述べず
S49・5・29	B：死亡
S60	X_2：Bが移築・増築した建物とX_2の建築した作業所兼居宅を結合する増築工事（現在の建物へ）←C：異議述べず
H1・5・24	C：死亡→Cの妻Y_1と子Y_2がLの所有（共有）名義人

(2) 法律問題と事実問題との区別

　法律問題とは法令の解釈適用をめぐる争点をいい、事実問題とは過去の事実の存否をめぐる争点をいいます。**法律問題と事実問題とを区別する**実益は、主に、法律問題については上告理由又は上告受理申立て理由とすることができる（ただし、法律問題でありさえすればどのようなものでも上告理由又は上告受理申立て理由となるというわけではありません。民訴法312条、318条）のに対し、事実問題については上告理由又は上告受理申立て理由とすることができないというところにあります。そこで、**上告審は法律審**と呼ばれます。

　しかし、法律問題と事実問題とを区別して理解しておくことは、上告理由書や上告受理申立て理由書を作成するときばかりでなく、依頼者の質問に答えて法律意見書を作成するときにも、事実審における準備書面等を作成するときにも必要になります。法律問題を議論しているのか事実問題を議論しているのか

が判然としない文書は、前記Ⅰ－3のとおりの属性を有する読者の読む気力を
阻喪させる原因になり、読者の理解を妨げる原因になるからです。

　それでは、［演習問題1］によって、この点を具体的に検討してみましょう。

［演習問題1］

【課題】
　弁護士甲は、Xから、以下の相談を受けた。訴えを提起することを前提
として、予想される争点を挙げ、それを法律問題と事実問題とに区別して
摘示したメモを作成せよ。

【Xの相談】
① 　私Xは、アンティーク・ショップを個人で経営しています。Yとその
　妻Zは、5年ほど前からのお得意様です。Zは、平成30年4月1日、英
　国製のディナー用食器セット（本件食器セット）を100万円でお買上げに
　なりました。同日、Zは、内金20万円を支払いましたが、残金80万円は
　同月30日に振込み送金するというので、私はそれを了承しました。
② 　それまで、私の店には、YとZが一緒に又はZだけで来て、室内装飾
　品や家具等をお買上げになっており、1回の購入金額も100万円程度の
　こともありましたが、代金はいつもYに支払ってもらっていました。
③ 　5月の連休が過ぎても支払がないので、Y宅に電話をしたところ、Y
　から、Zとは4月10日に離婚したし、本件食器セットはZが自分の物と
　して持って行ったから、残金80万円を支払うことはできないといわれま
　した。
④ 　Yは、Zとは平成29年12月10日以降別居しており、平成30年4月1日
　当時は夫婦としての共同生活をしていなかったと言うのですが、Zはも
　ちろん別居していることを告げるわけもなく、翌日の4月2日に私は本
　件食器セットをYの自宅に配達しましたが、外からではそのようなYご
　夫妻の様子は分かりませんでした。
⑤ 　Zにも請求しようと思いますが、Yからその住所を教えてもらえませ
　ん。私としては、本件食器セットをYご夫妻に売ったと考えています。

別居していたとはいうものの、Ｚが離婚前に購入したのですから、これまでと同様、Ｙにも責任をとってもらいたいと考えています。交渉しても支払ってもらえない場合には、訴訟によってでもできるだけ多額の回収をしていただきたいので、よろしくお願いします。

［演習問題１についてのメモ例］

【法律問題のリスト】

1　請求すべき内容と選択すべき訴訟物について（ＹとＺを共同被告として訴えを提起する前提）

(1)　残代金80万円の支払請求に加えて、民法575条２項にいう「代金の利息」の支払請求をするとして、その訴訟物如何。

(2)　本件食器セットの返還請求をすべきであるかどうか。その訴訟物如何。

2　Ｙに対する残代金請求の請求原因の構成の仕方について

(1)　民法761条は「（夫婦の）他の一方は、これによって生じた債務について、連帯してその責任を負う。」と規定するが、その規定の趣旨如何。この点についての判例の有無と判例が存する場合にはその内容。

(2)　同条にいう「日常の家事に関して第三者と法律行為をしたとき」の意義。

(3)　同条の規定と民法110条の表見代理の規定との関係如何。

3　予想されるＹの抗弁とそれへの対応について

(1)　ＹとＺの婚姻関係の破綻を抗弁にすることができるか。

(2)　ＹとＺの婚姻関係の破綻が抗弁になるとして、それに対する再抗弁としてどのような主張をするか。

(3)　この主張・立証の構造と民法112条の規定との関係如何。

【事実問題のリスト】

1　ＹとＺは、本件売買契約を締結した平成30年４月１日当時、別居していたか。その婚姻関係は、破綻していたか。

2　本件食器セットの売買契約の締結がＹＺ夫婦の日常の家事に関する法

律行為であることの評価根拠事実として、どのような事実を主張し、立証するか。

3　Xにおいて、本件食器セットの売買契約の締結がＹＺ夫婦の日常の家事に関する法律行為であると信じたと主張し、そう信じたことに正当の理由があると主張するとして、そう信じたことの間接事実及びそう信じたことに正当の理由があることの評価根拠事実として、どのような事実を主張し、立証するか。

　［演習問題１］につき、法律問題のリストと事実問題のリストとを作成してみますと、一応、以上のようになります。この程度に法律問題と事実問題との区別ができていれば、法律文書全体の構造が明瞭になり、読者にとって読みやすいものになります。ただし、このリスト上の区別も、絶対のものではありません。例えば、【事実問題のリスト】の２、３の項目についてみますと、ＹＺ夫婦の日常の家事に関する法律行為であること、及びＹＺ夫婦の日常の家事に関する法律行為であると信じたことに正当の理由があることのいずれもがいわゆる**規範的要件**（規範的評価の成立が所定の法律効果の発生のための要件になっている場合、当該要件を規範的要件といいます。）ですから、どのような内容の事実がそのような規範的評価のために意味のある事実であるのか、それがどの程度に集積したときにそのような規範的評価を導くことができるのかという問題が前提にあります[2]。したがって、これらの問題を単純に事実問題であると分類するのは、理論的に正確とはいえません。しかし、このような留保付きのリストであることを頭に置いておけば、このようなリストが法律文書の作成に役立つことは間違いがありません。

　上記のリストは、法律問題の項目が多く事実問題の項目が少ないのですが、日常的に接する紛争では、事実問題の項目が多くなるのが普通です。また、事実問題については、どのレベルの事実をリスト・アップするかによっても異なります。そこで、次に、この問題に触れておくことにします。

---

(2)　規範的要件につき、司法研修所・要件事実(1)30頁以下を参照。

(3) 要件事実論による分析

　紛争になっている事案を立体的にかつ動的に把握するためには、**要件事実論**という道具を使って事実関係を分析しておくことが有効です。要件事実論による分析としては、次の2項目があります。

　第1は、争いのある（と思われる）事実についても、争いのない（と思われる）事実についても、**主要事実、間接事実、補助事実の3つのレベルに事実を分類し、立体的に整理**しておくことです。

　主要事実とは、実体法の規定する権利の発生、障害、消滅等の法律効果の発生要件に該当する具体的事実をいいます。そして、当然のことながら、実体法の条文は、これら法律効果の発生要件として個別の事件における具体的事実を記述するのではなく、その性質上、類型的な事実を記述しています。要件事実とは、条文上の類型的事実をいうものと解する立場が学説の多数といってよいでしょう。しかし、実務では、2つの用語をこのように区別して使用することは少なく、要件事実を主要事実と同義で使用することもしばしばです。ただし、次に説明する間接事実との区別を論ずる場面では、主要事実の用語を使用します[3]。

　間接事実とは、主要事実の存在を認定するのに役立つ事実をいいます。ある事実が争点である主要事実の認定に役立つかどうかを決するのは、法令ではなく経験則です。そして、間接事実に経験則を適用して主要事実を認定する作業を「**推認**」と呼びます。

　補助事実とは、証拠の証拠能力や証拠力（証明力）に影響を及ぼす事実をいいます。補助事実も、間接事実の一部を成しています。

　第2は、主張・立証責任の分配原則に従い、**請求原因事実―抗弁事実―再抗弁事実**といった具合に主要事実（要件事実）を分類し、動的に整理しておくことです。

　請求原因事実とは、当事者によって選択された実体法上の請求権の発生原因となる主要事実をいいます。

　抗弁事実とは、請求原因事実と両立して、請求原因事実による法律効果の発

---

(3)　要件事実と主要事実の意義等につき、司法研修所・要件事実(1)2～3頁を参照。

生を障害、消滅等させる法律効果を有する主要事実をいいます。請求原因事実と両立する点において、請求原因事実の積極否認の事実と区別されます。

再抗弁事実とは、抗弁事実と両立して、抗弁事実による法律効果の発生を障害、消滅等させて、請求原因事実による法律効果の発生を復活させる法律効果を有する主要事実をいいます。

このように整理することによって、証拠による立証が必要な事実とそれが必要でない事実との区別、自白が成立した場合に裁判所に対して又は当事者間で拘束力が生ずる事実とそうでない事実との区別、主張されるべきであるのに明確に主張されていない事実はないかなどが網羅的に明らかになります。弁護士が訴状や準備書面を作成するに当たっても、裁判官が釈明準備命令書や判決書を作成するに当たっても、以上の作業をしておくことが有用です。

 Tea Time

●ブロック・ダイアグラムと Kg、E、R等の略語●

法律実務家は、訴訟における主張・立証の構造を要件事実論によって分析し、その結果をチャート化するという作業をします。一般に、このチャートを「ブロック・ダイアグラム」と呼びます。

主張・立証の構造の大枠を押さえておくという目的で作成する場合には、以下のような「簡略ブロック・ダイアグラム」が適切です。以下の例は、原告Xが被告Yに対し、本件土地Lの所有権に基づき、Lの明渡しを求める訴訟におけるものです。

これとは別に、上記の請求原因、虚偽表示等の抗弁、他主占有権原の再抗弁のそれぞれについて時的因子をもって主要事実を特定して表記し、また、各事実についての相手方の認否について「○（自白）、×（否認）、△（不知）、顕（顕著な事実）」の符号によって識別した「詳細ブロック・ダイアグラム」を作

成しておくと、準備書面を作成するなど様々な場面で役に立ちます。

E₂の長期取得時効の抗弁について例示してみると、以下のようになります。

a	Y：平成 7・3・20　L占有	○
b	Y：平成27・3・20　L占有	○
c	Y：平成30・7・24の本件口頭弁論期日　a、bの時効援用の意思表示	顕

さて、上記のKg、E、R等はドイツ発の略語であり、本文中でもしばしば使用しています。

	ドイツ語	略語
訴訟物（請求権）	Streitgegenstand	Stg
請求の趣旨	Antrag	Ant
請求原因	Klagegrund	Kg
抗弁	Einrede	E
再抗弁	Replik	R
再々抗弁	Triplik	T

それでは、この作業を実際にしてみることにしましょう。

[演習問題２]

【課題】

　以下の事件を審理している合議体の左陪席裁判官として、(1)　訴訟物（請求権）を指摘し、(2)　請求原因事実—抗弁事実—再抗弁事実に整理し、(3)　主要な争点を明らかにした上で、(4)　主要な争点につき、主要事実、間接事実、補助事実の３つのレベルに事実を分類し、(5)　この事件の主張・立証の構造を整理したメモを作成せよ。なお、現時点は、令和８年10月10日である。

【Xの言い分】

①　当社は、建築用資材の卸売りを業とする株式会社である。Yは、個人で工務店を経営している。

② 当社は、Yとの間で、令和3年1月20日、A社製の住宅用断熱材（品番08－0635）200Kgを、代金600万円、代金の弁済期同年3月20日と約して売る旨の契約（本件売買契約）を締結し、同年2月20日に引き渡した。

③ 甲第1号証は、本件売買契約書である。当社の代表者が記名押印し、Yが署名押印しており、代金欄に600万円と記載されている。Yは、本件売買契約書はA社に見せるためだけのものであると主張しているが、苦し紛れのものであって根拠はない。

④ Yは、令和3年3月20日、代金のうち300万円を支払っただけで、いくら請求しても残代金300万円を支払わない。当社は、令和8年5月7日に用事で立ち寄ったYに対し、残代金の支払を求めたところ、Yが「資金繰りが苦しいので、7月7日まで待ってくれ。」と言うので、待ってあげることにした。

⑤ 令和8年7月7日もとうに過ぎたので、Yに対し、残代金300万円の支払を求める。

【Yの言い分】

① 【Xの言い分】①は、そのとおりである。

② 【Xの言い分】②は、代金600万円とある部分を除き、そのとおりである。代金は300万円である。

③ 確かに、X社の主張するように、代金を600万円とする本件売買契約書に署名押印したが、それは、X社の代表者から、「A社からこの商品の単価をこれ以上値下げしないようにとの指導を受けている。A社への報告用に使うだけのものであるので、これに署名押印してほしい。」と懇願されたため、今後の商売のことも考えて、応じたにすぎない。したがって、【Xの言い分】④のうち、私が300万円の支払猶予を求めたという部分は全く事実に反する。

④ 私は、約定どおり令和3年3月20日に代金300万円を支払ったし、百歩譲って代金が600万円であったとしても、時効で消滅しているから、X社の要求に応ずるつもりはない。

第1章　法律文書作成の基本5段階　**17**

［演習問題2についてのメモ例］

(1)　訴訟物（請求権）

　　X社の選択したStg：本件売買契約に基づく代金支払請求権1個（一部請求）

(2)　請求原因事実─抗弁事実─再抗弁事実の整理

Kg（本件売買契約の成立）

　(ア)　X社は、Yとの間で、令和3年1月20日、X社がYに対してA社製の住宅用断熱材（品番08−0635）200Kgを代金600万円で売る旨の売買契約を締結した。

E_1（虚偽表示）[4]

　(a)　X社とYは、(ア)の契約の際、いずれも代金を600万円とする売買契約を締結する意思がないのに、その意思があるもののように仮装することを合意した。

E_2（弁済+消滅時効）

　(b)　Yは、X社に対し、令和3年3月20日、(ア)の契約に基づく代金債務の一部弁済として300万円を給付した[5]。

　(c)　X社とYは、(ア)の契約の際、代金債務の弁済期を令和3年3月20日とする旨合意した。

　(d)　令和8年3月20日（令和3年3月20日から5年）が経過した[6]。

　(e)　Yは、X社に対し、本件訴訟の第〇回口頭弁論期日において、(c)、(d)の消滅時効を援用する旨の意思表示をした[7]。

　　なお、(b)の事実に争いのない本件においては、Yとしては、代金債務

---

(4)　虚偽表示の事実摘示につき、司法研修所・起案の手引36頁を参照。

(5)　弁済の要件事実につき、司法研修所・類型別9頁を参照。

(6)　5年の消滅時効につき、民法166条1項1号を参照。なお、本文の整理は、確定期限の合意をした事案であって、その点は(c)で主張されているところ、主観的起算点の要件である「X社が(ア)の契約の際、代金債務の弁済期が令和3年3月20日であることを知った。」との主張も(c)に包含されているとの立場によるものです。2年の短期消滅時効を規定していた旧民法173条が削除されていることに注意。

(7)　消滅時効の要件事実につき、司法研修所・類型別34頁を参照。

600万円全体について消滅時効を援用する意思はないものとみるのが相当である。そうすると、最3小判平成6・11・22民集48巻7号1355頁が外側説[8]を採用したため、一部請求の外側にある弁済を主張・立証した上で、訴訟物である残代金債権についての消滅時効の成立を主張・立証することが必要である。

R₁（時効援用権の喪失）

　㋑　Yは、X社に対し、令和8年5月7日、㋐の契約に基づく代金債務の一部300万円の支払猶予の申込みをした。

　　最大判昭和41・4・20民集20巻4号702頁は、債務者が時効完成後に債務承認をした場合、信義則によって時効援用権を喪失すると構成する。

　　これを、時効利益の放棄と法律構成すると、その要件事実は、次の㋑＋㋒となる。

R₂（時効利益の放棄）

　㋑　Yは、X社に対し、令和8年5月7日、㋐の契約に基づく代金債務の一部300万円の支払猶予の申込みをした。

　㋒　Yは、㋑の支払猶予の申込みに際し、(c)、(d)の消滅時効の完成を知っていた。

　　「時効利益の放棄」のR₂は、「時効援用権の喪失」のR₁といわゆる「ａ＋ｂ」の関係に立ち、本件訴訟においては意味のない主張になる。このように、特定の攻撃防御方法（本件のE₂）に対し、実体法上の法律効果だけを考えれば複数の攻撃防御方法が成り立つようにみえる場合において、一方の攻撃防御方法（本件のR₂）の要件事実が他方の攻撃防御方法（本件のR₁）の要件事実を内包するがゆえに、前者が当該訴訟上の攻撃防御方法として無意味になるとき、前者は、後者と「ａ＋ｂ」の関係にあるという[9]。

---

(8)　一部請求訴訟において相殺又は過失相殺の抗弁が主張された場合に、請求されていない残額を含めた債権総額から認められる相殺金額を控除するという考え方をいいます。

第1章　法律文書作成の基本5段階　19

(3)　主要な争点

　　ＸとＹとの間で成立した住宅用断熱材200Kgの売買契約につき、代金を600万円として成立したのか、それとも300万円として成立したのかが究極の争点である。しかし、この争点を主張・立証責任の構造中にどのように位置付けるべきであるかは問題である。

　　同一の当事者間で、同一の目的物（本件では種類物）につき、同一の日に契約が成立した場合であっても、売買契約の本質的要素である代金額が倍も相違するときは、それを同一の売買契約とみるのは困難であるとする立場に立つと、【Ｙの言い分】②はKg(ｱ)を全体として否認する主張ということになる。

　　これに対し、【Ｙの言い分】②につき、このような場合であっても、同一の売買契約の成立を認めながら、代金額のみについて否認するものとする立場もあり得ないではない。

　　しかし、これらのいずれの立場に立つとしても、【Ｙの言い分】③をもあわせて全体としてＹの主張の趣旨を理解することが肝要である。Ｙは、代金を600万円とする売買契約書を作成したことを認めるのであるから、結局のところ、Kg(ｱ)を認める（自白する）ものと理解するのが正しい。民法は、内心の効果意思がない場合であっても、意思表示は成立するとの基本的立場に立つからである。

　　そうすると、【Ｙの言い分】②及び③を全体としてみるときは、Ｙは、Kg(ｱ)を認め（自白し）、本件売買契約が虚偽表示であるとの抗弁 E_1 を主張するものと理解することができる。

　　結局、本件における主要な争点は、抗弁 E_1 の成否ということになる。

　　論理的には、E_1 と E_2 は等価値であって選択的な抗弁であるが、E_2 に対する「時効援用権喪失」の再抗弁 R_1 おける「Ｙの支払猶予の申込み」を認定することができるのは、実際上、「虚偽表示」の抗弁 E_1 を

(9)　いわゆる「a＋b」につき、司法研修所・要件事実(1)284頁以下を参照。また、時効利益の放棄と時効援用権の喪失との関係につき、司法研修所・類型別37〜38頁を参照。

認定することができないときであろうから、実務的には、本件における判断順序は、E_1 を先にし、E_1 が認められない場合に、$E_2 \rightarrow R_1$ と判断を進めることになろう。

(4) E_1（虚偽表示）についての主要事実、間接事実、補助事実の区別

［主要事実］

(a)のとおり——X社とYとの間の仮装合意の成立

［間接事実］

① X社に仕入先であるA社に対する報告用に実際よりも多額の代金額の契約書を作成する必要があったかどうか

　(i) A社の自社製品の再販価格についての方針

　(ii) A社からX社等の販売店に対する指導文書等の存在

　(iii) X社がA社に対して本件契約書を添付した報告書の提出の有無

　(iv) 本件商品を300万円で売ることによるX社の利益の有無

② X社が弁済期から5年経過するまで残代金の請求訴訟を提起しなかったことに合理的な理由があるかどうか

［補助事実］

① 本件売買契約書（甲1）の実質的証拠力の有無

　なお、通常の売買契約書には売主の売る旨の意思表示と買主の買う旨の意思表示とが記載されており、処分証書とされる文書の典型例である。したがって、その真正な成立（形式的証拠力）に争いがないか証明された場合には、売買契約が締結されたこと（主要事実）は動かないことになる[10]。

　甲1はこのような性質の売買契約書である。Yは甲1が真正に成立したこと（形式的証拠力）を争わないのであるが、Yのこの訴訟行為を合理的に解釈すると、前記(3)のとおり、Kg(ア)を認め（自白し）、虚偽表示の抗弁 E_1 を主張するものと理解することができる。結局、本件では、虚偽表示の成否という主要事実レベルの争点は、甲1の実質

[10] 処分証書による意思表示の有無の認定の構造については、田中・事実認定88頁以下を参照。

的証拠力の有無に帰着することになる。
(5) 本件の主張・立証の構造

3 第2段階——問題点の調査 (Legal Research)

　以上のようにして事案の整理と問題点の抽出がある程度できたら、作業は第2段階に入ります。第2段階は、第1段階で抽出した問題点を調査するという作業です。

　前記2(2)のとおり、法律実務家が解決を迫られる問題は、法律問題と事実問題とに分類されます。その結果、法律実務家のすべき調査は、法律問題の調査と事実問題の調査とに大別することができます。

(1) 法律問題の調査

　第2章で詳しくみることにしますが、我が国は制定法国であり判例法国ではありません。したがって、法律問題の調査の第一歩は、どの制定法の解釈適用が争点になるのかを特定することです。

　前記2(2)の［演習問題1］についてみますと、法律問題1の(1)が民法575条2項の解釈適用に、同(2)が民法540条、541条の解釈適用に、同2が民法761条、110条の解釈適用に、同3が民法761条、112条の解釈適用に、それぞれ関するものです。

　このようにどの法律のどの条項が問題であるのかを特定することができた場合には、その後の調査にはそう大きな苦労はありません。法律問題の調査に苦労するのは、むしろ、**どの法律のどの条項の解釈適用が問題であるのか**が不分明な場合です。その原因としては、依頼者である当事者本人が弁護士に対して十分に事実関係を開示していない、何を懸念し何を問い合わせようとしているのかを率直に説明していない等依頼者側にある場合もありますし、相談を受け

ている弁護士が当該紛争に関する法律分野の経験や知識が十分でないため、直ちにはどの法律のどの条項が問題であるのかを特定することができない等弁護士側にある場合もあります。

　前者の場合には、弁護士から依頼者に対し、調査の前提として、更に事実関係を明らかにしてほしい旨を告げ、必要な事実関係を補充してもらうことが必要になります。ただし、依頼者は自分としては必要な事実を説明していると考えているのが普通ですから、既に告げられている事実を前提にした場合における法律状況の説明をした上で、依頼者の懸念の中核が何であるのかの説明を受け、必要な事実関係の項目を指摘して説明を求めることが肝要です。

　後者の場合に、弁護士としてどのように行動すべきであるのかが問題になります。種々の要素を考慮して判断するほかはなく、こうしなければならない又はこうすべきであるという明快な基準はありません。当該紛争にかかわる権利の性質と経済的価値の程度、依頼者にとっての当該紛争解決の緊急度、当該紛争に関する法律分野の特殊性の程度等の諸要素を勘案して、自らで抱え込まずに、事情を説明した上で、当該法律分野の経験を有する他の弁護士を紹介するなどの措置をとることが弁護士の義務であるとされる場合もあります。したがって、当該紛争の解決に関与するのに必要とされる知識と経験を備えていないのに当該紛争の解決に関与し、法律問題の所在を的確に把握することができず、法律問題の調査が不十分であったため、**弁護士として水準に達しない法律事務の提供をしたとされる場合には、その結果依頼者の被った損害を賠償する義務を負う**ことになるので、注意を要します。

　受任すべきでないとされるこのような場合を除き、法律問題の特定がすぐにできないときは、依頼者から提供された事実中からその事案の中心を成す幾つかのキーワードを選択し、それを法律学辞典・事典の項目に当たり、関連する法律の教科書の索引に当たるなどして、法律問題を特定する必要があります。

　本書は、**法律問題の調査**（Legal Research）の方法をそれとして取り上げるものではないので、詳しくはそちらの文献によっていただくこととし、ここでは法律問題の調査に当たり、常に留意すべき事項を挙げておきます。

　㋐　**当該紛争に適用される法令の特定**

　最近では、かなり重要な法律であっても頻繁に改正されるようになりまし

第1章　法律文書作成の基本5段階　23

た。そこで、現在施行されている法律が当該紛争に適用される法律ではないという事態も珍しいことではなくなりました。**適用法令を間違えないのは、法律家として、基本的でかつ重要なことです。**

[演習問題3]

1　株式会社Xの現経営陣は、Xのもと代表取締役であったY_1及び常務取締役であったY_2の2名を被告として、Y_1・Y_2が平成16年11月にした有価証券報告書虚偽記載によって10億円の損害を被ったことを理由として、同額の損害賠償を求める訴訟を提起することを検討している。現時点は、平成25年1月である。

　　Xから訴訟提起の依頼を受けた弁護士として、この損害賠償請求事件に適用される法律が何かを調査せよ。

2　株式会社Yは、株式会社Xから、その所有する商業ビルの一区画を賃借して女性既製服販売店舗としている。その賃貸借契約は、平成23年9月1日、賃料月額30万円、契約期間5年として締結したものであり、更新の際に特段の合意はしていない。Yは、Xから、平成30年4月1日、Yの占有する区画を賃料月額60万円で借り受けたいとの申込みがあったので、Yとの間の賃貸借契約を解除する、ついては同年5月31日までにYの占有する区画を明け渡すようにとの内容証明郵便を受領した。現時点は、平成30年4月10日である。

　　Yから返信の内容証明郵便を起案するよう依頼を受けた弁護士として、この建物明渡請求事件に適用される法律が何かを調査せよ。

[演習問題3の調査結果]

1　これは、旧商法と会社法の適用関係についての問題です。

　　会社法は、平成18年5月1日に施行されました。本件で問題とされているY_1・Y_2の行為は、旧商法施行時のものです。「会社法の施行に伴う関係法律の整備等に関する法律（整備法）」は、会社の取締役等の責任につき、「施行日前の行為に基づく損害賠償請求責任については、な

お従前の例による」との経過措置に関する規定[11]を置いています（整備法55条、78条等）。

　そこで、Ｘとそのもと取締役との間の法律関係は、旧商法254条3項の規定に従い、委任に関する規定によって規律されます。その結果、Ｘのもと取締役は、受任者の善管注意義務を定める民法644条、取締役の忠実義務を定める旧商法254条ノ3の各規定の適用を受け、その在任中にこれらの義務に違反してＸに損害を被らせた場合には、旧商法266条の規定により、Ｘに対して、連帯して損害賠償義務を負うことになります。

2　これは、借家法と借地借家法の適用関係についての問題です。

　借地借家法は、平成4年8月1日に施行されました。借地借家法は、借地法、建物保護ニ関スル法律及び借家法に改正を加え、これら3法を1つの法律に統合したものです。定期借地権制度や期限付借家制度の導入等実質的な改正もありますが、附則4条は、「この法律の規定は、この附則に特別の定めがある場合を除き、この法律の施行前に生じた事項にも適用する。ただし、附則第2条の規定による廃止前の建物保護に関する法律、借地法及び借家法の規定により生じた効力を妨げない。」と規定しています。

　本件の建物賃貸借契約は、平成23年9月1日に締結されたものですから、借地借家法の規定の適用を受けることになります。

(イ)　生きている判例の特定

　我が国は判例法国ではありませんから、論理的には、判例は、法源になることはなく、裁判所が法源である制定法の解釈又は適用をしたという意味を有するにすぎません。しかし、上告をすべき裁判所が最高裁判所である場合に、憲法違反を除く単なる法令違反は上告理由とはならないのです（民訴法312条）

---

[11]　改廃された法令の効力をなお一時持続させる必要がある場合の経過規定としては、本文にあるように「なお従前の例による」とする場合と「なおその効力を有する」とする場合とがあります。この2つの方法の異同については、法制執務研究会編『新訂ワークブック法制執務』332～336頁（ぎょうせい、2007年）を参照。

が、原判決に最高裁判所の判例（これがない場合にあっては、大審院又は上告裁判所若しくは控訴裁判所である高等裁判所の判例）と相反する判断がある事件については、法令の解釈に重要な事項を含むものとして、上告を受理する理由になる（民訴法318条1項）ことからも明らかなように、訴訟を含む**法律実務は最高裁判所の判例をよりどころとして遂行されている**といって間違いがありません。

　そして、今日のように科学技術の進展、ビジネスモデルの盛衰の著しい環境の下、同じ条文の解釈適用によって現実の社会に生起する紛争の解決を図るということになりますと、判例の重要性の程度が相対的に上がることになるのは自然の成り行きです。したがって、**判例の調査は、法律実務家のする法律問題の調査の主要部分を占める**というのが実態です。

　第2章により詳しく触れることにしますが、判例調査は、公式判例集、判例雑誌の索引等によって検索するほか、今日では、インターネット上で簡単に検索することができるようになりました。しかし、インターネット上での検索といったところで、データベースに入力する判例の選択等の作業は人力によっているのであり、その検索能力にも限界があることを心得ておくことが肝要です。最高裁判決であっても、民集又は刑集に登載されたものでなく、裁判集に登載されたものは、インターネット上で検索できないこともあります。インターネット上での検索に頼るだけでは、法律実務家として水準に達した判例調査とはいえません。

　法令の条項、キーワード等によって、判例調査をするわけですが、**最も注意すべき点は、「現時点で生きている判例」を誤りなく特定する**ことです。ここでいう「判例」とは、裁判実務において先例としての価値を有する裁判、換言すると、民訴法318条1項の規定にいう判例を指しています。

［演習問題4］

　株式会社Aは、銀行Xから、1億円を借り受け、Aの所有する本件建物に順位1番の抵当権を設定した。しかし、その後、本件建物の1階部分は暴力団関係者 Y_1 が不法占有し、2階部分はAと賃貸借契約を締結してゲ

ームセンター営業をしている Y_2 が占有している。

　Xは、Y_1・Y_2 を相手にして、本件建物のそれぞれの占有部分の明渡しを請求することができるか。Xから訴訟提起の依頼を受けた弁護士として、判例の立場を調査せよ。

[演習問題4の参考資料]

　民法369条は、抵当権を不動産の占有を移転しないでその交換価値を捕捉する担保権として設計しています。そうすると、抵当権者は、不法占有者又は抵当権に劣後する占有者に対し、抵当権を根拠として明渡しを求めることはできないという帰結になりそうです。

　しかし、原則としてはそうでも、全くその例外を認めることができないかどうかについては、解釈の余地がありそうです。

　そこで、この点について判断した判例を調査しようというのが本問です。以下の①、②、③の最高裁判例に行き着いたことでしょう。その判決文と判例解説とに当たって、判例理論の発展の過程と現在の到達点を確認しておいてください。

①　最2小判平成3・3・22民集45巻3号268頁
②　最大判平成11・11・24民集53巻8号1899頁
③　最1小判平成17・3・10民集59巻2号356頁

　判例調査の結果、公式判例集（民集及び刑集）登載の最高裁判例に行き着いた場合には、その**判決文を読んだ**上で、**当該判例の担当調査官の執筆に係る判例解説に必ず当たって**、**当該判例の事案の概要、判例の射程の範囲等を理解**しておくことが法律実務家の仕事の基本として何よりも重要です。

　判例調査の結果適切な最高裁判例がない場合、次に重要なのは大審院又は上告裁判所若しくは控訴裁判所である高等裁判所の判例です（民訴法318条1項）。それ以外の裁判例は、当該紛争中の争点の解決につき、関連する事件の判決において示された制定法の条項の解釈適用の参考になるというにすぎません。

　判例検索、判例批評という用語例における判例とは、下級審の判決や決定を

含むすべての裁判例を指しています。それらの裁判例の中に、①　先例としての意味のある最高裁判決及びそれに準ずるものと、②　単なる参考としての意味しかない下級審裁判例とが存すること、すなわち裁判例には明確な序列があることを理解しておく必要があります。

(ウ)　参考文献（学説）の特定——起点はコンメンタール

　法律問題には、「成熟度」があります。1つの紛争に複数の法律問題が含まれていることはよくあります。上記(ア)、(イ)の調査の過程で、争点1（制定法のある条項についての解釈及びその適用の基準）については確定判例が存するが、争点2についてはそうではないことが判明したとします。そうすると、当然のことながら、法律実務家のすべき文献（学説）調査は、争点2に焦点を当てることになります。要するに、法律実務家の注力すべき文献（学説）調査は、成熟度の低い争点であるほど手厚くするということになります。

　法律実務家が法律問題調査にかけることのできる時間と労力は、目前の紛争の対象となっている権利・利益の性質と内容、その緊急度、依頼者の経済力、当該法律実務家の手元の繁閑の程度等の諸要素によって制約されることになりますから、法律問題調査に当たっては、めりはりをつけて遂行する必要があります。文献（学説）調査には、特にその色合いが濃くなります。

　法律問題の成熟度を知るための最もオーソドックスな方法は、その解釈適用が争点となっている制定法のコンメンタール（新注釈民法、注釈刑法、注解民事訴訟法等）に当たることです。コンメンタールは、法律実務家のする文献調査の起点であるといってよいでしょう。

　学生時代又は受験生時代に慣れ親しんだ教科書又は参考書は、法律用語の概念、問題になっている制定法の条項の要件と効果の基本等を再確認するといった目的で使用することになります。筆者も、毎日の実務の中で体系書と呼ばれる教科書を随時ひもとくばかりか、時には準備書面、法律意見書等に引用することすらあります。しかし、紛争において解決を要請される法律問題が先端性、専門性、国際性を帯びれば帯びるほど、法律実務家のする文献調査がこれで終点になることはありません。コンメンタールを文献調査の起点であるとしますと、教科書又は参考書は起点以前というべきであるのかもしれません。

　法律実務家にとって便利であるのは、実務書と呼ばれる一群の書籍です。裁

判や交渉においてよく問題となる点（請求原因、抗弁等となる事実項目）を整理し、裁判例を分類し、書式を収録するなどしていて、目前の仕事をこなすには便利であるばかりか、必要性が高いといってもよいものです。これらの実務書の中には、研究者による論文等が発表されていない分野におけるものもあり、それが必要な実務家にとっては貴重なものになります。

　以上は書籍（本）ですが、そのほかに論文があります。**論文**とは、特定された論点を取り上げ、それを詳細に分析したものをいいます。各大学の法学部やロースクールが編集する雑誌（東京大学の「法学協会雑誌」、京都大学の「法学論叢」等）、各学会が編集する学会誌（公法学会の「公法研究」、私法学会の「私法」等）、出版社が編集する月刊誌（有斐閣の「ジュリスト」、日本評論社の「法律時報」等）に分類することができます。このほかに、法曹会が編集する月刊誌「法曹時報」や司法研修所が編集する「司法研修所論集」（年2回）等もあります。

　研究者による論文の中には、法律実務家にとって有用であるもの、新たな判例形成に役立つような良質のものも含まれていますが、当然のことながら、学理の面では優れているとはいえても、目前に迫っている問題の解決に力を発揮するとはいえないものも含まれています。また、執筆者の学識・経験等を含めた能力に応じて、純粋に論文という観点からしても、その議論の深さ、精緻さ、広範さ（要するに**論文のレベル**）は相当に異なるのが実際ですし、他方、法律問題の調査をする者の目的次第で論文の有用さの程度も異なることになります。筆者は、法律問題の調査をし、複数の著書、論文に当たった場合には、後日、それと関連する領域の調査をすることを慮って、各著書、論文の自分なりの評価を書き留めておき、次回の調査の効率化を心がけています。

　また、法律論文には、「**判例批評**」と称される特殊なジャンルがあります。前述した**最高裁判所調査官の執筆に係る判例解説**もこれに分類することができますが、法律実務家にとっての重要度は、他の判例批評のそれとは比べようがありません。なお、主に学生の学習用又は司法試験受験用に編集されている判例百選、平成〇年度重要判例解説の類の書籍は、「判例批評コンパクト版」というべきものであって非常に便利ですが、法律実務家のする判例調査の起点と位置付けられるものであって、決して終点にはなりません。

(2)　事実問題の調査

　法学研究者とは異なり、法律実務家は、常に具体的な事実を前提として法律の解釈適用を問題とする立場にありますから、**事実問題の調査が必要な場面に繰り返し遭遇します。**

　その１つは、3(1)に述べたように依頼者である当事者本人が弁護士に対して十分に事実関係を開示していないため法律問題の所在すら明確にならないといった場合や、法律問題の調査の結果、更に当事者から提供を受けるべき事実関係があることが明らかになったといった場合です。このような場合には、依頼者が事実を把握していて、弁護士が問合せをすれば、それに応じて事実を提供することができることが多いでしょうから、そうすることによって事実問題を解消させることができます。

　他の１つは、自らの展開しようとする法律論に説得力をもたせるために、現実の経済や社会の動きを前提とするとその法律論が他の法律論よりも有効であることを主張・立証する、又は自らが主張・立証責任を負担する主要事実の間接事実として、依頼者が直接に経験した事実ではないより一般的な又は技術的な事実を主張・立証するといった場合です。このような場合には、弁護士としては、依頼者からの提供を待つだけではなく、事実に関する資料を独自に調査し収集することが必要になります。

　そうすると、弁護士は、当該紛争の手続段階に応じて有する手段を駆使して、資料の調査・収集に当たることになります。法的手段による調査として一般的なものとしては、弁護士法23条の２の規定による**報告の請求**（所属弁護士会を介して公務所又は公私の団体に照会して必要な事項の報告を求める）をする、民訴法186条、132条の４第１項２号の各規定による**調査嘱託の上申**、同法221条の規定による**文書提出命令の申立て**をする、同法226条の規定による**文書送付嘱託の申立て**をするなどを挙げることができます（第４章**A Ⅳ**）。法的手段によらない事実上の調査としては、図書館での文献調査、所管官庁に出向いての担当官へのインタビュー、インターネット上での資料収集などを挙げることができます。

(3)　アクション・プランの作成

　調査に当たっては、法律問題と事実問題との双方にわたる**アクション・プラ**
ンを作成することを推奨します。どの程度に詳細なアクション・プランを作成
するかは、当該紛争ないし与えられた問題の複雑さによって決まります。

　そして、調査の進展の都度、その記録を残すことが必須です。判例や文献を
収集したときは、そのサイテイション（citation)[12]をメモするのは当然のこと
として、さらにその骨子を整理しておくことが効果的です。

　このようにして作成した調査結果メモの多くの部分が、その後に作成を予定
している法律文書（法律意見書、準備書面等）のアウトラインになるからです。
事の実体に即していうと、**作成を予定する法律文書のアウトラインになるよう**
な調査結果メモを作成しておくと、後が楽だということです。調査結果メモが
法律文書のアウトラインのすべての部分をカバーすることにならないのは当然
ですが、法律文書の中心を成す法律論と事実論の主要部分をカバーすることに
なるはずです。

4　第3段階──構造の決定

　第1、第2段階の作業を一応終了すると、いよいよ法律文書の作成というこ
とになります。ここで注意しておくべきは、どのような法律文書であっても、
その作成に取りかかるのに先立って、**当該法律文書の構造を明確化しておくこ**
とです。

　法律実務家が使用する論理は、基本的に「三段論法」と呼ばれるものです。
我が国は制定法国ですから、これを前提にして説明しますと、次のとおりの論
理です。

　　㋐　制定法による規範（例えば、a、b、cという3つの要件が揃ったとき

---

　(12)　サイテイション（citation）とは、判例や文献の引用や、その表記方法を言います。
　　　引用表記方法は、例えば判例についてみますと、本文中で使った「最大判平成11・11・
　　　24民集53巻8号1899頁」や「最1小判平成17・3・10民集59巻2号356頁」といったも
　　　のです。5(4)に詳述します。なお、我が国では、未だに確立した判例や文献の引用表記
　　　方法がありません。

は、Aという効果が発生するとの規範）がある。

(イ)　本件には、 a 、 b 、 c という 3 つの要件が揃っている。

(ウ)　(ア)の規範を(イ)に適用すると、Aという効果が発生する。

　法律文書の読者の属性は前述 I − 3 のとおりですが、法律文書の読者がこの三段論法に習熟した者であるのが一般であることを前提としますと、法律文書の基本構造もこの論理展開に対応したものとするのが適切です。

　そうすると、法律文書の基本部分は、「**規範の特定→その内容（要件と効果）の説明→当該案件への規範の適用**」ということになります。ただし、法律実務家の作成する法律文書は、具体的事案の解決のために必要になるものですから、この基本部分のみで成立するものではなく、その想定される読者に当該事案の概要を理解しておいてもらう必要があります。その結果、実際の法律文書の全体構造を示すと、次のようになります[13]。

① 事案の概要（争点の特定）と結論の提示

② 当該事案に適用すべき規範の特定と規範の内容（要件と効果）の説明

③ 規範の当該事案への適用

④ 結論

　それでは、上記①ないし④のそれぞれにつき、留意すべき事項を以下に整理しておきましょう。

(1)　事案の概要（争点の特定）と結論の提示

解決を迫られている事案の概要を読者に分かりやすく提示することを目的と

---

(13)　M. Murray et. al., Legal Research and Writing pp.95−117（2005）は、判例法国における法律文書の作成を前提として、TREAT（Thesis → Rule → Explanation → Application → Thesis）と称する構成を推奨しています。本文に説明する構造は、これと基本的に異なるものではありません。

する部分です。ここに、**主要な争点、各争点についての結論、当該事案についての究極の結論を提示**しておくのが効果的です。

依頼者に提出する法律意見書（第3章Ⅱを参照）や上告理由書（第4章**B**-Ⅲを参照）等をイメージし、当該文書が自己完結的なものであることを前提に考えると分かりやすいでしょう。1つの争点のみについての法律文書の場合には、この部分は簡素なもので済みますが、基本に変わりはありません。

法律文書の冒頭部分ですから、紛争の輪郭が明確になるように工夫して争点の提示に至るようにします。自らの採る結論をこの部分に記載しない法律文書に遭遇することがあります。しかし、**冒頭部分に当該文書の結論を記載しない**と、前記Ⅰ-3のとおり多忙な読者にとって最重要の結論部分が最終段階に至って初めて出てくることになります。これでは、読者のニーズに適切に応える法律文書とはいえません。この点は、結論に至る過程そのものをじっくり味わうことを読者が期待している文学作品と法律文書との本質的な違いです。

上告理由書及び上告受理申立て理由書の記載につき、**A4判の用紙にして1、2枚（2000字以内）を目安とした「理由要旨」**を添付するよう裁判所から要望されるのが一般化しています。

筆者が「事案の概要（争点の特定）と結論の提示」というのも、この「理由要旨」とほぼ同じものです。したがって、A4判の用紙1、2枚（2000字以内）の簡潔なものです。ここで、微細な点に入り込むと何のための冒頭部分（introduction）であるのか分からなくなりますので、注意が必要です。

(2) **当該事案に適用すべき規範の特定と規範の内容（要件と効果）の説明**
(ア) **制定法**

法律問題の調査が終了していることを前提とすれば、制定法国である我が国の場合、当該事案に適用すべき制定法の条項を特定して記載するのに難しいところはありません。

(イ) **判例**

制定法の条項を特定して記載した後に、その条項の規定する要件と効果とを説明することになります。この部分の詳細さの程度、重点の置き所は、作成しようとしている法律文書の性質に応じて決定することになります。前記Ⅰ-2

第1章　法律文書作成の基本5段階　33

[図1―紛争のイメージ]

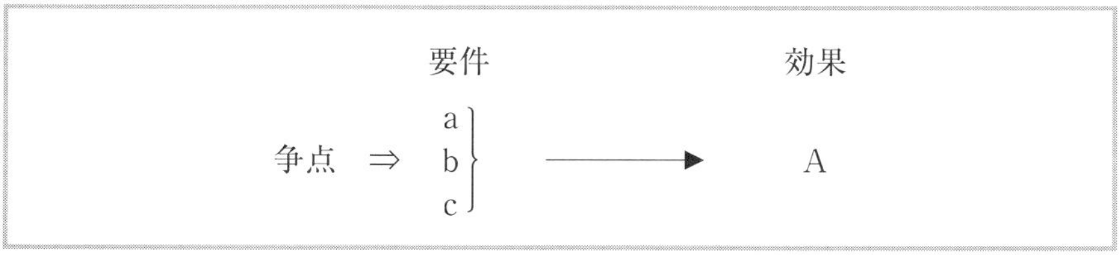

要件　　　　　　　　　効果

争点　⇒　　a
　　　　　　b　　　　────→　　A
　　　　　　c

の"客観的文書"であるか"説得的文書"であるかによって、対応にどのような差異が生ずるかなどの詳細については第3章以下を参照してください。ここでは、基本的心得を説明しておくことにします。

　制定法の特定の条項の規定する要件と効果についての説明をする場合、その主要部分は、判例を使っての説明になるのが一般です。当該事案における争点は効果Aを導くための要件の1つである要件aの解釈適用にあるという基本的紛争類型をイメージしてください。

　この場合には、要件aの解釈を示し、又は要件aを具体的事案に適用した判例を取り上げての説明ということになります。法律文書の起案において難しく、かつ起案能力の差異が際立って現れるのが、判例の取扱いにおいてです。

　判例の性質による分類や判例の射程等の問題は、第2章において詳しく検討することにします。ここでは、法律文書の作成という観点からの留意点を整理しておくことにします。

①　先例としての意味を有する最高位の判例を使用すべきこと

　規範の意義を明らかにし、それが様々な場面（もちろん、本件事案を含む）でどのように機能するかを説明するのがこのパートでの目的です。したがって、前記3(1)(イ)に説明した裁判例のうちの、先例としての意味を有する最高位の判例を使用するのが最も効果的です。要件aの解釈を示した**最高裁判例が存する場合**には、当該最高裁判例を使用して説明すれば目的を達しますから、**原則として、下級審裁判例を引用する必要はありません**し、そうするのが有害であることもあります。当該最高裁判例の後にその解釈を前提として適用例を示した最高裁判決が言い渡された場合には、後の最高裁判決が扱った事案と本件事案との類似性の程度によって、引用するかどうかを決することになります。法律

文書の目的は判例研究をするところにあるのではないので、枯れ木も山の賑わいといった風情の絵を描くことは賢明ではありません。

② 個別の判例紹介方式によらないこと

当該事案に適用されるべき規範を直接明らかにした判例がない場合もあります。そのような場合には、複数の判例を使用して当該事案に適用されるべき具体的規範を抽出するという作業をし、その叙述をすることになります。そのときには、個別の判例を紹介する方式をとるのでなく、**自らの主張する具体的規範がそれらの判例を分析総合することによって導かれる理由を明らかにするという叙述形式**によるのが賢明です。

個別判例紹介方式は、分析総合方式に比較すると、文書作成者の知的作業としては楽なためか、実務上よく見かけます。しかし、当該文書の目的も読者の興味も、個別の判例そのものにあるわけではありませんし、この方式を採ると散漫になる上、分量も多くなるので、簡潔を旨とする法律文書では避けるのが賢明です。

個別の判例を詳しく論ずる意味があり、その必要もあるのは、(ア) ある判例と当該事案とが事実の共通点が多く、その判例を論ずることで要件 a の解釈に係る争点についての決着がつく、又は、(イ) 相手方に有利と思われる判例について、その判例の事案と当該事案とを区別することができる又は区別すべきであるとの議論をする、のいずれかの場合です。

③ その他の良くない判例使用方法

筆者がこれまでの経験の中で遭遇した賢明でない判例の使用例としては、例えば次のようなものがあります。(i) 関連性の強弱、審級の区別等を検討せずに、既存のデータベース検索の結果ヒットした夥しい数の裁判例を、そのまま当該法律文書に貼り付ける、(ii) 事案との関係を無視して、自らの主張に有利に見える判示部分のみを紹介する、(iii) 当該判決文を熟読せずにその内容を誤解して（極端な場合には、全く逆に理解して）、自らの主張の支えにする、などです。

(i)は、判例調査の起点としてした作業結果をもって、法律文書の記載に代えるというものです。これまでに述べてきた法律文書作成の目的をわきまえないものであり、初歩的な心得違いをしたものです。しかし、近年、この類の法律

文書に遭遇することしばしばです。

(ⅱ)は、我田引水型の判例使用であり、古典的手法というべきものかもしれません。しかし、事案との関係をきちんと検討すると、むしろ相手方の主張を支えるものと読むことができるという場合や当該判決の別の部分には引用されたものとは矛盾する判断部分があるという場合もあり、これらの場合には、当該判例を引用したことが無益というだけでなく、有害ということにもなりかねません。これは、判例調査の段階で克服されるべきものです。

(ⅲ)は、努力して判例調査をしたところまではよいのですが、例えば大審院の文語調の日本語を読み解くことに失敗して、又は参照判例とした外国判例を誤読して、その内容を誤解してしまったという場合に起こります。前記Ⅰ-3のとおりの属性を有する読者から、当該文書作成者の言語読解力にまで疑念をもたれる結果になり、その悪影響は言うに及びません。これも、判例調査の段階での過誤が法律文書の表面に現れたものです。

(ウ) 学説

法律実務家の作成する文書における判例の重要性は、今日では我が国においてもすっかり浸透しています。次に、心得ておくべきは、法学研究者等によるいわゆる学説をどのように法律文書において取り扱うかです。

裁判所に提出する訴状、準備書面等のいわゆる"説得的文書"についてみますと、「裁判所は法を知る。当事者は事実を語れ。」というのが伝統的裁判原理ですから、判例はともかく、制定法の解釈をする学説を裁判所に提供する必要はないし、むしろ裁判所に失礼であるということになりそうです。

しかし、近年は、法令の改廃が著しく、訴訟で問題となる制定法の条項の意義や解釈が法律実務家に共有されているといえないこともありますし、制定法の条項に変わりがなくても紛争の内容が新奇であるため、それまでとは異なる解釈適用が求められるといった事態も増えてきました。そのような場合には、立法過程に関与した研究者や実務家の論稿、当該分野につき外国法を含めて広く又は深く研究している研究者や実務家の論稿等が、自らの解釈論を支えるために必要であり不可欠であるということもあります。ただし、当該事件における**法律の解釈適用は裁判所の専権に属しますから、裁判文書においては、研究者や実務家の論稿は読者である裁判官を説得するための二次的資料であること**

をわきまえておくことが肝要です。

　法律意見書等のいわゆる"客観的文書"においても、大筋に変わりはありません。しかし、"客観的文書"は、当該法律問題についての現時点における客観的評価をすることに目的がありますから、上記のような性質を有する法律問題を取り扱うというのであれば、学説についての論及を広くかつ深くすることが要請されます。

(3)　規範の当該事案への適用

　法律実務家の作成する法律文書においては、規範を当該事案に適用することにより効果Aが発生するという叙述部分が不可欠です。上記(2)のパートで、規範内容の説明がされていますから、本件においてその要件ａ、ｂ、ｃが揃っているかどうかを議論するのがここでの目的になります。

　この部分では、前述の第２段階でした事実問題の調査の結果を踏まえて、要件ａに当たる具体的事実が本件に存在するかどうか、要件ｂに当たる具体的事実が本件に存在するかどうか、といった要領で順次議論することになります。

　上記の準備書面等のいわゆる"説得的文書"においては、依頼者の利益の最大化を当面の目的とする弁護士は、要件ａ、ｂ、ｃに当たる具体的事実が存在することを裁判官が納得するように議論します。

　法律意見書等のいわゆる"客観的文書"においては、要件ａ、ｂ、ｃに当たる具体的事実が存在するということができるかどうかを客観的に評価するというのがこの部分の目的になります。

　この適用部分の叙述を簡明にするためにも、上記(2)のパートの規範の説明部分において複数の判例を挙げる場合には、個別判例紹介方式によるのではなく分析総合方式による方が賢明であるということができます。

(4)　結論

　冒頭部分で提示した結論を、上記(2)(3)の各パートの叙述の帰結として再度示すことによって法律文書を締めくくる部分です。本件の特徴を押さえて、読者の頭をリフレッシュさせることを目的とする部分ですから、冒頭部分の結論をおざなりに繰り返すのではなく、印象的に終わりたいところです。

5　第4段階──第1案（First Draft）の作成

第3段階を経て作成すべき法律文書の構造（structure）のあらましが決定したら、いよいよ第1案（First Draft）の作成にとりかかります。法律実務家は、これを一般に「起案」と呼んでいます。起案の際に心がけるべき事項を次に整理しておきましょう。

(1)　アウトラインの作成

起案にとりかかる前に必ずしておくべきことは、当該法律文書の構造を示すアウトラインを作成することです。前述3の最後の部分で、「調査結果メモ」について触れました。これをアウトラインの一部に利用するのも1つの方法ですが、いずれにしても、法律文書全体の見取図となるアウトラインが必要です。

当該事案の複雑さの程度や新奇さの程度に応じて、アウトラインの繁簡は様々です。当該事案に含まれる問題が複雑であり、新奇であればあるほど、読者は当該法律文書の内容を理解するのに努力を要することになりますから、読者が咀嚼しやすく、読み進む意欲を起こさせるような明確な構造を保った文書にする必要性が高くなります。言葉は法律実務家の命であると述べましたが、より正確に述べるとすれば、「**精密に（美しく）構造化された言語表現が法律文書の命である**」ということができます。

どんなに平易に思われる事案でも法律文書全体の構造を明らかにするアウトラインを作成する癖をつけるのが法律文書の作成に上達する早道です。

(2)　起案することは考えること

これまでに述べてきたように、起案にとりかかる際には、当該事案に含まれる問題についての一定の分析と総合、法律文書の構造のあらましが決まっているのですが、人間の頭には文章化することによってより良く考えることができるという習性があります。「文章化しない限り、真に考えたとはいえない。」と言った方が正確であるかもしれません。

そうすると、文章化する過程で初めて、第1ないし第3段階での分析や総合に問題があることに気づくことがしばしばあります。小さなものまで含めれ

ば、起案の過程で常に必ず発見があると言ってもよいほどです。そのような問題としては性質の異なるものがあり、その幾つかを挙げるとすれば、①　構想していた論理に飛躍があり、間を埋める論理が必要なのではないかとの疑問を生じる、②　規範の適用部分において、当該事案に要件のうちの１つが存在するといえるかどうかに疑問を生じる、③　事実問題の議論をする部分において、１つの経験則を適用するための間接事実が十分であるかどうかに疑問を生じる、などです。

　起案の過程でこれらの問題に逢着したときは、当然のことながら、それに対処する必要があります。①については、間を埋める論理を案出することで解決する、もともと構想していた論理の出発点が誤っていたので、そこを修正するなどの解決方法があるでしょう。②については、例えば、要件ｃに当たる具体的事実が存在するという議論に説得力がないという場合には、要件ａ、ｂ、ｄによって法律効果Ｂの発生を導くことのできる別の規範によるべきではないかを翻って検討するといったことが必要になります。③については、当該経験則を適用するのに必要と考えられる間接事実を収集するための作業を追加してする必要があります。

　法律実務家として心すべきであるのは、これらの問題に気づいたのに、目をつぶってそのままにしたり、これらの問題に逢着することを恐れて、起案前に立てた構想どおりに文書を作成することのみに注力するといった態度です。逆にいえば、**これらの問題に気づくために起案のプロセスがある**のです。これらの問題に対処しないまま完成させた法律文書は、その後に痛い目に遭うことになります。

(3)　章、節、段落に表題（タイトル）を付ける

　上記(1)のとおり、法律文書の命は明確な構造にありますから、**当該法律文書の目次を見てその全体構造を明瞭に理解する**ことができるように、章、節、段落という具合に文書全体を構造化するとともに、それぞれの章、節、段落に表題（タイトル）を付けるのが有効です。

　これは、読者のためになるだけでなく、それぞれの部分で叙述すべき内容を起案者が明瞭に意識しつつ書き進めるためにも有効です。

この基本を守ることによって、無意味な段落がなくなります。残念ながら、数行前に又は数段落前に同じ議論をしていて、全く論理が展開していないという法律文書にしばしば遭遇しますが、そのような法律文書には決まって段落に表題（タイトル）が付されていません。

⑷　**法令及び判例の引用表記方法（system of citation）及びその摘録方法の統一**

法律文書は、前述Ⅰ－3のとおりのうるさい読者（批判的な目で読む知的レベルの高い読者）に読ませる文書ですから、論述の起点となることの多い**法令及び判例の引用表記方法（system of citation）を通常使用されるものにするとともに、当該法律文書の中では統一するよう配慮すべき**です。

弁護士の作成する法律文書又は事実審裁判所の作成する判決書において、最高裁判決におけるのと同一の引用表記方法を採るまでの必要はないかもしれませんが、自己流のものであったり、当該法律文書の中で不統一であったりするのは避けるべきです。引用表記方法については、本書の使用しているものを参照してください。

また、**法令及び判例を摘録する場合には、かぎ括弧（「 」）を付して正確に文言を変えずに記載すべき**です。誤字脱字がある場合、旧仮名遣いを新仮名遣いに直す、カタカナを平仮名に直すなどの変更を加えた場合は、その旨を注記する方法によるのがよいと思われます。細部（この点を細部というべきかどうか問題ですが）にまで注意を払って起案する心がけを忘れてはいけません。

⑸　**法律用語（legal term）を誤用しないこと**

学生時代から注意を受けてはいるのでしょうが、**法律用語（legal term）を誤用しないこと**は、**法律実務家が法律文書の作成に当たって忘れてはならない基本**です。「占有（正）権原」とすべきところを「占有（正）権限」とする、相殺の主張をする場面で「自働債権」を「自動債権」とし、「対当額」を「対等額」とする、契約解除の結果発生する「原状回復請求権」を「現状回復請求権」とするなどは、頻繁に目にする誤用例です。一般の日本語と同様、誤用例が正しいものとして又は誤用であるとしてめくじらを立てられずに通用するよ

うになることもありますが、それを期待して法律用語の正確な意味と使用方法とを身につけないというのでは専門家とはいえません。

また、法律文書は、公的な目的で作成されることが多いため、公用文の用字用語例に従って作成することを原則としておくのがよいと思われます。法令が「又は、若しくは」、「及び、並びに」と漢字表記しているのに、法律文書の地の文では「または、もしくは」、「および、ならびに」と平仮名表記をすると、法律文書全体の統一がとれず、美観が損なわれます。同様に、繰り返し使用する単語や句がある場合、後の記述の便宜を考えて、当該単語や句の直後に（以下「本件土地」という。）と注意書きをすることにより、その後の記述では、当該紛争の目的土地を指して本件土地という表現で統一するという方法がしばしば採られます。このような注意書きの表現方法やその後の記述の仕方も、法律実務家になりたての時代に身につけてしまいたい事柄の１つです[14]。

(6) 法律文書以外の文書の作成上の注意点の連続性と不連続性

法律文書といっても日本語で記述される文章の一分野を成しているのですから、法律文書以外の文書の作成上の注意点と共通する点が多い（連続性）のは当然のことです。ですから、文筆を業とする小説家やジャーナリストの著した文章読本タイプの書籍における文章の書き方の注意事項は、法律実務家にとっても参考になるところが多くあります[15]。

特にいわゆる"説得的文書"の場合には、日本語による表現力と語彙力（要するに、国語力）がものをいいますから、日ごろ日本語の文章に接して表現力と語彙力とを向上させ、それに法律実務家として必要なレトリックを習得する

---

[14]　例えば、民法370条は、抵当権の目的である不動産につき、（以下「抵当不動産」という。）と注記しており、民法は、その後の条文では抵当不動産という用語を一貫して使用します。この注記方法について、実務でよくみる記載例としては、（以下、「抵当不動産」という。）とするものや（以下「抵当不動産」という）とするものなどがあります。また、（以下「抵当不動産」という。）と注記しておきながら、その後に「抵当権の目的である土地建物」とする例にもよく遭遇します。このあたりの法律文書作成の基本ルールは初心者のうちに身につけないと、いつまでたっても使いこなせるようになりません。

ことが重要です。

　しかし、これまで繰り返して述べているように、**法律文書の命は全体構造の明確さと個々の記述の論理的明快さ**にあります。そして、前述したとおりの読者の属性を前提にしますと、法律文書以外の文書の作成上の注意点と共通するとはいえない点があること（**不連続性**）も理解しておく必要があります。

　例えば、日本語には主語を必要としない構文があり、その点がむしろ他の言語よりも優れた点であるといわれることもあります。しかし、法律文書の場合には、読者に「この著者はこう言いたいのだろうか、それともああ言いたいのだろうか。」と考えさせることを狙うというものではありませんから、必ず主語を明示するという方針で記述するのがその目的に沿うものというべきです。そして、「主語―目的語(補語)―述語」の構造とするのを基本として、できるだけ簡潔な文章を心がけるべきです。主語から述語までの間に、２つも３つもの事項を挿入する結果、一文が異常に長たらしい文章が判決文に多く、悪文の一例として挙げられていた時代もありました[16]が、それを踏襲するような判決文はほとんどなくなり、過去のこととなったものと思われます。少なくとも、現在では、それが推奨されるべき法律実務家の文章であるとは考えられていません。

　また、法律文書中の文章においては、**論理的明快さが第一順位の価値**ですから、主語を明示するだけでなく、構文としても**受動態を使用せず、能動態によることを原則とすべき**です。日本語の受動態の文章は、伝達内容がどうしてもあいまいになります。筆者は、受動態の文章に接した場合には、あいまいに記述する何らかの理由があるものとして、それを探求することにしています。

---

[15]　文章読本タイプの書籍には、小説家の手に成るものとして、谷崎潤一郎『文章読本［改訂版］』（中央公論社、1996年）、三島由紀夫『文章読本［改訂版］』（中央公論社、1995年）、井上ひさし『自家製　文章読本［改定版］』（新潮文庫、1987年）等の外、比較的近年のものとして、島田雅彦『小説作法ＡＢＣ』（新潮社、2009年）があります。また、ジャーナリストの手に成るものとして、辰濃和男『文章の書き方』（岩波書店、1994年）があります。

[16]　岩淵悦太郎編著『悪文［第３版］』75頁以下（日本評論社、1979年）を参照。

(7) 起承転結と三段論法

第3段階について述べたように、法律文書の基本は、「規範の特定→その内容（要件と効果）の説明→当該案件への規範の適用」という三段論法を反映させ、① 事案の概要（争点の特定）と結論の提示、② 当該事案に適用すべき規範の特定と規範の内容（要件と効果）の説明、③ 規範の当該事案への適用、④ 結論、という構造になります。これは、法律文書以外の文書の作成上の注意として説かれることの多い「起→承→転→結」の構造と煎じ詰めると同一のものです。

したがって、この構造以上に、ことさら起承転結に沿った構造にすることに固執する必要はありません。

6　第5段階——最終文書（Final Product）の作成

第1案（First Draft）の作成が一応の終了をみたとしても、**第1案がそのまま最終文書（Final Product）になることはまずありません**。前述5(2)で述べたような重大な事態が第1案作成後の検討過程で起きることもありますし、法律用語や日常用語の誤用や不統一に気づくことはしばしばですし、誤字脱字の類の細かな誤りまで入れれば、第2案の作成は当然のことであり、第3案の作成もごく普通のことです。

そこで、第1案作成後に注意すべきことを整理しておきましょう。

(1)　読者又は相手方の視点から第1案を検討すべきこと

これまでにも、一定の属性を有する読者をイメージしつつ法律文書の作成に当たるべきことを述べてきましたが、そうは言っても、第1案の起案時はどうしても論理の一貫した記述をすることに注意が集中しがちです。そこで、第1案の作成が終わってそれを検討する段階では、読者の目又は対立する相手方の目を意識してすることが効果的です。最も望ましいのは、起案者よりも力のある先輩の法律実務家に批判的に検討してもらうという手順をふむことです。

(2)　第1案の論理を修正又は変更する勇気をもつこと

前記5(2)で述べたことと同じことです。文章化して初めて考えたといえるの

ですが、文章化したものを検討することでより深く考えることができます。第
1案を検討する過程で論理の重大な誤りや論理展開の不十分さに気づくことも
決して稀ではありません。そのような場合には、第1案の論理を修正し、変更
する勇気をもっていなければなりません。

　第1案の論理を修正又は変更する必要があるかどうかを検討するには、同僚
又は先輩の法律実務家とディスカッションするのが最も効果的です。

(3)　文書全体のめりはりに注意すること

　アウトラインに従って全体として破綻なくできあがってはいるものの、論理
的に明快で説得力があるという読後感を覚える法律文書にはなかなか巡り会う
ことができません。そう感じられる法律文書を作成するようになるというの
は、中級者から上級者にステップ・アップするということにほかなりません。
「めりはり」という良い言葉があるのですが、そのような法律文書を作成する
ことができるようになるには、法律知識と論理とを身につけるだけではなく、
バランスの良い価値観と文章力とを兼ね備える必要があります。法律実務家と
しての能力全般の底上げを実現することができた結果であるということになる
のでしょう。

(4)　細部の誤りや前後の統一などを軽視しないこと

　初級者又は中級者としては、誤字脱字、文法上の誤り、法令・判例の引用表
記の誤りや不統一といった一見細かくみえることに、注意深く立ち向かうこと
が肝要です。小さくみえる事柄を放置しておいて、中身の素晴らしい法律文書
を作成することができるようになるなどという都合の良いことは起こりようも
ありません。自らの起案した文章の誤りに気づくのは存外に難しいものです。
必ず誤りがあるという目と頭で検討するのでないと、見過ごしてしまいます。

7　小括

　法律文書作成に当たっての最も基本的な共通問題を説明してきました。以上
に触れた事項は、法律文書作成のAであるとともにZでもあります。法律実務
の中で繰り返し努力する人は、これを実感することができることでしょう。

最初に述べたように、法律文書作成に上達することはなかなか難しいことです。しかし、法律実務家は、否応なく締め切り（deadline）のある文書の作成に追われています。苦手意識に囚われることなく、文書の起案に早く取りかかり（そのためには、調査に早く取りかかる必要があります。）、堅実に書き進めるようにすることです。初心者であって、冒頭部分からきれいに書き始められないという場合には、構想のまとまっている書きやすい部分から始めるというのでも構いません。書き進めるうちに、残した部分についても文章化できるようになるということは、誰しも経験することです。また、ワードプロセッサ・ソフトウェアを使用してコンピュータ上で起案するという方法によるのでしょうから、どの部分から書き始めても、そう大きな問題はありません。

　特に初心者のうちは、完璧を求めるあまりに文書の起案に取りかかることができないということもあるでしょう。第1案に完璧を求めずに、一応の調査が終了し、アウトラインができあがったら、早めに起案に着手する癖をつけるのが第一歩です。そして、第1案の作成と第2案への着手との間、第2案の作成と第3案への着手との間に、1日、2日程度の時間の余裕を置くようにするのが第三者の視点で見直すためには必要です。このような時間的余裕をもった見直しのためにも、早めの起案着手が必要です。第1案の作成が締め切りに追われ、締め切り間際に完成というのでは、第1案としても良いものにはなりませんし、その後に実質的に見直すこともできません。また、同僚又は先輩の法律実務家による検討も十分には期待できません。「**着手を早く**」が**鉄則**です。

第2章 日本の法と裁判手続の構造

I　日本法の存在形式──法源

1　法源とは

　法の存在形式、すなわち、規範の内容を具体的に認識しようとする場合の手がかりを「**法源（source of law）**」といいます。英米法系の国においては制定法（statutes）と判例法（judicial precedents）の2つが法源として挙げられますが、大陸法系の国においては**制定法**のみが法源として挙げられます。

2　日本法における判例

　判例が法源になるというためには、裁判所がある事件を解決しようとする際に、そこで問題になっている法律問題について先例がある場合には、原則としてそれに従って裁判をすべきであるという先例拘束性の原理（doctrine of stare decisis）を採用していることが必要です[1]。

　日本法は大陸法系に属しており、先例拘束性の原理を採用していませんから、判例を法源として挙げることはできません。しかし、第1章II-3(1)に述べたとおり、判例が裁判規範として実際に果たしている役割は制定法そのものに劣後するものではなく、さらに、紛争になった場合における裁判規範としての判例がビジネスを含む市民生活における行為規範としても常に参照されていますから、**裁判上裁判外を問わずその重要性はいくら強調しても強調しすぎる**ことはありません。

II　制定法と慣習（法）

1　制定法の種類と構造

　我が国の制定法は、日本国憲法を頂点として、国会の制定する法律（憲法59条）、行政機関の制定する命令（そのうち最も重要なのが内閣の制定する政令）

---

(1)　先例拘束性の原理については、田中英夫『英米法総論㊦』477頁以下（東大出版会、1980年）を参照。

（憲法73条 6 号）及び裁判所の制定する規則（憲法77条）、地方公共団体の制定する条例（憲法94条）という体系を成しており、ここまではほぼ異論がありません。

問題なのは条約ですが、自動執行的な（self-executing）条約[2]の国内法における位置付けは、憲法に劣後し法律に優先するというのが一般的な理解です[3]。したがって、「憲法→条約→法律→命令・裁判所規則→条例」という構造になっているものと理解することができます。

2 慣習（法）

任意規定（法令中の公の秩序に関しない規定）と異なる慣習があり、当事者がその慣習による意思を有している場合には、その慣習に従って法的な効果が発生することとされており、これを「**事実たる慣習**」といいます（民法92条）。しかし、事実たる慣習については、それによって利益を受ける当事者においてその存在と当事者がそれによるとの意思を有していることを主張・立証する必要があります。

これに対し、慣習が確立していて関係者がその拘束力を認めるに至っている場合には、そのような慣習は「**慣習法**」と呼ばれます。慣習法については、制定法の効果を受ける場合と同様、当事者がその存在と当事者がそれによるとの意思を有していることを主張・立証する必要はありませんが、制定法に劣後するものとされています（法の適用に関する通則法 3 条）。したがって、その内容が任意規定と異なるものである場合において、それによって一定の法律効果を導こうとするときは、当事者がそれによることの意思を有していることを主張・立証する必要があります。なお、商事に関する商慣習法については、「商法→商慣習法→民法」という優先劣後関係に立ちます（商法 1 条 2 項）。

---

(2) 自動執行的な条約の例としては、国際物品売買契約に関する国際連合条約（ウィーン売買条約）があります。我が国においては、2009年 8 月 1 日に国内法として発効しています。

(3) 最大判昭和34・12・16刑集13巻13号3225頁（砂川事件判決）は、本文の見解を前提とするように思われます。

3 法律文書作成上の留意点

　法律文書においては、これらの制定法又は慣習（法）のいずれかの解釈適用に関する議論をすることになります。

　その際に留意すべき**第1点は、問題となる制定法又は慣習（法）を明確に特定した上で議論を始めること**です。制定法の場合には、当該条項を括弧書きして用字用語に変更を加えることなく正確に引用すべきです。読みやすさを考慮して、カタカナ混じり文を平仮名混じり文に変えるといった変更を加える場合には、その旨注記しておくべきでしょう（第1章Ⅱ-5(4)）。

　第2点は、上記1、2に整理したとおり、**問題となる制定法又は慣習（法）の我が国の体系上の位置付けを意識し、読者にその認識が明確に伝わるように表現上の工夫をすること**です。例えば、特定の条約のある条項について議論する場合に、法律のある条項の解釈論の補強材料として（すなわち、参考のために）議論しているのか、当該条約の条項の効力自体を主張するという前提で議論しているのかを明らかにしておくべきです。この点をあいまいにしたまま議論を始めているために、議論の目的が判然としない法律文書に出会うことがあります。

4 解釈方法論の色々

　制定法は、第1章Ⅱ-4で述べた法的三段論法の大前提を成す要件と効果とを規定しています。しかし、制定法の規定は、その要件と効果のいずれについても、多くの社会事象に対応することができるように、ある程度類型的な言葉で叙述されています。ここに制定法の解釈という作業が必要になる理由があります。

　制定法の解釈は、条文のテキストが出発点になるのですが、その解釈態度を大別すると、当該制定法の立法当時の立法者の意思（目的と価値判断）を探求すべきであるとする立場と、社会や市民の価値観が変化することを前提として当該制定法の客観的意味を探求すべきであるとする立場との2つが対立しています。前者は、変化することのない過去の立法者意思の内容を確定することを最重要視するものであり、「歴史的・主観的解釈」というべきものです。後者は、制定法が立法者意思から独立した存在になるとし、社会や時代の変化に対

応してその意味内容が変化することを認めるものであり、「**目的論的・客観的解釈**」というべきものです。アメリカ合衆国においては、この2つの解釈の方法論が連邦憲法の解釈をめぐって鋭く対立しています[4]。

　我が国においては、条文解釈の対立が上記のような基本的な解釈方法論の対立として意識され議論されることはそれ程多くはありません。しかし、先端性の高い法律問題については、解釈方法論の対立が顔をのぞかせることがあります。前者の立場に立つ論者は、「当該問題の解決規範は用意されていないから、立法によるしかない。司法は、裁判規範がないことを前提として、結論を出すべきである。」などと主張し、後者の立場に立つ論者は、「当該問題は、現在の法律の条文を合理的に解釈することによって解決することが十分に可能であり、裁判規範は既に用意されている。立法をするとしても、これを確認するか変更する作業ということになる。」などと主張するといった具合です。弁護士の場合は、依頼者の利益との関係から自らの主張すべき結論に制約を受けることになりますが、その結論に向かってする解釈論がどのような方法論によるのかを意識していることが必要ですし、裁判官の場合も、それぞれの議論がどのような方法論によって導かれるのかを認識していると、いずれの結論を採るにせよ、その後の影響を正確に予測することができます。

　なお、上記のような制定法の解釈方法論の基本的対立とは別に、制定法の解釈技法として、**文理解釈**、**制限解釈**、**反対解釈**、**拡張解釈**、**勿論解釈**、**類推解釈**といったものが挙げられます。これらは、いずれも、条文のテキスト（文言）を出発点として、制定法の実現すべき目的（立法趣旨）を考慮して、合理的な結論を導くための論理を分類して名付けたものです[5]。ここでは、その一々の説明をしませんが、法律実務家としては、**自らの提示する解釈論がそのうちのいずれによっているのかを意識**していることが必要です。また、我が国の判例は、前述のとおり、制定法の条文解釈をしたものですが、**法律文書において引用する判例のそれぞれが上記のいずれの解釈技法によっているのかを認**

---

(4)　藤倉皓一郎＝小杉丈夫『衆議のかたち──アメリカ連邦最高裁判所判例研究（1993〜2005）』7頁（東大出版会、2007年）を参照。

(5)　長谷川彰一『改訂　法令解釈の基礎』403頁以下（ぎょうせい、2008年）を参照。

識していると、各判例の射程範囲を考える上でも有効です。

［演習問題５］

　　次の最高裁判例が結論を導くに当たって使用した解釈技法が本文に挙げ
たうちのいずれであるかにつき、メモを作成せよ。
1　最３小判平成６・３・22民集48巻３号859頁
　　売主が手付けの倍額を償還して売買契約を解除するためには、買主に
　対して倍額の現実の提供をすることを要する。
2　最大判昭和40・11・24民集19巻８号2019頁
　　手付けの授受された売買契約において、当事者の一方は、自ら履行に
　着手した場合でも、相手方が履行に着手するまでは、民法557条１項に
　定める解除権を行使することができる。

［演習問題５の検討メモ］

1　最３小判平成６・３・22は、手付けを受領した売主がその倍戻しによ
　る売買契約の解除をするための要件に関する当時の民法557条１項の
　「売主はその倍額を償還して」という条文の解釈を明らかにした判例で
　ある。
　　同最高裁判決は、同条項の「償還して」という文言を基礎に据えた上
　で、買主が同条項によって売買契約の解除をする場合には、既に売主に
　手付けを交付していてそれを放棄することを要することとの均衡の点
　を、単に口頭により手付けの倍額を償還する旨を告げその受領を催告す
　るのみでは足りず、買主に現実の提供をすることを要するとする結論を
　導く理由として判示している。
　　すなわち、本最高裁判決は、文理解釈で出発し、目的論的解釈の１つ
　である類推解釈の技法を使用して結論を導いた。
2　最大判昭和40・11・24は、１と同様、手付けの授受された売買契約に
　つき、手付解除をするための要件に関する当時の民法557条１項の「当
　事者の一方が契約の履行に着手するまでは」という条文の解釈を明らか
　にした判例である。

本最高裁判決は、履行に着手した当事者が履行の着手に必要な費用を支出しただけでなく、契約の履行に多くの期待を寄せていたことを指摘し、そのような段階で相手方から契約が解除されると、履行に着手した当事者が不測の損害を被ることを防止するために特に民法557条1項の規定が設けられたものと解するのが相当であると判示し、このような同条項の趣旨から結論を導いた。

　すなわち、同条項の規定の文言は、いずれの当事者が履行に着手した場合であっても手付解除をすることはできないようにみえるものであり、そのように解釈する有力学説も存していたところ、本最高裁判決は、同条項の目的が履行に着手した当事者の損害回避にあることを理由に挙げて、目的論的解釈の1つである制限解釈の技法を使用して結論を導いた。

3　平成29年改正民法557条1項は、「買主が売主に手付を交付したときは、買主はその手付を放棄し、売主はその倍額を現実に提供して、契約の解除をすることができる。ただし、その相手方が契約の履行に着手した後は、この限りでない。」と規定し、上記2つの最高裁判例を条文化し、これらの問題について立法的解決を図った。司法判断が立法に対して影響を及ぼした一例である。

Ⅲ　判例

1　判例という用語の意義

　前記Ⅰにおいては、法源になるかどうかという観点から判例を取り上げてきましたから、「裁判の理由の中で示された先例となる法的判断」という意味で判例という用語を使用しています。

　しかし、判例という用語は、そのほかに、「個別の裁判そのもの」という意味で使用されることがあります。本来は、「東京地裁の○年○月○日言渡しの判決又は決定」などというべきものです。

　そのほかに、「特定の問題についての裁判所の基本的な法律的考え方」とい

う意味で使用されることがあります。これを「判例理論」という用語で表現する場合もあります⁽⁶⁾。

前述のとおり、日本法は先例拘束性の原理を採用していませんから、厳密な意味での判例法の内容が問題になるわけではありませんが、民訴法318条1項、337条2項、民訴規則192条、199条1項、203条にいう「判例」に当たるかどうか、又は刑訴法405条、410条2項、刑訴規則253条にいう「判例」に当たるかどうかという形で問題になります。

そして、民訴法318条1項の規定する最高裁判例に違背する判決は、最高裁自身が判例変更をしない限り（[演習問題4]は、判例変更がされた稀な例です。）、上告審において破棄されることになりますから（第4章**B Ⅲ**）、下級審裁判所は最高裁判例に従うのが裁判の大原則です。そのような司法における実務を前提として、最高裁判例は、それに従って契約の内容が決定されるなど、一般の経済社会においても行為規範として機能しています。事実上の拘束力にすぎないとはいえ、**最高裁判例は、どのような場面においても極めて大きな権威（通用力）を有していますから、法律実務家としては、その結論が自らの抱える法律問題の解決に有利に思えるものであれ、不利に思えるものであれ、避けて通ることはできません。**

しかし、最高裁判例がすべての法律問題をカバーしているわけではありませんから、日々新たな法律問題に直面する法律実務家としては、最高裁判例が存在しない法律問題につき、第二次大戦前の大審院の裁判例、高等裁判所の裁判例、地方裁判所又は家庭裁判所の裁判例の調査を尽くすべきはもとより、最高裁判例が存在している場合であっても、その変更が要請される理由がないかどうかを下級審裁判例の動向を調査することによって探る必要がある場合もあります。

そうすると、本書においても、判例という場合に、先例となるかどうかという観点からのみでなく、広く参考になるかどうかという観点から言及する必要がある場面もあります。また、広がりをもった1つの法律分野についての判例

---

(6) 以上につき、中野次雄編『判例とその読み方［3訂版］』3頁（有斐閣、2009年）を参照。

理論に言及する必要がある場面もあります。結局、本書においても、上記の3つの意味での判例を取り扱うことになりますが、それぞれの箇所で、①　**先例となる判決（決定）又はその判断**、②　**参考になる判決例（決定例）**、③　**判例理論**、のいずれの意味で使用するのかを明らかにしておくことにします。

2　判例の体系

(1)　最高裁判例と下級審裁判例

前記1のとおり、下級審裁判所がそれに従うべきものとされている最高裁判例とそれ以外の裁判例との間には質的な相違があります。また、民訴法318条1項は、最高裁判例がない場合における大審院又は高等裁判所の裁判例と相反する判断がある事件を上告受理することができるものとしています。

そこで、法律文書において言及する場合にも、**先例としての価値のある最高裁判例と単なる参考として参照するにすぎない下級審裁判例等とは、明確に区別して取り扱うのが理論的にみて正しい**ということができます。また、そうするのが法律文書にめりはりをつけるゆえんでもあります。

大審院の裁判例については、中にはその判断が強固に定着しているものもありますが、最高裁大法廷の手続を経ることなく小法廷での判断で変更される可能性があることを認識しておく必要があります。大審院の判例集としては、明治8年から大正10年までのものとして大審院民事判決録・大審院刑事判決録が、大正11年以降のものとして大審院民事判例集・大審院刑事判例集があります。前者を「民録」・「刑録」と、後者を「民集」・「刑集」と略称します。

(2)　最高裁判所判例集と最高裁判所裁判集

最高裁の判決と決定のうち、最高裁判所判例委員会によって判例として公刊する価値があるものとされたものは、「**最高裁判所判例集**」と称する公式判例集に登載されます（判例委員会規程1条、2条）。最高裁判所民事判例集を「**民集**」と、最高裁判所刑事判例集を「**刑集**」と略称します。

その登載項目は、判示事項、判決（決定）要旨（以下、「判決」と表示し、一々決定に言及しませんが、決定をも含むものと理解してください。）、参照条文、判

決（主文と判決理由）、上告理由（民事）・上告趣意（刑事）、原判決・第一審判決（全部又は一部が省略されることもあります。）から成っています。

判示事項、判決要旨、参照条文の各項目は、判例委員会の議を経たものであり、当該最高裁判決の先例となる判断が何なのかを理解する手がかりになります[7]。「**判示事項**」は、当該判決がどのような法律問題について判断したのかを簡潔に示すものであり、「**判決要旨**」は、判示事項に示した法律問題につき、当該判決のした法律判断の結論（どのような内容の判断をしたのか）を整理して示すものです[8]。「**参照条文**」は、判示事項及び判決要旨によって示された法律判断が前述した我が国の制定法のどの条項の解釈又は適用に関するのかを示すものです。

これらを具体的に理解する一助として、以下に、最1小判昭和34・2・12民集13巻2号91頁の判示事項、判決要旨及び参照条文を挙げておきます。

［判示事項・判決要旨・参照条文の例1］

> 最1小判昭和34・2・12民集13巻2号91頁
> ［判示事項］
> 1　登記簿上所有名義を有するにすぎない者と民法第177条の第三者
> 2　真正な不動産所有者の登記簿上の所有名義人に対する所有権移転登記請求の許否

---

[7]　しかし、判示事項と判決要旨の記述を無謬のものということはできません。判決文と判示事項とが齟齬しているのではないかとの指摘を受けている民集登載判例もあります。法律実務家としては、判示事項と判決要旨のみに当たるのではなく、必ず判決文本体を精読する心がけが必要です。西野喜一『法律文献学入門』65頁以下（成文堂、2002年）を参照。

[8]　ただし、判決要旨の中には、法律判断の結論のみならず、その理由についてまで触れるものもあります。例えば、最3小判昭和30・7・5民集9巻9号1002頁の判決要旨は、「不動産の登記簿上の所有名義人は、真正の所有者に対し、その所有権の公示に協力すべき義務を有するものであるから、真正の所有者は、所有権に基き所有名義人に対し、所有権移転登記の請求を為し得るものと解するのが相当である。」としています。本文中に紹介している最1小判昭和34・2・12民集13巻2号91頁の判決要旨と比較してみてください。

［判決要旨］
1　不動産につき実質上所有権を有せず、登記簿上所有者として表示されているにすぎない者は、実体上の所有権を取得した者に対して、登記の欠缺を主張することはできない。
2　真正なる不動産の所有者は、所有権に基き、登記簿上の所有名義人に対し、所有権移転登記を請求することができる。
［参照条文］
民法177条

　また、後述するとおり、判例の射程を理解し議論するには、当該事件の事実関係を正確に把握する必要がありますが、民集及び刑集の公式判例集には上告理由（趣意）及び原判決・第一審判決が登載されており、そのための貴重な資料になります。

　最高裁の判決と決定のうち、公式判例集に登載するほど重要ではないが、裁判実務の参考になるとされたものは、「**最高裁判所裁判集**」に登載されます。最高裁判所裁判集（民事）を「**集民**」と、最高裁判所裁判集（刑事）を「**集刑**」と略称します。

　その登載項目は、民事判決については、判示事項、判決要旨（ただし、昭和54年の127号以降分）、判決及び上告理由であり、刑事判決については、判決及び上告趣意に限られています。したがって、公式判例集に登載されたものに比較すると、判例の射程等について厳密な調査や議論ができにくいということになります。さらに、集民及び集刑は市販されていないため、簡単にアクセスすることができないという欠点があります。集民及び集刑に登載された判決の多くは判例時報、判例タイムズ等の判例雑誌に登載されていますが、これらの判例雑誌に登載されていないものもかなりの数に上っており、判例雑誌に登載されていない判決はインターネット等による判例検索によっても検索できないことが多いことを知っておく必要があります。そのような判例が存在することを前提とすると、**最高裁判所裁判集（民事）要旨集**、**最高裁判所裁判集（刑事）主要裁判例要旨集**に当たって確認した方がよい場合があるということになります。

最高裁判所判例集に登載されたものであれ、最高裁判所裁判集に登載されたものであれ、後に異なる判断をするには判例変更の手続を必要としますから、理屈の上での判決の効力に序列があるわけではないのですが、上述の登載の基準とその手続に照らして、実務上の重要性には歴然とした序列があります。

法律実務家が法律文書の中で判例を扱うに際しては、次のとおりのヒエラルヒーが成立していることを明確に認識しておくことが重要です。

民集＞集民＞民録（民集）＞高裁判決（民事）＞地裁判決（民事）

刑集＞集刑＞刑録（刑集）＞高裁判決（刑事）＞地裁判決（刑事）

民集（刑集）登載の最高裁判例が存在するのに、それ以前の高裁判決や地裁判決を持ち出して議論をするのは、判例変更をすべきであるとの議論をするなど特段の事情の存するときを除き、**無意味です。**判例研究ないし判例紹介の類の原稿には、このようなヒエラルヒーを意に介さず、単に編年体で判決を並べるものがありますが、法律実務家が具体的な法律問題の解決ないし分析のために作成する法律文書においては、そのような叙述が功を奏することはありません。

3　判例の射程

(1)　判例の射程とは

法律実務家が法律文書の中で判例に言及するのは、当該判例によって具体的な法律問題を解決することができる、又は当該判例が具体的な法律問題の解決のために参考になるからです。したがって、法律実務家が法律文書を作成するに際しては、調査の過程で行き当たった判例のそれぞれにつき、目前の具体的な法律問題に関連するものかどうか、その関連性の程度はどうかを判定することが必要になります。関連性のない又は低い判例をいくら引用してみても、そのような法律文書に信頼性も説得力も生まれません。

そうすると、判例を扱うには、まずもって当該判例の適用範囲を正しく理解しなければならないということになります。判例の適用範囲のことを、一般に「判例の射程」又は「判例の射程範囲」という用語で表現します。

我が国は制定法国ですから、判例も制定法の解釈適用についてのものであ

り、判例というべき判断は、当該判決の結論を導くのに必要不可欠な制定法の要件又は効果に係る規定の解釈適用に関する判断ということになります。すなわち、我が国において判例というべき判断とは、制定法の規定の解釈適用についての結論命題であるということになります[9]。

そして、裁判における結論命題は、当該事件に存する具体的事実を前提にして一定の法律効果が発生するという形で述べられますから、当該事件に存する具体的事実のうち当該法的効果の発生を認めるのに必要最小限の類型化された事実は何かを確定する作業（分析）が必要になります。この必要最小限の類型化された事実を、英米法では「**重要な事実**（material facts）」と呼びます[10]。判例の射程を確定する作業とは、取りも直さず「重要な事実」を確定する作業です。

アメリカのロー・スクールの１年生（ONE L）の学習は、契約法、不法行為法等の分野の判決を読んで、各判決の「重要な事実」は何かを分析する力を養うことに重点が置かれており、それを教育方法論としてのソクラティック・メソッド（Socratic Method）が支えています。一定の法律効果(A)を導くために必要かつ最小限の類型化された事実は、（ a 、b 、c 、d ）であるのか（ a 、b 、c 、d 、e ）であるのか、そう考えるべき根拠はどこにあるかを、様々な法分野について１年かけて議論し、徹底的にロー・スチューデントの身に浸み込ませるということをしています。

この議論をチャートで表現すると、以下のとおりです。

---

(9) 中野・前掲注(6)39頁以下を参照。
(10) 「重要な事実」につき、田中英夫・前掲注(1)483頁以下を参照。

[図2 ― 判例の射程]

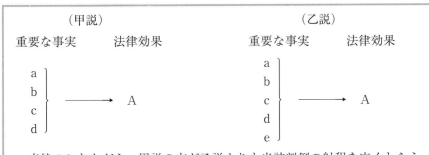

当然のことながら、甲説の方が乙説よりも当該判例の射程を広くとらえている。

　我が国の司法研修所における法曹教育（特に、民事裁判科目）では、アメリカのロー・スクールにおける判例の代わりに制定法を素材にし、併せてそれぞれの法律効果を訴訟における主張・立証責任の構造の中に位置付けて議論をすることによって、法的議論を攻撃防御の観点から立体的に理解させるという方法をとってきました。これが、いわゆる「**要件事実教育**」であり、筆者は、アメリカのロー・スクールにおける教育と共通するところの多いものと考えています。

(2) 判例の射程を考えてみる

　以上を前提にして、実例に当たって判例の射程を考えてみることにしましょう。

[演習問題6]

【検討課題】
　弁護士Lは、Yから、次のような事案につき依頼を受けた。弁護士Lとして、この事案が下記の最高裁判例の射程の範囲内にあるかどうかについて検討せよ。
【依頼を受けた事案】

第2章　日本の法と裁判手続の構造　59

1　私（Y）は、アルバイト先の会社で正社員であるAと知り合い、お付き合いをするようになりました。付き合い始めて半年ぐらいたった時に、Aから、「妻Xがいるが、離婚することになっていて、既に別居して、自分は賃貸マンションで一人で生活している。妻Xと離婚したら、正式に結婚してほしい。」と言われました。

2　Aの住居を訪ねてみると、Aは本当に一人暮らしをしていたので、私は、Xとは離婚することになっているとのAの言葉を信じ、3か月後に肉体関係をもつようになり、それから4か月後にはAのマンションで同棲するようになりました。

3　AとXとの離婚をめぐる交渉がなかなか進展しないでいたところ、私は、私の存在を知ったXから、不法行為を理由に慰謝料500万円の支払を求めて訴えを提起されました。

【最高裁判例──最2小判昭和54・3・30民集33巻2号303頁とその事案の概要】

1　乙男と丙女は、自然の愛情により恋愛し、肉体関係をもつに至った。当時、乙には妻甲と子がおり、甲乙間の婚姻関係は破綻していなかった。丙は、乙と肉体関係をもった時点で乙に妻子がいることを知っており、その後、乙との間に子をもうけた。乙丙の関係が甲に発覚したことから、甲乙が不和になりその婚姻関係が破綻し、結局、乙と丙は同棲するに至った。

2　甲は、丙を被告とし、不法行為を理由として、損害賠償（慰謝料）を請求した。

3　東京高裁は、乙と丙との関係が自然の愛情に基づいて生じたものであることを理由に、丙の行為には違法性がないから、丙は、乙の妻甲に対して不法行為責任を負わないと判断した[11]。

4　甲の上告を受けて、最高裁は、以下のとおり判断し、3の原判決を破棄して事件を差し戻した。「夫婦の一方の配偶者と肉体関係を持った第三者は、故意又は過失がある限り、右配偶者を誘惑するなどして肉体関

───────────

(11)　東京高判昭和50・12・22判時810号38頁。

係を持つに至らせたかどうか、両名の関係が自然の愛情によって生じた
かどうかにかかわらず、他方の配偶者の夫又は妻としての権利を侵害
し、その行為は違法性を帯び、右他方の配偶者の被った精神上の苦痛を
慰謝すべき義務があるというべきである。」

［演習問題6の検討結果］

1 　問題は、本最高裁判例が、第三者が夫婦の一方の配偶者と肉体関係を
もった場合に、その時点において当該夫婦の婚姻関係が破綻していたか
どうかにかかわらず、第三者に故意又は過失がある限り、他方の配偶者
に対して不法行為責任を負うとの判断をしたものと理解すべきであるか
どうかにある。

2 　この問題を解決したのが、最3小判平成8・3・26民集50巻4号993
頁である。最3小判平成8・3・26は、「Xの配偶者Aと第三者Yが肉
体関係を持った場合において、XとAとの婚姻関係がその当時既に破綻
していたときは、特段の事情のない限り、Yは、Xに対して不法行為責
任を負わないものと解するのが相当である。」との判断を示した上で、
最2小判昭和54・3・30につき、「所論引用の判例（……）は、婚姻関
係破綻前のものであって事案を異にし、本件に適切でない。」として、
その射程を明らかにした。すなわち、最3小判平成8・3・26は、本最
高裁判例につき、第三者が夫婦の一方の配偶者と肉体関係をもった場合
に、その動機や行為の態様如何によって違法性の有無自体に消長を来す
ことはないとの立場を明らかにしたにすぎず、肉体関係をもった時点に
おいて当該夫婦の婚姻関係が既に破綻していたときをも包含した判断を
したのではないと解した。

4 　これを、前述の「重要な事実」の概念を使って説明すると、「肉体関
係を持った時点において当該夫婦の婚姻関係が破綻していない」という
事実が、この点についての主張・立証責任を当事者のいずれが負うべき
であるかの点はともかく、本最高裁判例の射程を決する「重要な事実」
の1つであるということである。

第2章　日本の法と裁判手続の構造　61

> 5　結論は、Yの説明する事実関係を前提とする限り、依頼を受けた事案
> 　は同判決の射程外であるということになる[12]。

4　判例の種類──法理判例、場合判例、事例判例

　個別の最高裁判決についてその判例としての射程を確定するには、前記3(1)
の［図2─判例の射程］の例によると、「eという事実がなくても、Aという
法律効果を認めることに問題がないかどうか」を、当該判決に即して検討する
ことが必要になります。そして、この点に争いが生じた場合、最終的には、当
該最高裁判例が言い渡された後の具体的な事件において、最高裁がそれを判断
することになります。［演習問題6］で取り上げた最3小判平成8・3・26は、
最2小判昭和54・3・30の射程についての判断をその一部に含んだ判決という
ことができます。

　しかし、個別の判例の射程の問題を離れて、判例と呼ばれるものにもおのず
から射程の広いものと狭いものとがあります。学問的な観点からの厳密な区別
ではありませんが、実務上、法理判例、場合判例、事例判例という3つに区別
されており、民集の判示事項と判決要旨も、これを意識した表現になっている
ことが通常です。法律実務家は日常的に判例に接する職業ですが、この区別の
大枠を頭に置いておくと、当該判例の内容を理解し、さらに射程を理解する手
助けになります。ここでの区別は、あくまでも当該判決の結論を導くのに必要
不可欠な判断についてのものであり、結論を導くための理由となる一般的な命
題のことをいうのではありません[13]。

　「**法理判例**」とは、制定法の要件又は効果に係る規定の解釈を示す判断をし
たものをいいます。これに対し、「**事例判例**」とは、制定法の要件又は効果に
係る規定の一定の解釈を前提として、当該事案についての適用の可否を示す判
断をしたものをいいます。「**場合判例**」は、2つの中間に位置し、そこで示さ

---

(12)　最3小判平成8・3・26につき、田中豊・最判解民事平成8年度(上)233頁を参照。

(13)　一般的な理由付け命題を判例ということができるかどうかの詳細については、中野・
　前掲注(6)44頁以下を参照。

れた判断が当該事案に限定されるわけではないが、制定法の要件又は効果に係る規定の解釈としては１つの場面に限定されたものをいいます。最高裁判決を素材としてみてみると、具体的なイメージをつかむことができると思います。

そこで、最大判昭和62・9・2民集41巻6号1423頁を素材にして、この点を検討してみましょう。その判示事項、判決要旨及び参照条文は、次のとおりです。

［判示事項・判決要旨・参照条文の例２］

最大判昭和62・9・2民集41巻6号1423頁

［判示事項］

1　長期間の別居と有責配偶者からの離婚請求
2　有責配偶者からの離婚請求が長期間の別居等を理由として認容すべきであるとされた事例

［判決要旨］

1　有責配偶者からされた離婚請求であっても、夫婦がその年齢及び同居期間と対比して相当の長期間別居し、その間に未成熟子がいない場合には、相手方配偶者が離婚によって精神的・社会的・経済的に極めて苛酷な状態におかれる等離婚請求を認容することが著しく社会正義に反するといえるような特段の事情のない限り、有責配偶者からの請求であるとの一事をもって許されないとすることはできない。
2　有責配偶者からされた離婚請求であっても、夫婦が36年間別居し、その間に未成熟子がいないときには、相手方配偶者が離婚によって精神的・社会的・経済的に極めて苛酷な状態におかれる等離婚請求を認容することが著しく社会正義に反するといえるような特段の事情のない限り、認容すべきである。

［参照条文］

（1、2につき）民法1条2項、770条

上記の判示事項と判決要旨をみますと、判例委員会は、最大判昭和62・9・

２が法理判例と事例判例という２つの性質を有する判断をしたと考えていることを理解することができます。判示事項、判決要旨の各１は法理判例として、判示事項、判決要旨の各２は事例判例として取り上げています。

この判決が最高裁大法廷でされているのは、民法770条１項５号の規定の解釈につき、「有責配偶者からの離婚請求は許されない」とする判例が既に存在しており、その判例を変更する必要があるとの認識を前提としています。現に、最大判昭和62・9・2は、最３小判昭和27・2・19民集６巻２号110頁、最２小判昭和29・11・5民集８巻11号2023頁、最３小判昭和29・12・14民集８巻12号2143頁を具体的に変更すべき判例として摘示しています。しかし、最３小判昭和29・12・14はともかく、その他の２つの判決については、「有責配偶者からの離婚請求は許されない」との判断が当該判決の結論を導くために必要不可欠の判断ということができるかどうかには疑問があります[14]。

いずれにしても、最大判昭和62・9・2の判示事項、判決要旨の各１は、「有責配偶者からの請求であるとの一事をもって〔離婚請求が〕許されないとすることはできない」との判断を示したものとみれば、法理判例の性質を有するということができます。また、これを、「有責配偶者からされた離婚請求であっても、夫婦がその年齢及び同居期間と対比して相当の長期間別居し、その間に未成熟子がいない場合には、相手方配偶者が離婚によって精神的・社会的・経済的に極めて苛酷な状態におかれる等離婚請求を認容することが著しく社会正義に反するといえるような特段の事情のない限り、許される。」との判断を示したものとみれば、有責配偶者からの離婚請求が許される場合を明らかにした場合判例の性質を有するということができます。

次に、同判決の判示事項、判決要旨の各２は、原判決が確定し、同判決が摘示した事実関係の下で有責配偶者からの離婚請求が許されるとの適用判断を示した事例判例の性質を有するものです。

---

[14]　門口正人・最判解民事昭和62年度548〜550頁を参照。

Tea Time

●法理判例と事例判例、反対意見と意見●

　最３小判昭和63・３・15民集42巻３号199頁は、一般にクラブ・キャッツアイ事件判決と呼ばれており、カラオケ・スナックにおけるカラオケ伴奏による客の歌唱につき、当該スナックの経営者が著作物利用の主体として著作権侵害の責任を負うのかどうかが判断された著名な判決です（Appendix5参照）。

　この判決は、カラオケ・スナックにおける著作物利用の実態に即して、当該スナックの経営者が著作物の利用主体に当たると判断した「事例判例」です。事例判断の背景にある理屈に着目していわゆる「カラオケ法理」を示した「法理判例」であるかのように紹介されることもありますが、同判決の正確な理解とはいえません。

　また、法廷意見の結論に賛成しつつ、別の理屈によるべきであるとして付された伊藤正己裁判官の「意見」が「反対意見」として紹介されることもありますが、後述６のとおり、「反対意見」、「意見」、「補足意見」の用語の使い分けをわきまえたものではありません。

　最高裁判決の判例評釈を読むときには、このあたりを正確に理解したものであるかどうかに注意してみるのも一興でしょう。

5　判例の射程外であるというだけでは用が済まない

　検討対象である事案が既存の判例の射程内であるか射程外であるかという議論に熱中していると、**既存の判例の射程外であると考えるのが正しい場合には、検討対象である事案においては既存の判例と同じ法的効果の発生を認めないとの結論が導かれると考えがちですが、それは誤りです。**

　前記３(1)の［**図２─判例の射程**］の例によって考えてみると、よく分かります。

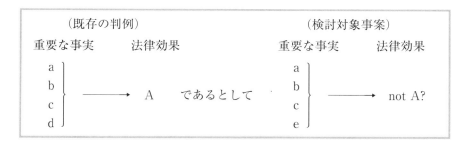

　一定の法律効果Aを導くために必要かつ最小限の類型化された事実は（a、b、c、d）であるというのが既存の判例であると仮定した場合に、検討対象事案に存在する事実が（a、b、c、e）であるということの意味は、検討対象事案が既存の判例の射程外であるというだけのことです。すなわち、検討対象事案においては、既存の判例に依拠して法律効果Aを導くことができないというに尽きるのであって、（a、b、c、e）という事実の組合せによって同一の法律効果Aを導くことができるかどうかは、全く別の問題です。例えば、**事実eが事実dとは同一性のない事実ではあるが、法律効果Aの発生を認めるべき理由との関係からすると、事実eをもって事実dに代替させることに合理性があるのであれば、（a、b、c、e）という事実の組合せによって同一の法律効果Aを導くのは、背離ではないのです。**そこで、（a、b、c、e）という事実の組合せによって同一の法律効果Aを導くことができるとするのが相当である場合には、既存の判例に加えて新しい判例が形成されることになります。したがって、（a、b、c、e）という事実の組合せによって法律効果Aの発生を肯定すべきであるという結論を導くにせよ、肯定すべきでないという結論を導くにせよ、そう結論する理由が必要になるのです。

　以上の理屈はそう難しいものではありませんし、前記4で説明した事例判例についてみれば、具体的に理解することに困難を覚えることもありません。しかし、裁判上、裁判外を問わず、「本件は法律効果Aの発生を肯定した既存の判例とは事案を異にする（射程外である）。したがって、本件では法律効果Aの発生は認められない。」という議論に接することがしばしばあります。注意が肝要です。

　例えば、［演習問題6の検討結果］で取り上げた最3小判平成8・3・26は、

最２小判昭和54・3・30につき、「所論引用の判例……は、婚姻関係破綻前のものであって事案を異にし、本件に適切でない。」として、当該事件が既存の判例の射程外であることの理由を述べただけではなく、「Ｘの配偶者Ａと第三者Ｙが肉体関係を持った場合において、ＸとＡとの婚姻関係がその当時既に破綻していたときは、特段の事情のない限り、Ｙは、Ｘに対して不法行為責任を負わないものと解するのが相当である。」との新たな判例としての判断（結論命題）を示した上で、「ＹがＡと肉体関係を持つことがＸに対する不法行為となるのは、それがＸの婚姻共同生活の平和の維持という権利又は法的保護に値する利益を侵害する行為ということができるからであって、ＸとＡとの婚姻関係が既に破綻していた場合には、原則として、Ｘにこのような権利又は法的保護に値する利益があるとはいえないからである。」と述べて、このような結論命題を導く理由を明らかにしています。

6　主論と傍論との区別、少数意見（特に、反対意見）の意味

　１つの判決は、その理由中で幾つかの法律判断をした上で結論に到達するのが普通です。これまで繰り返し述べてきたとおり、結論命題のみが判例としての判断部分ですから、**理由中に示されたその他の法律判断は先例としての意味をもつ判断ではありません。**

　英米法では、判例としての判断部分を**主論**（ratio decidendi）と呼び、それ以外の判断部分を**傍論**（obiter dictum）と呼びます[15]。英米法系の国でない我が国でも、主論と傍論とを区別して認識するのが重要であることに変わりはありません。

　最高裁判決の理由中の判断である場合には、傍論ではあっても、当該判決に関与した裁判官の全員一致又は多数の法廷意見として示されたものですから、その判断が将来の判例に発展する可能性がありますし、判例になる前の時点においても、その内容次第では、下級審の裁判をリードする効果が一定程度あります。逆に、理由中に述べられた一般命題につき、それが傍論であるとして、

---

[15]　主論と傍論につき、田中英夫・前掲注(1)482頁以下を参照。

第2章　日本の法と裁判手続の構造　67

判例変更の手続によることなく、後の判決でそれとは異なる判断がされることもあります。

　また、最高裁判決には、下級審判決とは異なって、法廷意見である多数意見のほかに、少数意見が付せられることがあります。少数意見には、**反対意見**、**意見**、**補足意見**の3種類があります。いずれも、争点ごとに考えられています。「**反対意見**」とは、ある争点についての多数意見の結論に反対するものです。単なる「**意見**」とは、ある争点についての多数意見の結論には賛成しつつ、その理由付けを異にするものです。「**補足意見**」とは、多数意見に加わった裁判官が何らかの理由から自らの意見を付加するものです[16]。そして、このような少数意見の中には、例えば、補足意見が法廷意見の射程を画するのに示唆を与える場合、傍論についての反対意見が将来の判例形成の伏線になる場合等、重要な役割を果たすことがあります。

　したがって、**法律実務家としては、傍論である又は少数意見であるという理由だけで、これらを軽視することはできません**。法律実務家としては、最高裁判決については、主論と傍論とを区別し、法廷意見である多数意見の内容を正確に理解しておくことが必要ですが、その上で多数意見中の傍論及び少数意見にも目配りをしておくという対処が必要になります。

　これを実際の判例でみてみましょう。

[演習問題7]

【検討課題】

　以下の【検討事案】を担当している裁判官 J として、次の2点を検討せよ。

1　最1小判昭和49・10・24の判断3の①、②につき、主論と傍論とを識別せよ。

2　下級審裁判所が同判断3の①と異なる判断をした場合、それをもって

---

[16]　ただし、実際の最高裁判決に付されている少数意見における反対意見、意見、補足意見の区別が必ずしも本文のとおりにされているわけではないことにつき、中野・前掲注(6)105頁を参照。

判例違反ということができるか。

【検討事案】

1 　Xは、競売による売却により、本件土地を買い受けたが、本件土地上にはYの所有名義の建物が建っている。そこで、XはYを被告として、建物収去土地明渡請求訴訟を提起した。

2 　Yは、Xが本件土地の所有者であることは争わず、自らに本件土地の占有権原があるとも主張せず、ただ、本件建物を既にZに売却したから、本件土地を占有していないと主張し、YZ間の建物売買契約書を提出するなどして争った。

【最1小判昭和49・10・24集民113号47頁の事案とその判断の要約】

1 　土地所有者甲から同土地上に建物を所有する乙に対する建物収去土地明渡請求訴訟につき、請求を認容する判決（前訴判決）が言い渡され、確定した。

2 　しかし、同訴訟の事実審の口頭弁論終結前に、建物が乙から丙に譲渡され、丙が所有権移転の仮登記を経由したものの、本登記を経由しないでいた。丙は、前訴判決の確定後、本登記を経由した上で、丙が前訴の口頭弁論終結後の承継人に当たると主張して、請求異議の訴え（後訴）を提起した。

3 　本最高裁判決は、後訴の上告審判決であるが、以下のとおり判断した。

①　土地所有権に基づく物上請求権の訴訟においては、現実に家屋を所有することによってその土地を占拠し、土地所有権を侵害している者を相手方とすべきものであり、地上家屋が譲渡されたにもかかわらず、所有権移転登記が経由されないで、登記簿上譲渡人所有名義のままになっていても、地上家屋の譲渡人は、現実にその敷地を占拠して土地を侵害しているということができないから、このような譲渡人に対して物上請求権を行使して地上家屋の収去を求めることは許されない。

②　譲受人丙は、建物の譲受けにより、その登記の如何にかかわらず、前訴の事実審の口頭弁論終結以前に同建物の収去義務を承継したか

ら、前訴の事実審の口頭弁論終結後の承継人に当たらず、前訴の確定
判決を債務名義とする請求異議の訴えにつき原告適格を有するとはい
えない。

4　本最高裁判決には、以下のとおり、2名の裁判官の反対意見が付され
ている。

①　土地所有者は、建物所有権の帰属そのものを争っているのではな
く、他人の建物による自己所有の土地の不法占拠を問題にしているの
であるから、建物の物権変動について登記の欠缺を主張するにつき正
当な利益を有する者とはいい難く、厳密な意味においては、民法177
条の第三者に当たらないが、建物収去土地明渡請求の相手方を登記に
よらず常に建物の実質的所有者にすべきであるとすると、土地所有者
は登記を信頼することができず、常に建物の実質上の所有者を探求
し、その者を被告として訴えを提起することを強いられるのみなら
ず、相手方においてたやすく建物所有権の移転を主張して明渡請求を
困難ならしめる危険にさらされることとならざるをえないが、このよ
うな不都合を避けるために、公示の原則を尊重し、土地所有者からの
責任追及の相手方を明確ならしめる利益を重視して、民法177条の原
則をこの場合に類推するのが相当である。土地所有者は、登記を経由
しない建物の譲受人を不法占拠者と認めることはもとより妨げない
が、登記名義人である譲渡人を建物所有者すなわち不法占拠者と認め
ることもできる。

②　丙は、前訴の事実審の口頭弁論終結後に仮登記の本登記を経由した
から、その時点で前訴の確定判決に基づく建物収去土地明渡義務を承
継したものとして、同判決を債務名義とする執行を受忍すべき立場に
ある者として、原告適格を肯定すべきである。

［演習問題7の検討メモ］

1　本最高裁判決の事件の結論を左右する問題は、請求異議の訴えの原告
適格如何にある。そして、本最高裁判決は、譲受人丙が前訴の事実審の

口頭弁論終結後の承継人に当たらず、丙に後訴の請求異議の訴えの原告適格を認めることができないことを理由に、訴えを却下すべきものとしたものであるから、結論命題として拘束力を有する主論は、3の②の判断部分のみであるということができる。

2　土地所有者の有する当該土地上に存する建物を収去しての土地の明渡しを請求する物権的請求権が、同建物の所有権の移転によって常に必ず消滅するかどうかに関する3の①の判断部分は、一般的な理由付け命題であって傍論と位置付けるべきものである。このように考えれば、下級審裁判所が3の①の判断と異なる判断をしたとしても、それをもって判例違反ということはできない。

3　現に、最3小判平成6・2・8民集48巻2号373頁は、本最高裁判決の3の①の判断部分を傍論、同②を主論と位置付けて、判例変更の手続によることなく、Xの所有地上の建物の所有権を取得し、自らの意思に基づいてその旨の登記を経由したYは、たとい同建物をZに譲渡したとしても、引き続き右登記名義を保有する限り、Xに対し、建物所有権の喪失を主張して建物収去・土地明渡しの義務を免れることはできない旨判断した[17]。

4　なお、最3小判平成6・2・8の法廷意見は、理論構成に多少の修正を施してはいるが、本最高裁判決の3の①の判断部分についての反対意見4の①と同趣旨のものとみることができる。

5　物権的請求権と物権変動の対抗要件に係る民法177条、200条、206条の各規定の解釈に関する問題であるが、ここに判例による法創造の実際を見ることができる。

7　判例集、判例評釈、判例解説

法律実務家と判例とは切っても切れない関係にあり、判例を正確に理解する

---

[17]　最3小判平成6・2・8につき、西謙二・最判解民事平成6年度163頁を参照。

ことの重要性は、誤りのない法律文書又は説得力のある法律文書の作成という観点からしても、いくら強調してもしすぎることはありません。

　個別の最高裁判決につき、判例の射程、主論と傍論との区別等を理解するためには、**判例集のテキストに当たる**必要があります。判例集の判示事項、判決要旨は、自ら考える際の参考にすることはできますが、それらが常に必ず正しいわけではありません。明らかな傍論が判示事項、判決要旨として抽出されている例がある[18]ことは、既に指摘されているとおりです[19]。法律実務家としては、**法律文書中で判例を扱う場合には、自ら、当該事件の事実関係を整理し、判決理由に実際に当たることによって、判例の射程等について考える癖をつけておく**ことが重要です。

　そして、法律文書中で判例を扱う場合には、当該判例の事実関係、第一審判決と控訴審判決の内容、それまでの判例の展開、判決理由中に述べられている法律論の理論的背景等を調査・研究することが必要になります。公式判例集に登載された判例についての調査・研究をする場合に最も参考になるのが、当該判例を担当した**最高裁調査官**による**判例解説**です。特に、昭和40年ころ以降の判例解説は、通常かなり詳細なものになっています。また、判例解説は、その執筆時までに発表されている研究者等による判例評釈にも目を通した上で執筆されることが通常であり、それら判例評釈は判例解説の末尾に必ず摘示されていますから、更に他の判例評釈に当たる必要を感じるときには、それらに当たることもできて便利です。ただし、担当調査官による判例解説であるとはいえ、そこに述べられている見解は個人的なものであって、最高裁の公式見解といった性質のものでないことに留意しておくべきでしょう。

　しかし、ある年度の担当調査官による判例解説が出揃うまでに２年ないし３年を要するのが現状ですから、必要な時に判例解説が公表されていないことも

---

[18]　主張・立証責任を負わない当事者の事案解明義務についての判例として著名な最１小判平成４・10・29民集46巻７号1174頁（伊方原発事件判決）の事案解明義務についての判断部分が全くの傍論であることにつき、田中豊『民事訴訟判例読み方の基本』259頁（日本評論社、2017年）を参照。

[19]　中野・前掲注(6)30〜31頁を参照。英米の判例集の冒頭の要約部分につき、田中英夫・前掲注(1)482頁も同様の指摘をしています。

あります。そのようなときであっても、公式判例集及び裁判集（民事・刑事）登載の判例については、登載の決定された翌月ころのジュリストの「時の判例」欄に担当調査官による簡潔な解説が掲載されるのが通例ですから、それを参考にすることができます。

なお、実際には、種々の理由から、研究者等による判例評釈に当たって調査・研究する必要が生ずることもありますが、担当調査官による判例解説とは異なり、繁簡精粗様々ですし、そのレベルも様々です。法律実務家としては、その点を心得て対処することになります。

IV　裁判手続

1　審級制とは

日本は連邦制国家ではないので、前記Ⅱに述べたようにその制定法の構造は簡明なものです。それと同様、裁判手続も、アメリカ合衆国におけるように、連邦政府の設営する裁判所と州政府の設営する裁判所とで役割分担をするという複合構造ではなく、日本国の設営する単一構造であって簡明なものです。

とはいうものの、法律文書の基本を成す裁判文書を作成する場合には、その形式と内容のいずれを決するに当たっても、**日本の裁判手続の構造──すなわち、審級制──を正しく理解**しておく必要があります。

裁判所のした裁判に対してより上級の裁判所に不服を申し立てることを**上訴**といい、どの裁判所が最初の裁判をし（この裁判所を「第一審裁判所」といいます。）、その裁判に対してどの裁判所に上訴することができるかの定めを審級管轄といいます。民事事件の判決手続を前提にしますと、上訴として**控訴**と**上告**の２段階のある三審制が採られています。

ただし、一部の行政訴訟──例えば、特許法178条に規定する審決等に対する不服の訴訟──については、その第一審の裁判権は東京高等裁判所に属するとされており[20]、ここでは三審制が貫徹されていません。最高裁判所の系列に属しない特別裁判所の設置は憲法76条２項で禁止されていますが、これは行政機関が前審として裁判することを禁止するものではないのです（裁判所法３条２項）。したがって、そのような審判手続に関与する法律実務家としては、当

該手続の構造を十分に認識して、適時に適切な主張・立証をしておかないと失権することになります。注意が必要です。

(1) 第一審裁判所

第一審裁判所としては、一般的な管轄権を有する**地方裁判所**（各都府県に１、北海道に４）と訴訟の目的の価額が140万円を超えない請求（行政事件訴訟に係る請求を除く。）についての限定された管轄権のみを有する**簡易裁判所**（2018年現在、全国に438）とが設けられています（裁判所法24条、25条、33条、34条）。

また、**家庭裁判所**（地方裁判所と同じ数）は、民事事件については、家事審判法で定める家庭に関する事件の審判及び調停と人事訴訟法で定める人事訴訟の管轄権を有しています（裁判所法31条の３）。

簡易裁判所における裁判は、一人制で行われます（裁判所法35条）。地方裁判所では、上記の控訴事件と特に合議体でする旨決定した事件とを除き、一人制で行われます（裁判所法26条）。家庭裁判所における審判も、原則として一人制で行われます（裁判所法31条の４）。

地方裁判所又は家庭裁判所において合議体で審判された場合に、その判決が全員一致によるものであるか多数決によるものであるかどうか（すなわち、少数意見が存したのかどうか）を明らかにする制度は採用していません。我が国では、最高裁判所においてのみ少数意見を付することが認められています（裁判所法11条）。この少数意見制度は、最高裁判事の国民審査制度（憲法79条２項）との関連で創設されたものです。

なお、平成15年改正民訴法は、**知的財産権関係訴訟について管轄の特例**を設けました。その趣旨は、専門性の高い事件につき、審理の充実と迅速化を図るため、専門的処理体制が整備されている東京地方裁判所と大阪地方裁判所とに事件をできるだけ集約しようというものです。特に専門技術性の高い特許権等

---

(20) なお、本書初版72頁において、公平性の観点から疑問がある旨の指摘をしていた公正取引委員会の審判手続（公正取引委員会が自らの発した命令の違法性如何の判断をするという審判手続）を前提とする、公正取引委員会の審決取消訴訟の第一審を東京高裁に専属させるという制度は、平成27年４月１日施行の改正独占禁止法によって廃止されました。

に関する訴えにつき、東京と大阪の両地方裁判所に専属管轄を認め、その控訴審は東京高等裁判所に専属管轄を認めました（民訴法6条）。また、特許権等に関する訴えほど専門技術性は高くないが、事件審理に一定のノウハウを要しその活用が期待される著作権等に関する訴えにつき、通常の管轄裁判所に加えて、東京と大阪の両地方裁判所に競合的に管轄を認めることにしました（民訴法6条の2）。したがって、これらの訴えの提起を委任された代理人弁護士としては、どの裁判所に訴えを提起するのがよいかを様々な観点から検討した上で決することになります。**戦略的なフォーラムショッピング**（forum shopping）**の時代に入った**ということです。

(2) 控訴審裁判所

　地方裁判所又は家庭裁判所を第一審とする場合は、当該裁判所を管轄する高等裁判所（東京、大阪、名古屋、広島、福岡、仙台、高松、札幌、及び知財高裁）が控訴審裁判所となります（裁判所法16条1号）。簡易裁判所を第一審とする場合は、当該裁判所を管轄する地方裁判所が控訴審裁判所となるのが原則です（裁判所法24条3号）。

　控訴審裁判は、合議体で行われますが、その数は三人が原則です（裁判所法18条1項、2項、26条2項3号、3項）。少数意見制度が採用されていないことは、上記(1)の地方裁判所又は家庭裁判所と同様です。

　我が国の民事訴訟の控訴審の審理には、**続審主義**と呼ばれる考え方が採られています。すなわち、控訴審裁判所は、第一審で収集された資料を基礎とし（民訴法298条、296条2項）、控訴審で新たに収集された資料を加え（民訴法297条、156条）、控訴審の口頭弁論終結時を基準時として、原判決のうち不服を申し立てられた部分が正しいかどうかを判断します。したがって、いったん終結した口頭弁論は再開されて続行され、当事者は第一審で提出しなかった主張と証拠とを提出する機会を得ます。しかし、適正迅速な民事訴訟を実現するための要諦は第一審手続を充実させるところにありますから、控訴審において新たな主張や証拠を提出することは合理的な範囲に制限されることになります。**控訴審における期間制限の規定**（民訴法301条）も新設されましたし、**時機に後れた攻撃防御方法の却下等の規定**（民訴法157条）の適用も考えられます。

したがって、当事者の代理人弁護士としては、**主張・立証の重点を控訴審に置くいわゆる「後出しじゃんけん」のやり方は奏効しない**と心得て、主張・立証の計画を立てるべきです。裁判官としては、第一審の裁判官であれ控訴審の裁判官であれ、そのように整序された審理の実現を目指して訴訟指揮に当たるべきです。我が国の控訴審の手続は、上記の続審主義によっていますから、第一審裁判所と控訴審裁判所の双方がいわゆる事実審裁判所を構成するということになりますが、事実審の主要部分はあくまで第一審手続にあります。

(3) 上告審裁判所

地方裁判所又は家庭裁判所を第一審とする場合は、最高裁判所が上告審裁判所となります（裁判所法7条1号、民訴法311条1項）。簡易裁判所を第一審とする場合は、当該裁判所を管轄する高等裁判所が上告審裁判所になります（裁判所法16条3号、民訴法311条1項）。ただし、高等裁判所を上告審とする場合において、憲法その他の法令の解釈につき当該高等裁判所の意見が最高裁判所の判例に反する等民訴規則に定める事由があるときは、最高裁判所に移送しなければなりません（民訴法324条、民訴規則203条）。

そして、高等裁判所が上告審としてした判決に対しては、当該判決に憲法違反があることを理由とするときに限り、最高裁判所に更に上告することができます（民訴法327条）。この上告は「特別上告」と呼ばれており、この場合には例外的に四審制ということになります。

上告審が第一審及び控訴審と決定的に異なるのは、事実審ではなく法律審であるという点です。事実問題（issues of fact）と法律問題（issues of law）とを識別することが上告理由書又は上告受理申立て理由書を作成する第一歩になりますが、これについては第4章**Ｂ**Ⅲで検討することにします。

最高裁判所の審判は、合議体で行われます。十五人全員（定足数九人）によって構成される大法廷と、五人（定足数三人）によって構成される小法廷とがあります（裁判所法9条）。裁判所法によって**大法廷で取り扱わなければならない**こととされている場合としては、① 当事者の主張に基づいて、法律、命令、規則又は処分が憲法に適合するかしないかを判断する場合[21]、② ①の場合を除き、法律、命令、規則又は処分が憲法に適合しないと判断する場合、③

法令の解釈適用につき、意見が前に最高裁判所のした裁判に反する場合の3類型があります。③は、前記Ⅲ－1で説明したように、判例変更をする場合を指しています。大法廷判決には、必ずその理由がありますから、**判例調査をする際、当該判例が大法廷又は小法廷のいずれによるものであるかに気をつけ、大法廷によるものであるときはその理由を確認する**癖をつけておきたいものです。

以上の審級制を簡略な図にすると、以下のとおりです。

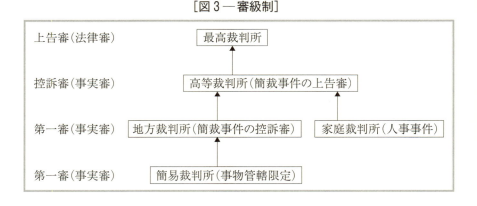

[図3―審級制]

2　同一審級内での手続段階の把握

法律実務家が適時に適切な訴訟行為をするには――そして、裁判文書の作成がその重要部分を占めているのですが――、自らが現在どの手続段階にいるのかを正確に把握していなければなりません。どのような分野であれ、**プロフェッション（profession）と呼ばれる職業に就く者は、当該分野の手続事項（procedural matter）に通暁している**ことが要求されます。また、当然のこととして、手続段階に応じた専門用語（technical term）も飛び交うことになります

---

(21)　ただし、裁判所法10条1号の規定により、意見が前に大法廷でした、当該法律、命令、規則又は処分が憲法に適合するとの裁判と同じときは、小法廷で取り扱うことができます。

が、その正しい用法も身につけておくことが要求されます。それは、専門家としての特権を維持するのに有効であるからではなく、専門家の間のコミュニケーションを正確かつ効率的に行うのに有効であるからです。

　ある1つの紛争の解決のための方法として訴訟が最良の又は次善の選択であると考えられることは、しばしばあります。訴訟をフルコースで利用する（利用せざるを得ない）場合には、前記1の三審制のすべてを経験するということなりますが、**紛争の解決という観点からして最も重要**なのは、当然のことながら、**第一審**です。そこで、ここでは、民事訴訟の第一審手続につき、全体の鳥瞰図を描いておくことにしましょう。それぞれの手続段階の意味、そこでの法律文書の作成についての詳しい検討は、第4章以下ですることとします。

(1)　訴訟の提起──訴状の作成・提出と送達

　民事訴訟は、「訴状」と題する法律文書を裁判所に提出することに始まります（民訴法133条1項）。もちろん、訴状を作成するにはそのための準備段階が必要ですが、その段階は、ある依頼者とその依頼を引き受けた弁護士との間でのみ意味があり、紛争の相手方との間では手続的な観点からは何らの意味もなく、裁判所との間においても同様です[22]。

　訴状の提出には、相手方に対する明確な権利主張が含まれていますから、時効の中断等の実体法上の効果の発生が結び付けられています（民訴法147条）。また、**訴状は相手方に送達されなければなりません**（民訴法138条1項）が、送達されると、相手方との間で訴状において特定された**訴訟物（請求権）**について裁判所で審判される状態が生じます。この状態を**訴訟係属**といいます。そして、訴状を提出した者は「**原告**」と、相手方は「**被告**」と呼ばれ、併せてこの両者は「**当事者**」と呼ばれ、訴訟手続上様々な権利が認められかつ義務を負うことになります。

　訴状は、民事訴訟において当事者によって作成され、裁判所に提出される最

---

[22]　ただし、訴状の提出前であっても、訴えを提起しようとする者は、一定の要件を満たす場合に、訴訟のための証拠収集の処分等をすることができます（民訴法132条の2ないし9）。

初の法律文書です。原告の訴状に対し、被告は「**答弁書**」と題する法律文書（民訴法158条、民訴規則80条）を提出し、その後両当事者は必要に応じて「**準備書面**」と題する法律文書（民訴法161条、民訴規則79条）を提出して、主張の応酬をすることになります。これらの文書は、各当事者の立場からの主張を整理したものですから、証拠調べの対象となる証拠方法としての文書と区別して、「**主張書面**」と呼ぶのが分かりやすいでしょう。

　原告は、訴状において、①　訴訟によって実現を求める訴訟物（請求権）を特定し、かつ②　当該訴訟物（請求権）の発生を理由付ける事実を具体的に記載しなければなりません。民訴法133条2項2号の要求する「請求の趣旨及び原因」という必要的記載事項は①の事実のみを指しているのですが、それでは適正迅速な訴訟手続のために有効とはいえないので、民訴規則53条1項は②の事実をも記載するよう要求しているのです。そして、①のみならず②の事実をも記載するのが実務のあり方であり、②の事実を指して「**請求原因事実**」と呼ぶのが一般です。

　訴訟物（請求権）として何を選択するのが賢明であるか、請求原因事実としてどの程度に詳細な事実を記載すべきかといった問題については、第4章で詳しく検討しますが、**訴状において法律構成がきちんと検討されていて、請求原因事実が過不足なく整理されて記載されていることが、当該訴訟が円滑に進行するための必須条件**です。筆者の20年余の裁判官経験に徴すると、「できの悪い訴状は、訴訟手続進行を阻害する諸悪の根源」と言って過言でありません。

(2)　訴状についての対応——裁判所の訴状却下、被告の答弁書

　訴状が裁判所に提出されると、これを配点された裁判官は、民訴法の要求する**必要的記載事項及び印紙**が正しく貼用されているかを点検し、不備がある場合には、相当の期間を定めて原告に補正を命じ、これに応じない場合には**訴状却下命令**を発します（民訴法137条）。この手続は、あくまでも訴状の形式的な不備の有無を点検するものであって、後に説明する訴訟要件の有無や請求の当否を判断するものではありません。

　裁判官は、訴状を受理すべきものと考えるときは、当該訴訟の審理を始めるために口頭弁論期日を指定し、被告に対しては訴状の副本とともに口頭弁論期

日の呼出状を送達させます（民訴法94条、138条）。

被告は、訴状の送達を受けて、訴訟が提起されたことを正式に知り、その訴状を持って訴訟代理を委任する弁護士のところに相談に向かうという手順になるのが通常です。被告の委任を受けた弁護士は、訴状の内容を検討し、口頭弁論期日の呼出状に記載されている答弁書の提出期日までに答弁書を作成し、裁判所に提出することになります。したがって、**被告の代理人弁護士として最初に作成・提出する法律文書は答弁書**です。

民訴規則80条１項は、前記(1)の訴状の記載事項に対応して、被告に対し、答弁書において、①　**請求の趣旨に対する答弁を記載**し、かつ②　**訴状に記載された事実に対する認否及び抗弁事実を具体的に記載**することを要求しています。

①の請求の趣旨に対する答弁の仕方としては、大別して以下の２つがあります。**第一**は、訴訟要件の欠缺を主張して、「**訴えの却下を求める**」という答弁であり、**第二**は、請求に理由がないことを主張して、「**請求の棄却を求める**」という答弁です。我が国の民訴法は、原告の請求に対する応答として、このように「却下」と「棄却」という用語の使い分けをしています。法律実務家としては、無理なく「却下」と「棄却」を使い分けることができるようにしておきたいものです[23]。訴訟要件には、その存在が本案判決の要件となる**積極的要件**と、その存在が本案判決の障害事由となる**消極的要件**とがあります。前者の例として、裁判所の管轄権、当事者能力、訴えの利益、当事者適格等を、後者の例として、同一事件の係属、仲裁契約等を、それぞれ挙げることができます。いずれにしても、民訴法は、訴訟要件に関する統一的な規定を置いていませんから、そのカタログについては民訴法の教科書等で確認してください。

---

[23]　判決手続における「却下」と「棄却」の使い分けは比較的明確であり、それほど困難を感ずることはありません。それでも、既判力に抵触する後訴については、「却下する」とするものと「棄却する」とするものとが存在しています。前者の例として東京地判平成元・２・16判時1334号211頁を、後者の例として東京地判平成16・１・26判時1847号123頁を挙げることができます。そして、決定手続においては、「却下」と「棄却」の使い分けを正確にしないのが実務であるといってよく、「棄却」の場合を含めて「却下」というのが慣行化しています。

また、請求に理由がないとしてその棄却を求める場合にも、大別して次の2つがあります。1つは、訴状に記載されている事実をすべてそのとおり真実であると仮定しても、請求の趣旨として記載されている請求権が発生しない場合です。このような場合を、請求が「**主張自体失当**」であるといいます。

これをチャートで表現すると、以下のとおりです。

[図4―主張自体失当]

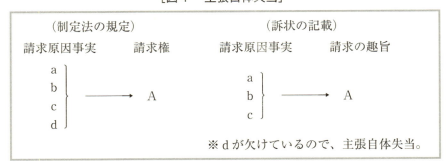

通常の場合、上記②の部分——すなわち、請求原因事実についての認否と抗弁事実の主張をする部分——が答弁書の最も重要な記載部分になります。

請求原因事実の認否としては、自白、否認、不知の3つの態様があります。被告が請求原因事実[24]を自白しますと、裁判所はそれをそのまま判決の基礎としなければならないという裁判所に対する拘束力と、自白をした当事者もそれに拘束され、その後自由に自白を撤回することはできないという当事者に対する拘束力とが生じます[25]。否認された事実は争点になり、原告が立証責任を負うことになりますが、不知の陳述は否認と推定され（民訴法159条2項）、否認

---

[24] ここで「請求原因事実」というのは、もちろん、訴状の請求の原因欄に記載されている事実という意味ではなく、請求を理由あらしめるために必要不可欠の要件事実（主要事実）という意味です。

[25] 民訴法179条は、自白の成立した事実は証明することを要しない事実になる旨を規定していますが、自白の効果は、それにとどまらず、本文に説明したように、裁判所と自白をした当事者に対する拘束力を有するものと解されています。この点につき、田中・事実認定4頁を参照。

された事実と同様に扱われます。また、争うことを明らかにしない事実は、自白したものと擬制されます（民訴法159条1項）。したがって、**被告の代理人弁護士として望ましいのは、請求原因事実を個別に明確に認否することです**。

抗弁事実の主張とは、請求原因事実と両立して、しかも請求原因事実から発生する法的効果を妨げる効果を有する事実を積極的に主張することをいいます。否認と抗弁との関係等については、第4章に説明することにします。

抗弁事実の主張・立証責任は被告にありますから、被告の代理人弁護士としては、その主張をどのように構成するか、どの程度の詳細さをもって具体的事実を摘示するかに細心の注意を払うことになります。被告の代理人弁護士が訴状の交付を受け、当該紛争についての証拠を検討し、被告本人から事情聴取をしてから、答弁書の作成をするまでには十分な時間がないのが通常ですから、答弁書には抗弁事実について言及することができないこともあります。そのような場合には、抗弁事実の主張は後の準備書面に譲ることになります。このあたりの詳細は、第4章で検討します。

場合によっては、答弁書中で請求原因事実の認否と抗弁事実の主張をするというのにとどまらず、その時期に、原告に対して**反訴**を提起することもあります。そのような場合、被告の代理人弁護士は、反訴状を作成して裁判所に提出することになります（民訴法146条）。

(3) 争点形成──準備書面等の交換

原告による訴状と被告による答弁書の交換が終わると、裁判所と両当事者は、事件の争点がおおよそどのあたりにあるかを理解できるようになりますが、この段階では、両当事者の主張と手持ちの証拠（特に、文書）のすべてが提出されているわけではありませんから、真の争点形成はされておらず、そのまま証人尋問、本人尋問といった証拠調べ手続に入ることはできません。

そこで、第1回口頭弁論期日の後、3回程度の口頭弁論期日又は弁論準備手続期日を開催し、その間に主張と証拠関係の整理をし、裁判所と両当事者との間で、事実問題に係る争点と法律問題に係る争点とを確認する作業を繰り返します。そのために、両当事者の代理人弁護士は、数通の準備書面を作成して提出することになります。実際には、訴状と答弁書によって主張が出し尽くされ

るのは稀ですし、請求原因事実に補正を要することもしばしばですから、**準備書面交換の過程で、「請求原因事実→抗弁事実→再抗弁事実→再々抗弁事実」といった主張の構造が明らかになり、そのうち争いのある事実がどれであるかが明らかになり、それを証明する証拠が何であるかが明らかになっていきます。**

　このように、学校設例とは異なり、実際の訴訟においては、時間軸の中でダイナミックに争点形成がされるのです。そして、それは具体的には、代理人弁護士間の口頭での応酬によることは少なく、大抵の場合は、準備書面という法律文書の作成・提出によってされるのです。

Tea Time

●予備的抗弁と仮定抗弁●

　請求原因事実と両立して、当該請求原因事実から発生する法律効果を**障害、消滅等させる法律効果を有する事実を抗弁事実**といいます。当該請求原因事実と両立しない場合には、積極否認の事実ということになります。

　抗弁事実は請求原因事実と両立する事実ですが、実際の場面では、請求原因事実を否認しながら抗弁事実を主張するということもあり、このような抗弁を「**仮定抗弁**」といいます。例えば、「金を借りたとしても、その返還債務は時効で消滅した。」と主張するような場合です。

　これに対し、複数の抗弁 E_1、E_2 が提出されていて、E_2 の抗弁事実が E_1 の抗弁事実と「a＋b」（第１章Ⅱ－2(3)）の関係に立つ場合があります。このような場合、裁判所の判断順序は「E_1→E_2」と拘束されますから、要件事実論の世界では、「E_2 は、E_1 の**予備的抗弁**である。」と説明します。例えば、所有権に基づく物件の返還請求訴訟において、「原告は、被告に対して同物件を売り渡した。」との所有権喪失の抗弁と、「原告は、被告に対し、同物件を売り渡し、被告は、原告に対して代金の一部を支払ったから、原告が同代金の一部を返還するまで同物件を引き渡さない。」との同時履行の抗弁とは、「a＋b」の関係に立ちますから、差し当たり同時履行の抗弁は同訴訟において意味がありません。しかし、所有権喪失の抗弁に対し、「売買契約を解除した。」との再抗弁が主張されるときは、同時履行の抗弁が意味を有することになります。すなわち、同

時履行の抗弁は、所有権喪失の抗弁の予備的抗弁になります。

　本書では、仮定抗弁と予備的抗弁という用語を以上のように使い分けること
にします。しかし、中には仮定抗弁を含めて予備的抗弁という用語を使用する
書籍もありますから、予備的抗弁という説明に接したときには、いずれの意味
で用いているのかに注意する必要があります。

(4)　証拠調べ——証人・本人尋問等の準備と実施

　口頭弁論期日又は弁論準備期日を通じて争点形成がされると、いよいよ**証拠
調べ期日**が指定され、**証人や本人等に対する尋問**が行われます。

　一口に争点といっても、主要事実に関するもの、間接事実や補助事実に関す
るものと争いのレベルに相違がありますし、双方の当事者が真っ向からぶつか
って激しく争うものと、争いはあるものの一応の争いにすぎないもの（例え
ば、主要事実Aは争点になっているが、その間接事実（a_1、a_2、a_3）には争いがな
く、真正な争点とはいえないようなもの）等争い方の強度に相違があることもあ
ります。このように争点の内容、性質等を勘案して、当事者は証人、本人等の
証拠の申出をし、裁判所はその採否を決することになります（民訴法180条、民
訴規則99条）。

　証拠調べ期日当日の手続は、それまでの手続が法律文書に支配されていたの
と顕著に異なり、正に口頭による行為——代理人弁護士による主尋問と反対尋
問、証人・本人等による供述、代理人弁護士による尋問についての異議、裁判
官による異議についての決定等——が支配しています。

　しかし、上記の証拠の申出は、証明すべき事実及びこれと証拠との関係を具
体的に明示して、文書をもってするのが通常です（民訴規則99条）。また、証人
尋問・本人尋問の申出をするときは、尋問事項書を提出しなければなりません
（民訴規則107条、127条）。

　そればかりでなく、自らの申し出た証人又は本人の主尋問を成功させるため
には、**裁判所に提出した上記の尋問事項書とは別に、尋問事項をより詳細かつ
具体的に整理した一問一答式のメモを用意しておくことが必要です**。相手方の
申し出た証人又は本人の反対尋問を成功させるためには、より周到な準備が必

要であり、特に、既に提出されている証拠文書の内容と相手方の主張とをつき合わせて、その問題点や矛盾点を整理したメモを用意するなどの準備が必須です。要するに、口頭での訴訟行為を成功させるためのポイントは、それに先立つ文書の作成にあるのです。第4章**A**Ⅳ－**4**で詳しく検討することにしましょう。

(5) 判決言渡期日まで——最終準備書面、和解条項案、判決起案等

上記(1)から(4)までの手続を経ると、裁判所も両当事者の代理人弁護士も訴訟の帰趨について一定の見通しをもつことができるようになっているのが普通です。

そこで、この時期には、その見通しに従って当該事件を判決によらず両当事者の互譲によって紛争を解決し、訴訟を終了させることが試みられます。訴訟係属中のこのような合意を「**訴訟上の和解**」と呼びます。裁判所は訴訟手続中いつでも和解を試みることができるとされています（民訴法89条）が、**第一審の手続段階としては、証拠調べが終了したこの時期が和解の成立が期待できるピーク時**ということになります。その交渉の過程で、両当事者の代理人弁護士が和解条項案を提示するのは通常のことですし、裁判所が両当事者に対し、上記の見通し（心証）に沿った和解条項案を提示するのも稀ではありません。和解条項が調書に記載されたときは、その記載が確定判決と同一の効力を有することとされています（民訴法267条）。和解条項の作成には、当該訴訟の訴訟物のすべてが処理されているばかりでなく、それを取り巻く紛争が過不足なく解決されるよう、細心の注意を要します。

裁判官は、和解が成立する見込みのない事件においては、**口頭弁論の終結**（実務上、これを「**結審**」といいます。）に向かって手続を整序していきます。事案の複雑さの程度によっては、両当事者が「**最終準備書面**」を作成・提出するということになります。当該審級における最後の準備書面という意味で、一般に最終準備書面と呼ばれていますが、それまでの準備書面と訴訟法上の性質が異なるわけではありません。ただ、最終準備書面の特徴としては、① それまでの主張と立証とを踏まえて、**原告であれば、請求とその理由とを整理し**（認容される可能性の少ない請求を放棄又は取り下げるなどし、また、認定される可能

性の少ない事実主張や排斥される可能性の高い法律上の主張を撤回するなどします。)、**被告も同様に請求原因事実の認否や抗弁等を整理する**（形の上で争っていた請求原因事実を自白し、排斥される可能性の高い抗弁を撤回するなどします。）ことによって、裁判官としては、最終準備書面に維持されていない主張は撤回されたものとして扱うことができ、判断の遺脱が起きないようにすることができる、②　維持する主張については、証拠調べの結果を踏まえて、証拠とそれによって認定される間接事実をそれぞれ具体的に摘示するなどして、自らが立証責任を負う主要事実が認定されるべき理由を述べる（実務上、このような主張を「証拠弁論」と呼びます。）などを挙げることができます。

　裁判官は、最終準備書面が提出される場合にはそれを参考にしつつ、訴訟記録と自らの手控え等によって、判決起案にとりかかります。訓示規定とはいいながら、民訴法251条１項は、**判決の言渡しを口頭弁論の終結の日から２月以内にすることを要求していますから、裁判官としては、できるだけ早く判決起案に着手する**のが肝要です。

3　民事訴訟手続の基本原理の理解

　これまでに言及した訴状、答弁書、準備書面、判決書等の訴訟における法律文書は、いずれも法律実務家が読者であることが予定される上、訴訟手続の過程において作成・提出される文書ですから、手続法的な観点からしても正確であることが大前提になります。ここでは、どのような内容の事件においても共通して重要な民事訴訟手続の原理について説明しておくことにします。

(1)　当事者主義と職権進行主義

　これまでの説明からも明らかなように、民事訴訟手続は、両当事者と裁判所との協働によって動くものです。そして、協働する際の役割分担につき、我が国の民訴法は、両当事者に事案の内容を明らかにし、判断資料を収集・供給する役割を分配し、裁判所に訴訟手続を主宰し、手続の適正迅速な進行を図る役割を分配しています。前者の原理を「**当事者主義**」と、後者の原理を「**職権進行主義**」と呼びますが、訴訟手続はこれら２つの原理のバランスの下に進行していきます。

さらに、当事者主義の内容を成す具体的原理として、「**処分権主義**」と「**弁論主義**」とがあります。処分権主義とは、民事訴訟手続の開始、そこにおける審判の対象の特定、手続の終了等につき、当事者の自主的な決定権限と責任とを認め、裁判所は当事者の決定に拘束されるという考え方をいいます。また、弁論主義とは、判決の基礎となる事実の確定のために必要な資料の提出を当事者の権限であり責任であるという考え方をいいます。当事者が訴訟における弁論という方法で提出することを要するところから、弁論主義という名称が付されています。

　処分権主義は、訴状の作成に際し、ある請求をする場合に、**複数の実体法上の請求権のうちいずれを訴訟物として選択する**かといった形で問題になります。

　弁論主義は、次の３つの規律——①　裁判所は当事者の主張しない事実を判決の基礎としてはならない、②　裁判所は当事者間に争いのない事実についてはそのまま判決の基礎としなければならない、③　裁判所は当事者間に争いのある事実を認定するに当たり、当事者の申し出た証拠によらなければならない、という規律——を包含する考え方です。

　上記①の規律によって、主張と証拠とが区別されます。また、ここで当事者の主張を要する「事実」とは、当事者の欲する法律効果の発生・消滅等を直接根拠付ける「要件事実」ないし「主要事実」を指すものと解されていますから、「主要事実（要件事実）」と「間接事実」又は「補助事実」とが区別されます（主要事実、間接事実、補助事実については第１章Ⅱ２(3)参照）。上記②の規律は「自白の拘束力」と呼ばれ、同③の規律は「職権証拠調べの禁止」と呼ばれます。

　弁論主義は、後記４に説明する要件事実論と相まって、訴訟における法律文書の作成時に常に念頭に置いておくことが必要な考え方です。

(2)　自由心証主義と経験則

　訴訟事件につき判決するに当たり、裁判所は、第１章Ⅱ－４に説明した三段論法によって結論を導きます。再録しますと、次のとおりの論理です。

> (ア) 制定法による規範（例えば、a、b、cという3つの要件が揃ったとき
> は、Aという効果が発生するとの規範）がある。
> (イ) 本件には、a、b、cという3つの要件が揃っている。
> (ウ) (ア)の規範を(イ)に適用すると、Aという効果が発生する。

　a、b、cという3つの事実のうちのいずれかの存否に争いがある場合、裁判所は、証拠調べをし、証拠資料の証拠力（事実の認定のために役立つ程度のこと。証明力）を評価し、口頭弁論に現れた一切の状況を考慮に入れて、当該事実の存否について判断します。裁判所のする事実の存否についてのこの判断過程を指して「**事実認定**」といいます。そして、証拠力（証明力）の評価については、裁判所の自由な判断に任せるという考え方を「**自由心証主義**」と呼びます（民訴法247条）。

　当事者の代理人弁護士は、日常的に、準備書面において前述の「**証拠弁論**」をしますが、その目的は、自らの立場からあるべき事実認定の結論とその理由とを示すことによって、**裁判所の自由心証に訴えかける**ことにあります。その際に、よるべきものが「**経験則**」です。

　経験則とは、一般に、経験から帰納される事物に関する知識や法則であり、論理則と同じ役割を事実認定及び法規の解釈で演ずるが、一般常識的なものから高度に専門科学的なものまで広い幅があると説明されます[26]。そして、経験則は、事実認定において2つの機能を果たしています。**第一に、供述の信用性の判断資料として機能し、第二に、間接事実から主要事実を推認する機能**を有しています。そして、1つの経験則には必ず例外となる経験則がありますから、法律実務家としては、常にそれを意識して主張・立証に臨む必要があります[27]。

　当事者の代理人弁護士が証拠弁論をする最終準備書面を作成するときも、裁判官が判決書において事実認定を判示するときも、法律実務家として、当該事件の事実認定に用いている経験則が何なのか、その例外となる経験則が働く契

---

(26)　高橋宏志『重点講義民事訴訟法(下)［第2版補訂版］』31頁（有斐閣、2014年）を参照。
(27)　経験則の機能につき、田中・事実認定122～130頁を参照。

機はないかを意識して当たると、分かりやすいものになります。

4 法律実務家の共通言語としての要件事実論

前記3(1)のとおり、我が国の民事訴訟は、弁論主義という原理によって運営されています。その規律①は、当事者が弁論において法律効果Aの発生の要件となる事実（a、b、c）を主張しない場合は、裁判所はその事実を判断の基礎とすることはできないというものです。そうすると、法律効果Aの発生によって利益を受ける当事者の代理人弁護士としては、その発生の要件となる事実が何であるのかを理解し、それを主張しておかないと不利益を被ることになります。

他方、相手方当事者の代理人弁護士としては、要件事実が（a、b、c）であることを認識して、否認して争う事実と自白する事実とを明確に識別しなければなりません。前述したとおり、自白した事実は裁判所による事実認定の対象外になりますし、後に撤回することも原則としてできませんから、不用意に自白した場合の不利益は計り知れません。

また、裁判所としては、法律効果Aの発生を欲している当事者が事実（a、b）のみを主張して、事実(c)を主張しない場合には、当該当事者に対し、その点につき質問をするなどの方法で釈明することになります。そして、釈明する場合には、法律効果Aの発生を欲している当事者に対してしなければなりません。

以上のとおり、どのような立場に立つにしても、**法律実務家としては、当該事案において問題とされている法律効果A発生の要件事実が何であるのかを理解することなしに仕事をすることができない**のです。

さらに、1つの訴訟においては、法律効果Aの発生如何のみが争われるのではなく、それに加えて法律効果B、Cの発生如何が争われることもしばしばです。そこで、**法律実務家としては、それぞれの法律効果を主張・立証責任の構造の中に位置付けて理解する**ことができなければなりません。現在の民事訴訟実務は、**法律要件分類説**という考え方によって運営されています。

法律要件分類説とは、法律効果の発生要件は実体法の条文が規定しているところ、実体法の条文は、権利（法律関係）の発生要件を定めた権利根拠規定、

権利の発生を障害する要件を定めた権利障害規定、発生した権利を消滅させる要件を定めた権利消滅規定、権利の行使を一時的に阻止する要件を定めた権利阻止規定の4つに分類されるとし、当事者は、このように分類される実体法の規定につき、自己に有利な法律効果の発生を根拠付ける規定の要件事実を立証する責任を負うとする考え方[28]、をいいます。

　法律要件分類説という考え方を、チャート化すると、以下のとおりです。

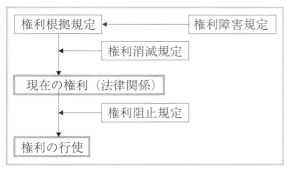

［図5―**法律要件分類説**］

---

[28] 司法研修所・要件事実(1)5～6頁を参照。

第3章 相談過程の文書

I 受任に至るプロセス

1 依頼者と弁護士との関係

(1) 委任契約の成立と委任契約書の作成

　弁護士が法律事務の処理についての依頼を受ける旨の合意が成立した場合、弁護士と依頼者との間の関係は、民法643条から655条までの委任の規定によって規律されます。実体法上又は訴訟法上の法律行為をすることの委託であれば正に「委任契約」ですし、法律行為でない事務（契約書案の作成、法律意見書の作成等）の委託であれば「準委任契約」であり、いずれにしても上記の委任の規定によって規律されます（民法656条）。ただし、民法は無償片務契約である委任契約を原則としていますが、**依頼者と弁護士との間の委任契約は有償双務契約である委任契約です**[1]。

　そこで、弁護士は依頼者との間で報酬に関する合意をしなければならないのですが、司法制度改革の一環として、平成16年4月1日以降、弁護士会の報酬基準が廃止され、それぞれの弁護士が市場における競争の中で自主的に報酬の決定方式等を決めることになりました。この弁護士報酬の自由化によって、依頼者と弁護士との間で報酬をめぐる紛争が発生することを慮って、日本弁護士連合会（日弁連）は、「弁護士の報酬に関する規程」を定め、「弁護士等の報酬は、経済的利益、事案の難易、時間及び労力その他の事情に照らして適正かつ妥当なものでなければならない。」とした（同規程2条）上、「弁護士等は、法律事務を受任したときは、弁護士等の報酬に関する事項を含む委任契約書を作成しなければならない。」と定め（同規程5条2項本文）、**委任契約書の取り交わしを義務化**しました。

　したがって、後記2の依頼者との面談が終わり、依頼者が弁護士に一定の事項を依頼したい旨の申込みをし、弁護士がその申込みを承諾するということになった場合、最初に弁護士がすべき事柄は委任契約書の起案ということになり

---

(1) 最1小判昭和37・2・1民集16巻2号157頁。

ます。

委任契約書の必要的記載事項としては、受任する法律事務の内容と範囲の特定に関する事項、弁護士報酬の種類（法律相談料、書面による鑑定料、着手金、報酬金、顧問料、日当、タイムチャージ制等）、金額、算定方法及び支払時期、並びに委任契約が中途で終了した場合の清算方法が挙げられます（同規程5条4項）[(2)]。

(2) 信頼を基礎にする関係

このように依頼者と弁護士とは、継続的契約として分類される契約の1つである委任契約の当事者という関係にあります。**法律上、受任者である弁護士は、委任の本旨に従い、善良な管理者の注意をもって、委任された法律事務を処理する義務を負う**のです（民法644条）が、具体的な場面で、ある特定の依頼者のためにどのような行動をとればこの義務を果たしたものと評価してよいのかを明快に判断するのは困難です。

委任の本旨は、依頼者の抱える法律に関する問題の処理ですから、当該問題についての依頼者の希望を正確に把握し、それを実現するべく依頼者からの協力を得ながら努力するという姿勢が基本になります。しかし、この基本姿勢もまた、必ずしも弁護士の行動の明快な導きの星にはなりません。

依頼者に、弁護士を利用することに慣れている者とそうでない者とがいることが、その1つの原因です。前者は、会社を中心とする法人に多く、自らの抱える法律問題を処理する手段として弁護士を意識的に利用する者であり、実現を目指す目標を明確化していることが通常です。したがって、この種の依頼者は、自らの目標をはっきり有していますし、それを弁護士に伝えることにも長けています。この場合には、当該目標の実現が法律問題として困難であるか容易であるかはともかく、弁護士が自らのとるべき行動を決めるのはそう難しいことではありません。後者は、法律事務所を初めて訪れる個人が典型ですが、法人であっても決して稀ではありません。この種の依頼者は、法律問題につい

---

(2) 日弁連及び単位弁護士会は、委任契約書や弁護士報酬見積書のひな形を公表しているので、それらを参考にすることができます。

ての不安を抱えているのですが、当該問題についてどのような結果の実現を目指したらよいのかにすら悩みを抱いているということがよくあります。また、弁護士に期待してよいこととそうでないことの区別もできているとはいえないこともあります。そうすると、弁護士としては、まずそのような依頼者が何を必要としているのか、何を目指せばよいのかを自覚することを手助けするという作業から始める必要があります。

　また、依頼者の抱えている問題の性質によっても、弁護士が上記の基本姿勢に従って行動することの明快さの程度はだいぶ変わります。問題の性質を大別すると、1つは既に紛争が発生していてその解決をするというものであり、もう1つは契約を締結することを予定しているが紛争の発生を予防するために契約書にどのような条項を盛り込んだらよいかを決するといったもので、未だ紛争が発生してはいないものです。当然のことながら、通常、前者の場合、依頼者は、かなりストレスがかかる立場に立たされていますし、その処理の結果次第ではその後の生活やビジネスに大きな支障が生ずるということすらあります。依頼者との間の緊密な協力がなければ、依頼者にとって最もよい処理方針の決定すら容易ではありません。それに比べると、後者の場合、依頼者のストレスはそう大きなものではありませんから、処理方針の決定は前者より円滑に進むのが通常です。

　以上のとおり、種々の要因から、**依頼者は弁護士にとって単に契約の相手方というにとどまらず、継続的に緊密な協力関係を築いていくべきパートナー**という立場にあります。したがって、相互に信頼感をもつことができなければ委任契約の締結には至りませんし、信頼関係を維持することができなければ委任契約を継続するのは難しいということになります。

2　依頼者との面談（インタビュー）

(1)　準備段階──インタビュー当日まで

　依頼者との面談（インタビュー）は、通常、依頼者が弁護士に相談のために弁護士事務所を訪れる日時を予約することに始まります。望ましいのは、弁護士自身が日時の予約を直接依頼者とすることです。ほんの数分の電話であって

も、どういう問題を抱えているか、手持ちの資料があるかどうか、当日持参してもらうとよい既存の資料、その日から面談日までに整理してもらいたい情報等について伝達することができます。ただし、その時点で、電話越しに長々と依頼者からの訴えを聴いても、お互いに有効な時間の使い方とはいえないので、避けるのが賢明です。

　最初のコンタクトによっておおよその問題の所在が判明した場合には、弁護士としては、関連領域を簡単に復習しておくよう心がけるべきです。当該依頼者の抱える問題が予想とは異なることもしばしばですが、自らの想定した範囲に無理に問題を押し込むといったことをしないよう注意していさえすれば、準備がむだになることはありません。弁護士が整理された頭で臨むのでない限り、依頼者から効果的に関連事実を聴取することはできません。

(2)　インタビューの目的

　インタビューの目的は、当然のことながら、当該インタビューがどの段階でのものかによって異なりますし、前記1(2)の相談内容によっても異なります。ここでは、常に念頭に置いておくべき共通の目的を確認しておくことにします。

　最も重要なのは、インタビューは、弁護士の業務ないし事件処理に資するという弁護士側のニーズにのみ奉仕するものではなく、依頼者が弁護士の人となりと能力とを理解する（評価する）という依頼者側のニーズにも奉仕するものであるというところにあります。要するに、相互理解のためのチャンネルであるのです。前記1(2)のとおり、依頼者と弁護士とは相互に信頼感をもつことができなければ、委任契約を成立させることはできませんし、成立させるべきでもありません。**インタビューは、相互にそのような信頼感をもつことができるかどうかを判断するための材料を獲得するための重要な機会**なのです。

　次に、弁護士の立場からすると、インタビューの基本的な目的は、①　依頼者の抱える問題の所在を理解し、②　その問題について依頼者がどのような目標をもっているのかを理解し、③　その問題について依頼者の把握している事実と把握していない事実とを識別するというところにあります。弁護士も、依頼者との間に信頼関係を築くことができるかどうか、協働することが可能であ

るかどうかを検討して委任契約を成立させるかどうかを決するのですが、「この依頼者は信頼できるかどうか」という抽象的な問いを抽象的に検討するというのではなく、上記①、②、③に当たる事柄を具体的に聴取するという作業の中で、そのような側面についての判断材料をも収集するのです。

　依頼者にとっても、このような事情に変わりはありません。むしろ、依頼者の方にこそ、自分の抱える問題を相談するのに最適の弁護士であるかどうかを判断するために十分な材料を収集したいという切実な要請があるということができます。弁護士としては、この点を十分に理解して、誠実に対応しなければなりません。例えば、専門性の高い論点が問題になることが予想される場合に、それに対処するのに十分な知識も経験もないのに、それがあるかのように振舞ったりするのはもってのほかであり、自ら依頼者に対してその点を説明すべき義務があるとされる場合すらあります。これは、医師について**説明義務**又は転送義務として議論される問題ですが[3]、弁護士についても同様のことが当てはまります。弁護士としては、上記のとおりのインタビューの双方向の目的からして、常に自らの能力を客観的に把握し、依頼者に対してその及ぶ範囲をできるだけ正確に説明し、依頼者のする判断に必要な材料の収集に協力すべき義務があります。

(3)　インタビューの技術

　上記(2)のとおり、インタビューの目的は、結局のところ情報収集にあるわけですが、インタビューの技術は、一定の目的をもって人から話を聞く必要のある職業のほとんどに共通するものです。これを、弁護士のするインタビューという観点から、抽象的なレベルからより具体的なレベルへと整理しておきましょう。

　第一に、依頼者が弁護士に対してすべての事実を語ったと考える時点よりも前に、依頼者の抱える問題に法律的な色付けをしないということです。弁護士が時期尚早に法律問題を決め付けてしまうと、その線に沿った事実しか語られ

---

(3)　医師の転送義務を肯定した近年の判例として、最3小判平成15・11・11民集57巻10号1466頁を参照。

なくなったり、そうでない事実が語られているのに、それに注意が向かないといったことになりがちです。法律問題の輪郭を短兵急に描こうとせずに、依頼者の話を虚心坦懐に聞く姿勢をもつのが基本中の基本です。

第二に、**依頼者に自分のストーリーをすべて語らせることに注力すること**です。依頼者の説明が訥々としていると、つい介入して「それは要するにこういうことですね。」などとまとめたくなりますが、事案の全体像が語られる前にそれをすると、依頼者の説明する気力を阻喪させますし、人によっては自尊心が傷つけられて弁護士に対する反感を抱く原因にさえなりかねません。この段階で弁護士がすべきことは、依頼者からできるだけ具体的な事実を引き出すように工夫することです。弁護士が依頼者に対して疑問点についての質問をするのは、依頼者の語るストーリーの時系列表が頭の中に整理された時点以降です。まずは、辛抱強い聞き上手でなければなりません。

第三に、依頼者の語るストーリーが頭の中に入った後は、**弁護士の発する質問が決定的に重要**です。依頼者は、紛争であれそれ以外のものであれ、当該事案の処理のために関連する事実とそうでない事実や、重要な事実とそうでない事実の区別ができることは少ないのが実際ですし、的外れの事実を関連性の高い重要な事実であると思い込んでいることも稀ではありません。弁護士の発する質問と依頼者のそれに対する回答が、当該事案の処理のために意味のある情報の質と量とを決定することになります。翻ってみますと、事実問題についても、法律問題と同様、正鵠を射た問いを発する能力こそが弁護士の能力を測る物差しであるといって過言ではありません。そうすると、インタビューの技術のうち具体的なレベルのものは、質問をする技術に帰着します。

質問に当たって、心得ておくべき事柄を項目に分けて説明しておきましょう。

㋐　幾つかのトピックに分けて質問すること

依頼者の語ったストーリーを幾つかのトピックに分け、トピックごとに関連する事項を1つずつ脈絡を保って質問をするのが、効果的な方法です。これに対し、話題が脈絡なしにあちこちに飛ぶ質問は、効果的でない質問の典型といってよいでしょう。このような質問は、回答する依頼者を疲れさせ、混乱させた上、依頼者に「この弁護士は自分のした説明を聞いていたのだろうか。理解

しているのだろうか。」という疑念を抱かせます。また、質問が散漫になりやすく、長時間かかる上に肝心なことを聞き忘れるといったことが起きます。若いうちに数多くの弁護士の質問の現場に立ち会ってみると、違いを実感することができます。

(イ) **質問は一般的なものから始めて順を追って細部に向かうこと**

例えば、ビルの建築現場の10階部分の作業員用通路から作業員が落下し、作業員と地上道路の通行人とが傷害を負ったという事故につき、通行人から責任を問われている建築会社の当該建築現場の作業監督員から事実関係の聴取をしているという場面を想定してみましょう。作業監督員は、一応自分で必要と考える事実の説明をするでしょうが、弁護士としては、その説明をよく聞いた後、以下のような順序で、漏れていた事実又はあいまいな事実を質問することになります。① 建築中のビル全体の構造及び建築工事の予定、② 当該ビルの建築現場全体の状況（事故当日の工事内容、作業人員数、その配置）、③ 当該建築現場の10階部分及びその作業員用通路の状況（事故当日の工事内容、監督の方法、作業人員数、その配置）、④ 10階部分の作業員用通路から作業員が落下したときの状況（当該作業員が直前にしていた仕事の内容、近くにいた作業員の配置）、⑤ 当該作業員の属性（当該建築会社の社員であるのか下請会社の社員であるのか、どのような職種の者であるのか、いつから当該建築現場で働いていたのか）といった具合です。

事実関係を知っているのは、弁護士ではなくて依頼者です。事実関係の説明が一般的なものから徐々に細部に向かうというのでなく、いきなり細部の事実の説明を求めると、説明を求められた事項よりも一般的な事項について説明する必要がないものと考え、その説明を省略することになり、結果として説明から漏れる事実が多くなります。また、弁護士としては、一般的な事項の説明を受けてからでないと、細部について質問をして確認しておくべき事項に気づかないということも起こります。

(ウ) **できる限り具体的で詳細な事実を把握すべきこと**

それが主要事実であれ間接事実であれ、できる限り具体的で詳細な事実まで把握するように心がけることが重要です。文章作法の基本として、「八何の原則（誰が、誰と、なぜ、いつ、どこで、誰に対し、どのような方法で、何をしたか）

を忘れるな」といわれますが、これらの事項（これらすべての情報が常に必要というわけではありませんが）を確認する癖をつけておくことは、インタビューの技術としても基本です。そして、具体的で詳細になればなるほど、その事実の裏付けを確認しておかなければなりません。インタビューによって聴取することのできた主要事実が確固としたものである（相手方に争われても、証明することができる）ためには、それを支える多様な間接事実が必要になります。すなわち、この場合における間接事実は、補助事実として機能することになります[4]。特に、訴訟においては、このように具体的で詳細な事実まで把握していないと物の役には立ちません。

㈤　動かぬ証拠と付き合わせること

インタビューは、依頼者から話を聞くためだけにあるのではありません。依頼者の保有する資料を持参してもらい、資料の性質と内容とを検討するための機会でもあります。依頼者の持参する資料が多い場合には、依頼者の話は、各資料の性質と内容とを説明し、資料と資料との関連を説明することで、全体のストーリーになることもあります。資料の多少の問題はありますが、通常は、資料が基点かつ起点になり、点と点とを結ぶ線が依頼者の口頭での説明ということになります。

民事裁判の実務において、最重要の証拠方法が文書であることは繰り返し述べられていることですが、特に、**紛争が起きる前の時点においてかつ通常のビジネスの過程又は当事者間の交渉過程で作成されたものであって、その内容が固定されていて、物的証拠としての性格が強い文書**には、高い証拠価値が認められています。このような文書を英米の証拠法では "contemporaneous documents" と呼びますが、民事裁判はどちらの当事者が関連する contemporaneous documents をどれだけ効果的に使用することができるかで決せられるといって過言ではありません。当事者の供述や証人（第三者）の証言は、極端にいえば、その供述・証言の瞬間まで変化する可能性があり、内容が上記の文書のように固定されたものではありません[5]。

---

(4)　このような間接事実の機能につき、田中・事実認定153頁以下を参照。

(5)　"contemporaneous documents" の重要性につき、田中・事実認定54頁以下を参照。

そうすると、**弁護士が細心の注意を払わなければならないのは、依頼者の話を動かぬ証拠と付き合わせて、経験則 α に照らして矛盾のない自然なものであるかどうかを確認すること**です。一見矛盾するように思われる話については、その理由を質問することによって、当該事案においては依頼者の話が動かぬ証拠との間に矛盾がないことの理由（例えば、相手方から当該文書における提案を撤回する旨の電話連絡があったので経験則 α に矛盾しないとか、当該文書受領後に例外的な事象が起きたので別の経験則 β が適用されるべき事案であるなど）を把握しておく必要があります。

(オ)　2回目以降のインタビューの実施

上記(エ)のような作業をするには、当該事案についての弁護士側の理解がかなり進んでいることが前提になります。したがって、インタビューの実を挙げるには、複数回実施することも必要であり、むしろその必要がある場合の方が実際には多いものと思われます。

また、1回目のインタビュー時に必要な資料のすべてを持参するという依頼者は少ないでしょうから、弁護士から、追って整理して持参又は送付すべき資料の一覧表を渡し、それらの資料をも検討の上、2回目以降のインタビューを実施することが一般です。依頼者としても、1回目のインタビューの後に、弁護士からされた質問を反芻しているうちに記憶が喚起されること、事実の先後関係を全く取り違えていたことに気付くこと、話し忘れていたが重要な事実ではないかと考えるに至ることなどがよくあります。**2回目以降のインタビューの実施は必須である**といってよいでしょう。

3　受任時の留意事項

以上のようなインタビューの結果、依頼者又は弁護士のいずれかが何らかの事情で当該事案を委任しない又は受任しないということになる場合は、その点を明らかにさせれば、以後のコンタクトはないことになります[6]。

---

(6)　弁護士法29条は「弁護士は、事件の依頼を承諾しないときは、依頼者に、すみやかに、その旨を通知しなければならない。」と規定し、弁護士職務基本規程34条は「弁護士は、事件の依頼があったときは、速やかに、その諾否を依頼者に通知しなければならない。」と規定しています。

委任し受任するということになる場合には、前記1(1)のとおり、**委任契約書**を作成するという運びになりますが、ここで留意すべきことがあります。

　第一に、当該事案についての見通しを性急に知りたがる依頼者が多いのですが、**見通しを伝達するのは慎重であるべき**です。弁護士側には法律問題についての調査に更に日時を要するという事情がありますし、依頼者側には事実関係についての確認や追加資料の収集をし、それらを弁護士に提供する必要があるのが通常です。法律問題・事実問題とも生煮えの状態で見通しを語ると、当然のことながら、確度の低い見通しになり、後に訂正を余儀なくされ、見通しを語った意味が乏しく、更には弁護士に対する不信の原因になることすらあります。

　第二に、受任するにしても、**依頼者が目標としている解決案ないし解決方法の実現可能性が極めて低いと合理的に考えられる場合**には、**できるだけ早くその見通しと理由とを告知しておくべき**です。弁護士職務基本規程29条3項は、「弁護士は、依頼者の期待する結果が得られる見込みがないにもかかわらず、その見込みがあるように装って事件を受任してはならない。」と規定していますが、当然のものです。

　第三に、当該事案の見通しを語るには慎重であるべきですが、その代わり、弁護士は、依頼者に対し、**スケジュール**（どの時期に又は一定の作業が終了した時点で見通しを伝達する旨の）**を決めてそれを速やかに伝達するべき**です。

　そうすると、受任するということになったときは、依頼者との間の合意内容を書面化した委任契約書を取り交わすとともに、依頼者との間で、依頼者の分担すべき役割を含めて今後の仕事の進行のさせ方についての認識を共有しておくことが重要です。

II　法律意見書又はメモランダム

1　法律意見書作成の目的

　弁護士は、様々な場面で、様々な目的での意見書又はメモを作成します。備忘録としてのメモ（我が国の法曹は、これを「手控え」と呼んできました。）からその作成自体が弁護士への依頼事項となる法律意見書まで、その性質、形式、

内容において様々です。ここでは、法律問題を抱えている依頼者からその見通しを尋ねられている弁護士が作成する文書であって、依頼者又は他の弁護士を読者として想定している自己完結的なものを前提としています。

ここで取り扱う法律意見書は、一方の当事者の立場に立って裁判所や相手方を説得するための文書ではなく、両当事者から中立の立場に立って法律問題についての見通し（展望）を得ることを目的とする客観的文書です（第1章I－2参照）。

訴状、答弁書、準備書面等の説得的文書を作成するのは、その後ですが、客観的・評価的な法律意見書は、それらの説得的文書を作成するときにも折に触れて参照されることになります。

2　法律意見書の構成

問われている法律問題の複雑さや特殊性、検討の前提とする事実関係の複雑さや特殊性によって、**法律意見書をどのような構成にするか**は異なりますが、筆者は、内容部分につき、通常、次の3部構成を採用しています。

［法律意見書の構成］

1　意見を求められた論点（依頼事項） 2　結論要旨 3　理由 　(1)　前提事実 　(2)　論点についての議論 　(3)　結論

なお、以上の内容部分のほかに、形式的事項として、①文書の表題（タイトル）②作成日付、③法律意見書の提出先（依頼者名）を記載します。

また、既に当該事案が紛争になっていて訴訟事件や仲裁事件が係属しており、法律意見書がその裁判所や仲裁廷に提出されるといった場合には、法律意見書の作成者がそこで取り上げられた法律問題について意見を述べるに値する

知識と経験を有する者であることを示す事実関係を記述することが要請され、作成者の履歴書を添付するのが一般です。我が国の場合は、このあたりにつき厳しく考える慣行が成立していないため、専門的に研究している実績のない分野について学者（研究者）の意見書が提出されることがありますが、もう少しきちんとした慣行を確立したいものです。さらに、外国の裁判所や仲裁廷では、法律意見書の作成者が依頼者から独立して意見を形成したのかどうかについても神経質であり、特に、法律意見書の作成によってどのような種類と内容の経済的利益を受けたのか（受けることになっているのか）は必ず問われるといってもいいほどです。したがって、この点についての情報も、あらかじめ法律意見書に記述しておくことになります。

　それでは、法律意見書の内容部分の3部構成のそれぞれにつき、注意すべき点を整理しておくことにしましょう。

(1)　意見を求められた論点（依頼事項）

　その見通しないし評価を述べることを依頼された法律問題（論点）を摘示する項目です。論点が一定の構造を有している場合には、その構造に従って、「**前提となる論点→結論としての論点**」の順に分けて摘示するのが明快ですし、その方が結論や理由の記載を理解するのも容易です。また、複数の並列的な論点がある場合には、それぞれの論点ごとに分けて摘示することになります。それらの論点を解決した後に導かれる結論的な問いのみを掲げ、それに対する結論のみを示すと、理由部分まで読んだ上で読者が自分で整理することをしないとその意見書の論理構造が分からないことになり、読者のニーズにこたえるものとはいえません。

　これを、具体例で試してみましょう。

［演習問題8］

　弁護士Lは、依頼者Aから、概要、以下のとおりの相談を受けた。依頼事項である論点を整理して摘示せよ。

（Aの相談の概要）

1　私は、高校時代の友人のBに対し、平成21年8月1日、私が横浜市内に所有する本件土地（60坪）を賃貸しました。Bは、工務店をしており、材木等の資材を保管し、切り込みの作業をし、自動車を駐車するために貸してほしいと言ってきました。私も、当時は本件土地の使用予定がなかったので、承知しましたが、私のコンビニエンス・ストア事業も軌道に乗ってきたところであり、近い将来本件土地上に建物を建てて支店とすることも考えていましたので、Bにその事情を説明して、期間5年、地代月額7万円という低額で貸すことにしました。このような事情で貸すことにしたので、契約書は取り交わしていません。

2　私の支店開業計画は資金繰りの関係でのびのびになってしまったため、平成26年8月1日、Bとの間で、本件土地賃貸借契約を同一の条件で更新しました。しかし、ようやく資金繰りのめどがついたので、Bに対し、平成31年3月20日、次の期間満了時の7月31日をもって本件土地を明け渡してほしいと申し入れましたところ、明渡しを拒否されてしまいました。Bの言い分は、平成22年5月ころ本件土地上に建物を建てて、そこに従業員を住まわせているが、私の了解を取ってしたことであり、本件土地の賃貸借契約には借地借家法の適用があるから、期間30年となり、まだ大分残存期間があるはずである、というのです。

3　確かに、私は、賃貸借契約時にBに懇願されて、資材置場兼作業場の建物を建てることは了承しましたが、5年後には本件土地を明け渡してもらうのだから、簡易なものにするよう念を押しておいたのです。もちろん、Bの従業員をそこに住まわせることなど了解していません。この10年の間に何度か本件土地を見に行きましたが、人が居住しているかどうかは分かりませんでした。

4　賃貸借契約の満了時である令和元年7月31日が経過しても、Bが本件土地を明け渡してくれる様子がなかったので、8月5日に到達の内容証明郵便で即時の明渡しを請求しました。訴訟を提起してでも本件土地を明け渡させて、私の支店開業計画を実現したいと考えています。勝訴の見込みはあるでしょうか。

Aの相談は、土地の明渡しをめぐる紛争事案です。論点整理の一例は、以下のとおりです。

［演習問題 8 の論点整理案］

【意見を求められた論点（依頼事項）】

1　AとBが平成21年8月1日に締結した本件土地の賃貸借契約は、借地借家法1条にいう「建物の所有を目的とする」ものに当たるか。

　⑴　「建物の所有を目的とする」の意義

　⑵　Aは、Bに対し、本件賃貸借契約時に、Bが本件土地上に従業員宿舎用建物の建築を了承したか。

　⑶　⑴、⑵によると、本件賃貸借契約は「建物所有目的」のものに当たるか。

2　本件土地の賃貸借契約が借地借家法1条にいう「建物の所有を目的とする」ものに当たると仮定して、同法25条にいう「一時使用のために借地権を設定したことが明らかな場合」に当たるか。

　⑴　「一時使用のために借地権を設定したことが明らかな場合」の意義

　⑵　AとBとの間に短期間（5年間）に限る旨の合意が成立したか。

　⑶　本件賃貸借契約が一時使用のためのものであると評価してよい客観的合理的事由はあるか。その評価を障害する事由はあるか。

3　Bが令和元年8月1日以降も本件土地の使用を継続していることによって、民法619条1項の規定する黙示の更新が成立したといえるか。

4　1から3までの検討の結果によると、AのBに対する建物収去土地明渡請求は理由があるか。

　法律意見を求められるといっても、大別して、**極めて一般的な法的見解を求められる場合**と**事実関係に即した法的見解を求められる場合**の、2つの場合があります。前者においては法律問題そのものを摘示すればよいのですが、後者においてはどのような事実を前提としての法的見解を求められているのかが分かる程度に法律問題を具体化・実質化して摘示する必要があります。そうする

ことによって、次に記載する「結論要旨」を無理なく理解することができます。［**演習問題8**］は、もちろん、後者に分類される法律意見書です。

　次に、法律実務家のする仕事が常にそうであるように、法律意見を求められる場合の論点としては、法律問題と事実問題の双方があります。したがって、論点を摘示する場合にも、できるだけ**法律問題と事実問題とを区別しておく**ことが望まれます。依頼者は、この区別に重要性を見出していないかもしれませんが、法律意見書は当該事案がその後訴訟に発展したなどの場合に折に触れて参照されることになりますから、そのような使用に耐えるものとするためにも、できるだけ2つの問題を区別しておくことが重要です。前記の整理案についてみますと、1の(1)と2の(1)が法律問題に、1の(2)と2の(2)が事実問題に分類されます。2の(3)は、賃貸借契約についてそれが一時使用のためのものであると評価してよい客観的合理的事由とはどのようなものをいうのかという法律問題と、それに該当する事実が本件賃貸借契約に存在するのかという事実問題とが含まれた論点の摘示になっています。3も同様です。法律意見を求められている案件における当該論点の重要度に応じて、1の(1)と(2)や2の(1)と(2)のように法律問題と事実問題とに分けて摘示するか、2の(3)や3のように融合させて摘示するかを決することになります。このあたりは、当該法律実務家の事案を見通すことのできる能力の高低にもかかわることであり、なかなか明快にいうことはできませんが、初心のうちは、2つの問題を区別して摘示するのを原則としていて間違いはありません。

(2)　結論要旨

　「意見を求められた論点（依頼事項）」に対応して、法的な観点からの客観的な評価ないし予測の結論を示す部分です。ここに結論を明示することは必須ですが、併せてその根拠（理由）も簡潔に示しておくと、次の「理由」部分を読まなくても大筋を理解することができ、読者にとって便宜です。法律問題については結論を導くために依拠した確定判例等を引用して、事実問題についてはそのような推論の根拠とした文書等を引用して、簡潔な理由を示すことになります。

　［**演習問題8**］の「意見を求められた論点（依頼事項）」1についての「結論

要旨」の一例として、以下のようなものが考えられます。

[演習問題 8 についての詳細な結論要旨案]

【結論要旨】

1　本件賃貸借契約は、借地借家法 1 条にいう「建物の所有を目的とする」ものには当たらない。

⑴　賃貸借契約が「建物の所有を目的とする」ものであることは、借地法の適用対象とする土地の賃貸借の範囲を画するために借地法 1 条が規定したものであり、借地借家法 1 条はその規定を承継したものであって、この間に意義の変更はない。そして、借地法 1 条にいう「建物の所有を目的とする」とは、土地の賃貸借の主たる目的がその土地上に建物を所有することにある場合を指し、その主たる目的が建物の所有以外の事業を行うことにある場合は、賃借人が賃貸人からその事業のために必要な付属の事務所、倉庫等の建物を建築し、それを所有することの承諾を得ていたとしても、「建物の所有を目的とする」には当たらないとするのが確定判例（最 3 小判昭和42・12・ 5 民集21巻10号2545頁等）の立場である。

⑵　Aが本件賃貸借契約締結時にBの従業員宿舎用建物の建築を了承していた場合には、本件土地の賃貸借の主たる目的が本件土地上に建物を所有することにあったと判断される可能性が高いが、Aの了承の事実を示す的確な証拠はない。同建物が建築されたのも本件契約締結時から 9 か月を経過してのことであり、本件契約締結時にAが了承していたとはいえないであろうし、同建物の建築時にAとBとの間で「建物の所有を目的とする」賃貸借に契約の主たる目的が変更されたと認定される可能性も低いものと思料される。

⑶　Aの記憶に基づく本件賃貸借契約の締結に至る経緯、契約書の取り交わしがされていないこと、契約締結後の本件土地の利用実態に、⑵の点を併せ考慮すると、本件賃貸借契約の主たる目的は、Bが本件土地においてその工務店業務の一部の作業をし、資材・自動車等の保管

場所とすることにあると判断されるものと思料される。そうすると、上記(1)の確定判例の立場に照らし、本件賃貸借契約は、借地借家法1条にいう「建物の所有を目的とする」ものには当たらないとの結論が導かれる。

ここに示した【結論要旨】は、やや丁寧に理由部分まで取り込んだ例です。もう少し簡潔にすると、以下の別案のようになります。

[演習問題8についての簡潔な結論要旨案]

【結論要旨】
1　本件賃貸借契約は、借地借家法1条にいう「建物の所有を目的とする」ものには当たらない。
(1)　「建物の所有を目的とする」とは、土地の賃貸借の主たる目的がその土地上に建物を所有することにある場合を指し、その主たる目的が建物の所有以外の事業を行うことにある場合は、賃借人が賃貸人からその事業のために必要な付属の事務所、倉庫等の建物を建築し、それを所有することの承諾を得ていたとしても、「建物の所有を目的とする」には当たらないとするのが確定判例（最3小判昭和42・12・5民集21巻10号2545頁等）の立場である。
(2)　Aの了承の事実を示す的確な証拠はない。本件建物が建築された時期からしても、本件賃貸借契約締結時にAが了承していたとはいえないであろう。また、同建物の建築時に本件契約の主たる目的を変更する旨の合意が成立したと認定される可能性も低いであろう。
(3)　Aから提供された事実関係を前提とする限り、本件賃貸借契約の主たる目的は、Bが本件土地においてその工務店業務の一部の作業をし、資材・自動車等の保管場所とすることにあると判断されるものと思料される。そうすると、冒頭掲記の結論となる。

(3) 理由

「結論要旨」の「理由」を明らかにする部分であり、**法律意見書の最も重要な部分**になります。冒頭に示したように、この部分は、更に「(ア) 前提事実、(イ) 論点についての議論、(ウ) 結論」と分割されます。これらを順に見て行くことにします。

(ア) 前提事実

弁護士が予測ないし評価としての法律意見を述べる前提となる事実を整理して提示する部分です。前提となる事実のうち重要なものが変われば、予測として提示する結論も変わりますから、法律意見書の「前提事実」の部分にどれだけの事実を摘示しておくかは、慎重に考えなければなりません。また、事実を整理しておくだけでなく、依頼者から提供された資料（証拠）もリスト化して、その標目を摘示しておくべきです。

裁判所や仲裁廷に提出される法律意見書（いわゆる私製鑑定書）であっても、前提とする事実や参照した資料（証拠）を明らかにしないまま、提出者（依頼者）に都合の良い結論を述べるものが見られますが、法律意見書の基本ルールを無視したものというべきです。このような法律意見書は、説得のための法律文書と中立的評価のための法律文書との区別を理解しないままに作成されたものということができます。**依頼者にとって都合の悪い事実を無視して形成された意見には何の意味もありません。** 相手方からの批判にも耐えられないので、無益というよりはむしろ有害というべきです。

最も重要であるのは、要件事実論を踏まえて事実整理に当たることです。もちろん、主要事実のみを整理して摘示するのがよいなどと言うのではありません。重要な間接事実や単なる事情をも盛り込んだ方が事案の理解に資する場合は多くありますが、主要事実、間接事実、単なる事情の区別をわきまえて整理すると、依頼者を含む読者に分かりやすい整理になります。そして、要件事実論を踏まえていれば、脱落させてはいけない重要な事実を脱落させることもありません。

次に、**摘示する事実は、それが主要事実であるかどうかにかかわらず、できる限り具体的な事実**として摘示すべきです。特に、(1)に述べた法律意見書が求められる2つの場合のうち、事実関係に即した法的見解を求められる場合に

は、これが決定的に重要です。出来事を日時場所によって特定するのは普通の
やり方ですが、その中でも日時による特定が一般的です。ここでも、要件事実
論で使う「**時的要素**」と「**時的因子**」の考え方が理解されていると、事実整理
に役立ちます。

　すなわち、ある法律効果の発生のために事実相互の間に一定の時間的順序
（先後関係）が要求される場合、それを示す事実を時的要素といい、要件事実
（主要事実）を特定する手段として日時を使う場合、特定のために使っている
事実を時的因子といいます[7]。例えば、売買契約が履行遅滞を理由にして有効
に解除されたかどうかの法律意見を求められた場合には、当該事案において
「履行期の経過→催告→相当期間の経過→解除の意思表示」の順に事実が生起
したかどうかを検討する必要があります。その場合に、各事実がこの順序に生
起したことが有効に契約が解除されるための時的要素であり、各事実が何年何
月何日に起きたのかが時的因子です。したがって、時的因子を明確にすること
によって、時的要素が充足されたかどうかを判断することができます。

　法律意見書における事実整理は、導かれた結論の前提となる事実を明確に提
示するところに目的がありますから、読者にとって理解しやすいことが必要で
す。重要な出来事を**時系列**に沿って整理するのが通例ですが、何もすべての事
実を文章形式の中に盛り込まなければならないというルールはないので、適
宜、**時系列表や登場人物の系図を使うなどの工夫**が必要です。

㈵　論点についての議論

　「理由」の中でも最も重要なのが「論点についての議論」の部分です。この
部分において、問われている論点がどの制定法のどの規定の解釈適用に関する
ものであるかを特定した上で、その解釈適用について先例となる**判例**が存在す
るのかどうか、判例が存在するとしてその内容はどのようなものか、その判例
は確定判例として今日に至っているのか（下級審裁判例がその判例に従っている
か）、逆にその判例の射程を制限するような判例が現れていないか、その判例
は学説によってどのように評価されているかをできるだけ客観的に叙述し、そ
の判例の立場を当該事案の論点に当てはめた場合に、どのような結論が導かれ

---

(7)　司法研修所・要件事実(1)54〜55頁を参照。

るかを予測し評価するということになります。このあたりの作業については、第1章及び第2章を復習してください。

ここでは、リーガル・リサーチがきちんとされているか、判例についてその意味内容及び射程を正しく理解しているかどうか、依頼を受けている事案の事実関係の調査がきちんとされているか、事実関係を正しく理解しているかどうか、判例の判決理由を当該事案の事実関係に正しく当てはめることができるかどうか、といった法律実務家としての基本的能力が問われることになります。

ここでの議論は、中立的評価（予測）のためのものであるので、依頼者の期待する答えに到達するように、判例の意味内容及び射程についての一般的な把握の仕方を意図的にしなかったり、当該事案の事実関係を歪めたり、判例の立場に照らしてみると不都合なものを取り上げることを怠ったりするのは、法律意見書の目的に反する態度です。種々の場面で弁護士が過去に作成した法律意見書に接する機会がありますが、依頼者迎合的と考えられるものもないではありません。注意を要します。

自らした分析を含めてリーガル・リサーチの結果を文書化することになります。［演習問題8］からも分かるように、最終結論を導くためには複数の論点について検討し、それぞれの論点について結論を出し、それらの小結論を論理的な順序で組み合わせて最終結論に到達するというプロセスをふみます。ですから、論点ごとに項目を分け、その中の検討事項ごとに段落を分けるなどの工夫が必要です。

(ウ)　結論

ここでいう「結論」は、論点ごとの小結論を指しています。前記(2)の【結論要旨】におけるものより、やや詳細な説明をイメージするとよいと思います。(イ)の議論を集約して論理的に導かれるところをまとめることになります。

この結論部分では、**導かれる結論の前提条件を明確**にしておくことが重要です。例えば、第2章Ⅲ-3及びⅢ-5に説明したとおり、既存の判例の射程に争いがある場合には、当該判例の事実関係のうちのいずれが同判例の認めた効果を導くのに必要不可欠であるのかについては、それが争われた次の事件において最高裁判所が判断して初めて明らかになります。そうすると、現時点では、当該事案が同判例の射程範囲内にあるのか射程範囲外にあるのかは、必ず

しも十分な確度をもって語ることができないという事態もあり得ます。

　そのような場合には、「甲の考え方によれば、本件はＡ判例の射程範囲内にあり、Ｚという効果が認められる。乙の考え方によれば、Ａ判例の射程範囲内にあるとはいえない。しかし、Ａ判例の要件とする事実ｄの代わりに、本件には事実ｅが存するところ、これこれの観点からすれば、事実ｅをもって事実ｄに代替させることができるものと解するのが相当であるから、乙の考え方によっても、Ａ判例の認めたＺという効果が認められるものと考えられる。」などと結論部分をまとめることになります。もちろん、どのような理由で事実ｅをもって事実ｄに代替させることができるものと解するのが相当であるのか（上記の「これこれの観点からすれば」の部分）は、それよりも前の部分で十分に議論しておかなければなりません。

　また、事実ｆがある場合には、Ｚという効果が認められないことが明らかであるということもあります。そのようなときには、「聴取の結果及び提供された資料中には事実ｆが存したことをうかがうことはできないが、これが存する場合には、Ｚという効果は認められない。したがって、更なる調査により事実ｆの存在が確認されるときは、先の結論を維持することはできない。」といった記述を要することになります。このような記述は、法律意見書の提出時以降に、依頼者又はその弁護士によって調査されなければならない事柄を示すことにもなります。今後調査すべき事項が、単に確認しておくことが望ましいというにとどまらず、結論に影響を及ぼすような重要なものである場合には、「結論」部分とは別に、その点を整理する項目を例えば「今後の課題」といった表題の下に設けた方がよいでしょう。

3　法律意見書作成の技術と留意事項

　前記２(3)(ウ)にも触れましたが、ここでは、法律問題の調査（legal research）時及び法律意見書の作成（legal writing）時に、念頭に置いておくべき留意事項とそれを実践する場面での技術について整理しておきましょう。

(1)　中立的評価（予測）のための文書であること

　これまでも何回か指摘してきましたが、法律意見書は、基本的には、依頼者

が抱えている法律問題につき今後の対処方針を決定する際に参考とするための法律文書であるという性質からして、当該法律問題について**中立的評価をするのが第一義**であるということです（客観的文書）。したがって、裁判における主張書面のように**裁判所を依頼者の有利な方向に説得する**という目的の説得のための文書（説得的文書）とは、**基本的に性質を異にする**ものであることをまずもって認識しておくことが重要です[8]。

　したがって、依頼者側に立ってできるだけ有利に法律と事実とをみるというのではなく、各論点につき、当事者双方の立場から議論してみて、いずれの議論が裁判所を納得させることができるのかを客観的に評価（予測）するという心構えをもっていなければなりません。相談に来る依頼者は、こういう結論であってほしいという潜在的願望とでもいうべきものをもっているのが普通ですが、それを聞き出しておいてそれに沿うような議論をし結論を導くというのでは、何の足しにもなりません。

　そうすると、各論点につき、常に、相手方の立場からする反論（counter-argument）を想定し、我が国の制定法の規定の解釈適用としていずれの議論が説得的であるかを検証するという作業が最も重要であるということになります。法律意見書中の「論点についての議論」の部分は、この検証作業を分かりやすく叙述するものです。そして、いずれの議論が説得的であるかを決めるために依拠することのできる最も重要な材料が判例であるということになります。

　依頼者の立場からする議論の方が説得的でないと判断される場合には、その結論と理由とを明示することが重要です。依頼者は、それを前提として将来採るべき方策を検討することになります。

---

(8)　訴訟手続の中で一方当事者から「法律意見書」又は「鑑定意見書」という標題の下に証拠として提出される文書のうち、前記2(3)(ア)、(イ)に指摘したようなものは、ここで扱っている法律意見書の性質を有するものではなく、その実体は、一方当事者の提出する主張書面と同様、説得のための文書であるということになります。したがって、実際の裁判においても、そのように取り扱われています。

(2) 評価（予測）の確度を明示すべきこと

　法律意見書の結論は、将来裁判になった場合に裁判所のする認定判断を予測するというものであって、法律意見書の作成者に論点についての最終的決定権限があるわけではありませんから、論理的には100％正確なものとはいえません。そこで、結論は正確性の程度（確度）の判断を伴ったものとすべきです。論点が法律問題である場合と事実問題である場合とに分けて検討しましょう。

　論点が法律問題である場合には、適用される制定法の解釈適用に係る判例が存するかどうか、当該判例が法理判例、場合判例、事例判例（第2章Ⅲ-4）のいずれに分類されるものであるのか、当該判例が法理判例であったとして、確定判例というべきものかどうか、直接の判例がない場合に、関連する法規の解釈適用に係る判例が存するかどうか、存するとして当該論点との関連性の程度はどの程度か、当該論点を取り上げて論じる学説が存するかどうか、存するとして当該学説の内容は関連する問題についての判例の立場との関係で裁判所に採用される可能性のあるものかどうか等の諸点を検討の上で、法律意見書の作成者の結論（見解）を形成し、当該結論の確度を判定して明示することになります。

　確定判例というべき法理判例が存していて、当該事案に法理判例の示す例外事情がないことが確認できる場合には、確度の非常に高い予測ということになります。そのような場合には、［演習問題8］の【結論要旨】の1(1)のように表現すれば、確度の非常に高い結論であることが読者に理解されます。そうではない場合の確度の表現方法は、事案ごとに工夫することになりますが、法律問題の予測であるという性質上、「70％の確度をもってこう結論することができる。」といった表現によることはできないので、前記2(3)(ウ)でも述べたように、**当該結論の前提となる条件を明示する**（換言すれば、当該結論が変化する条件を明示する）という方法によるのが、**最も推奨される方法**です。

　論点が事実問題である場合には、当該事実が裁判所によって認定されるであろう程度の高低を予測するという作業をするのであり、予測の確度をいうのは法律問題についてよりも難しいのが一般です。当該事実について直接の処分証書がある場合には確度の高い予測をすることができますし、処分証書でなくてもビジネスの通常の過程で作成される報告文書（前記Ⅰ2(3)(エ)の contemporaneous documents）がある場合にもそれなりに確度の高い予測をすることができます。これに対し、当該事実について直接の証拠となる文書がなく、供述に頼るしかないということになりますと、当該供述の信用性とそれに符合する間接事実がどれだけあるかによって、裁判所が当該事実についての心証をとることができるかどうかが左右されますから、確度の高い予測をすることはなかなか困難です。しかし、裁判所による事実認定は、単に勘に頼った「どんぶり勘定」ではなく、数多くの経験則を複合して適用した結果によるというのがあるべき姿です[9]。

　したがって、法律意見書の結論における事実問題についての確度の予測は、当該事実についての証拠の存在状況がどのようなものであるのか、どのような内容の経験則を適用すべき事案であるのか、当該経験則を適用するための間接事実として現在確認できているものはどれだけあるのかなどを明らかにすることによって、表現すべきです。「○○と認定されるものと思われる。」といった表現では、確度を予測する表現としてはあいまいにすぎます。

(3) 不都合な情報を隠蔽又は無視しないこと

　法律意見書が依頼者にとって意味をもつのは、依頼者が現在置かれている状況を正確に客観的に把握できるからです。法律意見書が依頼者の状況を中立的に評価し、かつそれを分かりやすく率直に語るのでなければ、依頼者の利益が効果的に守られることにはなりません。

　したがって、**法律問題であれ事実問題であれ、依頼者にとって不都合な情報を依頼者の目から隠蔽してはなりません**し、それを無視して検討対象としないというのもよくありません。むしろ、依頼者にとって不都合な情報を積極的に取り上げ、それを分析の対象とし、中立的な評価をした上で、それへの処方箋を検討するのが法律意見書の作成を依頼された弁護士の役割です。

(4) 先例がないからといって恐れないこと

　意見を求められた論点である法律問題について先例というべき判例がないと

---

(9)　このような事実認定の構造については、田中・事実認定を参照。

いうことも稀ではありません。依頼者が弁護士に検討を依頼する意味があるの
は、そのような問題を抱えた場合であるとすらいうことができます。そして、
法律実務家である弁護士の観点からしますと、私人である弁護士が法の創造過
程にかかわることができるのはそのような場合であり、最大限に自らの能力を
発揮すべきときであるということができます[10]。

　**問われている論点そのものについての判例がない場合にすべきことは、関連
する法律問題についてどこまで判例によって解決されているかを調査し、理解
することです。**そうすると、問われている論点と関連する法律問題との関係か
ら、それらの判例のうちのいずれかの論理を類推することによって、又はそれ
らの判例を総合することによって、当該論点についての解決として裁判所が採
用するであろう判断枠組みに導かれるということがあります。論点の性質によ
っては、立法にゆだねられるべき問題であるとの見解に到達することもあるで
しょうが、その場合であっても、依頼者の抱える問題についての結論は導き出
すことができます。

　これらの検討過程では、学説の議論が参考になり、又は諸外国での議論や同
様の問題に対する解決方法が参考になります。このような新奇の問題について
は、学説や比較法情報についての手厚いリーガル・リサーチが必要になりま
す。

　そして、法律意見書には、どこまでが解決されていてどこから先が解決され
ていないのかを説明した上で、当該論点がその解決されていない領域の一部に
属すること、自らが予測する将来の判例の行方とその根拠とを明示することが
重要です。

　**初歩の段階にいる弁護士が注意すべきは、不十分な調査と不十分な考察によ
って、問われている論点が新奇なものであると速断しないことです。**そのもの
ずばりの判例はなくても、それまでの判例の立場からすれば容易に解決方法が
予測し得る場合も多くありますし、傍論であるとはいっても最高裁が既に一定
の見解を示しているという場合もあります。第2章-Ⅲを復習してください。

---

(10)　田中英夫＝竹内昭夫『法の実現における私人の役割』（東京大学出版会、1987年。た
　　だし、初出は1971年から1972年まで）を参照。

⑸　学者の論文やロー・スクールの答案とは性質・目的が異なることを
　自覚すること

　弁護士の作成する法律意見書は、基本的に依頼者を読者とするものです。依頼者は、自らの抱える問題の客観的状況を把握し、今後の対処方針を決するための材料の一部にすることを考えています。したがって、法律意見書は、このようなニーズに合致し、現実の問題解決に資するものでなければならず、また、その範囲で足りるのです。

　学者の論文は、一定の法的問題及びその関連問題の解決方法としての規範につき、その歴史的淵源を遡り、それが我が国に継受された理由を跡付け、母法国と我が国の判例と学説の展開を叙述した上で、取り上げた法的問題についての解決方法を提案するといったものであって、特定の依頼者が抱える具体的な問題を解決するという目的で作成されるものではありません。

　したがって、問われている論点のリーガル・リサーチの過程で、作成者である弁護士自身の興味を引く研究成果に触れたり、比較法情報に接したりすることがあっても、それらが問われている論点の解決に必要なものでない場合には、法律意見書の「論点についての議論」部分で引用したり紹介したりすべきではありません。法的議論の論理の明快さを損なうことになり、読者の理解を促進させることにもならないからです。

　また、ロー・スクールにおける試験は、出題者が出題に当たって回答すべき事項をあらかじめ用意しておき、学生が習得しておくべき原理原則の理解を確かめ、それらを組み合わせて事案を分析し、分析結果を総合して解決策を考案することができるかどうかの能力を問うことを目的としています。そこで、学生としては、あらかじめ回答の骨格について理解し用意している出題者に向かって、自分が出題者の意図する論点に気付き、そこで問題になる原理原則の内容を正確に理解し、それを分析の道具として使用し、総合して一定の解決策を提示する能力があることを答案の形で示そうとします。要するに、ロー・スクールにおける試験答案は、既に答えを知っている人に対して、自分がどれだけ分かっているかを示すことで用は足りるということになります。

　しかし、法律意見書の場合、その読者である依頼者は、そこでされるべき議論や結論の大筋をあらかじめ知っているわけではありません。したがって、法

律意見書では、ロー・スクールにおける試験答案よりも丁寧に説明しなければ
ならない事項もありますし、逆に、試験答案では触れるべきであるとされて
も、法律意見書においてはわざわざ取り上げる意味のない事項もあります。も
ちろん、法律実務家としての議論をするのですから、ロー・スクールでの試験
経験が全く役に立たないということはありませんが、**法律意見書の作成とロ
ー・スクールでの試験答案とは似て非なるものと割り切って考えるべきです。**

Ⅲ　訴訟外（訴訟前）における法律文書

1　はじめに

　以上のようなプロセスを踏み、不確定の要素を残すにせよ依頼者との間に当
該紛争についての一応の処理方針が合意されたときは、その処理方針を実行す
るという段階に進むことになります。弁護士の仕事は、ここでも何らかの法律
文書を作成するということになります。

　そこで、訴訟提起の前段階で利用することの多い手段とそのために作成する
ことになる法律文書について、検討しておくことにしましょう。

2　内容証明郵便

　前記Ⅱ-2(1)の［演習問題8］では、弁護士に相談に来る前に、依頼者Aが
Bに対して賃貸借契約の満了後に契約の目的となっている土地を明け渡すべき
旨の請求を内容証明郵便の方法でしています。このように、法律実務家でなく
ても、自らの社会生活上重要な事柄につき内容証明郵便によって相手方に通知
するという行動は、広く定着したものになっています。

　内容証明郵便は、1頁に「20字以内×26行以内」で書簡を3部作成し、1部
を相手方に送付し、1部を郵便事業株式会社（以下、便宜上「郵便局」といいま
す。）に保管し、1部を差出人が保管することになります。現在では、電子メ
ールによる作成・送付も可能です。内容証明郵便は、郵便局において当該郵便
物の内容である文書の内容を証明する（郵便法48条1項）というものであるた
め、この名称がつけられています。そして、内容証明郵便を送付する場合に
は、郵便局において相手方に当該郵便物が配達されたことを証明する配達証明

（郵便法47条）によるのが通常です。結局、配達証明付き内容証明郵便で文書を送付しておけば、当該文書の内容とそれが相手方に配達された日時とを証明することができます。

　そこで、特に一定内容の意思表示をし、それが相手方に到達したことの動かぬ証拠を残しておきたい場合には、当該意思表示を文書によってし、配達証明付き内容証明郵便で当該文書を送付しておけば、ほぼ間違いなくその目的を達することができます。ただし、そのような文書が配達されることを予測していて、それを受領すると不利益を受けると考えている者の中には、受領しないという対応をする者もいます。そのような事態が予想される場合には、配達証明付き内容証明郵便の利用に併せて、**当該文書と同一内容の文書を普通郵便によって配達しておく**ことが考えられます。この方法によった場合、郵便局が普通郵便の配達日時を証明することはしませんから、当該普通郵便の配達日時については別に証明の方法を用意しておく必要があります。内容証明郵便の文書中に同一内容の文書を普通郵便によって送付した旨を明記しておくというのは、よく使われる方策です。

　細心の注意を払わなければならないのは、一定の法律効果の発生要件である意思表示を内容証明郵便によってする場合です。**意思表示をしていること及びその内容が一義的に明確であることが最重要**の点であり、当該意思表示が他の要件との関係で有効なものであることが次に留意すべき点です。

　これを、具体例で検討してみましょう。

[演習問題9]

　弁護士Lは、依頼者Aの以下のような相談につき、相手方Bに宛てて平成31年1月20日付けで内容証明郵便を送付することにした。内容証明郵便の起案に当たって注意すべき点を整理せよ。
（Aの相談の概要）
1　私は、中古自動車の販売業者のBから、平成30年9月1日、真っ赤なα型ポルシェ1台（本件自動車）を代金200万円で買いました。何年も前から探していた型式の自動車であり、Bの営業所に置いてあるのを見て

すっかり気に入り、買うことにしました。Bは、250万円を下回る代金では売れないと言っていたのですが、内金100万円を即金で支払うことで、代金を200万円にしてくれました。3か月後の同年12月1日に、残金100万円を支払うのと同時に本件自動車の登録と引渡しをするという約束にしました。

2　私は、何とか金策をして、平成30年12月1日、残金100万円を持ってBの営業所に赴き、Bに対し、「このとおり残金を持参したので本件自動車を引き渡してくれ。」と要求しました。Bは、「別のお客さんに貸していて、ここには本件自動車はない。10日後にしてくれ。」と言うので、待つことにしたのですが、結局、ずるずると今日に至っても本件自動車を引き渡しません。

3　私も、このようにケチのついた自動車に乗る気はなくなってしまいました。平成30年9月1日にBに支払った内金100万円を取り戻したいと思います。

　［演習問題9］の依頼者の希望は、売買契約を解除して支払済みの内金の返還を求めたいということです。しかし、弁護士としては、この段階で、ほかに請求できる事項があるかどうか——すなわち、請求することのできるメニュー全体——を検討しておくべきです。これは、訴訟を提起するときの訴訟物（実体法上の請求権）を確定するという作業と同じことをすることになります。訴訟物の形で整理すると、①　売買契約の解除に基づく原状回復請求権としての内金100万円の返還請求権（民法545条1項本文）、②　売買契約の解除に基づく交付時からの法定利息請求権（民法545条2項）、ということになります。

　ただし、本件では、依頼者本人は売買契約解除の意思表示をしておらず、これから弁護士が内容証明郵便によって依頼者を代理して催告と解除の意思表示をするのですから、今回の内容証明郵便の文面中に有効に売買契約が解除されたことを前提とする上記①、②の請求文言を入れるのは適切ではありません。

　そうすると、今回の内容証明郵便の主要な目的は、本件自動車の売買契約を有効に解除するところにあります。そこで、弁護士としては、(i)　催告については、どの契約について、相手方のどのような債務の履行を催告するのか、(ii)

解除の意思表示については、どの契約について、どのような解除の意思表示を
するのかを、売買契約の法定解除の要件を充足させるという観点から、正しく
整理しておくことが大前提になります[11]。その上で、それらを正確に記述する
ことが、内容証明郵便の文面の起案の作業の実質です。

　内容証明郵便の文面としては、最後に、上記の訴訟物を反映した依頼者の要
求を明示した上で、その解決方法に言及して締めくくるという構成になりま
す。依頼者が訴訟等の法的手続のみを予定しているのか、当事者間の交渉によ
る解決も許容しているのかに触れるのが通常です。

　以上の考え方に従って起案した場合の内容証明郵便（文面部分のみ）の一例
を挙げておきましょう。

［演習問題９の内容証明郵便の文面例］

　小職は、通知人Ａの委任を受けた代理人として、貴殿に対し、以下のと
おり通知します。
1　通知人は、中古自動車の販売業者である貴殿との間で、平成30年９月
　１日、赤色のα型ポルシェ１台（本件自動車）を以下の約定で買う旨の
　売買契約を締結しました。
　①　代金200万円
　②　代金のうち100万円を即日支払い、残代金100万円を平成30年12月１
　　日に本件自動車の引渡し及び登録手続と引換えに支払う。
2　通知人は、貴殿に対し、平成30年９月１日、前記１の②の内金100万
　円を支払い、さらに、同年12月１日、貴殿の営業所において同残代金
　100万円を現実に提供しました[12]。
3　しかし、貴殿は、平成30年12月１日、通知人に対し、本件自動車が自
　らの手元にないとの理由で引き渡さず、その登録手続もせず、今日まで
　売買契約に基づく売主としての義務の履行をしていません。

⑾　売買目的物引渡債務の履行遅滞を理由とする売買契約解除の要件事実につき、司法研
　修所・類型別11頁を参照。

4　そこで、小職は、貴殿に対し、本書の到達日から14日以内に本件自動車を引き渡すとともにその登録手続をするよう催告します。貴殿がこの期限内に本件自動車を引き渡しかつその登録手続を履行しないときは、改めて解除の意思表示をすることなく、本件自動車の売買契約を解除します[13]。

　5　前項の期限経過後は、支払った内金100万円の返還及びその交付時以降の法定利息の支払を求めて法的手続をとることになりますので、あらかじめご承知おきください。また、本件についてのお問合せ等は、すべて小職宛てにお願いします。

　平成31年1月20日

　[演習問題9] の事案では、中古自動車の販売業者のBが債務の履行を遅滞しているというものですが、他の客Cから代金250万円で本件自動車を買いたいとの申込みがあったので、BはCに対して本件自動車を売却し、登録を備えさせてしまったという場合には、本件自動車の所有権を移転するというBのAに対する債務は取引通念上履行不能になっています。このような場合には、Aは、民法542条1項1号の規定によって、催告をすることなく本件自動車の売買契約を解除することができます。したがって、Aの代理人である弁護士Lとしては、「催告＋停止期限付解除の意思表示」という文面の内容証明郵便を送付するのではなく、上記のとおりBのAに対する債務が履行不能になっていることを指摘した上で、それを理由に解除の意思表示をすることを文面とする内容証明郵便を送付することになります。

⑿　売買契約締結の事実を主張することによって、代金債務が目的物引渡債務（及び本件の場合は登録手続をすべき債務）と同時履行関係にあることが明らかになるところ、同時履行の抗弁権が付着していることは目的物引渡債務の履行遅滞の違法性阻却事由として働くため、売買契約を有効に解除するためには、この同時履行の抗弁権の発生障害事由又は消滅事由を「せり上げて」主張しておく必要があります。司法研修所・要件事実(1)63頁を参照。

⒀　これは、催告と同時にするいわゆる「停止期限付解除の意思表示」です。司法研修所・要件事実(1)259頁を参照。

第3章　相談過程の文書　123

3　合意書、公正証書、訴え提起前の和解（即決和解）等の案の作成

(1)　合意書案の作成

　依頼者との間で合意した処理方針に従って相手方と交渉をした結果、当該紛争につき一定の解決に至った場合には、その解決のための合意内容を書面化することが必要になります。

　［**演習問題9**］のケースで、Bにおいて本件自動車の引渡しとその登録手続をし、他方、Aにおいて残代金100万円を支払うことで話がつき、各履行を同時に済ませて解決したという場合には、お互いに後日に債務の履行を残してはいませんが、そのようにして紛争の解決をみたことを書面化しておくことが重要です。そうすることによって、AB間の後日の紛争を予防することができます。

　また、［**演習問題9**］のケースで、本件自動車の売買契約を解除することとし、BがAから受領していた内金100万円を返還し、併せて損害賠償金10万円を支払うことで話がつき、BからAに対し合計110万円の支払を済ませて解決したという場合であっても、これを書面化しておく必要があることに変わりはありません。

(2)　公正証書案の作成

　交渉時のBの資産状況によっては、上記の後者の解決方法によるとしても、Bが合計110万円を話のついた時点で支払うことができず、合意の成立時に20万円、その翌月から毎月20日限り10万円ずつ9回（合計10回）で支払うという形で紛争を解決するしかない場合もあります。合意成立の後にBが債務を履行するという手続が残るので、Aとしては、Bの履行を確保する手段を講じておきたいということになります。そのような場合に利用されるのが**公正証書**の作成です。

　Bが任意に履行しないということになった場合に、Aが自らの権利を実現するには強制執行の手続による必要があります。そして、強制執行を発動させるためには、Aの権利の存在が公に認証されていることが必要です。強制執行を発動させる効力を有する文書を**債務名義**と呼び、どのような文書が債務名義に

なるのかは民事執行法22条が規定しており、その代表例が確定した給付判決です。同条5号は、「金銭の一定の額の支払又はその他の代替物若しくは有価証券の一定の数量の給付を目的とする請求について公証人が作成した公正証書で、債務者が直ちに強制執行に服する旨の陳述が記載されているもの」は債務名義になるとしています。このように強制執行認諾文言の付された公正証書を「**執行証書**」と呼びます。要するに、単なる私文書（和解契約書、示談書等）は債務名義にならないので、相手方の債務不履行に備える必要がある場合には、単なる私文書の作成では十分でないということです。

(3) 訴え提起前の和解案の作成

　相手方の債務が上記のように金銭債務等である場合には、執行証書によって対処することができますが、そうでなく不動産の明渡債務等の場合には、執行証書によることはできません。そのような場合に活用されるのが、民訴法275条の規定する**訴え提起前の和解**です。当事者間に**民事上の争いがある場合**に、裁判所の勧告によって和解を成立させるという手続ですが、当事者間に実質的には合意が成立していて簡易裁判所に和解の申立てをし、1回の期日で和解が成立するというのが実務の一般であるため、「**即決和解**」とも呼ばれています。

　訴え提起前の和解の申立ては、口頭ですることも可能ですが、申立書を提出してするのが通常です。この場合、民訴法275条1項の規定に従い、「**請求の趣旨及び原因並びに争いの実情**」を記載する必要があります。

　まず、「**請求の趣旨及び原因**」ですが、これらは訴状の必要的記載事項（民訴法133条2項2号）としてのそれらと同じですから、和解の対象となる権利又は法律関係を特定した上で、どういう範囲で、どういう形式（給付・確認・形成のいずれか）の和解を求めるのかを明らかにしなければなりません。この点については、訴状についての説明を参照してください（第4章**A I - 4**）。

　次に、「**争いの実情**」ですが、これは単に訴状や準備書面において実務上「訴えの提起に至る経緯」などと題して記載される間接事実やいわゆる事情のみを指すのではなく、訴状の任意的記載事項である攻撃方法としての請求原因事実（和解の対象となる権利等の発生原因事実）をも包含するものです。

　しかし、申立書の実際の記載方法としては、「請求の原因」欄に訴状の任意

的記載事項である攻撃方法としての請求原因事実を記載し、「争いの実情」欄に裁判所が事案の実態を理解するのに資する紛争の経緯等の間接事実や背景事情を記載するのが、分かりやすいものと思われます。

　また、申立書の必要的記載事項ではないのですが、実務上、「和解条項案」を申立書中に記載するか、別紙として添付するのが一般的です。この実務の扱いは、訴え提起前の和解の申立事件においては、裁判所が事案の内容について十分な審理をするわけではないので、そこに記載ないし添付されている和解条項案が和解勧告に当たっての貴重な資料になるという実態を反映したものです[14]。

　なお、前述のとおり、訴え提起前の和解の申立てをすることができるのは「民事上の争い」が存する場合であり、現在紛争がある場合のみならず将来紛争が予想される場合もこれに含まれると解されていますが、その外延については必ずしも明確な基準がありません。筆者は、訴え提起前の和解の申立ての制度趣旨からして、現在の紛争のほか予測し得る限り将来発生する可能性のある紛争を含むと解するのが相当であると考えています。そして、裁判所が争いの存否の調査に注力することに大きな意味を見出すことはできず、裁判所としては、当事者の真意（和解条項について当事者が十分了解しているかどうか）、出頭しているのが当事者本人であるか代理人であるか、代理人である場合には代理権があるかどうか、和解条項に公序良俗違反・強行法規違反がないかどうかについての調査に注力すべきであって、証拠調べをすることのできない手続において争いの存否についてのきめ細かな調査を期待するのは合理的でないと考えています[15]。しかし、争いの存否の意義をどのように理解するか、それについてどの程度の調査を裁判所に期待するか等については、定説があるとはいえない状況ですから、申立代理人としては、その点を心得ておく必要があります。

---

(14)　訴え提起前の和解の申立書の記載事項につき、吉村徳重＝小島武司編『注釈民事訴訟法(7)』371頁以下［田中豊執筆］（有斐閣、1995年）を参照。
(15)　吉村＝小島編・前掲注(14)373〜379頁を参照。

4　あっせん、調停等いわゆる ADR の申立書

⑴　ADR とは

　相手方に内容証明郵便を送付し交渉を始めても、相対の交渉ではらちが明かないこともしばしばです。また、相対の交渉が奏効しないことが当初から予測できることもあります。そのような場合に、弁護士は訴訟に慣れ親しんでいるため、どのような紛争であれ訴訟を提起するという方法を選択しがちですが、ここは立ち止ってしばし考える必要があります。なぜなら、今日では、あっせん、調停等の訴訟以外の紛争解決方法がかなりの程度に整備されてきているからです。

　訴訟ないし裁判手続によらない紛争解決手続を、ADR（Alternative Dispute Resolution）と呼びます。平成16年には、「裁判外紛争解決手続の利用の促進に関する法律」が制定されましたが、一般にこの法律を「ADR 法」と呼んでいます。ADR 法は、その 1 条において「裁判外紛争解決手続（……）が、第三者の専門的な知見を反映して紛争の実情に即した迅速な解決を図る手続として重要なものとなっている」との現状認識に基づき、「紛争の当事者がその解決を図るのにふさわしい手続を選択することを容易にし、もって国民の権利利益の適切な実現に資する」との目的を明らかにしています。

　我が国においては伝統的に裁判手続によらない紛争解決手続が活用されてきたのですが、ADR をその紛争解決手続の設置主体によって大別すると、**裁判所によるもの**、**行政機関によるもの**、**民間団体によるもの**に分類することができます。

　裁判所によるものとしては、既に国民の間に定着している民事調停法に基づく地方裁判所又は簡易裁判所における**民事調停**、家事事件手続法に基づく家庭裁判所における**家事調停**とがあります。また、平成18年 4 月 1 日に施行された労働審判法に基づく**労働審判**があります。労働審判は、同法 1 条に規定するとおり、「労働契約の存否その他の労働関係に関する事項について個々の労働者と事業主との間に生じた民事に関する紛争（以下「個別労働関係民事紛争」という。）に関し、裁判所において、裁判官及び労働関係に関する専門的な知識経験を有する者で組織する委員会が、当事者の申立てにより、事件を審理し、調

停の成立による解決の見込みがある場合にはこれを試み、その解決に至らない場合には、労働審判（個別労働関係民事紛争について当事者間の権利関係を踏まえつつ事案の実情に即した解決をするために必要な審判をいう。以下同じ。）を行う手続（以下「労働審判手続」という。）を設けることにより、紛争の実情に即した迅速、適正かつ実効的な解決を図ることを目的」として設けられたものです。そして、同法施行後の労働審判の申立件数をみてみますと、平成18年が9か月で877件、平成20年が2052件、平成28年が3414件と、年を追って着実に増加しています[16]。このような労働審判の申立件数の推移は、紛争解決手続の創設が潜在していた紛争の法による解決を促す効果を有していることを示すものと理解することができます。

　行政機関によるものとしては、建設業法に基づく建築工事紛争審査会、労働組合法に基づく労働委員会等があります。行政機関によるADRとして近時大きな役割を果たしたものに、原子力損害賠償紛争解決センターがあります。同センターは、文部科学省の原子力損害賠償紛争審査会に属する組織であって、平成23年3月11日に発生した東京電力株式会社福島第一、第二原子力発電所事故の放射能の影響により生じた原子力事業者が負う損害賠償債務に係る紛争につき、適正・迅速な解決を図ることを目的として、和解の仲介の手続を実施しています。平成28年5月30日時点における総申立件数は2万0013件に上りますが、そのうち1万7376件（約85％）が解決に至っており[17]、原発事故に起因する紛争の解決に大きな役割を果たしたと評価してよいと思われます。

　民間団体によるものとしては、単位弁護士会の運営するあっせん・仲裁センターや、日本証券業協会、生保協会、全国銀行協会等の運営するあっせん手続等があります。**全国銀行協会の運営するあっせん手続**は、平成20年10月1日にその活動を開始した新しい手続ですが、その申立件数は上記の労働審判と同様に著しい増加傾向にあります。そして、平成21年6月17日に金融商品取引法と銀行法をはじめとする金融関連業法の改正法が成立し、金融ADR制度が創設

---

[16]　最高裁判所事務総局編『裁判所データブック2017』54頁（法曹会、2017年）を参照。

[17]　桐蔭横浜大学法科大学院原子力損害と公共政策研究センター編『原子力損害賠償法改正の動向と課題』63頁（大成出版社、2017年）〔丸島俊介〕を参照。

されることになりました。全国銀行協会の運営するあっせん委員会は、改正銀行法52条の62第1項の規定による内閣総理大臣の指定を受けた「指定紛争解決機関」になったことを考慮に入れると、更に活用されるものと思われます[18]。

(2) 仲裁と調停

上記(1)に例示した手続には、大別して**仲裁**（arbitration）と**調停**（mediation）という性質の異なるものが含まれています。

仲裁は、当事者が一定の生活関係から生ずる紛争を解決するために私設の裁判官である仲裁人の判断に従うことを合意した上で、この合意に基づき仲裁人が実施する手続です。仲裁については明治23年の民訴法制定当時のままの状態が長らく続いていましたが、平成16年3月1日に仲裁法が施行されるに至っています。

仲裁は、当事者間の仲裁合意に根拠を置くものであって、仲裁判断には確定判決と同一の効力が認められ（仲裁法45条1項）、**しかも上訴することができません**[19]。仲裁合意の当事者の一方が仲裁合意の対象になっている権利関係について裁判所に訴えを提起した場合、相手方当事者が本案についての答弁をする前に仲裁合意の存在を主張すれば、当該訴えは不適法として却下されます。このように、仲裁合意は妨訴抗弁として機能するわけですから、法律問題の相談を受けた弁護士としては、**依頼者の持参した契約書に仲裁合意を定める条項がないかどうかを確認すること**が重要です。国内契約では建築工事の請負契約に仲裁条項を置くのが通常ですし、国際商取引契約にもしばしば仲裁条項が置かれています。依頼者がこれを失念していることもありますから、意識して確認する必要があります。

このように、仲裁条項は憲法32条の規定する国民の裁判を受ける権利を制限

---

[18] 金融 ADR 制度の創設及び全国銀行協会の運営するあっせん手続につき、田中豊編著『Q&A 金融 ADR の手引き──全銀協あっせん手続の実務』（商事法務、2014年）を参照。

[19] 東京地判平成16・1・26判時1847号123頁は、仲裁判断を最終的なものとはしないとの合意が当事者間で結ばれたとしても、そのような合意は無効であると判断しています。

するという重大な効果を有する合意ですから、契約書の作成に関与する弁護士としては、当該契約書に仲裁条項を置くのが適切であるかどうか、置くのが適切であるとしてどのような内容にすべきであるか（特に、仲裁地についての定めをどのような内容にすべきであるか）等につき、注意深い検討を要します。これらの点については、本書第6章「契約書」において改めて取り扱うことにします。

これに対し、**調停**の場合は、これを利用するために当事者間のあらかじめの合意が要求されるということはありません。その代わり、調停手続の主宰者（「調停委員会」、「あっせん委員会」などと呼ばれます。）が両当事者に対して一定の解決案を提示したとしても、**両当事者がそれで合意に達しない限り、当該解決案に拘束力はありません。**

ただし、裁判所において行われる民事調停には、「**調停に代わる決定**」という制度があります。これは、裁判所が「調停委員会を組織する民事調停委員の意見を聴き、当事者双方のために衡平に考慮し、一切の事情を見て、職権で、当事者双方の申立ての趣旨に反しない限度で、事件の解決のために必要な決定をする」という制度であり（民事調停法17条）、2週間以内に異議の申立てがなければ裁判上の和解と同一の効力を有する（民事調停法18条）こととされています。調停期日では当事者間の合意に至らなかったが、裁判所による理由付きの決定によって熟慮するときは、当事者双方がもう一歩ずつ譲歩をして和解してもよいと考えるに至ることもあることを織り込んだ制度であり、一定程度の成果を挙げています[20]。

なお、民間団体によるADRには「**あっせん**」の名称を付した手続が多いのですが、その性質は上記の調停と同じものです。そして、あっせん委員会によっては、上記の民事調停法17条の規定する精神をも勘案して、単に口頭の手続によって当事者双方に譲歩を求めるというのではなく、結論とその理由を明示

---

[20] 最高裁判所事務総局編『民事調停委員のための民事調停法規の概説』62頁（1982年）では、「裁判所が、従来の調停の経過に照らし、当事者双方のために衡平にかない、適切妥当と考えるところをこのような裁判の形で明確に示すことは、当事者に反省と熟慮の機会を与え、これを機縁に紛争が解決をみる場合が多いのです。」と説明しています。

した「あっせん案」を書面によって提示するという手順をふむものも漸増しています。「足して2で割る」とか「合理的な理由のない解決案の押し付け」といった従来の調停手続に対する批判と不満[21]に対する対応策として、紛争解決手続を透明化するためのこのような工夫は評価することのできるものです。

(3) ADR という解決手続の特徴

上に挙げた種々のADR（仲裁も含む）には、裁判と比較して、実体面と手続面の双方に特徴があります。

実体面——すなわち解決基準——**からみた特徴は、厳密な意味での法のみによるものでないところ**にあります。民事調停法17条に体現されているように「衡平に考慮し、一切の事情を見て」解決案を考案することになります。しかし、「衡平」といい「一切の事情」といってみても、法的規範と離れた個人的な公平感をいうのではありません。仲裁法36条3項は、仲裁判断の基準が法規範であることを大前提とし、「当事者双方の明示された求めがあるときは……、**衡平と善により判断する**」ことを認めていますが、現代では、調停においても大筋において異なるものではないと理解すべきです。根拠のはっきりしない解決案を押し付けられたと当事者が感ずるようなことが続けば、そのようなADRは結局利用されないで終わることになるでしょう。法律実務家がADRに関与する場合には、手続主宰者として関与するときであれ当事者の代理人として関与するときであれ、**解決案の根拠**（法規範を当該事案に当てはめたものであるのか、法規範から乖離するところがあるとすれば、どのような事情をどのような根拠で汲み上げたのかなど）**を明確にして臨むことが重要**です。

手続面からみた特徴は、簡易性と非公開性にあります。そして、手続の主宰者である仲裁人、調停委員、あっせん委員等のメンバーには、法律実務家である弁護士はもとより、取り扱う事件の種類や内容に応じて、一級建築士、公認会計士、医師、専門分野の学者等も入っており、それぞれの専門的知見を提供することによって迅速で安価な解決を目指しています。しかし、現在の我が国

---

(21) 第二東京弁護士会編『弁護士会仲裁の現状と展望』212頁（判例タイムズ社、1997年）を参照。

では、法律実務家以外の者で他人間の法的紛争につき、双方の主張と事実関係を理解して適正で妥当な解決策を提案できる能力を有する人材はそう多くはなく、これに加えて手続を主宰することのできる能力を有する人材となると、ますます少ないというのが実情です。前述したような ADR の制度としての利点をいくら並べ立てたところで、それぞれの ADR 手続を支える有能な人材がいなければ、ADR が現実の社会に生起する多様な紛争を解決するために重要な機能を発揮するのに由無いことになります。ADR 手続を支える人材育成にこれまで以上に熱心に取り組む必要があります[22]。

　以上のような ADR の特徴は、あくまでも一般論としてのものであって、それぞれの ADR ごとに色合いに相違があるのは当然であり、同一の ADR であっても、誰が仲裁人、調停委員等であるかによって実態が著しく異なるということもあり得ます。個別事件の依頼を受ける弁護士としては、当該事件に即して、裁判との得失、利用し得る ADR それぞれの特徴、当該 ADR の主宰者の信頼性の程度等、紋切り型の比較にとどまらない具体的な検討をした上で、利用する紛争解決手続を依頼者と十分な意思疎通をして決することが重要です。

(4) 申立書作成上の留意点

　ADR を利用するということになりますと、その申立書を起案するのが法律実務家のする最初の仕事になります。ほとんどの ADR では、申立てのための書式を定めて配布していますから、記載事項はそれによればよいということになります。

　仲裁申立書の記載方法は、訴状のそれと基本的に異なるところはないといってよいので、第4章の説明を参照してください。もちろん、仲裁申立ての有効要件である仲裁合意の存在と仲裁地の選択に誤りがないこと等仲裁申立書に独自の記載事項もありますが、それ自体は難しいことではないと思われます。

　調停申立書については、民事調停規則3条が「申立ての趣旨及び紛争の要点」を記載することを要求しています。弁護士が調停申立書を起案するときに

---

[22]　田中豊「多様な紛争解決制度とそれを支える人材の育成」月報司法書士520号2頁（2015年6月）を参照。

は、前記3(3)で説明した訴え提起前の和解の申立書の「請求の趣旨及び原因並びに争いの実情」の記載と異ならないと考えて起案すれば、ほぼ間違いはありません。その他の機関の行うあっせん手続の申立書も同様です。

ADR のメリットは簡易迅速な紛争解決にあるのですから、常にこれを念頭に置いて起案に当たるべきです。ところが、弁護士の作成した申立書の中に、「主張は小出しにするもの」との誤った訴訟戦略を身につけてしまったらしく、紛争の要点が明らかでないものに遭遇することがあります。

例えば、一定の契約関係が存しないことの確認を求めるという請求の趣旨の記載があり、当該契約を締結年月日等によって特定して主張していて、当該契約締結の事実には争いがないと見受けられるのに、申立書のどこにも当該契約の無効原因又は取消原因の主張を記載していないというのがあります。この申立書の記載の仕方は、「当該契約締結の事実は相手方の主張・立証責任に属するから、その事実主張がされた後に、当該契約の無効原因又は取消原因の主張をすれば足りる。」との立場に立つものと推察することができます。

このような主張の仕方は、訴状の記載としても首をかしげざるを得ないものですが、調停（あっせん）の申立書としてはより問題です。要するに、ADR の申立書には、要件事実論による分析によると、再抗弁に位置付けられる主張やその証拠であっても、提出されることが当然に予想される抗弁に対する再抗弁である場合には、その再抗弁事実を申立書に記載し、その証拠を申立書とともに提出すべきです。

法律実務家のこのような行動が、簡易迅速な紛争解決という ADR の大義を実現するために必須の条件になります。

5　保全処分の申立書

(1)　保全処分とその種類

訴訟（仲裁にも当てはまりますが、以下単に「訴訟」といいます。）は、その提起から判決が確定して強制執行に至るまでに一定の期間を要します。債務者の資産状況がその間に悪化し、係争物の権利関係に変動が生ずると、権利者の獲得した判決は強制執行することができず、画餅に帰することになります。そこ

で、権利の実効性を確保するため、権利を主張する者に一定の権能ないし法的地位を暫定的に認めるという制度を設けています。これが**保全処分**と呼ばれる制度です。

　自らの依頼者が相手方に対して一定の権利を有していると考えられる紛争事案を受任することとした弁護士として最初に検討すべきは、当該依頼者の権利を保全するために、**仮差押え**（民事保全法20条）又は**仮処分**（民事保全法23条）の申立てを速やかにすべきであるかどうかです。

　仮差押えは、金銭債権につき当該債権に相当する債務者の財産の現状を維持することによって将来の強制執行を保全するものです（民事保全法20条１項）。

　仮処分のうち係争物に関する仮処分は、特定物の給付を目的とする権利につき当該特定物の現在の事実状態又は法律状態を維持することによって将来の強制執行を保全するものです（民事保全法23条１項）。これに対し、仮の地位を定める仮処分は、争いのある権利関係につき権利者に生ずる著しい損害又は急迫の危険を避けるために暫定的な地位を定めるものです（民事保全法23条２項）。

(2)　申立書の構成と留意点

　保全命令手続は、権利者（一般に「債権者」と呼びます。）が裁判所に申立書を提出することによって開始されます（民事保全法２条１項、民事保全規則１条１号）。**保全命令事件は、本案の管轄裁判所又は仮に差し押さえるべき物若しくは係争物の所在地を管轄する地方裁判所の専属管轄である**（民事保全法６条、12条１項）ので、管轄原因を確認しておく必要があります。

　民事保全法13条１項は「保全命令の申立ては、その趣旨並びに保全すべき権利又は権利関係及び保全の必要性を明らかにして、これをしなければならない。」と規定し、同条２項は「保全すべき権利又は権利関係及び保全の必要性は、疎明しなければならない。」と規定しています。

　そこで、保全命令の申立書は、前記(1)の仮差押えであれ仮処分であれ、内容部分は次のように３部構成になります。

[保全命令申立書の構成]

【申立ての趣旨】
【申立ての理由】
第1　被保全権利
第2　保全の必要性
【疎明方法】

(ア)　申立ての趣旨

　仮差押命令の申立ての場合、「申立ての趣旨」には、**債権者の有する債権を特定し**(種類、内容、金額によって)、**その執行を保全するために債務者の財産を仮に差し押さえるとの裁判を求める旨**を記載します。また、仮差押命令は、動産の仮差押命令を除き、その目的物を特定して発しなければなりません（民事保全法21条）。そこで、不動産仮差押命令申立書の場合には、**別紙**として、請求債権目録、仮差押えの対象となる不動産の物件目録を添付するのが通常です。

　仮処分命令の申立ての場合、「申立ての趣旨」には、申立ての目的を達するために必要なものとして特定した行為を債務者に命ずる又は禁止するとの裁判を求める旨を記載します。ただし、**裁判所は、この申立ての趣旨に拘束されるものではありません**（民事保全法24条）。係争物に関する仮処分の典型例としては、財産（不動産、動産、債権等）の処分禁止の仮処分や占有移転禁止の仮処分を挙げることができます。また、仮の地位を定める仮処分の典型例としては、抵当権実行禁止の仮処分、建築工事（又は妨害）禁止の仮処分、占有使用妨害禁止の仮処分等を挙げることができますが、必ずしもこのような類型に属さないものも存します。

(イ)　申立ての理由

　次に、「申立ての理由」において、民事保全法13条1項の規定する**被保全権利と保全の必要性**とを明らかにします。

　被保全権利は、基本的に、訴状における攻撃方法としての請求原因事実と同一ですから、そこでの説明を参照してください（第4章**AⅠ-5**）。ただし、実務上、口頭弁論又は債務者審尋を回避すること、担保金額が小額であること等

に利益を見出す債権者としては、通常債務者から主張されるような抗弁事実が存在しないこと又は抗弁を前提として再抗弁事実が存在することを積極的に主張しています。このあたりは、前記4(4)のADRの申立書についての説明と同様です。

　保全の必要性は、保全処分に特有の項目です。仮差押えの場合には、債務者の職業、地位、資産状況等からして、責任財産が隠匿、廉売等の行為によって減少するおそれがあること、又は不動産から金銭のように捕捉しづらい財産に変換されるおそれがあることなど、**執行上の障害が生ずる危険性を具体的に記載**する必要があります（民事保全法20条1項）。また、債務者が商品の小売業者である場合に、当該商品を差し押さえると債務者の営業に程度を超えた損害を及ぼすこともあるので、**影響の少ない不動産等の資産が他にないかどうかを調査し、それが存する場合には、仮差押えの目的物を影響の少ない不動産等にする**必要があります。

　係争物に関する仮処分の場合も、仮差押えの場合と大筋において異なるところはありません（民事保全法23条1項）。ただし、係争物に関する仮処分の性質上予想される現状の変更には、係争物を毀損し隠匿するなどの客観的変更のみならず、占有又は所有権の移転、担保権設定等の**主観的変更**も含まれます。この主観的変更を予防するための係争物に関する仮処分は、我が国の民訴法が**訴訟承継主義**——係争物の譲渡が訴訟にも影響を及ぼし、承継人を当事者として訴訟に関与させ、前主の訴訟上の地位を承継させるという原理（すなわち、承継人を当事者として訴訟に関与させておかないと、承継人には既判力を及ぼすことはできないという原理）——を採用しているため、不可欠の手段とされており、実務上も多用されています[23]。

　これに対し、仮の地位を定める仮処分の場合に要求される保全の必要性は、①　債権者に生ずる著しい損害又は②　急迫の危険、を避けるために必要であることですから（民事保全法23条2項）、前二者と比較して厳格なものでなければなりません。仮の地位を定める仮処分の申立書には、当該事案において上記

---

(23)　中野ほか・新民訴法講義626頁以下［松浦馨＝井上治典執筆（補訂安西明子）］（有斐閣、2018年）を参照。

①又は②を避けるために必要であることを示す具体的事実を摘示することが必要です。

　㈡　**疎明方法**

　保全処分の申立書には、上記の「申立ての理由」に記載した事実につき、立証不要のものを除き、疎明することのできる資料を添付しなければなりません。

　疎明という用語は、２つの事柄をいうために使われます。１つは、裁判官の形成すべき心証の程度につき、確信を生ぜしめる程度であることを要する証明と対比して、一応確からしいという蓋然性の程度で足りることをいいます。もう１つは、即時に取り調べることのできる証拠によって行うという証拠調べの方法の制限をいいます（民訴法188条）。保全事件には、緊急性と暫定性という性質がありますから、疎明によることとされているのです（民事保全法13条２項）。

　債権者の立場からすると、書面審尋又は債権者の一方審尋のみの手続で保全命令が発せられることが望ましいので、結局のところ、各要証事実につき疎明方法として文書を提出することになります。

　そして、被保全権利に関する証拠としては、処分証書であれ報告文書であれ、既に説明した contemporaneous documents（Ⅰ－２⑶㈍）を収集し、提出することができることが多いのですが、保全の必要性に関する証拠としては、債権者又はその関係者の「陳述書」又は「報告書」によらざるを得ないこともしばしばです。債権者の代理人弁護士としては、その記載内容の正確性、真実性が担保されるよう注意し、その他の証拠との整合性等の観点から十分な検討をしておくべきです[24]。

---

　[24]　弁護士職務基本規程75条は、「弁護士は、偽証若しくは虚偽の陳述をそそのかし、又は虚偽と知りながらその証拠を提出してはならない。」と規定しています。

第4章 訴状・答弁書・控訴状等

A 第一審における文書の作成

I 訴状

1 作成前の準備

当該紛争の解決方法として、訴訟によるのが最も実効性が高くしかも迅速であろうとの了解が依頼者との間でされた場合には、弁護士は、訴状を起案するという作業に取りかかることになります。

弁護士が訴状の起案に取りかかる時点では、依頼者との面談（インタビュー）を経て情報収集をし、法律上・事実上の問題点を整理した上で、それぞれの問題点につき、法律意見書の形にしてあるかどうかはともかく、一定程度の見通しを有していることが前提になります。

訴状の起案に取りかかる前に弁護士として準備しておくべき事項とそこでの方法論については、第3章I－2及びII－1、2を参照してください。

本章では、当事者の訴訟代理人である法律実務家の作成する文書を取り上げて検討することになりますが、ここで忘れてならないのは、**これらの文書すべてが説得のための文書であって、中立的評価のための客観的文書ではない**ということです。"説得的文書"と"客観的文書"の二種類の文書の異同を再度整理して理解しておいてください[1]。

2 訴状の記載事項とその構成

民訴法133条1項が規定するとおり、訴えの提起は、訴状を裁判所に提出してしなければなりません。簡易裁判所に対する訴えの提起については、口頭ですることができる建前になっています（民訴法271条）が、実際に口頭でされる例はありませんし、簡易裁判所に対する訴えの提起である場合であっても、法

---

(1) 説得的文書と客観的文書の意義と異同につき、本書第1章I－2を参照。

律実務家が受任しているのに、口頭ですることをよしとする理由もありません。要するに、民事訴訟は、訴状の提出が起点になります。

民事訴訟自体極めて儀式性の高い手続ですが、訴状もまた民訴法、民訴規則及び実務慣行によってその形式と記載事項とがかなりの程度に定まっています。以下の［**訴状の構成**］に示すように、訴状は、8部構成——表題部、当事者の表示、事件の表示、訴訟物の価額等、請求の趣旨、請求の原因、証拠方法、附属書類——をとるのが通常です。

［訴状の構成］

【表題部】

訴状

令和3年1月20日

東京地方裁判所民事部　御中

原告訴訟代理人弁護士　丙野三郎　㊞

【当事者の表示】

〒　　　（住所）

原　告　　甲野太郎

〒　　　（住所）

丙野三郎法律事務所（送達場所）

電　話

ＦＡＸ

原告訴訟代理人弁護士　丙野三郎

〒　　　（住所）

被　告　　乙山産業株式会社

代表者代表取締役　乙山一郎

【事件の表示】

売買代金請求事件

【訴訟物の価額等】

訴訟物の価額　　金6000万円

貼用印紙額　　　金20万円

【請求の趣旨】

第1　請求の趣旨

　1　被告は、原告に対し、金6000万円及びこれに対する令和2年8月20
　　日以降完済に至るまで年3分の割合による金員を支払え。

　2　訴訟費用は被告の負担とする。

　　との判決及び1、2項につき仮執行の宣言を求める。

【請求の原因】

第2　請求の原因

　1　当事者

　2　売買契約

　(1)　売買契約の締結とその内容

　(2)　売買契約の締結に至る経緯

　(3)　売買契約の履行状況

　3　結論

【証拠方法】

証拠説明書に記載のとおり

【附属書類】

1　訴状副本　　　　　1通

2　甲号証の写し　　各2通

3	証拠説明書	2 通
4	資格証明書	1 通
5	訴訟委任状	1 通

以上

　このような訴状の構成を前提にして、訴状を起案する弁護士が心得ておくべきことを順に検討していくことにしましょう。

3　形式的記載事項

　前記2の8部構成のうち、表題部（作成年月日と裁判所の表示を含む。）、当事者の表示、事件の表示、附属書類の4項目は民訴規則2条1項が規定しており、裁判所に対して提出すべき書面一般に記載することが要求される項目であり、さらに、当該書面には当事者又は代理人が記名押印するものとされています。

　前記2の［訴状の構成］では、当事者の表示の一部として、訴訟代理人の郵便番号、電話番号、ファクシミリの番号を記載していますが、これらは民訴規則53条4項の規定に従ったものです。これらは、その後の訴訟手続（電話連絡、民訴170条3項の規定する電話会議システムによる弁論準備手続、同規則3条の規定するファクシミリによる書面の提出・送付等）における便宜の観点からあらかじめ訴状に記載させることにしたのです。

　また、当事者の表示の一部として、送達場所を原告訴訟代理人の事務所と記載しているのは、民訴法104条1項、民訴規則41条1項、2項の各規定に従うものです。

　附属書類の項目には、裁判所の使用するもののみならず、**被告に交付されるものも含めて、裁判所に提出した書面の合計通数を記載**しておくのがよいでしょう。後日の確認が容易であり、事態の紛糾を避けることができます。

4 請求の特定——民訴法上の必要的記載事項

(1) 民訴法133条2項の規定の意義

我が国の民事訴訟は、判断資料を収集し供給する役割を当事者に、手続を主宰しその適正迅速な進行を図る役割を裁判所に分配しています。前者の原理を「当事者主義」と、後者の原理を「職権進行主義」と呼びます。そして、当事者主義の内容を成す具体的原理として、「処分権主義」と「弁論主義」とがあります[2]。

当事者主義の内容を成す第一の原理である処分権主義は、民事訴訟手続の開始、そこにおける審判の対象の特定、手続の終了等につき、当事者の決定権限と責任とを認め、裁判所は当事者の決定に拘束されるという考え方をいいます。訴状の必要的記載事項は、基本的に**処分権主義**を体現するものです。

民訴法133条2項は、「当事者及び法定代理人」と「請求の趣旨及び原因」の**2項目が訴状の必要的記載事項**であると規定しています。訴訟における審判の対象となる訴訟物は、主体において当事者の範囲に限られるのが原則であり、客体において原告の選択した請求権によって限られます。すなわち、同項にいう「請求の趣旨及び原因」は、**審判の対象となる訴訟物を特定するための記載**を指しているのであり、民訴規則53条1項は、民訴法133条2項にいう「請求の趣旨及び原因」につき、「請求を特定するのに必要な事実をいう。」と規定して、この点を明らかにしています。したがって、同項にいう「請求の原因」は、「請求を理由付ける事実」、すなわち、攻撃方法としての請求原因事実を指しているのではありません。なお、同項が当事者のみならず「法定代理人」をも必要的記載事項としているのは、当事者の代わりに訴訟を追行する者を特定しておくためです。

このように民訴法133条2項の要求する必要的記載事項が何なのかを厳密に理解しておく必要があるのは、**必要的記載事項のみが裁判長の補正命令の対象**となり（民訴法137条1項）、不備を補正しない場合における訴状却下命令の対象となる（同条2項）からです。

---

(2) 当事者主義と職権進行主義につき、本書第2章Ⅳ－3(1)を参照。

(2) 請求の趣旨

訴状の「請求の趣旨」欄には、前記2の［**訴状の構成**］にあるように、狭義の請求の趣旨、訴訟費用の負担の申立て及び仮執行の宣言の申立てを記載します。

狭義の請求の趣旨としては、①　**給付、確認、形成の訴えのうち、どの類型に属する訴えを提起するのか**、②　**原告がいかなる裁判を求めるのか**、の結論が直截に認識できるように表現します。訴状の「請求の趣旨」欄の記載のみから、訴訟物を特定することができるかどうかは、**給付、確認、形成の訴えのうち、どの類型に属する訴えを提起するか**によって異なります。以下、給付、確認、形成の訴えの類型ごとに、注意すべき点を整理しておくことにします。

㋐　給付の訴え

(ⅰ)　無色の表現

求める給付の法律的性質を含まない無色の表現を用いるのが実務上定着したやり方です[(3)]。前記2の［**訴状の構成**］にみられるように、「被告は、原告に対し、金6000万円及びこれに対する令和2年8月20日以降完済に至るまで年3分の割合による金員を支払え。」とするのであって、「被告は、原告に対し、別紙物件目録記載の土地の売買代金6000万円及びこれに対する令和2年8月20日以降完済に至るまで年3分の割合による遅延損害金を支払え。」とはしないのが一般であるということです。

(ⅱ)　給付の目的の特定

給付の訴えの場合には、**強制執行に至ることを想定して、給付の目的を二義のないように特定**しておくのが何よりも重要です。土地、建物の明渡しや登記手続を求める場合には当該不動産を登記簿の記載に従って特定するのが通常ですが、登記簿の記載と当該不動産の現状との間に相違がある場合には、登記簿の記載と現状の両者によって特定する必要があります。それでも、一筆の土地や一棟の建物を特定するのには大した苦労はないのですが、一筆の土地又は一棟の建物の一部が給付の目的である場合には、当該一部を特定するのがそう容易でないときがあります。このような場合には、図面を添付することによって

---

(3)　司法研修所・起案の手引11頁、司法研修所・弁護の手引104頁を参照。

144

初めて特定されるのが通常ですが、その図面も「現地再現性」のないものでは用が足りません。すなわち、図面の上で特定されているように見えるだけでは十分ではなく、現地において当該一部を特定することができなければなりません。実務的には、図面上に複数の基点（不動のポイント）[4]を明示し、そこからの距離によってその他の点を特定することによって、当該一部を特定するという方法を採るのが通常です。

(iii) 複数の被告に対する請求

被告が複数の場合には、各被告にどのような給付を求めるのかを明確にすることが肝要です。次の演習問題で、考えてみましょう。

[演習問題10]

【検討課題】

弁護士Bは、Xから以下のような案件についての依頼を受け、Y₁とY₂を被告として訴訟を提起することになった。

(1) XはY₁とY₂に対してどのような請求をすべきか。

(2) 訴状の「請求の趣旨」は、どのように記載すべきか。

【Xの相談】

1　私は、Aに対し、平成30年4月1日、私所有の80㎡の建物（本件建物）を以下の約定で貸す旨の賃貸借契約を締結しました。

① 期間3年

② 賃料月額20万円を各月末に支払う。

2　Aは令和元年9月1日に死亡し、その相続人は同居していた妻Y₁と長男Y₂の二人です。ところが、Y₁とY₂は、同月分以降の賃料を全く支払ってくれません。そこで、私は、Y₁とY₂に対し、令和2年1月20日到達の内容証明郵便によって、令和元年9月分から12月分まで4か月分の賃料合計80万円を支払うよう催告し、令和2年2月20日到達の内

---

(4) 容易には動かすことができないようなコンクリート杭や境界標などをいいますが、そのようなものであっても、意図的な破壊や移動に耐えられるものは多くはありません。

容証明郵便によって、本件賃貸借契約を解除する旨通告しました。
3　本件建物の明渡しと未払賃料等の支払を実現してもらいたいのです。

　[演習問題10] の依頼者Ｘの希望は、Y_1 と Y_2 から本件建物の返還を受けるとともに、Y_1 と Y_2 に対して未払賃料等請求し得る限りの金銭請求をしてほしいというものです。

　弁護士Ｂとして検討すべき第一の点は、Ａが死亡した後のＸとＡとの間の賃貸借契約の帰趨です。建物の賃借人の地位は、民法896条ただし書にいう「被相続人の一身に専属したもの」（権利義務）ではありませんから、令和元年9月1日のＡの死亡により、Ａの相続人である妻 Y_1 と長男 Y_2 は、本件建物の賃借人の地位を相続により承継しました。Y_1 と Y_2 は本件建物の共同賃借人になったのですが、Y_1 と Y_2 の負う賃料支払債務が**分割債務**なのか**不可分債務**なのかは、必ずしも明らかではありません。

　債権者又は債務者が複数存在する場合、不可分債権・不可分債務の要件に当たるとき又は連帯債権・連帯債務の要件に当たるとき以外は、民法427条の規定により分割債権・分割債務となるというのが民法の原則です。

　本件での問題は、Y_1 と Y_2 の負う賃料支払債務がその性質上不可分といえるかどうか（民法430条、428条）です。不可分債務であれば、Y_1 に対しても Y_2 に対しても、あるいは Y_1、Y_2 の双方に対しても弁済を請求することができます。大判大正11・11・24民集1巻670頁は、傍論においてではありますが、借家人の地位を数人が共同して相続した事案につき、反対の事情がない限り、不可分債務であると判示しました。また、学説は、各債務者に債務全額の弁済義務を認めるのが適当であるかどうかという考慮によって決すべき解釈問題であるとした上、複数の債務者が不可分的に受けた利益に対応する費用・利得・対価の償還義務は不可分債務と解すべきであるとしています[5]。このような判例と学説によると、Y_1 と Y_2 の負う賃料支払債務はその性質上不可分というこ

---

(5)　我妻榮『新訂債権総論』396頁（岩波書店、1964年）、星野英一『民法概論Ⅲ（債権総論）［補訂版］』149～154頁（良書普及会、1981年）、平井宜雄『債権総論［第2版］』348～349頁（弘文堂、1994年）を参照。

とができるので、Y_1 と Y_2 に対して請求する賃料と賃料相当の遅延損害金のいずれについても不可分債務として請求すべきであるということになります。

　なお、Y_1 と Y_2 が X に対して負う本件建物の明渡債務が性質上の不可分債務に当たることは、明らかです。

　弁護士 B として検討すべき第二の点は、これらの請求を訴状の「請求の趣旨」欄にどのように表現するかです。

　本件建物の明渡請求については、「被告らは、原告に対し、本件建物（別紙物件目録記載の建物）を明け渡せ。」という表現によることになります。

　賃料と賃料相当の遅延損害金請求については、一考を要します。例えば、「被告らは、原告に対し、令和元年 9 月 1 日から本件建物の明渡しに至るまで 1 か月20万円の割合による金員を支払え[6]。」という表現をすると、被告 Y_1 と被告 Y_2 に対し、同記載の期間中 1 か月各10万円の支払を請求するものと理解されます。単純に「被告らは、原告に対し、金100万円を支払え。」と記載した場合には、民法の原則である分割債務としての請求として理解するというのが判例の立場である[7]からです。

　問題は、被告らの不可分債務であることをどのような表現で明らかにするかにあります。「被告らは、原告に対し、**各自**、令和元年 9 月 1 日から本件建物の明渡しに至るまで 1 か月20万円の割合による金員を支払え。」という表現によるのが一般です。**訴状の「請求の趣旨」欄又は判決の「主文」欄における「各自」の表現は、民法上の連帯債務、不真正連帯債務、不可分債務等のいわゆる全体債務を意味するものとして使用**されています。したがって、日常用語としての「各自」とは異なり、法的色合いのある表現と理解するのが正確です。複数の被告間の義務の範囲を明確に特定するという必要から、ここでは完全に無色な表現によるという原則的扱いを後退させているということになります。なお、連帯債務の場合には「各自」の代わりに「連帯して」の表現を用い

---

　(6)　本文の請求にとどめずに、各月の賃料に翌月 1 日以降の年 3 分の割合の遅延損害金請求をすることももちろん考えられます。その点の議論をすることを目的としていないので、本文ではその分の請求に触れていませんが、その分の請求をするとした場合に「請求の趣旨」をどのように表現すると分かりやすいかを、考えてみてください。

　(7)　最 2 小判昭和32・6・7 民集11巻 6 号948頁。

第4章　訴状・答弁書・控訴状等　147

ることもありますが、不真正連帯債務や不可分債務の場合に「連帯して」の表現を用いるのは、不正確のそしりを免れないので避けるのが無難です[8]。

　以上の検討の結果を整理すると、以下のとおりです。

[演習問題10の検討結果]

(1)　Y_1 と Y_2 に対してすべき請求

　　X は、Y_1 と Y_2 の不可分債務として、Y_1・Y_2 各自に対し、①　本件建物の明渡請求、②　令和元年9月1日から令和2年2月20日までの1か月20万円の割合による賃料請求、③　令和2年2月21日から本件建物の明渡しに至るまでの1か月20万円の割合による賃料相当損害金請求をする。

(2)　訴状の「請求の趣旨」の記載は、例えば、以下のとおり。

「第1　請求の趣旨

　1　被告らは、原告に対し、本件建物（別紙物件目録記載の建物）を明け渡せ。

　2　被告らは、原告に対し、各自、令和元年9月1日から本件建物の明渡しに至るまで1か月20万円の割合による金員を支払え。」

(イ)　確認の訴え

　確認の訴えは訴訟物である権利関係の存否の確定を求めるものです[9]から、「請求の趣旨」において**訴訟物である権利関係を特定**する必要があります。原告となるのは、権利を有すると主張する者のみならず、義務を負担しないと主張する者である場合もあります。後者は、「**不存在確認の訴え**」と呼ばれ、実際にも多くある訴訟形態の1つです。

　原告が訴訟類型を特定するのは処分権主義の基本ですから、給付の訴え又は

────────────

(8)　司法研修所・起案の手引12～13頁を参照。

(9)　民訴法134条の規定する証書真否確認の訴えは、「法律関係を証する書面の成立の真否」という事実関係を確定することを目的とするものであり、本文の説明の例外を成すものです。

形成の訴えであるかのような誤解を招く表現は避けることが肝要です。そのような観点からして、「被告は、原告に対し、原告が本件土地の所有権を有することを確認せよ。」、「被告は、原告に対し、原告が本件土地の所有権を有することを確認しなければならない。」といった表現は、被告が確認するとの意思表示をすることを請求するもののように見えるので、適切ではありません。**確認の訴えにおける「請求の趣旨」の結びは、必ず、「確認する。」とします。**

被告が一人の場合には、確認判決の既判力が原告と被告との間にのみ及ぶことは自明ですから、「原告が、別紙物件目録記載の土地につき、所有権を有することを確認する。」などと表現します。

これに対し、当事者が複数存する場合には、既判力の及ぶ範囲を特定するために、例えば、「原告と被告 Y₁ との間において、原告が、別紙物件目録記載の土地につき、原告と同被告との間の平成20年4月1日の賃貸借契約に基づき、存続期間を同日から30年、賃料を1か月10万円とする建物所有目的の借地権を有することを確認する。」と表現し、いずれの当事者間について権利関係の確認を求めるのかを明らかにする必要があります。

また、前述のとおり、「請求の趣旨」において訴訟物である権利関係を特定するのですが、その権利が**物権であるか債権であるかによって特定の方法が異なります。**物権の場合には、主体、目的、権利の種類によって特定することができるのが通常ですが、債権の場合には、発生原因をも記載しないと当該権利を特定することはできません。前記の借地権の存在確認は、そのような例です。なお、賃料の支払時期までもが争われているといった事案では、紛争になっている契約条件部分をも「請求の趣旨」において確認を求める項目として挙げておく必要があります。

(ウ) 形成の訴え

形成の訴えは判決による権利関係の発生・変更・消滅を求めるものですから、**「請求の趣旨」において形成されるべき権利関係を特定する必要があります。**形成の訴えの「請求の趣旨」においては、給付の訴え又は確認の訴えと誤解されるような表現をしないように注意する必要があります。

離婚の訴えの場合、「原告と被告とを離婚する。」とし、「被告は、原告と離婚せよ。」とはしません。また、請求異議の訴えの場合、「被告から原告に対す

る東京地方裁判所平成30年㈱第1234号売買代金請求事件の判決に基づく強制執行を許さない。」とし、「被告は、原告に対し、東京地方裁判所平成30年㈱第1234号売買代金請求事件の判決に基づき強制執行をしてはならない。」とはしません。

⑶　訴訟費用の負担の申立て

民訴法67条1項は、裁判所が職権で訴訟費用の負担の裁判をしなければならないとしています。したがって、原告のする申立ては裁判所の職権発動を促すという性質の行為ということになりますが、**必ず訴状の「請求の趣旨」欄に「訴訟費用は被告（ら）の負担とする。」と記載する**のが実務です。

⑷　仮執行の宣言の申立て

財産権上の請求に関する未確定の判決につき、債務名義としての効力を付与する裁判を仮執行の宣言といいます（民訴法259条1項、民事執行法22条2号）。第一審判決の言渡し後その確定までに一定程度の時間がかかるため、権利の実現が遅延することによって権利者の被る損害を低減させるための制度です。

自らの権利をできる限り早期に実現することを望むのが原告ですし、条文上は裁判所の職権による宣言もあり得るのですが、実際上、原告の申立てがないのに裁判所が職権で宣言することは期待できない[10]ので、**原告訴訟代理人としては、訴状の「請求の趣旨」欄に仮執行の宣言の申立てを記載することを忘れてはいけません**。

ただし、財産権上の請求に係る訴えであっても、確認の訴え、形成の訴えのうち民事執行法37条1項、38条4項の場合以外、意思表示を求める訴え等については、仮執行の宣言を付することができないとの立場に立った運用がされている[11]ので、これらの訴えについて仮執行の宣言の申立てをするのであれば、訴状においてそれなりの説得力のある議論をする必要があるものと心得ておく

---

[10]　ただし、仮執行の宣言を付することが必要的である場合があり（民訴法259条2項、民事執行法37条1項後段、38条4項）、これらの場合には原告による申立てがなくても、裁判所が職権で付することになります。

[11]　司法研修所・起案の手引29頁を参照。

べきでしょう。

5　攻撃方法としての請求原因等──民訴規則上の必要的記載事項

(1)　民訴規則53条1項の意義と機能

　民訴法133条2項にいう「請求の原因」は、「請求を特定するのに必要な事実」を指すのであって、「請求を理由付ける事実」を指すのでないことは、前記4(1)のとおりですが、民訴規則53条1項は、「訴状には、……請求を理由づける事実を具体的に記載し、かつ、立証を要する事由ごとに、当該事実に関連する事実で重要なもの及び証拠を記載しなければならない。」と規定して、訴状に民訴法の要求を超える事項の記載を要求しています。

　そして、今日では、適正で迅速な民事裁判の実現のために民訴規則の要求するこれらの事項を訴状に記載するのは当然のことであると受け止められており、**法律実務家が訴状を起案するときに最も力を注ぐのは**、民訴規則の要求するこれらの事項の記載についてです。なかんずく訴訟の実際において訴状が果たしている主要な機能は、民訴法が必要的記載事項として要求しているのではない「**請求を理由付ける事実**」、すなわち、**攻撃方法としての請求原因事実の記載**にあると言って過言ではありません。

(2)　攻撃方法としての請求原因事実の記載

　前記2の［**訴状の構成**］の「第2　請求の原因」欄には、攻撃方法としての請求原因事実を記載することになります。これが漏れなく記載されれば、必然的に請求を特定するのに必要な事実も記載されることになります。以下、攻撃方法としての請求原因事実を指して単に「**請求原因事実**」といいます。

　具体的事件において請求原因事実としてどのような事実を記載すべきであるかは、まず、何を訴訟物として選択するかを決し、次に、訴訟物として選択した権利の発生原因事実は何かを決するという順序で検討します。**権利の発生原因事実**とは、実体法が当該権利の発生の要件として規定する**要件事実（主要事実）**を指しますから、訴状を起案する原告の訴訟代理人である法律実務家としては、主張・立証責任の構造を前提にした要件事実論を身につけている必要が

あります。請求原因事実のすべてが訴状に記載されていない場合は、「主張自体失当」の請求という状態ですから、裁判所から釈明を受け、場合によってはそのまま請求棄却の判決を受けるということになります。このあたりの消息については、第2章Ⅳ-2から4までを復習してください。

また、本書は、要件事実論をそれとして検討対象にするものではありませんから、その総論的な問題点——要件事実と主要事実の意義、規範的要件の要件事実、黙示の意思表示の要件事実、附款の可分性、時的要素と時的因子、「a＋b」、「せり上がり」等——の詳細は、司法研修所・要件事実(1)によって理解しておいてください。本書では、法律文書の作成という観点から、これらの基礎的な知識をどのように応用するかを検討することにします。

［演習問題11］

【検討課題】

　弁護士甲は、Xから以下のような説明を受け、Yを被告として訴訟を提起するよう依頼された。

(1)　Yに対してどのような請求をするか。各請求の訴訟物（請求権）が何かを説明せよ。

(2)　訴状の「請求の趣旨」を起案せよ。

(3)　請求原因事実を整理せよ。

【Xの説明】

1　私は、眼科の診療所を経営している医師です。最新の視野検査機器を導入する必要が生じ、長年乗っていたβ型アウディ1台（以下「本件自動車」といいます。）を売却して資金の一部に充てることにしました。私は、中古自動車販売業を営んでいる私の大学時代の友人Aに対し、平成30年4月10日、代金200万円、半金の100万円を同日支払い、残金100万円を同年5月31日に支払うとの約定で売りました。Aは羽振りのよい様子だったのですが、念のため、残金100万円が完済されるまでは本件自動車の所有権を私が留保することとし、同残金の支払と引換えに、私の

家で、本件自動車の所有権移転登録に必要な譲渡証明書、自動車検査証などを交付することにしました。ここに、以上の契約内容を記載した契約書（甲第1号証）があります。同年4月10日の売買契約の際、Aは、本件自動車の転売先に心当たりがあると言うので、同日、転売を承諾して本件自動車をAに引き渡しました。

2　ところが、Aは、平成30年5月31日に残金を持参しませんでした。不安になってAの店舗を訪ねてみたところ、もぬけの殻で店舗の家主にも連絡せず、行方不明になっていました。

3　必死で本件自動車の所在を調査したところ、Aの同業者であるYがその店舗に展示して売りに出していました。

4　本件自動車の車種は現在でも人気が高いようであり、つい最近、本件自動車を私が保有しているとの情報を得たという別の中古自動車販売業者から、250万円で売ってくれないかとの申込みを受けました。

5　Yに事情を話して返還してくれるよう交渉しましたが、Yは、Aとの間で本件自動車の売買契約を締結し、その代金を支払済みであるとか、本件自動車の修理をしてかなりの費用を支出したなどと言って、私の要求に頑として応じてくれません。訴訟を起こしてでも、Yから本件自動車を取り戻してください。なお、Aとの間の売買契約を解除する必要があるのであれば、その手続もお任せします。

[演習問題11の関係図]

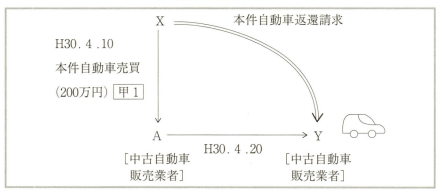

［演習問題11］の事例では、Ｘの弁護士甲に対する要望は、Ｙから本件自動車を取り戻すことであり、ＸとＹとの間に何らかの契約関係があるわけではありせんから、本件自動車の引渡請求の訴訟物としては「所有権に基づく返還請求権」しかないと思われます。したがって、複数の訴訟物（請求権）のうちからどれを選択すべきであるかという問題に頭を悩ますことはありません。

弁護士甲が検討しなければならないのは、動産の引渡しを請求する場合には、勝訴判決を獲得しても強制執行が効を奏しないことが予想されるので、そのような事態に備えて目的物の時価相当額の金銭の支払を請求するべきことです。実務上、この請求を「代償請求」とよびます[12]。引渡請求の訴訟物が所有権に基づく返還請求権の場合、代償請求の訴訟物は「所有権侵害の不法行為に基づく損害賠償請求権」を選択するのが通常です[13]。これに対し、引渡請求の訴訟物が債権的履行請求権である場合には、当該債権に対応する債務の履行不能に基づく損害賠償請求権を選択することになります。すなわち、代償請求であるからといって、その訴訟物が常に「所有権侵害の不法行為に基づく損害賠償請求権」というわけではありません。また、動産引渡請求と代償請求とは、現在給付の訴えと将来給付の訴えであって時点を異にして共存するものですから、両請求は単純併合であり予備的併合の関係に立つものではありません[14]。これらの点は間違えやすいので、注意が必要です。

以上を前記４(2)に説明した「請求の趣旨」記載のルールに従って摘示すると、本件自動車の引渡請求は「被告は、原告に対し、本件自動車を引き渡せ。」となり、代償請求は「前項の引渡しの強制執行が奏効しないときは、被告は、原告に対し、金250万円を支払え。」となります。

次に、請求原因事実ですが、訴訟物が２つ以上あるとき（主請求と附帯請求とがあるというのが、その典型例です。）は、訴訟物ごとに分けて検討するのが混乱を避けるこつです。本件は、引渡請求と代償請求との２つがあり、請求原

---

[12] 大判大正10・12・26民録27輯2219頁、大判大正15・2・10民集5巻128頁は、物権的請求権の行使とともにされた代償請求（填補賠償請求）を肯認しています。

[13] 瀬戸正二「いわゆる代償請求について」宮川種一郎＝賀集唱編『民事実務ノート第1巻』241頁（判例タイムズ社、1968年）を参照。

[14] 中野ほか・新民訴法講義553頁［栗田隆執筆］を参照。

因事実を訴訟物ごとに分けて検討すべき一例です。

　前述のとおり、引渡請求の訴訟物は所有権に基づく返還請求権ですから、請求原因事実の構成の基本は、①Ｘが本件自動車を所有していること、②Ｙが本件自動車を占有していることの２項目です。②には争いがないと考えられ問題はないのですが、①の所有権の所在については、【Ｘの説明】１によると、Ｙが所有権喪失の抗弁を主張することが十分に予想されます。そこで、Ｙが争うことがないと考えられる時点、すなわちＸがＡに対して本件自動車を売る旨の契約をした平成30年４月10日の時点に遡って主張することになります(15)。

　次に、代償請求の訴訟物は所有権侵害の不法行為に基づく損害賠償請求権ですから、その請求原因事実は、上記の引渡請求の請求原因事実である①、②の２項目に加え、本来的には、③執行不奏効時の本件自動車の価額ということになります。しかし、執行不奏効時という将来の時点における本件自動車の価額を主張・立証するのは困難ですから、実務では、次善の策として、「事実審の口頭弁論終結時の本件自動車の価額」を主張・立証することで代替させる扱いをしています(16)。ただし、訴状においてこれを主張するのも困難ですから、実際には、訴状提出時の本件自動車の価額を主張しておき、事実審の口頭弁論終結時に最新の価額を主張するという手順をふみます。そうすると、本件訴状に記載する本件自動車の価額は、【Ｘの説明】４の「250万円」ということになります。

　このような検討の結論部分をまとめたメモの一例を挙げておくと、以下のとおりです。

[演習問題11についての甲弁護士のメモ例]

（1）　訴訟物
　引渡請求の訴訟物：所有権に基づく返還請求権としての本件自動車の引渡請求権

---

(15)　所有権に基づく返還請求権の請求原因事実の基本につき、司法研修所・類型別47〜51頁を参照。
(16)　最２小判昭和30・１・21民集９巻１号22頁。

代償請求の訴訟物：所有権侵害の不法行為に基づく損害賠償請求権

これら2つの請求の併合態様は、単純併合である。

(2) 訴状の請求の趣旨

「1　被告は、原告に対し、本件自動車を引き渡せ。

2　前項の引渡しの強制執行が奏効しないときは、被告は、原告に対し、金250万円を支払え。」

(3) 請求原因事実

［引渡請求について］

①　Xは、本件自動車をもと（平成30年4月10日）所有していた。

②　Yは、本件自動車を現在占有している。

［代償請求について］

①と②に加えて、

③　本件自動車の現在の価額は、250万円である。

(3) 間接事実のうちで重要なものの記載

前記(1)のとおり、民訴規則53条1項は、訴状に、立証を要する事由ごとに「請求を理由づける事実……に関連する事実で重要なもの」を記載することを要求しています。これは、訴状提出という訴訟手続の最も早い段階において、当該事件における請求原因事実である主要事実のみならず、争点となることが想定される主要事実についての間接事実のうちで重要なものを主張させ、早期に実質的な審理に入ることによって、適正迅速な裁判を実現することを目指すものです。

しかし、一口に間接事実のうちで重要なものといっても、何が重要な事実であるかは事件ごとに異なりますから、具体的な事件でどの範囲の事実を記載するかには慎重な検討が必要です。

まず、訴状にどの範囲の事実を記載するかどうかを決するに当たって考慮すべき要素を整理しておくことにしましょう。

第一に、訴状が裁判所を説得する第一歩であるということを認識しておくべ

きです。訴状の「請求の原因」欄における主張がそれ自体として第三者の共感を得難いようでは、裁判所の説得はおぼつきません。そこで、**訴状記載の請求原因事実をもって原告が訴えを提起する十分な理由があることを示すのに効果的な事実を選択して記載しておく**のが効果的です。

　第二に、訴え提起前の被告との交渉や依頼者の事情聴取等によって、**争点になることが想定される事実についての間接事実を摘記することが重要**です。間接事実を幾層にも積み重ねて摘記するのが、争点について説得力のある主張をするゆえんです。これを裏からいうと、自白の成立を見込むことのできる事実については、間接事実を摘記する必要はありません。

　第三に、訴え提起の時点では、争点になるかどうか（自白が成立するかどうか）を一定の確度をもって予測するのが困難な事実もあります。そのような事実について詳細な間接事実を摘記するのは効果的とはいえませんが、**間接事実を一定程度摘記することによって、被告が争わないこととする（少なくとも、積極的には争わない）との態度決定をする**ことも考えられます。

　以上のように、**民訴規則53条1項が訴状への記載を要求しているのは、攻撃方法としての請求原因事実中の争われることが想定される事実についての間接事実のうちで重要なもの**のみです。

　しかし、実際の訴状には、攻撃方法としての請求原因事実についての重要な間接事実の範囲を超えて、被告が主張するであろう抗弁事実（それを先行自白する場合もあるし、その積極否認の事実を主張する場合もある。）、同抗弁事実に対する再抗弁事実、証拠の証拠力（証明力）に関する補助事実、紛争の経緯や背景についての事実についての記載がされることもしばしばです。これらの事実は、民訴規則上も必要的記載事項ではなく、任意的記載事項であるということになります。

　民事訴訟の実務でこれらの事実が広く訴状に記載されているのは、前述のとおり、原告が裁判所を説得する第一歩が訴状であることを踏まえ、紛争の全体像をできる限り早期にかつ明瞭に提示するのが適正迅速な裁判の実現のために得策であるとの理解が共有されているからです。

　そして、紛争の全体像を明瞭に提示するために最も重要でかつ基本的な心得は、主張する事実に上記のとおりの性質と階層（すなわち、請求原因→抗弁→再

抗弁という主張・立証の構造を踏まえた上で、請求原因事実である主要事実、重要な間接事実、それ以外の間接事実、証拠の証拠力（証明力）に関する補助事実、紛争の経緯や背景についての事実）の相違があることを明確に理解し、整理して主張を組み立てることです。請求原因→抗弁→再抗弁という主張・立証の構造の問題や主要事実、間接事実、補助事実の区別については、本書第1章Ⅱ-2(3)の説明を参照してください。

　ここでは、「**紛争の経緯や背景についての事実**」について説明しておきましょう。民事訴訟の実務では、これを「**いわゆる事情**」とか「**単なる事情**」と呼んで、間接事実と区別しています。間接事実は一定の経験則を適用することによって特定の主要事実を推認させる力をもった事実をいうのですが、「いわゆる事情」と呼ばれる事実には、特定の主要事実を推認させる力はありません。例えば、[**演習問題11**] の事案において、Xが眼科医であるという事実それ自体に特定の主要事実を推認させる力があるわけではありません。しかし、この事実も、当該事件に具体性を与え、その全体像を把握する一助にはなります。もちろん、「紛争の経緯や背景についての事実」の中にも、特定の主要事実を推認させる間接事実としての性質を有するものもあり、具体的な事件における具体的な事実が「いわゆる事情（単なる事情）」にすぎないものであるかどうかが常に必ず明快に識別できるわけではありませんが、このような相違を理解していると、構造の明確な説得力のある訴状になります。

　さらに、民訴規則53条2項は、「訴状に事実についての主張を記載するには、できる限り、**請求を理由づける事実についての主張と当該事実に関連する事実についての主張とを区別して記載**しなければならない。」と規定しています。同項にいう「当該事実に関連する事実」には、間接事実のうちで重要なもののみならず、それ以外の間接事実、証拠の証拠力（証明力）に関する補助事実、紛争の経緯や背景についての事実が含まれます。民訴規則は、請求原因事実についての主張とそれ以外の事実についての主張とをできる限り区別して訴状に記載することを要求することによって、請求原因事実に欠落が生じること（要するに、主張自体失当の請求になること）を回避するとともに、冗長でめりはりのない訴状になることを回避することをねらっているものと考えることができます。

(4) 証拠の記載

民訴規則53条1項は、訴状に、立証を要する事由ごとに「**証拠**」を記載することを要求しています。民訴規則は、争われることが想定される点についての証拠方法を訴状に記載することによって、具体的証拠に基づいた主張をするよう要請しているのです。

そして、民訴規則55条2項は、文書である証拠の写し（同項は、これを「書証の写し」と表現しています。）で重要なものを訴状に添付するよう要求しています。しかし、**訴状に証拠として記載した文書については、重要なものであるかどうかを区別することなく、訴状に添付する**のが実際の扱いです。いずれ当該文書の写しはすべて裁判所に提出し、被告にも交付するのですから、この実際の扱いを合理的というべきでしょう。

また、同条1項は、不動産に関する事件につき登記事項証明書を、手形又は小切手に関する事件につき手形又は小切手の写しを訴状に添付することを要求しています。これらの文書は、争われることが想定されるかどうかにかかわらず添付しなければならないものであり、実務上「**基本文書**」と呼ばれています。したがって、理論的には、基本文書を証拠とする必要はないのですが、基本文書を証拠として提出することとし、証拠番号（号証番号）を付するのが実際の扱いです。そうすることによって、基本文書の添付を失念することもありませんし、不動産や手形・小切手を特定する際の過誤が減少することも期待できます。実務上の工夫として、合理的なものと思われます。

このようにして、原告手持ちの文書で訴状に証拠として記載することとしたものについては、当該文書の証明する事項についての請求原因事実又は関連事実の記載部分に括弧書きして摘示するのが通常です。

 Tea Time

●書証と文書●

民訴法219条は、「書証の申出は、文書を提出し、又は文書の所持者にその提出を命ずることを申し立ててしなければならない。」と規定しています。すなわち、民訴法は、文書を閲読して、そこに記載されている意味内容を証拠資料と

するための証拠調べという意味で、「書証」を用いています。そこでは、証拠調べの対象を「文書」と表現しています。

しかし、民事訴訟の実務では、証拠調べの対象とする文書を指して「書証」ということが慣用化しており、本文で引用した民訴規則55条2項の規定は、このような実務における慣行を追認したものですし、最高裁判決の中にもこの慣行によっているものがあります。

法律実務家としては、慣行を排斥するまでのことはありませんが、原義を押さえておくことは必要です。訴訟手続の中で、裁判官や相手方の弁護士が「書証」という用語を使ったときは、以上の2つのうちいずれの意味で使用しているのかに注意する必要があります。

(5) ［演習問題11］についての「請求の趣旨」と「請求の原因」欄の記載

［演習問題11］の事案につき、以上の説明を実践した一例を挙げておきましょう。

［演習問題11による「請求の趣旨」と「請求の原因」の記載例］

第1　請求の趣旨
1　Yは、Xに対し、本件自動車を引き渡せ。
2　前項の引渡しの強制執行が奏効しないときは、Yは、Xに対し、金250万円を支払え。
3　訴訟費用はYの負担とする。
との判決及び仮執行の宣言を求める。
第2　請求の原因
1　当事者等
(1)　Xは、眼科の診療所を経営している医師である。
(2)　Aは、Xの大学時代の友人であり、平成30年4月当時、中古自動車販売業を営んでいた。
(3)　Yは、中古自動車販売業者である。
2　XA間の所有権留保特約付き売買契約

(1) XとAは、平成30年4月10日、X所有のβ型アウディ1台(以下「本件自動車」という。)を以下の約定でAに売る旨の契約(以下「本件売買契約」という。)を締結し、同日、XはAに対して本件自動車を引き渡した(甲第1号証)。

① 代金200万円

② ①の半金100万円を同日支払い、残金100万円を同年5月31日に支払う。

③ Xは、Aが①の代金200万円全額を支払う時点まで、本件自動車の所有権を留保する。

(2) Aは、Xに対し、平成30年4月10日に上記(1)②の半金100万円を支払ったものの、同年5月31日に支払うべき同②の残金100万円を支払わない。

3 本件自動車のYによる占有と時価

(1) Yは、現在、本件自動車を自らの店舗に展示して占有している。

(2) 本件自動車の現在の価額は、250万円である。つい最近、別の中古自動車販売業者から、本件自動車を代金250万円で買いたいとの申込みを受けたことに鑑み、本件自動車の時価は250万円とみるのが相当である。

4 本件売買契約の目的及びYとの間の交渉経緯

(1) Xは、自らの診療所に最新の視野検査機器を導入することにし、本件自動車を売却してその資金の一部を調達することにした。代金200万円という低廉な価格で友人のAに売ることにしたのは、資金調達を急いでいたためである。

(2) 本件自動車の返還を求めてYと交渉した際、Yは、Aとの間で本件自動車の売買契約を締結し、その代金を支払済みであると言って、Xの請求を一顧だにしようとしなかったが、中古自動車販売業者であるYが、本件自動車の所有権移転登録に必要な文書の交付を受けないまま、そのようなことをするとは到底考えられない。AY間で本件自動車の売買契約が成立したというには重大な疑義がある。

> 5　結論
> よって、Xは、Yに対し、留保している所有権に基づき、本件自動車の
> 引渡しを求めるとともに、その引渡しの強制執行が奏効しないときは、所
> 有権侵害の不法行為による損害賠償請求権に基づき、本件自動車の時価相
> 当額である250万円の支払を求める。

「第1　請求の趣旨」の記載については、前記4(2)ないし(4)に説明したとおりです。

「第2　請求の原因」の記載は、受訴裁判所が本件紛争の全体像をできるだけ早期にかつ明瞭に把握することができるようにという意図をもって構成されています。項目ごとにその意味と位置付けとをみていきましょう。

1項は、本件訴訟の登場人物（両当事者と第三者であるA）の属性を説明するものであり、前記のいわゆる事情（単なる事情）として分類される事実の摘示です。

2項は、(1)のうちの「Xがもと（平成30年4月10日当時）本件自動車の所有者である」との部分のみが請求原因事実の主張（厳密には、事実ではなく所有権という権利関係の主張）であり、(1)のそれ以外の記載は、抗弁事実の先行自白（XA間の本件自動車の代金200万円での売買契約の成立、XのAに対する本件自動車の引渡し）と同抗弁事実を前提とする再抗弁事実（所有権留保特約）とによって構成されています。同項の(2)は、再々抗弁事実（本件売買の代金200万円を完済したこと）の積極否認の事実です。

2項は、主張・立証責任の構造の観点からすると、請求原因事実だけでなくこのように多様な事実によって成り立っていることが分かります。これは、上記のように、請求原因→抗弁→再抗弁→再々抗弁と分析される事実につき、訴状→答弁書→準備書面という訴訟手続上の段階ごとに細切れに主張するというのでは適正迅速な民事訴訟を実現することはできないという認識に基づくものです。受訴裁判所において本件紛争の全体像をできるだけ早期にかつ明瞭に把握することができるように訴状を記載しておくことが、権利の迅速な実現を求める原告の利益に合致するのですから、原告の訴訟代理人としては、訴状の記載の仕方にはできる限りの工夫をすべきです。被告において抗弁を主張するこ

とが確実に予想される場合において、当該抗弁に争いがないときに、訴状の段階で、原告が「請求原因→抗弁→再抗弁」の各事実を積極的に主張するという上記記載例のやり方は、現在の民事訴訟の実務においても日常的に実行されています[17]。

3項は、(1)が本件自動車の引渡請求の請求原因事実であり、(2)が代償請求の請求原因事実です。(2)のうちの、別の中古自動車販売業者から代金250万円での買受け申込みを受けたとの部分は、代償請求金額を250万円とする理由を説明する間接事実です。

4項は、その大部分が前記のいわゆる事情（単なる事情）として分類することのできる事実の摘示です。紛争の背景や訴訟の提起に至る経緯を記載することによって、紛争解決方法として訴訟を選択したことの相当性を説明し、併せて当該訴訟に具体的な色彩を与えるという役割を果たしています。ただし、ＡＹ間における本件自動車の売買契約の成立に疑義を呈する主張部分は、Ｙが後に主張することが予想される占有正権原の抗弁の抗弁事実の1つに対する先行否認の性質をも有しています。

5項は、実務上、「よって書き」と呼ばれる記載です。「請求の趣旨」と「請求の原因」1項から4項までの記載との橋渡しをする要約部分です。すなわち、我が国の民事訴訟の実務に定着した訴状（判決も同じ）の記載方法では、給付訴訟の場合、「請求の趣旨」の記載だけでは訴訟物（請求権）が明らかになりません。そこで、「よって書き」部分は、訴訟物を摘示し、全部請求であるか一部請求であるかの別を明らかにし、複数の請求があるときは、併合の態様をも明らかにするという役割を果たしています[18]。ですから、当該事件における請求原因事実を成す主要事実は、「よって書き」に先立つ部分に摘示しておく必要があります。

良い訴状は、「請求の原因」欄の記載によって、法律の難解な用語を使わな

---

(17) 所有権に基づく建物明渡請求事件において、原告の建物所有と被告の建物占有のみを訴状に記載するのではなく、抗弁事実である建物賃貸借契約の締結及び再抗弁事実である同契約が解除されたことを記載するといったやり方がその典型例です。

(18) 判決書における請求原因欄の「よって書き」につき、司法研修所・起案の手引47頁を参照。

くても、「誰と誰との間の、何が原因で生じ、何が求められている紛争であるのか」が一口にまとめられるようになっています。前にも述べましたが、できの悪い訴状は民事訴訟遅延等の諸悪の根源になることを肝に銘じておくことが重要です。

6　証拠方法──民訴規則上の必要的添付書類

　前記5(4)のとおり、民訴規則55条が基本文書と書証のうち重要なものを訴状に添付することを要求しているところ、基本文書を書証とし、書証については重要であるかどうかを区別することなくそのすべてを訴状に添付するのが実際の扱いです。

　そして、「証拠方法」という表題を付して、「甲第1号証　全部事項証明書（土地）」などと書証番号と文書の標目を記載するのが伝統的な記載方法でした。しかし、筆者は、前記2の[**訴状の構成**]に示したように、「証拠説明書記載のとおり」とだけ記載することにしています。民訴規則137条1項は、「文書の記載から明らかな場合を除き、文書の標目、作成者及び立証趣旨を明らかにした証拠説明書」の提出を要求しており、近年は、実際にも**証拠説明書**の提出につき厳格な運用がされるようになっているからです。当然のことながら、筆者の記載方法によるときは、訴状に添付して証拠説明書を提出することが必要です。

II　答弁書

1　作成前の準備

　訴状の提出を受けた裁判所は、訴状審査をし、第1回口頭弁論期日を指定した上、被告に対し、第1回口頭弁論期日の呼出状とともに訴状副本を送達します（民訴法138条1項、139条、140条、民訴規則58条、60条）。

　当事者双方に弁護士が就いて弁護士間の交渉がされたものの合意に至らずに、訴えが提起されるという事件もありますが、そうではなくて、訴状副本等の送達を受けた被告が、受任することを求めて弁護士の事務所を訪れるということもしばしばあります。

前者の場合、被告の代理人となる弁護士は、被告が訴状副本の送達を受けた時には、既に依頼者である被告との面談（インタビュー）を経て情報収集をし、法律上・事実上の問題点を整理し、それぞれの問題点についてそれなりの見通しを有しているのが通常ですから、当該事件について原告の代理人である弁護士とほぼ同等の準備状況にあります。したがって、答弁書の起案にとりかかる前提となる準備に大きな困難が伴うことはありません。

これに対し、後者の場合、被告の代理人となる弁護士は、訴状の記載によって当該事件のポイントを把握した上で、依頼者である被告との面談（インタビュー）以降の上記の情報収集プロセスを経て、法律上・事実上の問題点を整理するといった準備をしなければなりません。したがって、被告の代理人となる弁護士は、この段階では、原告の代理人である弁護士に比してハンディを負っている状況にあります。しかし、法律実務家として依頼者のためにするべきことに差異があるわけもないので、後者の場合に**被告の委任を受ける弁護士としては、この段階では相当の忙しさを覚悟する必要があります**。

2　答弁書の意義、記載事項及びその構成

答弁書は、訴状の「請求の趣旨」欄及び「請求の原因」欄に記載された原告の主張に対する被告の答弁等を明らかにするために作成する書面です。答弁書は、民訴法161条2項にいう「**準備書面**」の性質を有する書面であり、被告の作成する最初の準備書面ということになります[19]。

民訴規則80条1項は、答弁書の果たすべき実際の機能を踏まえ、「**答弁書には、請求の趣旨に対する答弁を記載するほか、訴状に記載された事実に対する認否及び抗弁事実を具体的に記載し、かつ、立証を要する事由ごとに、当該事実に関連する事実で重要なもの及び証拠を記載しなければならない。やむを得ない事由によりこれらを記載することができない場合には、答弁書の提出後速やかに、これらを記載した準備書面を提出しなければならない。**」と規定して

---

[19]　民訴規則79条1項は、「答弁書その他の準備書面は、これに記載した事項について相手方が準備をするのに必要な期間をおいて、裁判所に提出しなければならない。」と規定しています。

います。同項第２文に「やむを得ない事由によりこれらを記載することができない場合」とあるのは、前記１のとおりの被告側の負っているハンディを考慮したものです。

　しかし、時に、被告の顧問弁護士であって、訴えの提起前の交渉段階から関与しているにもかかわらず、答弁書には「請求の趣旨」に対する答弁しか記載せず、「請求の原因」に対する認否をしないで時間稼ぎ（要するに、訴訟手続の引延ばし策）をするといったやり方に接することがあります。しかし、法律実務家によるこのような訴訟行為は、民訴法２条に規定する「当事者は、信義に従い誠実に民事訴訟を追行しなければならない。」との当事者の責務に反するものというべきです。また、弁護士職務基本規程76条の趣旨にも反するものです。さらに、このようなやり方は、当該訴訟の出口において代償を支払うことになるものと心得ていなければなりません。

　答弁書は、民訴規則80条１項の規定の趣旨に沿って記載されますが、実際に利用されている答弁書の構成を前記Ⅰ－２の訴状と同様に示しますと、以下のとおり、７部構成——事件番号・当事者の表示、表題部、作成者の訴訟上の資格及び氏名・住所、請求の趣旨に対する答弁、請求の原因に対する認否等、証拠方法、附属書類——をとるのが通常です。

［答弁書の構成］

【事件番号・当事者の表示】

令和３年㈠第1120号売買代金請求事件
原告　甲野太郎
被告　乙山産業株式会社

【表題部】

答弁書

令和３年６月10日

東京地方裁判所民事第18部　御中

【作成者の訴訟上の資格及び氏名・住所】

被告訴訟代理人弁護士　丁川四郎　㊞

〒　　　（住所）

丁川四郎法律事務所（送達場所）

電　話

ＦＡＸ

被告訴訟代理人弁護士　丁川四郎

【請求の趣旨に対する答弁】

第1　請求の趣旨に対する答弁

1　原告の請求を棄却する。

2　訴訟費用は原告の負担とする。

との判決を求める。

【請求の原因に対する認否等】

第2　請求の原因に対する認否

1　当事者について

原告に係る主張は不知、被告に係る主張は認める。

2　売買契約について

(1)　第2項の(1)のうち、……の事実は認め、その余の事実は否認する。

(2)　第2項の(2)のうち、……の事実は否認し、その余の事実は不知。

(3)　第2項の(3)の事実は認める。

3　結論について

第3項は、争う。

第3　被告の主張

1　売買契約が成立していないこと

2　和解契約によって本件紛争に決着がついていること

【証拠方法】

証拠説明書に記載のとおり

【附属書類】

1　乙号証の写し　各2通
2　証拠説明書　　2通
3　訴訟委任状　　1通

以上

このような構成を前提にして、答弁書を起案する弁護士が心得ておくべきことを順に検討していくことにしましょう。

3　形式的記載事項

前記2の7部構成のうち、表題部（作成年月日と裁判所の表示を含む。）、当事者の表示、事件の表示、附属書類の4項目は民訴規則2条1項が規定しており、裁判所に対して提出すべき書面一般に記載することが要求される項目です。答弁書に、当事者又は代理人が記名押印しなければならないのも訴状について説明したのと同様です。

被告訴訟代理人の郵便番号、電話番号、ファクシミリの番号を記載しています。これらは民訴規則80条3項が同53条4項を準用していることによります。これらの記載を要求する趣旨は、訴状について説明したのと同様です。

また、被告訴訟代理人の事務所を送達場所と記載しているのは、答弁書に記載することによって送達場所の届出をしているのです（民訴法104条1項、民訴規則41条1項、2項）。

附属書類の項目には、答弁書に添付して裁判所に提出した書面の標目を表示し、その通数を記載します。

4 請求の趣旨に対する答弁

(1) 民訴規則80条1項の規定の意義

前記Ⅰ-4(1)に説明したとおり、民訴法133条2項は、審判の対象となる訴訟物を特定するのに必要な事実を訴状の必要的記載事項としています。そこで、訴状に記載された主張に応答する答弁書においては、**最低限、原告の求める裁判に対する応答**をすることになります。それが、民訴規則80条1項の規定が答弁書に「請求の趣旨に対する答弁を記載する」ことを要求する趣旨です。

そして、**訴状には、訴訟物を特定するのに必要な事実を超えて、攻撃方法としての請求原因事実、その間接事実、いわゆる事情（単なる事情）が記載されるばかりか、先行自白や抗弁の先行否認に当たる事実が記載されることもしばしばあり、更に要証事実についての証拠も記載されます**（民訴規則53条1項）。そこで、裁判所と両当事者が早期に当該事件の紛争の核心を把握し、適正迅速な訴訟手続を実現することを目指して、民訴規則80条1項の規定は、「訴状に記載された事実に対する認否及び抗弁事実を具体的に記載し、かつ、立証を要する事由ごとに、当該事実に関連する事実で重要なもの及び証拠を記載」することを要求しています。

(2) 請求の趣旨に対する答弁の種類とその記載方法

訴状の「請求の趣旨」欄には、前記Ⅰ-4(2)のとおり、狭義の請求の趣旨と付随的申立て（訴訟費用の負担の申立て、仮執行の宣言の申立て）とが記載されますから、答弁書の「請求の趣旨に対する答弁」欄には、それぞれの項目に対応した答弁を記載することになります。

(ア) 狭義の請求の趣旨に対する答弁

狭義の請求の趣旨に対する答弁には、大別して、**本案前の答弁**と**本案の答弁**とがあります。

本案前の答弁には、当該訴えに管轄以外の訴訟要件が欠けている場合にする「**訴え却下**」の申立てと、当該訴えが管轄権のない裁判所に提起された場合にする「**管轄違い**」の申立てとがあります。

訴訟要件は、被告の指摘がなくても裁判所が職権をもって調査し考慮しなけ

ればならない職権調査事項であるのが原則ですが、被告の指摘がない限り調査し考慮することを要しないものもあります。後者に分類されるものとして、仲裁合意、不起訴の合意、訴訟費用等の担保提供の申立てがありますので、被告の訴訟代理人としては注意を要します。

次に、職権調査事項である訴訟要件であっても、裁判所の判断の基礎とすべき資料の収集につき、弁論主義が適用されるもの（すなわち、当事者の主張を要し、自白の適用があり、職権証拠調べの禁止されるもの）と弁論主義が適用されず職権探知主義が適用されるものとがあります[20]。被告の訴訟代理人としては、特に、弁論主義の適用を受ける訴訟要件——例えば、訴えの利益、当事者適格、任意管轄——については、十分に主張・立証するよう努めることが期待されます。

また、管轄違いの申立てについても、被告がこれをしないで本案の弁論をし、又は弁論準備手続で申述をしたときは、法定の専属管轄がない限り、応訴管轄を生じます（民訴法12条、13条1項）。被告の訴訟代理人としては、訴えの提起された裁判所で応訴するのが被告にとって有利であるかどうかを種々の角度から検討して、管轄違いの申立て[21]をすべきかどうかを決する必要があります。

本案の答弁には、原告の請求に理由がないとする「**請求棄却**」の申立てと、原告の請求を正当とする「**請求認諾**」の陳述とがあります[22]。当然のことながら、圧倒的多数の答弁書では、請求棄却の申立てがされています。

---

[20] 通説は、公益性が弱いか、本案審理との関連性が強いものについては弁論主義の適用があり、公益性が強いか、本案審理との関連性が弱いものについては職権探知主義の適用があると解しています。梅本吉彦『民事訴訟法［第4版］』295頁（信山社、2009年）を参照。

[21] 民訴法12条は「管轄違いの抗弁」という用語を使用していますが、請求権に係る実体法上の抗弁ではありません。

[22] 民訴法266条2項の規定により、被告が請求を認諾する旨記載した答弁書を提出した場合には、たとえ被告が口頭弁論期日に出頭しなくても、裁判所は答弁書を陳述したものとみなすことができます。裁判所が答弁書を陳述したものとみなしたときは、請求の認諾によってその訴訟が終了することになります。

(イ)　付随的申立てに対する答弁

　裁判所は、訴訟費用の負担の申立てにつき、職権で裁判をしなければなりません（民訴法67条1項）から、被告が必ずこの点についての申立てをしなければならないわけではありませんが、答弁書には、「訴訟費用は原告の負担とする。」と記載するのが通例です。

　仮執行宣言の申立てについては、何も触れない答弁書が多数です。しかし、裁判所は、申立てにより又は職権で、担保を立てて仮執行を免れることができることを宣言することができます（民訴法259条3項）から、新奇の争点が含まれており審級によって結論が異なり得るなどの事情がある場合には、それらの事情を勘案して、答弁書において仮執行免脱の宣言の申立てをすることになります。

5　請求の原因に対する答弁

(1)　請求の原因に対する認否とその記載方法

　民訴規則80条1項は、答弁書に「訴状に記載された事実に対する認否」を記載することを要求しています。「認否」とは、相手方の主張した事実につき、どの点を争い、どの点を争わないこととするかを明らかにする当事者の行為をいいます。

　認否の態様には、「認める」、「否認する」、「知らない（不知）」の3種類があります。

　以下、認否の記載についての基本的心得を整理しておくことにしましょう。

　最も重要なのは、訴状に記載されたどの事実を認め、どの事実を否認するのかの認否の対象事実と認否の結論を明確にすることです。相手方の主張した事実を争うことを明らかにしないときは、弁論の全趣旨によってその事実を争ったものと認められない限り、その事実を自白したものとみなされます（これを、擬制自白といいます。民訴法159条1項）から、認否の漏れがないかどうかを訴状の記載と一々対照してチェックすることを忘れてはいけません。被告の訴訟代理人としては、否認したつもりでいた事実につき、否認の対象事実の特定が不明確であったために、自白したものとみなされるという事態がないように

することが肝要です。「請求の原因第1項の事実のうち、○○の事実は否認する。」とし、それに続けて否認の理由を記述しているうちに、請求の原因第1項の事実のうちのその余の事実についての明確な認否を記載するのを忘れてしまったと思われるものなどを時々見かけます。

第二に、被告から提供された情報に照らして、個別の事実について間違いのない正確な認否をすることです。特に、攻撃方法としての請求原因事実（主要事実）について「認める」との認否をした場合（自白をした場合）には、原則として撤回することが許されません[23]から、くれぐれも慎重にすることが要請されます。また、間接事実又は補助事実の自白は、いずれも裁判所も自白をした当事者も拘束することはないとされています[24]が、いったん自白をして後に撤回したという事実経過は、弁論の全趣旨として裁判所の心証の一部になりますから、これらの事実についても慎重にするに越したことはありません。また、自白すべき事実を被告の記憶に反して否認するというのも弁護士である訴訟代理人としてはすべきではありません。民訴法2条の規定する当事者の信義誠実義務に反し、弁護士職務基本規程75条の趣旨にも反するものというべきです[25]。そして、否認した事実につき、客観的証拠が提出されて証明された場合には、その他の争点についての被告の訴訟行為全体について疑念を生じさせる

---

[23] 自白の撤回が許されるのは、刑事上罰すべき他人の行為により自白した場合（最2小判昭和33・3・7民集12巻3号469頁）、相手方の同意がある場合（最1小判昭和34・9・17民集13巻11号1372頁）、自白の内容が真実に反し（反真実）、かつ、自白が錯誤によってされた場合（大判大正4・9・29民録21輯1520頁）の3つです。そして、反真実が証明された場合には、錯誤によってされたことが推定されるとし（最3小判昭和25・7・11民集4巻7号316頁）、また、錯誤に過失があっても撤回が許されるとしています（最3小判昭和41・12・6判時468号40頁）。

[24] 間接事実の自白が裁判所及び自白した当事者のいずれをも拘束しないとしたものとして最1小判昭和41・9・22民集20巻7号1392頁が、補助事実の自白が裁判所を拘束するものではないとしたものとして最2小判昭和52・4・15民集31巻3号371頁があります。

[25] 原告が被告の抗弁事実を否認して争ったが、後に第三者の証言によって同事実が明らかになると、原告本人尋問において一転して認めるに至ったという事案において、東京地判平成24・6・12判時2165号99頁は、その判決理由中で「民訴法2条、民訴規則79条3項の趣旨に反するものであり、不公正、不誠実であるといわなければならない。」と述べて、厳しく批判しています。

原因になりますから、被告の利益になるわけでもありません。

　第三に、訴状に記載されている主張事実の趣旨が必ずしも判然としない部分がある場合には、原告の主張の趣旨を推測して認否をするのは得策ではありません。主張事実の趣旨が明らかでないことを指摘して釈明を求め、主張事実の趣旨が明らかになった後に認否をする旨記載して、認否を留保するのがよいでしょう。当該事実がそれ程重要でなく、釈明を求めるまでのことはないと考えられる場合には、主張事実の趣旨が明らかでないことを指摘した上で、被告の認識と相違するとして否認するので足りるかもしれません。

　第四に、訴状において原告が抗弁事実の先行自白をしている場合には、答弁書において、明確に援用するべきです。これによって、原告としては、原則として当該事実についての自白を撤回することができないことになります。ただし、訴状に記載された抗弁事実に当たる事実のすべてが被告の認識と一致するとは限りませんし、また、訴状においては抗弁事実に当たる事実の一部が記載されているだけである場合もあります。そのような場合には、答弁書において被告の主張する抗弁事実の全体を正確に摘記しておく必要があります。

(2)　積極否認事実、抗弁事実等の記載方法

　民訴規則79条3項は、「相手方の主張する事実を否認する場合には、その理由」を準備書面（答弁書を含む。）に記載することを要求しています。実務上、相手方の主張を単に否定するという否認の仕方を「単純否認」といい、同項の要求する否認の仕方を「理由付否認」といいます。理由付否認のうち、相手方の主張する事実と両立しない事実を積極的に持ち出す場合を「積極否認」といいます。

　さらに、同規則80条1項は、「抗弁事実」のほか「立証を要する事由ごとに、当該事実に関連する事実で重要なもの」を答弁書に記載することを要求しています。抗弁事実は、請求原因事実と論理的に両立する事実であって、被告が主張・立証責任を負担する事実です。第2章Ⅳ-4の［図5］に即してみると、「権利根拠規定」を充足させる具体的事実が請求原因事実であり、「権利障害規定」、「権利消滅規定」又は「権利阻止規定」を充足させる具体的事実が抗弁事実です。抗弁事実は請求原因事実と両立する事実ですが、実際の訴訟では、請

求原因事実を否認しながら、抗弁事実を主張することもしばしばあり、このような抗弁の提出の仕方を「仮定抗弁」（本書第2章Ⅳ-2コラム「予備的抗弁と仮定抗弁」参照。）といいます。また、訴状に攻撃方法としての請求原因事実のみならずその間接事実のうち重要なものの記載を要求していることと平仄を合わせ、同項は、抗弁事実のみならずその間接事実のうち重要なものの記載を要求しています。これは、訴訟のできるだけ早い段階で、裁判所及び当事者双方が当該事件の核心となる争点とその背景を共有することが、適正で迅速な裁判の実現にとって有効であるとの認識によるものと理解することができます。

　以上のような民訴規則の要求を前提として、積極否認事実、抗弁事実等の記載について注意すべき点を整理しておきましょう。

　第一に、民訴規則79条3項の規定を踏まえ、**訴状記載の請求原因事実を否認する場合には、その理由を記載するのを原則とし、単純否認を避ける**ようにします。しかし、認否の対象となる事実によっては、単純に「否認する。」としか記載のしようのない場合もあります。また、被告本人又はその関係者からの事情聴取により、否認の理由が示された場合であっても、訴訟代理人としてその理由に係る客観的証拠を確認すべきであると感ずることもしばしばありますし、示された否認の理由に説得力が乏しいと感じたり、依頼者の説明ではあっても虚偽ではないかと感ずることすらあるかもしれません。そのようなときには、客観的証拠を確認した上で、又は当該事実の前後関係等を再度検討した上で、次の準備書面においてその否認の理由を主張すべきであるかどうかを決するのが賢明です。もちろん、依頼者に対してそのようにする理由を説明して、納得を得ることが必要です。結局、否認の理由を記載するのを原則とするといっても、記載する事項の取捨選択とその主張の時機等について、法律実務家としての慎重な検討を経た上でのことになります。**問題としている事実が当該事件の帰趨にとって重要なものであればあるほど、慎重であるべきです。**甲第1号証として訴状に添付された処分証書上に顕出されている被告名義の印影につき、依頼者である被告本人が自分の印鑑とは異なる印影であるし、もちろん自分は押印していないと言うので、そのとおりに否認したところ、後に原告から印鑑登録証明書を証拠として提出され、身動きがとれなくなったという経験を有する弁護士は、数多くいます。

第二に、抗弁事実の記載は、否認の理由又は積極否認事実の記載とは明確に区別して別項に記載すべきです。また、抗弁を複数記載するときは、各抗弁にその内容を簡潔に表現した表題（例えば、「所有権喪失の抗弁」、「占有正権原の抗弁」、「同時履行の抗弁」等）を付しておくと、答弁書の記載としても簡明ですし、その後の準備書面における主張の関連付けにも役立ちます。もちろん、そのような表題を付する場合には、当該表題と抗弁の内容・性質とが齟齬することのないよう注意する必要があります。

　第三に、抗弁の記載においても、主要事実のみならず間接事実のうち重要なものを記載することを心がけるべきです。その方が主張の説得力が増大します。事情聴取等の過程で収集した証拠を検討した上で、多数の間接事実の中から答弁書に記載すべきものと後日の準備書面や証拠調べのための手持ちのものとして留保すべきものとの取捨選択は、法律実務家としての腕のみせどころです。そして、ここでも、否認の理由を記載する場面におけるとほぼ同じ問題に直面することがあります。そのような場合の対処の仕方は、第一に説明したのと異なるところはありません。

　第四に、訴状には当該紛争についての原告の側からするストーリーが全体として記載されていることが多いので、被告としても、答弁書に被告の側からするストーリーを記載した方が適切であると考えられる事件もあります。そのような場合には、各請求原因事実についての認否と否認する場合の個別の理由の記載とは別に1項を設けて被告の主張をまとめて記載するといった工夫をすると、分かりやすい答弁書になります。

(3)　証拠の記載

　民訴規則80条1項は、「立証を要する事由ごとに、……証拠を記載しなければならない。」と規定して、主張と証拠との関係を明示することを要求しています。また、同条2項は、「立証を要する事由につき、重要な書証の写しを添付しなければならない。」と規定して、証拠のうち特に重要な文書である証拠についてはその写しを添付することを要求しています。

　この主張と証拠との関係の明示と重要な文書である証拠の添付については、訴状の場合と相違がないので、そこでの説明を参照してください。

(4) 抗弁の検討

それでは、[**演習問題11**] と同一の事例によって、被告の側からどのような抗弁を提出すべきであるかを検討してみましょう。

[演習問題12]

【検討課題】

弁護士乙は、Yから以下のような説明を受け、[**演習問題11**] のXによって提起された訴訟に応訴するよう依頼された。

(1) 答弁書において主張すべき抗弁について検討したメモを作成せよ。

(2) 答弁書の「請求の趣旨に対する答弁」、「請求の原因に対する認否」及び「被告の主張」を起案せよ。

【Yの説明】

1 　私は、中古自動車販売業者です。私は、従前から中古自動車を融通し合っていた同業のAから、高級中古車の仕入れのため急に資金が必要になったと頼まれ、平成30年4月20日、本件自動車を代金250万円で買い、即日代金全額を支払い、引渡しを受けました。ここに、Aとの間の売買契約書（乙第1号証）があります。

2 　Aは、平成30年4月10日に友人であるXから転売することの承認を得た上で本件自動車を代金200万円で買ったと言っていました。訴状の第2、2に記載されているそれ以外の事実は、Aから聞いていません。

3 　訴状の第2、4に記載されているXの資金事情等については、私が知るはずもなく、当方が買い取った本件自動車を返してくれと言われても、応ずることができないのは当然のことです。Aは、譲渡証明書や自動車検査証などの書類を事務所に置き忘れてきたが、2、3日中に持参すると言っていました。従来の取引でも、これらの書類を後で受領することは時々あったため、Aが本件自動車の所有者であることに何らの疑念も抱きませんでした。

4 　また、Aから本件自動車の引渡しを受けた後に本件自動車を点検した

ところ、ボンネットに数箇所の小さなへこみと塗装による色むらがあることを発見しました。そこで、直ちに本件自動車を修理に出し、その費用50万円を支出しました。ここに、修理業者の発行した修理代を50万円とする領収証（乙第2号証）があります。したがって、売買代金250万円と修理費用50万円の合計300万円を支払ってもらわなければ、Xの請求に応じるわけにはいきません。

　Xが自分の所有に属する本件自動車を引き渡せと請求するのに対し、Yは、転売を前提としてXから買い受けたAから買い取ったのであるから、Xの請求には応じられないという趣旨を述べていますから、弁護士乙としては、請求棄却の答弁をすることになります。

　弁護士乙は、訴状の記載を慎重に解読した上で、【Yの説明】を前提として、どのような抗弁を主張することができるかのカタログを作り、それに対してXが主張することが予想される再抗弁があるかどうか、考えられる抗弁のうち採用される可能性の高いものと低いものとを識別する等の作業をする必要があります。

　本件引渡請求の訴訟物は所有権に基づく返還請求権としての本件自動車の引渡請求権ですから、主要な抗弁としては、「所有権喪失の抗弁」と「占有正権原の抗弁」の二系列が考えられます。

　第一に、所有権喪失の抗弁としては、①XがAに対して本件自動車を売った（Aの立場からみれば、所有権の承継取得原因事実）ことによってXが所有権を喪失したとの主張と、②YがAから動産である本件自動車を買ったことによって所有権を即時取得した（Yの立場からみれば、所有権の原始取得原因事実）結果、Xが所有権を喪失したとの主張とが考えられます。

　ここで検討すべきは、上記②の即時取得（民法192条）の主張をすることに意味があるかどうかです。この点については、特に、確定判例の立場を調査し確認することが重要です。まず、自動車は動産ではあるのですが、自動車を運行の用に供するためには、陸運事務所に備え付けられた「自動車登録ファイル」に登録しなければならず（道路運送車両法4条）、登録を受けた自動車の所有権の得喪については登録が第三者に対する対抗要件とされています（同法5

条)[26]。次に、登録のある自動車に即時取得の規定が適用されるかどうかにつき、最2小判昭和62・4・24判時1243号24頁は非適用説を採用しています。この判例は確定判例というべきものですし、その変更を合理化するような強い理由もありません。本件自動車が登録済み自動車であって、Yが登録を受けていない（登録名義人はXのままである）ことに争いのない本件においては、上記②の即時取得の主張をすることに意味があるとは思われません。即時取得の抗弁については、主張しないこととするのが合理的であると思われます[27]。

第二に、Xは、訴状の第2、2(1)において、既に、「X―A　本件自動車売買」の所有権喪失の抗弁が提出されることを前提として、「所有権留保特約」の再抗弁を主張していますから、Yとしては、この再抗弁によって所有権喪失の抗弁がつぶれても成立する別の抗弁があるかどうかを検討することになります。それが占有正権原の抗弁です。

Xは、訴状の第2、2(1)において、所有権を留保しながら本件自動車をAに引き渡したことを主張しており、また、【Yの説明】2によると、AはXから本件自動車の引渡しを受けるに際して転売することの承認を得たというのですから、結局、Xは、Aが本件自動車を占有することはもとより、Aから転売を受けた第三者による本件自動車の占有をも承認（許諾）したと法律構成することができます。すなわち、Yは、このようなXの黙示の占有承認（許諾）を「占有正権原の抗弁」と法律構成するのが説得力のある主張であろうと思われます[28]。

この占有正権原の抗弁は、上記の検討のとおり、所有権喪失の抗弁（X―A　本件自動車売買）と再抗弁（所有権留保特約）とを内包する主張であって、所有権喪失の抗弁といわゆる「a＋b」の関係に立ちますから、予備的抗弁[29]ということになります。要件事実論を身に付けていれば、このあたりの理屈を無理

---

(26)　これに対し、登録のない自動車については、動産の原則に従い引渡しが対抗要件です。最2小判昭和45・12・4民集24巻13号1987頁を参照。

(27)　原告であれ、被告であれ、採用される可能性の少ない主張をすると、受訴裁判所に対し、その他の主張にも確かな根拠がないのではないかとの印象を与えるという悪影響を覚悟しておく必要があります。「下手な鉄砲も数撃ちゃ当たる」式の主張が奏効することはないと心得るべきです。

なく使いこなすことができ、実際の訴訟に生かすことができます。

　第三に、「留置権の抗弁」を検討する必要があります。留置権の抗弁が採用されても、請求全部の棄却判決を導くことはできず、引換給付判決にとどまります[30]から、性質上の一部抗弁ということになります。【Ｙの説明】４によると、Ｙ本人としては、売買代金250万円と修理費用50万円の合計300万円を被担保債権として本件自動車を留置したいという考えのようです。しかし、依頼者本人の希望に盲従するだけでは法律実務家としての委任事務処理とはいえません。弁護士乙としては、民法295条１項本文の「その物に関して生じた債権」とはどのような債権をいうのかにつき、リーガル・リサーチをする必要があります。

　Ｙが支出した修理費50万円は、占有者が占有物の改良のために支出した有益費（民法196条２項）として被担保債権とすることができます。

　しかし、Ａの本件自動車の所有権移転義務の履行不能による損害賠償請求権として又はＡＹ間の売買契約の解除による原状回復請求権として、ＹがＡに対して売買代金相当額250万円の債権を有するとしても、本件自動車の返還請求をする所有者ＸとＹの有するこれらの債権の債務者とは同一ではありません。通説は、このようなＹの債権を、債務者Ａとは別人である本件自動車の所有者Ｘの犠牲において保護することは留置権の趣旨ではないので、これらの債権は「その物に関して生じた債権」とはいえないと解しています[31]。最１小判昭和43・11・21民集22巻12号2765頁も、同じ立場に立っています。

　そうすると、Ｙとしては、50万円の有益費償還請求権を被担保債権とする留

---

(28)　Ｙの占有を使用貸借として法律構成するという考え方もあり得ないではありませんが、山中康雄は、月賦販売契約において売主に所有権が留保されている目的物を買主が占有使用する法律関係につき、売買契約に付随した法律関係として一体的に把握すべきであって、使用貸借契約の場合のように後日に目的物件を返還することを当然の前提として使用するのとは性質が異なるとの趣旨を指摘しています。幾代通＝広中俊雄編『新版注釈民法⒂債権(6)［増補版］』89〜90頁（有斐閣、1996年）を参照。

(29)　予備的抗弁につき、司法研修所・要件事実(2)181〜187頁を参照。

(30)　最１小判昭和33・３・13民集12巻３号524頁。

(31)　内田貴『民法Ⅲ［第３版］債権総論・担保物権』505頁（東京大学出版会、2005年）を参照。

置権の抗弁を主張することとするのが合理的であると思われます。

このような検討の結論部分をまとめたメモの一例を挙げておくと、以下のとおりです。

［演習問題12についての乙弁護士のメモ例］

抗弁の検討

1　所有権喪失の抗弁について

E_1（所有権喪失）

(a)　Ｘは、Ａとの間で、平成30年4月10日、本件自動車を代金200万円で売る旨の売買契約を締結した。

なお、本件自動車は登録済み自動車であるところ、本件自動車の登録名義人はＸであるから、Ｙが本件自動車を即時取得（民法192条）したとの所有権喪失の抗弁は主張しない。

2　占有正権原の抗弁について

E_2（占有正権原—予備的抗弁）

(b)　Ｘは、Ａに対し、平成30年4月10日、(a)の契約の履行として本件自動車を引き渡した。

(c)　Ｘは、Ａに対し、(b)の引渡しの際、本件自動車を第三者に売り渡すことを承認した。

(d)　Ａは、Ｙとの間で、平成30年4月20日、本件自動車を代金250万円で売る旨の売買契約を締結した。

(e)　Ａは、Ｙに対し、平成30年4月20日、(d)の契約の履行として本件自動車を引き渡した。

Ｘは、訴状において、E_1の「所有権喪失の抗弁」に対する再抗弁（R_1）となる「所有権留保特約」を主張している。Ｘは、Ａとの間の売買契約に

所有権留保特約を付しながらも、Aに対して本件自動車を引き渡したことからすると、Aによる本件自動車の占有を黙示に承認（許諾）したものとみることができ、更にAが本件自動車を転売することを承認したことからすると、Aから買い受けた第三者による本件自動車の占有をも黙示に承認（許諾）したものとみることができる。

そうすると、Yは、E_1がR_1によってつぶれた場合に、(b)〜(e)の各事実を主張することにより、E_2の「占有正権原の抗弁」を主張することができる。そして、E_2の抗弁事実はE_1の抗弁事実(a)を内包しているから、E_2はE_1の予備的抗弁ということになる。

3　留置権の抗弁について

　E_3（留置権—性質上の一部抗弁）

　(f)　Yは、平成30年4月20日以降、本件自動車を占有していた。

　(g)　本件自動車のボンネットに数箇所の小さなへこみと塗装による色むらがあったため、Yは、これらを修理し、その費用として50万円を支出した結果、本件自動車はこの修理によって50万円分増価した。

　(h)　権利主張（Yは、Xから、(g)の支出額であり増価額である50万円のうち、償還金額として特定された金額の支払を受けるまで本件自動車の引渡しを拒絶する。）

なお、YがAに対して支払った本件自動車の売買代金額250万円に相当する債権は民法295条1項本文の「その物に関して生じた債権」に当たらないとするのが判例・通説の立場であるから、これを被担保債権とする留置権の主張はしない。

(5)　答弁書の記載方法

前記(4)の説明を前提として、［演習問題12］につき、答弁書の「請求の趣旨に対する答弁」、「請求の原因に対する認否」及び「被告の主張」の各欄を起案してみましょう。以下にその一例を挙げておきます。

第4章 訴状・答弁書・控訴状等 181

［演習問題12についての乙弁護士による答弁書記載例］

第1　請求の趣旨に対する答弁

1　Xの請求をいずれも棄却する[32]。

2　訴訟費用はXの負担とする。

第2　請求の原因に対する認否

1　当事者等について

　⑴は、不知。⑵のうち、Aが平成30年4月ころ中古自動車販売業を営んでいたことは認め、その余は不知。⑶は、認める。

2　XA間の所有権留保特約付き売買契約について

　⑴のうち、XとAとの間で本件売買契約が成立したこと、及び本件売買契約に基づき、XがAに対して本件自動車を引き渡したことは認め、その余は不知。⑵は、不知。

3　本件自動車のYによる占有と時価について

　⑴は、認める。⑵は、否認する。後記第3、4のとおり、Yによる本件自動車の修理により、現在の時価は300万円とみるのが相当である。

4　本件売買契約の目的及びYとの間の交渉経緯について

　⑴は、不知。⑵のうち、Yが、本件自動車の返還を求めるXに対し、Aとの間で本件自動車の売買契約を締結し、その代金を支払済みであると述べたことは認め、その余は否認する。Aは、本件自動車の売買契約の締結の際、譲渡証明書や自動車検査証などの書類を事務所に置き忘れてきたが、2、3日中に持参すると言っていたし、従来の取引においてもこれらの書類を取引の後に受領することは時々あったから、YがAとの間で本件自動車の売買契約を締結し、その代金を支払ったことに何ら問題はなく、ごく自然な事柄である。

---

[32]　Xは、本件自動車の返還請求と代償請求の2つの請求をしています。このように請求が複数存するときには、「いずれも棄却する。」と答弁するのが一般的なやり方です。請求の趣旨に対する答弁に漏れがないことを、表現の上からも明らかにしています。

第3 被告の主張

1 はじめに

YがXの請求に応じない理由は、①　Xは本件自動車の所有権を喪失している、②　Yは本件自動車を占有する正権原を有する、③　Yは本件自動車に関して生じた債権を有しているので留置権を行使する、の3点にある。以下、上記①ないし③の詳細を順に主張する。

2 所有権喪失の抗弁

(1)　訴状第2、2(1)において、Xが積極的に主張するように、Xは、Aとの間で、平成30年4月10日、XがAに対して本件自動車を代金200万円で売る旨の契約（以下「本件売買契約」という。）を締結した（甲第1号証）。

(2)　Xは、本件売買契約の締結により、本件自動車の所有権を喪失した。

3 占有正権原の抗弁（予備的抗弁として）

(1)　Xは、訴状第2、2(1)において、本件売買契約には所有権留保の特約が付されていた旨を主張する。Yは、同特約を不知として争うものであるが、所有権留保特約の存在を仮定しても、以下のとおり、Yは本件自動車を占有する正権原を有する。

(2)　Xは、訴状第2、2(1)において、平成30年4月10日に本件売買契約に基づきAに対して本件自動車を引き渡したと主張しているから、Aにおいて本件自動車を占有することを承認したことが明らかである。

(3)　さらに、Xは、平成30年4月10日にAに対して本件自動車を引き渡した際、Aに対し、本件自動車を第三者に売り渡すことを承認した。したがって、Xは、Aとの間で売買契約を締結し本件自動車の引渡しを受けた第三者において本件自動車を占有することを承認したものというべきである。

(4)　Yは、Aとの間で、平成30年4月20日、本件自動車を代金250万円で買う旨の売買契約を締結し、同日、Aから同売買契約に基づき本件自動車の引渡しを受けた（乙第1号証）。

(5)　以上(2)ないし(4)のとおり、Xは、Aに対して本件自動車を引き渡した際、Aからの転買人が本件自動車を占有することを黙示に承認（許諾）したから、Yは本件自動車を占有する正権原を有する。

4　留置権の抗弁

(1)　Yは、前記3(4)のとおり、平成30年4月20日以降、本件自動車の引渡しを受けてこれを占有していたのであるが、本件自動車のボンネットに数箇所の小さなへこみと塗装による色むらがあることを発見した。

(2)　そこで、Yは、本件自動車を修理に出し、修理業者に対してその費用として50万円を支払った（乙第2号証）。本件自動車は、この修理によって50万円分増価した。

(3)　Yは、Xから、上記(2)の支出額であり増価額である50万円のうち、償還金額として特定された金額の支払を受けるまで本件自動車の引渡しを拒絶する。

5　結論

以上の次第で、いずれにしても、Xの本件請求は失当である。速やかに請求棄却の判決をされたい。

　ここに挙げた記載例は、請求の原因に対する認否を「第2」として、被告の主張を「第3」として、きちんと整理して摘示しています。「被告の主張」欄のほとんどの記載事項は、抗弁事実に当たります。

　被告の主張につき、「1　はじめに」の項を置き、その主張の要約をしています。答弁書の主要な読者である相手方（原告）と裁判所の理解の促進を目的とするものです。答弁書に限らず、訴訟における文書では、冒頭に当該文書の全体を展望する項目を置くのが効果的です。

　被告の主張「2　所有権喪失の抗弁」の(2)及び同「3　占有正権原の抗弁」の(5)は、抗弁を法的観点からまとめたものであり、抗弁事実ではありません。抗弁事実と相まって主張の趣旨を明確にする目的に出るものです。

　ところで、同「2　所有権喪失の抗弁」の(1)において、訴状に記載されていた「XA間の本件自動車の売買契約の成立」の主張を援用し、同「3　占有正

権原の抗弁」の(2)において同様に訴状に記載されていた「XからAに対する本件自動車の引渡し」の主張を援用しています。これらは、Yの主張・立証責任に属する抗弁事実を訴状においてXが先行自白していることを指摘するものです。Yが答弁書においてこれらの事実を抗弁事実として主張することによって自白が成立し、Xは任意に自白を撤回することが許されなくなります。前記5(1)に説明したように、答弁書の起案に当たっては、請求原因事実について自白をするかどうかについて厳密な検討をするのはもちろんですが、訴状における抗弁事実の先行自白につき、明確に援用することを忘れてはいけません。このように実践することによって、民訴法の理屈が実際の訴訟において生きていることを体感することができます。

6　求釈明

　裁判所による訴状審査を経ているとはいえ、実際には、欠陥のあるもの、趣旨判然としない主張を含む訴状にぶつかることはしばしばあります。5(1)にも述べましたが、**推測で認否や反論をするのは危険**です。そのような場合には、**裁判所に対して釈明権を行使するよう求めるべき**です。このように当事者が裁判所に対して釈明を求めることを「求釈明」といい（民訴法149条3項）、裁判所が当事者に対して問いを発し又は立証を促すことを「釈明権の行使」といいます（民訴法149条1項）。釈明権の行使の態様としては、①　不明瞭をただす釈明、②　不当を除去する釈明、③　訴訟材料補完の釈明、④　訴訟材料新提出の釈明の4類型に分けて考える[33]のがイメージをつかみやすいと思われます。答弁書段階で検討すべきは、①又は②に属する事項であるといってよいでしょう。

　釈明権の行使を求める対象としては、①　訴訟物の明確化ないし確認、②　請求原因の法的構成の明確化ないし確認（確定判例と異なる立場に立つのかどうか等を含みます。）、③　事実主張の明確化ないし確認（事実主張相互の矛盾の指摘、どのような証拠による事実主張であるのか等を含みます。）の3項目を挙げる

---

(33)　奈良次郎「訴訟資料収集に関する裁判所の権限と責任」新堂幸司ほか編『講座民事訴訟4』143頁（弘文堂、1985年）を参照。

ことができます。

 Tea Time

●釈明権の行使とそれへの対応●

　訴訟関係を明瞭にするため、事実に関する事項又は法律に関する事項につき、当事者に対し、質問をしたり、主張・立証を促したりすることのできる裁判所の権能を「釈明権」といい、民訴法149条1項が規定しています。このように、民訴法は、釈明権を裁判所の有する訴訟指揮権の一環として位置付けており、当事者の有する権能としているのではありません。民訴法149条3項は、当事者は裁判所に対して必要な質問を発するよう求めることができることとしており、これを「求問権」と呼ぶこともありますが、あくまでも裁判所の有する職権の発動を促す行為なのです。当事者は、民訴法163条の規定する「当事者照会」の手続によるのでなければ、相手方当事者に対して直接質問することが許されるわけではありません。

　ところで、口頭弁論期日や弁論準備手続期日で、裁判所と当事者双方の間で、主張の趣旨、証拠の存否、証拠の提出方法等様々な主題についてディスカッションがされますが、裁判所の立場からすれば、これらの全てが「釈明権の行使」なのです。裁判所は、「釈明準備命令」と題した書面を当事者に交付して釈明権の行使をすることもありますが、多くの場合には、一々、「これから釈明権の行使をします」などと宣言した上でするわけではありません。訴訟代理人である弁護士としては、裁判所の発する質問に敏感でなければなりません。また、裁判所としては、質問を発する当事者を間違えないよう、自らのする質問の主張・立証上の位置付けを確認しておく必要があります。実際の法廷又は弁論準備室で、前回の裁判所の質問に対して検討していない弁護士や質問を受けていたことすら忘れていたかのような対応をする弁護士に遭遇すること、質問すべき相手を間違えている裁判所に遭遇することがそう稀とはいえません。

　法律実務家としては、毎日当然のようにしている事柄であっても、具体的事案ごとの意味合いを良く考えて、おざなりでない対応を心がける必要があります。法律実務家の力量は、そのような地道な努力によって向上するものです。

7 反訴状

被告の訴訟代理人として必ず検討すべき事柄として、反訴提起の必要性の有無と反訴提起の是非があります。反訴提起の訴訟代理権は、民訴法55条2項1号の特別授権事項ですから、訴訟委任状にこの点の記載があることが必要です。

反訴状の記載については、訴状の記載内容及び記載方法に準じます（民訴法146条4項、民訴規則59条）。ただし、必ず、**表題を「反訴状」**とし、**当事者を**「反訴原告（本訴被告）」、「反訴被告（本訴原告）」として、本訴の手続における反訴であることを明示して裁判所に提出します。

反訴提起の許される要件は、民訴法146条1項が規定しています。被告の訴訟代理人としては、その要件すべてを充足することを確認する必要があります[34]。 反訴は、本訴と併合されて審理されるため、全体として矛盾のない判決がされるところに意味があります[35]。実務上よく見られるものとしては、債務不存在確認の本訴に対し、同一の債権の履行を求める反訴を提起する、所有権に基づく返還請求の本訴に対し、賃借権確認の反訴を提起するなどがあります。

反訴は、本訴の防御方法ではないため、時機に後れ本訴の完結を遅延させる場合であっても、それを理由に却下されることはありません。しかし、被告の訴訟代理人としては、反訴によるのが賢明であるか、別訴による方が効果的ではないかを検討した上で戦略的に決すべき場合もあります。いずれにしても、**反訴を提起するのなら、できる限り早い時期にすべきであり**、そのためには、答弁書の作成と並行して検討しておくのがよいでしょう。

---

[34] 反訴が民訴法146条1項の規定する要件を欠くときは、反訴を却下する旨の終局判決が言い渡されます。

[35] ただし、ごく例外的な場合に、本訴と反訴の弁論が分離されて各別に判決されることもあります（民訴法243条3項）。

Ⅲ　準備書面

1　準備書面の意義、記載事項及びその構成

準備書面とは、当事者が口頭弁論において陳述を予定する事項を記載して裁判所に提出する書面をいい（民訴法161条1項）、自らの攻撃防御方法又は相手方の請求及び攻撃防御方法に対する陳述を実質的記載事項とするものです（同条2項）。

したがって、訴状中に攻撃方法としての請求原因事実が記載されている場合、その部分は準備書面を兼ねているのであり（民訴規則53条3項）、答弁書は被告による最初の準備書面ということになります（民訴規則79条1項）。

一口に準備書面といっても、その内容は事件ごとに様々であり、当該事件に関する上記の実質的記載事項に当たる事柄であれば、どのようなものでも入れ込むことのできるボックスのようなものです。

準備書面の記載事項は民訴法161条2項が規定していますが、民訴法及び民訴規則のいずれもその記載順序等について特別の定めを置いていません。準備書面の構成は、前記Ⅱ-2に挙げた答弁書と基本的に変わるところはありませんが、実際に利用されている準備書面の構成例を以下に挙げておくことにします。

[準備書面の構成]

【事件番号・当事者の表示】
令和3年㈠第1120号売買代金請求事件
原告　甲野太郎
被告　乙山産業株式会社

【表題部】
準備書面

令和3年3月15日

東京地方裁判所民事第18部　御中

【作成者の訴訟上の資格及び氏名】

原告訴訟代理人弁護士　丙野三郎　㊞

【攻撃防御方法となる主張等】

第1　被告の主張について

　1　売買契約が成立していないとの主張に対する反論

　2　和解契約の抗弁についての認否

第2　再抗弁——和解契約の締結が錯誤によること

【附属書類】

1　甲第5ないし第9号証の写し　各2通

2　証拠説明書　　　　　　　　　2通

以上

2　準備書面の提出・不提出の効果、提出時期等

　準備書面は、充実した口頭弁論を実現するためのものですから、**記載事項について相手方が準備をするのに必要な期間をおいて、裁判所に提出しなければならず**（民訴規則79条1項）、また、この期間をおいて相手方に直送することを要し（民訴規則83条1項）、その方法として現在はファクシミリを利用することができます（民訴規則3条、47条1項）。また、裁判長は、特定の事項に関する主張を記載した準備書面の提出期間を定めることができます（民訴法162条）から、その場合には、当事者又はその訴訟代理人はその期間内に提出しなければなりません。

　その期間内に提出されなかった準備書面に記載された事項は、弁論期日において陳述することを許されないというわけではありませんが、時機に後れた攻撃防御方法として（民訴法157条）、又は審理計画が定められている場合には

（民訴法157条の２）、却下されることもあります。

　また、相手方が口頭弁論に在廷していない場合には、準備書面に記載しなかった事実を主張することができず（民訴法161条３項）、準備書面に記載がなく事前の写しの送達もなかった文書の提出（証拠調べ）も原則としてすることができません[36]。

　そして、最初の口頭弁論又は弁論準備手続期日等の場合には、これに欠席したときであっても、準備書面を事前に提出しておけば、そこに記載した事項は陳述したものとみなされ（これを擬制陳述といいます。民訴法158条、170条５項）、手続は先に進められます。

3　新たな攻撃防御方法（再抗弁・再々抗弁）を主張する準備書面

(1)　答弁書等に対する認否と再抗弁事実等の記載方法

　訴状において訴訟物（請求権）が特定され、攻撃方法としての請求原因事実が明らかにされており、答弁書において請求の趣旨に対する答弁がされ、請求原因事実についての認否と防御方法としての抗弁事実とが明らかにされているというように理想的に進捗している訴訟では、裁判所と当事者双方の訴訟代理人である弁護士は、訴状と答弁書が交換された段階で、当該訴訟の対象となっている紛争のおおよその輪郭を把握することができる状態にあります。このような訴訟では、抗弁事実についての認否、再抗弁事実の主張等の事実論に関する主張及びそれらに係る法律論に関する主張が、準備書面と題する書面の交換によって積み重ねられていきます。

　ところが、様々な理由から、実際には、訴状における攻撃方法としての請求原因事実の記載に不備があり補充を要する訴状や、抗弁事実はもちろん請求原因事実についての認否の記載すらない答弁書もあります。そのような訴訟では、準備書面と題する書面が提出されて初めて、請求原因事実が明らかにな

---

[36]　最３小判昭和27・６・17民集６巻６号595頁は、相手方が文書の提出を十分予想することができた場合には、裁判所が当該文書を証拠に採用しても違法ではないとしています。

り、その認否や抗弁事実が明らかになるということになります。そのような場合における起案上の留意点は、訴状又は答弁書についての説明を参照することで用が足ります。

そこで、以下では、訴状と答弁書の交換がされた段階で、当該訴訟の対象となっている紛争のおおよその輪郭を把握することができる状態にある場合を前提にして、その後の準備書面の起案について検討することにします。

民訴規則81条前段は、「被告の答弁により反論を要することとなった場合には、原告は、速やかに、答弁書に記載された事実に対する認否及び再抗弁事実を具体的に記載し、かつ、立証を要することとなった事由ごとに、当該事実に関連する事実で重要なもの及び証拠を記載した準備書面を提出しなければならない。」と規定しています。

民訴規則は、その先について特に規定してはいませんが、被告において、原告の準備書面に記載された事実に対して認否をし、再抗弁事実に対する**再々抗弁事実**を主張することが必要になることがありますから、そのような場合には、被告が**更に準備書面**を作成するという展開になります。

(2) 証拠の記載

民訴規則81条後段は、「当該準備書面には、立証を要することとなった事由につき、重要な書証の写しを添付しなければならない。」と規定しています。これは、前記Ⅱ-5(3)において説明した答弁書に関する規定と同様のものです。

(3) 原告の訴訟代理人としての答弁書の検討と準備書面の起案

それでは、[**演習問題12についての乙弁護士による答弁書記載例**]のような答弁書が提出されたことを前提として、原告の訴訟代理人のすべき作業過程を検討した上で、裁判所に提出する準備書面を起案してみましょう。

第4章　訴状・答弁書・控訴状等　191

㈎　原告の訴訟代理人の検討

［演習問題13］

【検討課題】

　弁護士甲は、答弁書を読んでみると、本件自動車のボンネットに数箇所の小さなへこみと塗装による色むらがあり、その修理に50万円の費用を要した旨の主張があることに気付いた。Xに連絡して、その点を含め、答弁書に記載されている事実についての説明を求めたところ、Xの説明は以下のとおりであった。

　弁護士甲は、訴状の自らの主張を補充し、答弁書のYの主張に対して反論する目的の準備書面を作成することとした。弁護士甲として準備書面に記載すべき項目について検討したメモを作成せよ。

【Xの説明】

1　答弁書第2、4のAとYとの間のやり取りについては、当然のことながら、私は全く知りません。
2　答弁書第3、4ですが、私は本件自動車を長年使っており、そのボンネットに小さなへこみと塗装による色むらがあったことはそのとおりです。しかし、その修理に50万円もかかったというのは信じられません。修理業者に本件自動車の写真を見せて尋ねたところ、10万円もあれば完全に修理可能だと教えてくれました。

　Yは、前記Ⅱ、5(5)の答弁書記載例によると、「第2　請求の原因に対する認否」欄で訴状の「第2　請求の原因」欄に記載した主張に対する認否とその理由とを主張し、「第3　被告の主張」欄で所有権喪失の抗弁、占有正権原の抗弁、留置権の抗弁の3つの抗弁を主張しています。そこで、Xの訴訟代理人である甲弁護士としては、Yのこれらの主張についてどのように対応すべきであるかを検討することになります。

　その中で最も重要なのは、上記の各抗弁に対して主張すべき再抗弁があるか

どうかの検討です。そこで、抗弁ごとにその認否と再抗弁の有無を検討してみましょう。

第1の所有権喪失の抗弁（E_1）の抗弁事実は、もともとXが訴状において主張していた事実そのものですから、「認める」と認否することになります。そして、訴状において先行して主張していた「所有権留保特約の再抗弁」を再度明確に主張することになります。

Xの訴訟代理人である甲弁護士としては、所有権留保特約の法的性質と主張・立証の構造上の位置付けを確認しておく必要があります。これを売買における所有権移転の効果を代金完済という停止条件にかからしめる特約と構成する立場（所有権的構成）に立つと、所有権喪失の抗弁（E_1）に対する再抗弁（R_1）という位置付けになります。最1小判昭和49・7・18民集28巻5号743頁はこの立場によるものですから、再抗弁として主張するのでよいと思われます[37]。ただし、これを売買代金債権を被担保債権とする担保権と構成する立場（担保権的構成）に立つと、再抗弁としては主張自体失当ということになります。しかし、所有権喪失の抗弁（E_1）を前提として、「所有権留保特約＋担保権実行（弁済期の経過）」を主張することによって別の所有権取得原因事実になりますから、当初の請求原因事実よりも後の時点における所有権取得原因事実（すなわち、予備的請求原因事実）の主張になります。このように、自らの依拠する法律構成のみならず、他の法律構成の余地がある場合には、そちらについてもリーガル・リサーチをしておけば、相手方の主張を予測することができ、余裕のある準備書面にすることができます。

第2の占有正権原の抗弁（E_2）への対処方法については、一考を要します。Xは、訴状第2、5では「留保している所有権に基づき、本件自動車の引渡しを求める」としていたのですが、Yの主張する占有正権原の抗弁は、所有権留保特約の再抗弁（R_1）を前提として成立する主張ですから、「ＡＹ間の本件自動車の売買契約の成立と同売買契約に基づく引渡し」の事実が認定されるとき

---

(37) なお、割賦販売法7条は、「第2条第1項第1号に規定する割賦販売の方法により販売された指定商品（耐久性を有するものとして政令で定めるものに限る。）の所有権は、賦払金の全部の支払の義務が履行される時までは、割賦販売業者に留保されたものと推定する。」と規定しており、所有権的構成を採用するものと解されます。

は、別の再抗弁を案出することができなければ、請求棄却を免れません。

　所有権喪失の抗弁（E_1）のみならず占有正権原の抗弁（E_2）をもつぶすためには、２つの抗弁に共通の要件事実である「(a)　ＸＡ間の本件自動車の売買契約（本件売買契約）の成立」をつぶす必要がありますから、結局、本件売買契約を解除することが必須です。すなわち、Ｘとしては、「留保している所有権」ではなく、「本件売買契約を解除した結果、遡及的に復帰した所有権」に基づき、本件自動車の引渡しを求めることになります[38]。

　本件訴訟の提起前に本件売買契約を解除することはされていませんから、Ｘの訴訟代理人である甲弁護士としては、これから本件売買契約を解除し、その点の証拠を確保することを考えなければなりません。Ａは行方不明になっているというのですから、民法541条の「催告」及び民法540条の「解除の意思表示」は、民法98条に規定する「公示の方法によってすること」になります。同条３項は、「公示による意思表示は、最後に官報に掲載した日又はその掲載に代わる掲示を始めた日から２週間を経過した時に、相手方に到達したものとみなす。」と規定していますから、これらの手続に要する時間を見込んで申立てに着手する必要があります。

　第３の留置権の抗弁（E_3）の抗弁事実のうち、否認して争うのは修理に要する費用の金額と修理の結果の増価額であり、その余の事実には実質的に争いはありません。これに対する再抗弁は、ありません。

　このような検討の結論部分をまとめた甲弁護士のメモの一例を挙げておくと、以下のとおりです。

［演習問題13についての甲弁護士のメモ例］

(1)　所有権喪失の抗弁（E_1）に対し、所有権留保特約の再抗弁（R_1）を主張する。再抗弁事実は、④のとおり。

　　④　Ｘは、Ａとの間で、平成30年４月10日、本件売買契約に際し、代金

---

[38]　本件引渡請求の訴訟物は、本件自動車の所有権に基づく返還請求権ですから、訴訟物に相違があるわけではないのですが、本文のように区別して考えた方が主張・立証の構造を明快に理解することができます。

200万円の完済まで本件自動車の所有権を留保する旨合意した。

(2) 所有権喪失の抗弁（E_1）及び占有正権原の抗弁（E_2）に対し、契約解除の再抗弁（R_2）を主張する。再抗弁事実は、⑤ないし⑦のとおり。

⑤ Xは、Aに対し、平成30年8月10日、本件売買契約に基づく代金のうち100万円の支払を公示の方法によって催告した。

⑥ Xは、Aに対し、平成30年8月10日、上記⑤の催告に併せ、催告後10日の経過時に本件売買契約を解除する旨の意思表示をした。

⑦ Xは、上記⑤の催告時から同催告後10日の経過時まで、Xの自宅で本件自動車の所有権移転登録に必要な譲渡証明書、自動車検査証をAに交付することのできる状態で準備していた。

⑧ 平成30年8月20日は経過した。

(3) 留置権の抗弁については、本件自動車のボンネットに小さなへこみと塗装による色むらがあったことは認め、修理費用及び修理による増価額を否認し、せいぜい10万円程度であるとの積極否認の事実を主張する。再抗弁はない。

（注）上記④ないし⑧は、［演習問題11についての甲弁護士のメモ例］における請求原因事実からの連続番号である。

㈡ 準備書面の起案

Xの訴訟代理人である甲弁護士としては、答弁書におけるYの主張を受けて、その認否・反論と再抗弁事実を主張する準備書面を起案することになります。その際、裁判所を説得するため、間接事実のうちで主張すべきものを選別し、主張の裏付けとなる証拠を摘示することなどは、訴状及び答弁書についての説明と同様です。

以下にその実質的記載事項部分の一例を挙げておきます。

第4章 訴状・答弁書・控訴状等 195

［演習問題13についての甲弁護士による準備書面例］

第1準備書面

　本書面は、Yが答弁書「第3　被告の主張」において主張する各抗弁事実に対する認否をした（第1）上で、Y提出に係る所有権喪失の抗弁及び占有正権原の抗弁に対する再抗弁を主張することによって、これらの抗弁を採用するに由ないことを明らかにする（第2）ものである。

第1　答弁書「第3　被告の主張」に対する認否
　1　「2　所有権喪失の抗弁」について
　　⑴は、認める。⑵は、争う。
　2　「3　占有正権原の抗弁」について
　　⑴は、争う。⑵のうち、XがAに対して本件売買契約に基づき本件自動車を引き渡したことは認め、その余は争う。⑶のうち、XがAに対して本件自動車を引き渡した際、Aの転売を承認したことは認め、その余は争う。⑷は、不知。⑸は、争う。
　3　「4　留置権の抗弁」について
　　⑴のうち、本件自動車のボンネットに小さなへこみと塗装による色むらがあったことは認め、その余は不知。⑵は、否認する。本件自動車の修理に要する費用はせいぜい10万円であり、修理による増価額も同額の範囲内にとどまる。

第2　Xの再抗弁
　1　所有権留保特約の再抗弁——所有権喪失の抗弁に対し
　⑴　再抗弁事実
　　訴状第2、2において主張したとおり、Xは、Aとの間で、平成30年4月10日、本件売買契約に際し、代金200万円の完済まで本件自動車の所有権を留保する旨合意した（甲第1号証）のであるが、Aは、同代金のうち100万円を支払ったのみであり、残金100万円を支払って

いない。

(2)　所有権留保特約の法律効果

　　売買契約締結時に合意される所有権留保特約は、売買目的物の所有権移転を代金の完済という停止条件にかからしめる効果を発生させる特約である（最1小判昭和49・7・18民集28巻5号743頁参照）から、Aが代金を完済していない以上、Xは本件自動車の所有権を喪失していない。

2　契約解除の再抗弁——所有権喪失の抗弁及び占有正権原の抗弁に対し

(1)　再抗弁事実

　　Xは、Aに対し、公示の方法によって、平成30年8月10日、本件売買契約に基づく未払の残代金100万円を支払うよう催告するとともに、催告後10日の経過時に本件売買契約を解除する旨の意思表示をした（乙第3号証）。

　　そして、Xは、上記の催告時から同催告後10日に当たる平成30年8月20日の経過時まで、Xの自宅で本件自動車の所有権移転登録に必要な譲渡証明書、自動車検査証をAに交付することのできる状態で準備していたが、同日は経過した。

(2)　本件売買契約の解除とYの占有正権原の喪失

　　Yは、XがAにおいて本件自動車を転売することを承認（許諾）しつつ、Aに対して本件売買契約に基づき本件自動車を引き渡したから、Aからの転買人が本件自動車を占有することを黙示に承認（許諾）したことになると主張する。Yのこの法律構成が正しいものと仮定しても、Aからの転買人であるYが占有正権原を有するのは、本件売買契約が有効に存続していることが前提になる。

　　Xは、上記(1)のとおり、買主Aの代金債務の不払を理由として本件売買契約を解除したから、XA間の本件売買契約の成立を根拠とする「所有権喪失の抗弁」はもとより「占有正権原の抗弁」もまた消滅したのである。

第3　結論
　以上の次第で、Yの主張する所有権喪失の抗弁及び占有正権原の抗弁
は、いずれも失当である。留置権の抗弁の被担保債権の金額が争点として
残るが、これとてもせいぜい10万円程度にすぎない。

以上

　まず、Xの訴訟代理人である弁護士甲は、この準備書面に「第1準備書面」
という表題を付しています。これに対し、Yの訴訟代理人である弁護士乙は後
日の混乱の発生を回避する等の目的として自らの準備書面を「準備書面(1)」と
称するといった工夫をするのが一般です。
　次に、この準備書面の記載例は、冒頭部分で、当該準備書面の目的と記載事
項の概要を明示しています。内容がこの程度の複雑さにとどまる限りは、記載
例のような冒頭部分での概要紹介で済ませることで足りますが、内容が複雑に
なり、分量も多い場合には、準備書面に「目次」を付し、冒頭部分を項立て
し、例えば「第1　本準備書面の概要」といった表題の下により詳しい要約を
掲記するのがよいでしょう。筆者は、このような方法を採るかどうかの一応の
目安を準備書面の分量が20頁以内であるか20頁を超えるかに置いています。す
なわち、当該準備書面の分量が20頁を超える場合には、内容が多岐にわたり複
雑であることが多いため、裁判所が全体の構成を容易に把握することができる
という観点から、また、後述するように、最終準備書面を起案したり、証人や
本人に対する尋問事項を準備するときの自らの便宜という観点からも、当該準
備書面に目次を付し、冒頭部分に主張の要約を掲記する項目を置くのを原則と
しています。
　この準備書面の主要部分は、「第2　Xの再抗弁」です。その1と2の各(1)
は再抗弁事実を整理して主張する項目であり、その1と2の各(2)は再抗弁の法
律構成を簡潔に説明する項目です。法律構成の説明を先にし、再抗弁事実の主
張をその後にすることもあります。争点の新奇さの程度や再抗弁事実の複雑さ
の程度等を勘案し、事案に応じていずれの方式によるかを選択することになり
ます。
　「第3　結論」は、冒頭部分における当該準備書面の概要説明と相まって、

当該準備書面の結論を明確に提示する部分です。おざなりでなく、印象的に締めくくりたいところです。

(4) 被告の訴訟代理人としての原告の準備書面の検討

次に、［演習問題13についての甲弁護士による準備書面例］のような準備書面が提出されたことを前提として、被告の訴訟代理人のすべき作業過程を検討した上で、裁判所に提出する準備書面を起案してみましょう。

㋐ 被告の訴訟代理人の検討

[演習問題14]

【検討課題】
　Xの第1準備書面の送付を受けたYの訴訟代理人である弁護士乙として、これに対して反論すべき点があるかどうかを検討したメモを作成せよ。

Yの訴訟代理人である乙弁護士として、Xの提出した再抗弁に対してどのように対応すべきであるかを検討することにしましょう。

第1の所有権留保特約の再抗弁（R₁）は、既に訴状において先行的に主張されていたものですから、Yの予想していた再抗弁です。ＸＡ間の本件売買契約に付された特約であって、Yの関知するところではないので、「不知」と認否することになります。しかし、本件売買契約書（甲第1号証）に明記されている特約であり、甲第1号証の真正な成立に疑いを差し挟むような情報があるわけではないので、容易に認定される再抗弁です。

そして、本件売買契約の買主であるＡは行方不明ということですから、Yとしては、「本件売買代金の完済」という所有権留保特約の中身を成す停止条件の成就という再々抗弁を主張することができるわけでもありません。

また、前記(3)㋐で検討したように、所有権留保特約の法的性質をめぐる議論はあるのですが、停止条件の成就を主張・立証する見込みが立たないのであれば、本件では、この点の議論をしてみても意味がありません。

したがって、所有権留保特約の再抗弁（R_1）は、見かけ上の争点にすぎないのです。

第2の契約解除の再抗弁（R_2）は、Yの主張した占有正権原の予備的抗弁（E_2）をつぶすべく新たに案出され、しかも解除の手続的要件である催告と解除の意思表示は訴訟提起後に公示の方法でされたものですから、所有権留保特約の再抗弁（R_1）とは異なり、Yとしては予想外の再抗弁であるかもしれません。しかし、Y本人としてはそうであっても、その訴訟代理人である乙弁護士としてもそうであるというのでは困ります。Aが本件売買契約の代金債務を完済しないで行方不明になっているというのですから、売主Xによって本件売買契約が解除されることは覚悟しておく必要があり、Yから相談を受けた時点で、これがXとの訴訟におけるリスク要因であることを説明しておかなければならなかったのです。

再々抗弁の候補になるのは、Yが民法545条1項ただし書の「〔解除前の〕第三者」に当たるという主張です。しかし、解除前の第三者として保護を受けるためには対抗要件を具備した者であることを要するというのが確定判例の立場です[39]。即時取得の抗弁を主張することができるかどうかについての検討の際にも問題になったように、Yは、本件自動車の登録を得ておらず、本件自動車の登録はXの下にとどまったままであることに争いがありませんから、結局、確定判例の立場に立つ限り、解除前の第三者の再々抗弁は主張することができない（主張自体失当）ということになります。この確定判例の立場が揺らぐ可能性もありません。

そして、解除の手続的要件である催告と解除の意思表示は公示の方法でされたものであって客観的証拠（乙第3号証）によって証明されることが予想されますし、同時履行の抗弁権の存在効果を消滅させるためのXの負う反対債務の

---

[39] 大判大正10・5・17民録27輯929頁、最1小判昭和33・6・14民集12巻9号1449頁、最3小判昭和58・7・5判時1089号41頁を参照。ただし、解除前の第三者に対抗要件の具備を要求する判例の立場を、権利保護要件として対抗要件を要求するとの立場に立つものと理解すべきであるか、解除権を行使した者と解除前の第三者とが対抗関係に立つから当然に対抗要件の具備を要求するとの立場に立つものと理解すべきであるかについては争いがあります。この点につき、司法研修所・類型別120頁を参照。

履行の提供は、X側の手中にある証拠によって証明されることが予想されますから、契約解除の再抗弁（R_2）もまた、所有権留保特約の再抗弁（R_1）と同様、見かけ上の争点にすぎないということになります。

　ところで、最高裁は、自動車のディーラーが、サブディーラーから自動車を買い受けて既に自らの代金を完済して自動車の引渡しを受けているエンド・ユーザーに対し、サブディーラーの代金不払を理由に売買契約を解除して、自動車の引渡しを請求した事案において、ディーラーの請求を権利の濫用に当たるとして棄却すべきものとしました[40]。しかし、本件のXは自動車のディーラー等の業者ではなく、自己所有の自動車を業者であるAに売った個人にすぎませんし、Aから買い受けたYは中古自動車の販売業者であってエンド・ユーザーではありませんから、最高裁判例とは事案を異にし、かつ、Xの本件自動車の返還請求を権利濫用と評価する根拠になるような事実は見当たりません。

　このような検討の結論部分をまとめた乙弁護士のメモの一例を挙げておくと、以下のとおりです。

［演習問題14についての乙弁護士のメモ例］

(1)　所有権留保特約の再抗弁（R_1）について

　本件売買契約書（甲第1号証）によって容易に認定される再抗弁である。また、再々抗弁である停止条件の成就（Aが本件売買代金を完済したこと）を示す資料を有していない。したがって、この再抗弁に対する再々抗弁は主張しない。

(2)　契約解除の再抗弁（R_2）について

　Xが第1準備書面で指摘するように、所有権喪失の抗弁（E_1）のみならず占有正権原の抗弁（E_2）もまた契約解除の再抗弁（R_2）によってつぶれる。

---

(40)　最2小判昭和50・2・28民集29巻2号193頁、最2小判昭和57・12・17判時1070号26頁を参照。なお、権利の濫用に当たらないとしたものとして、最3小判昭和56・7・14判時1018号77頁を参照。

Aが本件売買代金を完済していない以上、売主Xが本件売買契約を解除するのは致し方のないところである。

再々抗弁の候補としては、Yが民法545条1項ただし書の「〔解除前の〕第三者」に当たるという主張が考えられる。しかし、解除前の第三者として保護を受けるためには対抗要件を具備した者であることを要するというのが最1小判昭和33・6・14民集12巻9号1449頁等の確定判例の立場であるところ、Yは本件自動車の登録を得ておらず、確定判例の立場によれば主張自体失当たるを免れないし、判例の立場が揺らぐ可能性もないから、この再々抗弁は主張しない。

なお、自動車のディーラーによるエンド・ユーザーに対する自動車の引渡請求を権利の濫用に当たるとした最2小判昭和50・2・28民集29巻2号193頁等は、本件と事案を異にするし、また、本件において、Xの本件自動車の返還請求を権利濫用に当たるとするだけの評価根拠事実は見当たらない。したがって、占有正権原の抗弁（E₂）がつぶれるからといって、権利濫用の抗弁（E₄）を主張することもできない。

(3) 結論

主張すべき再々抗弁はない。生き残る抗弁としては、留置権の抗弁（E₃）のみということになる。

このような結末になるのは、Yにおいて本件自動車の登録を得ていないことが原因である。中古自動車の販売業者であるYとしては、甘受すべき結果というべきなのであろう。

(イ) 準備書面の起案

一般に、被告の訴訟代理人である弁護士としては、原告の第1準備書面に対する認否・反論をし、再々抗弁がある場合には、それを提示する準備書面を起案します。実際の訴訟では、再々抗弁が提出されるという事態がそう多いわけではなく、被告による準備書面は、原告の主張した再抗弁事実に対する認否・反論とそれまでにした主張の補充ということになるのが通常です。

本件においては、上記(ア)の検討結果によると、再々抗弁がないということで

すから、Yの訴訟代理人である乙弁護士の起案する準備書面は、前記(3)(イ)のXの第1準備書面中の主張に対する認否・反論と答弁書における自らの主張の補充ということになります。

ここには、従前の主張の補充部分はなく、再抗弁事実の認否のみをする準備書面の実質的記載事項部分の一例を挙げておきます。

[演習問題14についての乙弁護士による準備書面例]

> 準備書面(1)
>
> 　本書面は、Xの第1準備書面の第2記載の再抗弁事実についての認否をするものである。
> 　1　所有権留保特約の再抗弁について
> 　　(1)は、不知。(2)は、争う。
> 　2　契約解除の再抗弁について
> 　　(1)は、不知。(2)は、争う。
>
> 　　　　　　　　　　　　　　　　　　　　　　　　　　　　　　　　　　以上

4　最終準備書面

前記1に述べたとおり、準備書面は、民訴法及び民訴規則の定める実質的記載事項に当たる事柄であれば、どのようなものでも入れ込むことのできるボックスのようなものです。準備書面の内容ないし機能に着目して、釈明に関する準備書面、攻撃防御方法及びこれに対する陳述に関する準備書面、事情の陳述に関する準備書面、主張の補充・追加・交換に関する準備書面、証拠弁論に関する準備書面、の5つに類型化して説明されることもあります[41]。しかし、1つの準備書面がこれらの内容ないし機能の複数のものを包含することは珍しくなく、釈明に関する準備書面を除けば、むしろこれらの内容ないし機能の複数

---

(41)　司法研修所・弁護の手引133〜135頁を参照。

のものを包含しているのが常態であるといっても過言ではありません。したがって、このような類型化も、準備書面の内容ないし機能をイメージするための補助手段の域を出るものではありません。

　これらの分類基準とは別に、準備書面の提出時期に着目して、民事訴訟の各審級の最終段階において提出される準備書面を、実務上、「**最終準備書面**」と呼びます。最終準備書面は、第一審又は控訴審の最終口頭弁論期日における各当事者の主張と証拠を整理して提示することによって、裁判所の判断に遺漏なきを期すばかりでなく、自らの主張に法律上の根拠があり、事実上の争点について自らの主張に沿った認定をすべきであることを説得することを目的とするものです。

　当事者の訴訟代理人である弁護士として**最終準備書面を起案するに際して最重要である心得を一言**でいうと、「めりはりをつける」ことです。法律上及び事実上の争点に万遍なく触れるのではなく、要件事実論を分析の道具として、当該事件の主張・立証の構造を正確に把握した上で、主要な争点と付随的な争点とを区別し、結論へとつながる道筋を明確に示すことです。そうすることによって、「めりはりのついた」「説得力のある」最終準備書面が生まれます。

　最終準備書面の有するこのような目的からすると、法律上の主張については、判例と異なる立場から立論していて、判例変更を目指す価値のある争点ともいえない場合には、主張を撤回することを検討すべきですし、事実上の主張についても、特に、自らが主張・立証責任を負っているものについては、提出された証拠と弁論の全趣旨に照らして、説得力が乏しいと思われる場合には、主張を撤回することを検討すべきです。そのように整理することによって、自らの法律上及び事実上の主張の説得力を示すのが王道であると心得るべきです。裁判所が「間違えるかもしれない」と期待して、瑣末な争点を残すのは、結果として大局を見失わせる原因になり、自らの利益に結びつくことがないのが通常です。

　最終準備書面は、主張の整理をすることを主要な目的の１つとしていますから、**最終口頭弁論期日よりも前に提出するのを原則**とすべきです。しかし、自らの主張に対する相手方の反論の準備書面が最終口頭弁論期日の直前に提出されたため、最終準備書面を用意する時間的余裕がなかったが、相手方の反論に

対し、主要事実（要件事実）レベルにおける新たな事実主張をする必要がないため、裁判所が弁論を終結したというような場合には、最終準備書面を最終口頭弁論期日よりも後に提出するということになります。このような場合には、当事者の訴訟代理人である弁護士としては、裁判所と相手方に対し、最終口頭弁論期日において、自らの最終準備書面を判決言渡し期日に相当程度先立って提出する予定であることを告知しておくべきでしょう。

　当然のことながら、最終口頭弁論期日よりも後に提出された最終準備書面は、裁判所が判決に際して事実上検討する書面にすぎません。最終準備書面を交換し陳述するという手続をするだけの目的で結審を遅らせる必要はないと考え（個別の事件の性質なども勘案しているのかもしれませんが）、結審後に最終準備書面が提出されることを認め、提出された場合には検討することを明言して結審するという扱いをする裁判所も少なくありません。

　このように**結審後に提出される最終準備書面**においては、**新たな主要事実（要件事実）を含む事実主張を記載する**ことはできませんし、仮にそのような主張を記載しても、判断の対象にはなりません。したがって、そこに記載される主張は、法律論といわゆる「**証拠弁論**」ということになります。証拠弁論とは、民訴法又は民訴規則上の用語ではなく、事実上の争点につき、自らの主張する事実が証拠によって証明されていること又は相手方の主張する事実を認めるに足りる証拠が存しないことを、提出された全証拠、経験則及び争いのない事実を含む弁論の全趣旨を用いて裁判所を説得するためにする弁論をいう実務上の用語です。

IV　証明活動関係

1　民事訴訟における証明の過程

　当事者は、請求とその請求に理由があるかどうかについての主張を提出するだけでなく、提出した主張のうち、自らが立証責任を負う事実については証明し、相手方が立証責任を負う事実については反証することによって、請求の理由の有無について裁判所を説得する必要があります。第2章IV－3(1)で説明したように、我が国の現在の民事訴訟は、弁論主義という原理・原則によって運

営されていますから、この証明の過程における主役も当事者とその訴訟代理人です。

当事者とその訴訟代理人は、①　まず、証拠を収集し、②　次に、収集した証拠を民事訴訟手続にのせるための申出をした上で証拠調べを実現し、③　そのようにしてされた証拠調べの結果に基づいて裁判所を説得するという３段階で仕事をします。訴訟代理人である弁護士としては、これら３段階のいずれにおいても、法律文書を作成することになります。

このうちの③の段階は、いわゆる「証拠弁論」であり、既にⅢ－４で説明しましたので、以下、①の「証拠収集」の段階で作成する法律文書、②の「証拠申出」のために又は「証拠調べの準備」のために作成する法律文書の順に検討することにしましょう。

2　証拠収集過程における法律文書

(1)　各種照会申出書又は各種嘱託申立書

民事訴訟における当事者とその訴訟代理人は、刑事訴訟における検察官と異なり、国家権力を背景にした強制力を発動して証拠を収集する権能を有していませんから、訴訟上・訴訟外において利用することのできるあらゆる方法を駆使して証拠を収集することになります。第３章Ⅰ－２で検討した依頼者や関係者からの事情聴取には、証拠収集の第一歩という性質があります。ここでは、主に、第三者から客観的資料を取得する各種の方法と、そのための申出書又は申立書の作成の実際についてみておきましょう。

(ア)　弁護士法23条の２の規定に基づく照会申出書

弁護士法23条の２は、「弁護士は、受任している事件について、所属弁護士会に対し、公務所又は公私の団体に照会して必要な事項の報告を求めることを申し出ることができる。」と規定して、弁護士に、具体的な受任事件[42]について所属弁護士会に対する照会申出という方法を採ることによって証拠を収集する権能を付与しています。

弁護士法23条の２は照会申出書の記載事項についての定めを置いていませんが、その実質的記載事項は、受任事件の特定、照会先の特定、照会を求める理

由、照会事項の4項目に整理することができます。**申出書を作成する際に最も注意すべきは、照会を受ける公務所等が何を照会されているのかを容易かつ迅速に理解することができるよう、照会事項を正確かつ分かりやすく表現することです。** また、照会を求める理由において、受任事件の事案の概要を記載し、受任事件において証明しようとする事実（これには、自らが主張・立証責任を負う事実（本証）と相手方が主張・立証責任を負う事実に対する積極否認の事実（反証）とが含まれます。）と照会事項との関係を明示しておくことが、所属弁護士会に照会申出の審査手続を迅速に進めてもらい、公務所等から迅速に的確な報告を受けるためにも有効です。弁護士会によっては、照会申出の手続規則を有し、照会申出書の書式を提供していますから、所属弁護士会が規則を有し書式を提供している場合には、それによることになります[43]。

　照会を受けた公務所等は一般的な報告義務を負うものと解されています[44]が、報告に応じない場合の制裁規定はなく、任意の履行に期待した制度であるというのが実態です。したがって、照会の申出人である弁護士としては、申出に先立って照会先と協議し、協力を求めるなどして報告が円滑にされるよう地ならしに努めるべきです。

　所属弁護士会は、公務所等から報告を受けますと、照会の申出人である弁護士に対し、その報告書を添付した通知書を送付するのが通常です。当該弁護士は、受任事件が訴訟係属中のものである場合には、同報告書を、必要に応じ、適宜、本証又は反証として証拠調べ（書証）に供することになります。もちろん、同報告書を証拠調べ（書証）に供することなく、手持ち証拠とすることもあります。

---

[42]　弁護士法に基づく照会申出をするには、具体的に受任事件が存する必要がありますが、それが民事事件であるか刑事事件であるかは問題になりませんし、民事事件の場合に、訴訟、調停、ADR等の紛争解決手続に至っているかどうかは問題になりませんし、刑事事件の場合に、起訴後であるか捜査段階であるかも問題になりません。ただし、具体的受任事件の資料収集のためではあっても、弁護士がこの照会手続によることなく、独力で入手することのできるもの（登記事項証明書、住民票の写し、固定資産課税台帳登録証明書等）を取得するために利用することはできません。

[43]　照会申出書の書式例として、司法研修所・立証活動237〜239頁を参照。

[44]　大阪高判昭和51・12・21判時839号55頁等。

(イ) 当事者照会書

　民訴法163条は、「当事者は、訴訟の係属中、相手方に対し、主張又は立証を準備するために必要な事項について、相当の期間を定めて、書面で回答するよう、書面で照会することができる。」と規定し、当事者に裁判所を介することなく相手方から直接情報を収集する権能を付与しています。さらに、民訴法132条の2は、訴訟の係属前であっても、訴えの提起を予告する通知が書面でされた場合には、予告通知の日から4月以内に限って、**当事者照会**をすることができることとしています。

　そして、民訴規則84条は、当事者照会の手続や照会書の記載事項を規定しています。照会書には、当事者及び代理人の氏名、事件の表示、訴訟の係属する裁判所の表示、年月日という民訴規則2条1項に規定する一般的事項のほか、照会事項及び照会の必要性、民訴法163条の規定により照会をする旨、回答すべき期間、照会者の住所等を記載する必要があります（民訴規則84条2項）。

　もちろん、このうち最重要の記載事項は照会事項であり、照会の必要性がこれに続きます。照会事項の外延は、民訴法163条が規定するとおり、主張又は立証を準備するために必要な事項ですから、**主張・立証責任の所在とは関係はなく、相手方の認識に属すると考えられる事実全般**に及びます。

　照会を受けた相手方（被照会者）は、同条ただし書各号の除外事由に当たらない限り回答すべき訴訟法上の義務を負うと解されています[45]から、照会書を起案するに当たっての基本的心構えは、同条ただし書各号の除外事由に当たらないように照会事項を整理するというものです。しかし、5号にいう「相手方が回答するために不相当な費用又は時間を要する照会」かどうか、6号にいう「第196条又は第197条の規定により証言を拒絶することができる事項と同様の事項についての照会」かどうかを、照会者が事前に的確に判断するのは困難ですから、これらの点については、相手方の対応にゆだねざるを得ないことになります。そして、照会事項中に同除外事由に当たるものがあり、それを理由として回答を拒絶する場合には、相手方は、その条項を記載して回答を拒絶する

---

[45]　法務省民事局参事官室編『一問一答新民事訴訟法』166頁（商事法務研究会、1996年）を参照。

ことになります（民訴規則84条3項後段）。

　照会者の代理人である弁護士としては、照会事項を整理するに当たり、**質問を具体的かつ個別的にし**（要するに、**一問一答式にするのが望ましい**）、**意見を求めたり、相手方を侮辱し又は困惑させる事項を避け、質問相互に重複のないように構成することを心がける**ことになります。この心構えは、当事者照会の照会事項の整理に特有のものではなく、求釈明事項の整理にも共通するものです。

　相手方の代理人である弁護士としては、当事者である依頼者から情報を提供させた上で、民訴法2条に規定するとおり、**「信義に従い誠実に」**照会に対する回答をすべきです。民訴法163条ただし書各号の除外事由に当たらないのに、依頼者にとって不利益であるとの理由で、又は訴訟手続を遅延させる結果が生ずるのを認識しながら、回答を回避するようなことをすべきではありません。また、照会者の定めた期間内に回答することが困難な場合には、その理由を明らかにして、照会者に回答可能な日程を連絡すべきです。いずれの立場に立っても、「信義に従い誠実に」訴訟活動をすることです。

（ウ）　嘱託申出書

　民訴法は、訴訟係属後における簡易な証拠収集方法として、**調査嘱託**（民訴法186条）、**鑑定嘱託**（民訴法218条）、**文書送付嘱託**（民訴法226条）、**検証物送付嘱託**（民訴法232条、226条）等に関する規定を置いており、また、**「訴訟記録の取寄せ」**と呼ばれる手続が実務の取扱いとして定着しています。

　いずれの嘱託の申出も当然のことながら、書面ですることになります。ここでは、各嘱託申出書についての留意事項を整理しておくことにしましょう[46]。

①　調査嘱託

　調査嘱託は、**官庁その他の団体を嘱託先とし**（団体であれば、公私を問いませんが、自然人を嘱託先とすることはできません。）、調査を依頼するものです（民訴法186条）。

　嘱託申出書は、嘱託先を特定した上で、証明すべき事実及び調査事項を記載

---

[46]　調査嘱託申出書、文書送付嘱託申出書及び記録取寄申請書の各書式例は司法研修所・立証活動249～252頁を、鑑定嘱託申出書の書式例は同257頁を、それぞれ参照。

します。証明すべき事実は、当該調査嘱託の申出と係属事件の争点との関連性を明らかにするとともに、調査事項の理解にも資する目的で記載されています。調査事項は、嘱託先がどのような事項についての調査依頼がされているのかを正確に理解することができるように記載する必要があります。調査依頼することのできる主題の範囲は、過去に生起した事実のみならず、業界における経験則や外国法の内容等に及ぶものですから、法律実務家として利用価値の高いものです。調査事項の記載方法については、前記(ｱ)の弁護士法23条の2の規定に基づく照会申出書における照会事項の記載についての注意を参照してください。

　裁判所から嘱託を受けた内国の官公署は、正当な事由がない限り、嘱託に応じる義務を負っていますが、この義務は、調査嘱託についての裁判所の権限に対応した一般公法上の義務であり、嘱託先が調査嘱託の申立てをした当事者に対して負う法的義務であるとは解されていません[47]。しかし、弁護士法23条の2の規定に基づく照会では回答が得られない場合であっても、裁判所からの調査嘱託に対しては報告が得られるときがあるので、訴訟代理人である弁護士としては、訴訟提起後に重ねて調査嘱託の申出をすることを検討すべきです。

　調査嘱託によって得られた回答書等の調査の結果を証拠とするには、裁判所が口頭弁論においてこれを提示して（実務上、「顕出」といいます。）当事者に意見陳述の機会を与えれば足り、当事者の援用を要しないというのが判例の立場です[48]。したがって、当事者が回答書等のうち証拠とすべきものを選択し、改めてそれらに号証番号を付して文書の証拠調べ手続（書証）にのせる必要はありません。

　②　鑑定嘱託

　鑑定嘱託は、我が国若しくは外国の官公署、又は相当の設備を有する法人に

---

[47]　東京地判平成21・6・19判時2058号75頁、谷口安平＝福永有利編『注釈民事訴訟法(6)』172頁［矢吹徹雄執筆］（有斐閣、1995年）を参照。なお、東京地判平成21・6・19は、受訴裁判所が社会保険事務所と公共職業安定所を嘱託先として、被告の住所等についての回答を求める調査嘱託の申立てを採用しましたが、個人情報保護を理由に回答がされなかったために国家賠償が請求されたという興味深い事案におけるものです。

[48]　最1小判昭和45・3・26民集24巻3号165頁。

鑑定を依頼するというものです（民訴法218条）。調査嘱託と異なり、**法人でない団体を嘱託先とすること**はできません。鑑定事項の内容からして、個人の鑑定人によるのが困難である又は適切でないという場合に利用されます。嘱託申出書は、前記調査嘱託におけると同様、嘱託先を特定した上で、証明すべき事実及び鑑定事項を記載します（民訴規則136条、129条）。嘱託先はこのような制度趣旨に沿った専門的研究機関等になりますが、鑑定事項との関連を考慮して、適切な官公署又は法人を選択する必要があります。

　③　文書送付嘱託、検証物送付嘱託、訴訟記録の取寄せ

　文書送付嘱託は、民訴法上、書証の申出の方法の１つとして規定されています（民訴法226条）。すなわち、民訴法219条の規定によれば、書証を申し出るには、文書を提出してするか（書証の申出をする当事者が当該文書を所持している場合）、文書提出命令の申立てをしてするか（相手方当事者又は第三者が当該文書を所持している場合）のいずれかなのですが、民訴法226条が第三の方法を規定しています。

　文書送付嘱託の申立てに民訴法221条１項１号から４号までが適用される（文書送付嘱託は、文書提出命令とは異なり、民訴法220条に定める文書提出義務を嘱託先が負っているかどうかにかかわらず申し立てることができますから、民訴法221条１項５号の適用はありません。）結果、文書送付嘱託申出書には、文書の表示、文書の趣旨、文書の所持者、証明すべき事実の４項目を記載する必要があります。

　ただし、文書の特定と当該文書と証明すべき事実との関係は、後述する文書提出命令におけるよりも実務上緩やかに運用されています。これは、例えば、交通事故の加害者とされている被告が原告の現在の症状と事故との因果関係を争い、原告の事故前に罹患した疾病の存在を証明（反証）する目的で、原告が生後入通院していた複数の医療機関を嘱託先として診療録等の送付嘱託の申立てをするといった場合に、申立人である相手方当事者に対し、事前にどの時期のどの医療機関の診療録にどのような記載がされているかを厳密に特定することを要求することは困難を強いることになるからです。文書送付嘱託の申立てについてのこのような緩やかな運用は、当事者による証拠収集方法についての制度的な手当ての貧困な我が国の民事訴訟における実務の工夫の一部というこ

とができます。

そして、嘱託先から文書が裁判所に送付された場合、文書送付嘱託の申立てをした当事者は、送付文書の中から自らの立証に有用なものを選択し、証拠番号（号証番号）を付して書証の申出を改めてし、それが採用され証拠調べが実施されて初めて証拠になります。もちろん、相手方当事者が送付文書の中から自らの立証に有用なものを証拠として提出することもできます。すなわち、民事訴訟の実務は、文書送付嘱託の申立てを、書証の申出そのものではなく書証の準備段階と位置付けているといってよいと思われます。

嘱託先の嘱託に応じる義務については、前述の調査嘱託におけると同様、一般公法上の義務にすぎないと解されています[49]。したがって、民訴法220条の規定に基づく文書提出義務を負う所持者が文書送付に応じない場合には、文書送付嘱託の申立てをした当事者の訴訟代理人としては、民訴法219条の文書提出命令を申し立てることになるのが通常です。

なお、文書が受訴裁判所の属する裁判所の保管する他の事件の記録である場合には、民訴法226条の文書送付嘱託の申立てをするまでもなく、受訴裁判所に対して「訴訟記録取寄せ申請」をすれば足りるという取扱いがされています。

また、検証の目的の送付について民訴法226条が準用されており、検証物の送付嘱託の申立てをすることができます（民訴法232条）。

(2) 文書提出命令申立書

平成8年の民訴法改正により、文書の所持者の提出義務が一般義務化され（民訴法220条4号）、さらに、平成13年の同法改正により、公文書についての**文書提出命令**の手続が整備されました（民訴法220条4号ロ、223条3項～5項）。これらの法律改正を受け、数多くの最高裁判例が出ていますから、訴訟代理人として、**文書提出命令を申し立てるときには、最高裁判例についてのリーガル・リサーチが必須**です。

文書提出命令の申立ては、書面でしなければなりません（民訴規則140条1

---

[49]　東京地判昭和50・2・24判時789号61頁。

項）。その実質的記載事項で必要的な記載項目は、提出を求める「文書の表示」、「文書の趣旨」、「文書の所持者」、「証明すべき事実」、「文書の提出義務の原因」の５項目です（民訴法221条１項１号ないし５号）。

［演習問題15］

　　X銀行は、その融資担当取締役であったYに対し、平成28年３月１日にA社に対してした金額５億円、期間５年の貸付け（本件貸付け）につき、A社の代表取締役BとYとが高校の先輩後輩という間柄にあったことによって無担保でされたものであり、回収可能性の全くないものであったとして、善管注意義務に違反するものであると主張し、A社から回収できずに終わった同額の損害賠償を求める訴えを提起した。

　　Yは、BとYとが高校の先輩後輩という間柄にあったことは認めたものの、当時のA社の経営状況からして十分に回収可能なものであり、当時の貸付担当部門も審査担当部門もきちんと資料を収集し、その点を検討した上で、貸出稟議書を作成し提出してきたので、自分はそれを信頼して決裁したのであり、善管注意義務に違反するものではないと主張して争った。

　　Yの訴訟代理人である弁護士Cとして、同貸出稟議書の文書提出命令申立書を起案せよ。

　Yの訴訟代理人であるC弁護士としては、民訴法221条１項１号ないし５号の各規定が申立書への記載を要求する前記の５項目を順に検討することになります。本事例において、リーガル・リサーチを要するのは、本件貸付けについての貸出稟議書が民訴法220条４号ニにいう「**専ら文書の所持者の利用に供するための文書**」（自己利用文書）に当たるかどうかという点にあります。

　最２小決平成11・11・12民集53巻８号1787頁は、銀行において支店長等の決裁限度を超える規模、内容の融資案件について本部の決裁を求めるために作成され、融資の内容に加えて、銀行にとっての収益の見込み、融資の相手方の信用状況、融資の相手方に対する評価、融資についての担当者の意見、審査を行った決裁権者が表明した意見などが記載される文書である貸出稟議書は、特段

の事情がない限り、自己利用文書に当たる旨判断しています。そして、同最高裁決定は、その理由を、①　文書の作成目的が専ら内部の者の利用に供するところにあること（内部利用性）、②　文書を開示することによって、団体の自由な意思形成が阻害される等の看過し難い不利益が所持者側に生ずるおそれがあること（意思形成過程の自由）、の2点に求めています。

そうすると、X銀行の所持する貸出稟議書は原則として自己利用文書に当たるということになりますから、Yの訴訟代理人である弁護士Cとしては、文書提出命令申立書の「文書の提出義務の原因」欄に、上記①、②の例外に当たる事情が存することを明快に記載する必要があります[50]。

本事例においては、X銀行がその取締役Yに対して本件貸付けの決裁に善管注意義務違反があったとして損害賠償を求めており、X銀行自身が本件貸付けに係る意思形成過程を問題としているのですから、貸出稟議書の提出が銀行の意思形成過程の自由を阻害することにはならないと考えることができます。そうすると、X銀行を原告としその取締役Yを被告とする訴訟においては、貸出稟議書は民訴法220条3号所定の「法律関係文書」に当たることになるものと思われます[51]。

このような検討をした上での文書提出命令申立書の実質的記載事項部分の一例を挙げておきます。

［演習問題15についてのC弁護士による文書提出命令申立書例］

文書提出命令申立書

第1　文書の表示

　　X銀行がA社に対して平成28年3月1日に実行した金額5億円、期間5

---

[50]　福井章代・最判解民事平成12年度（下）930頁は、最1小決平成12・12・14民集54巻9号2709頁は、自己利用文書に当たるかどうかは原則として文書の客観的性質と所持者側の類型的不利益によって定型的に判断されるのであって、個々の文書の具体的な記載内容や証拠としての重要性、代替証拠の有無といった当該訴訟における個別的な事情によって左右されるものではないという前提に立つものと説明しています。

[51]　福井章代「時の判例」ジュリスト1212号105頁（2001年）を参照。

年の貸付け（本件貸付け）に係る同年2月下旬のX銀行の貸出稟議書（Y
が作成者の一人である。）及びその添付資料（審査部作成の意見書を含む。）一式

第2　文書の趣旨
　第1掲記の貸出稟議書及びその添付資料一式（以下、単に「本件貸出稟議
書」という。）は、X銀行においてA社を担当していた営業第1部第1課が
本件貸付け上申を起案し、審査部がA社の財務状況を含む経営全般につい
ての調査をして意見書を作成し、その上で融資担当取締役であったYが決
裁した過程が記載されており、X銀行の融資規程5条1項に基づいて作成
された文書である。

第3　文書の所持者
　X銀行

第4　証明すべき事実
　融資担当取締役であったYは、X銀行の営業第1部第1課が3年にわた
るA社との取引関係を通じて収集したA社及びその業界についての資料、
それを前提として審査部のした調査結果及び意見書を勘案して、本件貸付
けの実行を決裁したのであって、Yの取締役としての職務遂行に善管注意
義務違反がなかったこと。

第5　文書の提出義務の原因
　民訴法220条3号後段（法律関係文書）
　最2小決平成11・11・12民集53巻8号1787頁は、銀行のいわゆる貸出稟
議書につき、原則として民訴法220条4号ハ（現行法同号ニ）所定の「自己
利用文書」に当たるとするものの、貸出稟議書を当該訴訟において開示す
ることが銀行内部の利用を目的として作成されたことと矛盾しない、又は
貸出稟議書を当該訴訟において開示することによって、銀行の自由な意思
形成を阻害する等の看過し難い不利益が生ずるおそれがないと考えるに足
りる特段の事情が存する場合には、上記自己利用文書には当たらないとす

る。

　本件は、Ｘ銀行がその取締役Ｙに対して本件貸付けの決裁に善管注意義
務違反があったとして損害賠償を求める事案であり、貸出稟議書の所持者
であるＸ銀行自身が本件貸付けに係る意思形成過程を問題としているので
あるから、貸出稟議書を提出することが銀行の意思形成過程の自由を阻害
することにはならないのは明らかである。

　結局、本件訴訟においては、貸出稟議書は民訴法220条３号所定の「法
律関係文書」に当たるものというべきである。

3　証拠申出に係る法律文書

(1)　証拠方法と証拠申出の意義

　裁判官が事実に関する争点についての判断（事実認定）をするために、五官
の作用によって取り調べることのできる対象物を「**証拠方法**」といいます。民
訴法の規定する証拠方法は、**人証**として**証人**、**当事者本人**、**鑑定人**の３種が、
物証として**文書**、**検証物**の２種があり、結局、人証と物証とを合わせて５種あ
ります。

　訴訟代理人である法律実務家は、**証明すべき事実**（**要証事実**）につき、前述
２のようにして収集した証拠方法を検討して、その中から提出するものと手持
ちにするものとを選別した上、裁判所に対し、特定の証拠方法を取り調べるよ
う求めます。この特定の証拠方法を取り調べるよう求める申立てを「**証拠申
出**」といいます。そして、民訴規則上、証拠申出は書面をもってすることが予
定されています（民訴規則99条２項）。

(2)　証拠申出書の記載事項と構成

　民訴法180条１項の規定を受けて、民訴規則99条１項は、「証拠の申出は、証
明すべき事実及びこれと証拠との関係を具体的に明示してしなければならな
い。」と規定しています。すなわち、**証拠申出書の記載事項**は、「**証明すべき事
実**」、「**証拠方法**」、「**証明すべき事実と証拠方法との関係**」の３項目であり、こ

れら 3 項目を当該事案の内容に応じて具体的に記載する必要があります。

　証明すべき事実（実務上、「要証事実」、「立証事項」などとも呼ばれます。）を記載するには、まず、**要件事実論を踏まえて、どのような主要事実、間接事実、補助事実、又は相手方のそれらの事実の積極否認事実を証明することを目指しているのかを把握することが必須の前提**になります。証拠申出書には、そのようにして把握した証明すべき事実を記載するのですが、この明示が不十分な証拠申出書は不適法として却下されるので、注意を要します。

　なお、前記(1)の 5 種の証拠方法のうち、証人、当事者本人、鑑定人、検証物の 4 種については、実務上、証明すべき事実を明示した証拠申出書を提出して証拠の申出をすることが励行されていますが、文書については、文書提出命令の申立て又は文書送付嘱託の申立てをする場合を除いては、証明すべき事実を明示した証拠申出書を提出することは励行されていません。文書を提出して書証の申出をする場合には（民訴法219条参照）、後述する「証拠説明書」を提出し、その「立証趣旨」欄に証明すべき事実を記載するのが通例です。

　それでは、具体的事案につき、証拠申出書を作成してみましょう。

［演習問題16］

> 　［演習問題11］、［演習問題12］の事案を前提として、Ｙの訴訟代理人である弁護士乙として、本件自動車のボンネットの修理をした自動車修理工場を経営するＢを証人とする証拠申出書を起案せよ。

　Ｙの訴訟代理人である乙弁護士としては、証明すべき事実（要証事実）が何であるかを明確に認識して証拠申出書の起案に着手することが肝要です。すなわち、［演習問題12］において作成した答弁書の第 3 、 4 の「留置権の抗弁」の抗弁事実（主要事実）である 4 つの事実——すなわち、平成30年 4 月20日ころ本件自動車のボンネットに数箇所の小さなへこみと塗装による色むらがあったこと、Ｙの依頼を受けてその修理をしたこと、当該修理に50万円の費用を要しこれをＹが支払ったこと、当該修理によって本件自動車の価額が50万円分増価したこと——が証明すべき事実です。

　民訴規則106条は、尋問に要する見込みの時間を明らかにして証人尋問の申

出をすることを要求しており、証拠申出書中にこれを記載しておくのが通例です。

　また、民訴規則107条１項は、やむを得ない事由があるときを除き、証人尋問の申出をするときに同時に尋問事項書２通を提出することを要求し、同条２項は、尋問事項をできる限り個別的かつ具体的に記載することを要求しています。

　これらの点を考慮した証拠申出書の実質的記載事項部分の一例を挙げておくと、以下のとおりです。

［演習問題16についての乙弁護士による証拠申出書例］

証拠申出書

第１　人証の表示
　〒105-0001　東京都港区○○１丁目２番５号
　証人　Ｂ（同行・主尋問予定時間20分）

第２　証明すべき事実
　１　平成30年４月20日ころ本件自動車のボンネットに数箇所の小さなへこみと塗装による色むらがあった事実。
　２　自動車修理工場を経営するＢがＹの依頼を受けて本件自動車のボンネットの修理をした事実。
　３　上記２の修理に50万円の費用を要し、それをＹがＢに対して支払った事実。
　４　上記２の修理によって本件自動車の価額が50万円分増価した事実。

第３　証明すべき事実と証人との関係[52]
　証人Ｂは、第２、２の本件自動車のボンネット修理を請け負った自動車修理工場の経営者であり、第２、１ないし４の各事実を直接に体験している。

> 第4 尋問事項
> 　別紙尋問事項書記載のとおり

(3) 証拠説明書の記載事項と構成

　民訴規則137条1項は、「文書を提出して書証の申出をするときは、当該申出をする時までに、……文書の記載から明らかな場合を除き、文書の標目、作成者及び立証趣旨を明らかにした証拠説明書2通（……）を提出しなければならない。」と規定しています。

　そして、この規定を厳格に運用する実務が定着しており、**証拠説明書の提出があるまで文書の証拠調べ（書証）をしないという裁判所が一般的**です。これは、証拠調べ手続における証拠説明書の重要性についての認識が法律実務家に浸透していることを示しています。

　上記のとおり、民訴規則137条1項の要求する記載事項は、「**文書の標目**」、「**作成者**」、「**立証趣旨**」の3項目ですが、これらに加えて、「**号証番号**」[53]、「**原本・写しの別**」[54]、「**作成年月日**」の3項目をも記載するのが実務上一般的に見られる証拠説明書です[55]。

---

[52] 「証明すべき事実と証人との関係」については、証明すべき事実の記載自体から明らかな場合には、それとして記載しないこともあります。また、「証明すべき事実」の項目において、証明すべき事実の記載とともに記載することもあります。そのような例として、司法研修所・立証活動259頁を参照。

[53] 号証番号は文書の提出者において付するのが一般的ですが、争点が多岐にわたる複雑な事件においては、裁判所及び相手方と協議した上で、号証番号をどのように付するか（例えば、責任論と損害論とで別の表示をするか等）を決することもあります。いずれにしても、文書は最重要証拠ですから、裁判所・両当事者のいずれにとっても、整理された提出を心がける必要があります。号証番号をどのように付するかにも細心の注意を払うべきです。

[54] 民訴規則143条1項が「文書の提出又は送付は、原本、正本又は認証のある謄本でしなければならない。」と規定していることを反映させた項目です。すなわち、文書の提出を単なる写しの提出によって行うことは原則として不適法なのです。一定の要件を満たした場合に初めて、写しを提出して証拠申出をすることが認められるのです。この点につき、司法研修所・起案の手引74〜75頁を参照。

[55] 証拠説明書の書式例は、司法研修所・立証活動246〜247頁を参照。

証拠説明書が訴訟記録の第2分類に編綴されることが影響しているのかどうか原因ははっきりしませんが、実際の訴訟では、証拠説明書の記載、特に「立証趣旨」欄の記載がおざなりなもの（例えば、[**演習問題11**]、[**演習問題12**]の事案において、本件自動車のボンネット修理前の状況を証明する目的で提出する本件自動車のボンネット部分の写真につき、単に「本件自動車のボンネットの状況」などとするもの。）に出くわすことがあります。「立証趣旨」欄には証明すべき事実の中身（上記の事案であれば、例えば「本件自動車のボンネットに3箇所の小さなへこみと2箇所の塗装による色むらが存する事実」とする。）を明確に記載すべきです。

4　証拠調べのための手控えとしての尋問メモの作成

(1)　尋問メモ作成の目的

人証（証人、当事者本人、鑑定人）の尋問を担当する訴訟代理人としては、尋問に先立って、質問内容を逐一記載した「**尋問メモ**」を作成しておくべきです。証拠申出書とともに提出した尋問事項書によって、人証の尋問に臨むのは賢明ではありません。尋問事項書に記載された事実は到達目標（終着駅）であり、尋問メモに記載された質問はそこへ向かうロード・マップなのです。

尋問メモを作成しておくべきであるのは、主尋問であるか反対尋問であるかにかかわりません。常に必ず作成しなければなりません。ただし、一般に、主尋問の場合には豊富に質問を用意することができますが、反対尋問の場合には事柄の性質上そう豊富に質問を用意することができるわけではありません。

(2)　主尋問用メモ

主尋問の尋問メモは、前述した当事者本人や関係者（証人）との打合せの際に聴取した事実を考慮して、当該事件の争点の構造に応じて、質問すべき事項を選択し、その順序を整理して作成します。民事訴訟実務は、相手方の準備に支障が生じない程度の期間先立って、申請者において当該人証の陳述書を提出しておき、当該陳述書を前提として主尋問を実施するという方法を採るのが一般的ですから、通常の事件では、**主要な争点を証明するための最重要事項**に絞

って尋問をするのが効果的です。または、そのように陳述書が構成されていることが望ましいということです。そして、人証の供述は、文書と文書とを有機的に結びつける役割を果たすべきものですから、質問に際して当該人証に示すべき文書をあらかじめ選択しておくことも基本的心得です。尋問期日の直前には、作成した尋問メモを用いて予行演習をし、質問の順序や構造が供述する当事者本人、証人らが容易に理解することのできるものになっているか、質問に使用する用語が平易なものになっているかなどの最終チェックをしておくのが賢明です。

(3) 反対尋問用メモ

反対尋問の尋問メモは、それまでに提出された当該人証の陳述書における陳述内容又は相手方の準備書面における主張内容を前提にして、質問事項を選択することになります。当該事件において提出されている文書等の客観的証拠及び経験則を活用して、当該人証の供述の信用性を減殺することに注力することになります。

反対尋問用メモの作成、すなわち**反対尋問における質問事項の抽出のために最も重要な心得は、供述が「過去の事実の認識→記憶→言語による表現」という３段階を経由するものであり、その結果、供述に誤りが混入する可能性が３段階にわたって存在することを理解した上で、具体的な質問事項がそのうちのどの段階における誤りの可能性を引き出そうとしているのかを明確に意識しておく**ことです。そして、供述に潜むこのような問題点を理解していることは、自らの側の人証の陳述内容の信用性を検討するに際しても役に立ちます。

第一段階における誤りの可能性を引き出そうとする反対尋問は、当該人証の「認識の正確性」を弾劾するものです。信号によって交通整理がされている交差点における車両と人との衝突事故の目撃証人Ａの供述を例にすると、Ａがどの位置で事故を目撃したのか、信号の色を識別することのできる状況にあったのかどうか、Ａの視力はどの程度か、Ａの色の識別能力に問題はないかどうか、事故の発生前後どの程度の時間その状況を観察していたのか、Ａの車両運転の経験の有無とその程度等が、Ａの認識の正確性に影響を及ぼします。

第二段階における誤りの可能性を引き出そうとする反対尋問は、当該人証の

「記憶の正確性」を弾劾するものです。5年前の契約交渉の過程を供述する証人Bを例にすると、Bがどのような立場で当該契約交渉に関与したのか（この点は、第一段階の認識の正確性にも影響を及ぼします。）、当該契約交渉の過程を他の同種の事柄から区別して記憶する契機としてどのような事情があるのか、当該供述はBの記憶のみに依拠したものなのか、契約交渉当時にBの作成に係る記録があるのかどうか、Bの供述内容の決定に他の者が関与したのかどうか（記憶の変容が起きる契機がないかどうか）等が、Bの認識の正確性に影響を及ぼします。

第三段階における誤りの可能性を引き出そうとする反対尋問は、当該人証の「誠実性」を弾劾するものです。訴訟、仲裁、ADRのいずれの紛争解決手続であるかを問わず、実際には、当事者から等距離にいる第三者証人はほとんどいませんから、当該証人が当事者とどのような関係があるのか、何らかの利害関係があるのではないか等についての調査検討は、反対尋問における質問事項を考える際に欠かすことができません。

このようにして、第一ないし第三段階に存する問題点を、既に提出されている証拠と手持ちの証拠をよく検討した上で洗い出し、その中から当該事件において意味があり、効果的であると思われるものを選択して反対尋問における質問事項にします[56]。

ただし、真実と異なる供述がされることが予想される場合（現在では、人証の証拠調べ手続の前に陳述書が提出されることが多いので、そのような予想を立てるのは容易になりました。）に、当該人証の供述を弾劾する方法としては、大別すると、反対尋問において直接的に弾劾するという方法と、反対尋問ではあえて弾劾しないで、むしろ供述内容を固めさせておき、後に客観的な証拠を提出することによって弾劾するという方法とがあります。事案に応じ、人証に応じて、いずれがより効果的であるかを慎重に検討して、質問事項を決する必要があります。「後出しじゃんけん」のようなやり方を嫌う近時の傾向からすると、前者を原則と考えておくのがよいと思われます。

なお、質問に際して当該人証に示すべき文書をあらかじめ選択しておくこ

---

[56] 人証の特徴につき、その詳細は、田中・事実認定116〜119頁を参照。

と、自らの依拠する経験則の内容を明確にしておくことなどは、主尋問である
か反対尋問であるかにかかわらない共通する基本的心得です。むしろ、反対尋
問により強く妥当するというべきでしょう。

第4章 訴状・答弁書・控訴状等　223

B　上訴審における文書の作成

I　上訴審の性質

　上訴とは、裁判が確定する前に、上級裁判所に対し、当該裁判の取消し・変更を求める不服申立てをいいます。裁判は、その形式により、**判決・決定・命令**に分類されますが、この分類に対応して、**上訴**は、**判決に対する控訴と上告、決定・命令に対する抗告と再抗告**に分類されます。

　本書においては、重要性の観点から、判決に対する控訴と上告とを主に取り上げることにしますが、現行民訴法の創設した最高裁判所に対する許可抗告（民訴法337条）についても触れることにします。

　上訴制度には、大別して2つの目的があります。第一は、事実審裁判所における認定・判断の誤りをただし、不利な裁判を受けた当事者の権利を救済するという目的です。第二は、法令の解釈適用を統一するという目的です。上訴することのできる要件を以下に述べるように規定している我が国においては、控訴は第一の目的を、上告は第二の目的を果たすことが期待されているということができます[57]。また、制定法国であって判例法国ではない我が国ですが、特に最高裁判所には、法令の解釈適用という形による判例法の形成も期待されています。

　このような目的を反映して、控訴は当事者が権利としてすることができますが、最高裁に対する上告は当事者が権利としてすることができる場合が極めて限られており、大部分の場合は最高裁判所の受理決定を媒介としており、実質的には最高裁判所の裁量にかかっている実状にあります。

　以上のとおり、**上訴は既にされた裁判についての不服申立てですから、上訴**

---

[57]　山本和彦「上訴制度の目的」青山善充＝伊藤眞編『民事訴訟法の争点［第3版］』286頁（有斐閣、1998年）を参照。

に係る法律文書は、まずもって第一審における法律文書とこの点において異なります。また、当事者の権利救済を主要な目的とし権利としての上訴である控訴と、法令の解釈適用の統一を主要な目的とし権利としての上訴である場合が極めて少ない最高裁に対する上告とは、上訴に係る法律文書としても、全く別のものと心得て起案に向かうことが重要です。ところが、実際に目にする控訴理由書や上告受理申立て理由書といった上訴に係る法律文書の中には、このような基本を全く無視して作成されたものが数多く存在します。司法研修所やロー・スクールで、上訴に係る法律文書の起案をするという課程や課題が少ないことが原因であるのかもしれませんが、法律実務家としてはそれを言い訳にするわけにはいきません。

II　控訴審

1　控訴状

(1)　控訴状の提出

　控訴の提起は、第一審判決書又は判決書に代わる調書（民訴法254条2項）の送達を受けた日から2週間の不変期間内に（民訴法285条本文）、控訴状を第一審裁判所に提出してしなければなりません（民訴法286条1項）。不変期間であり、追完の余地がないわけではありませんが、法律実務家としてはこの控訴期間を徒過しないようにするのが基本中の基本です。

(2)　控訴状の記載事項

　民訴法286条2項が控訴状の必要的記載事項としているのは、①　当事者及び法定代理人、②　第一審判決の表示及びこれに対して控訴をする旨の表示の2項目のみです。ただし、民訴規則179条の規定により、訴状の記載事項に関する規定が控訴状にも準用されるので、不服申立ての範囲や不服の理由を記載することができ、実務上も、不服申立ての範囲を記載するのが通例になっています。

　以下に、実際によく使用される控訴状の構成を示しておきます。控訴状は、

第4章　訴状・答弁書・控訴状等　225

訴状の構成によく似ており、9部構成——表題部、当事者の表示、事件の表示、訴訟物の価額等、第一審判決に対して控訴をする旨の表示、第一審判決の表示、控訴の趣旨、控訴の理由、附属書類——をとるのが通常です。ただし、以下に挙げる例は、原告・被告とも各1名で、第一審判決が原告の請求を全部認容したという前提のものです。その点に留意して、参照してください。

[控訴状の構成]

【表題部】

控訴状

平成30年2月16日

東京高等裁判所　御中

控訴人訴訟代理人弁護士　丁川四郎　㊞

【当事者の表示】

別紙当事者目録記載のとおり

【事件の表示】

売買代金請求控訴事件

【訴訟物の価額等】

訴訟物の価額　　金5000万円

貼用印紙額　　　金25万5000円

【第一審判決に対して控訴をする旨の表示】

　上記当事者間の東京地方裁判所平成28年(ワ)第12345号売買代金請求事件につき、同裁判所が平成30年2月5日に言い渡した判決は、全部不服であるから、次のとおり控訴を提起する。

【第一審判決の表示】

第1　原判決の主文
　1　被告は、原告に対し、金5000万円及びこれに対する平成28年4月1
　　日から支払済みまで年6分の割合による金員を支払え。
　2　訴訟費用は被告の負担とする。
　3　この判決は仮に執行することができる。

【控訴の趣旨】
第2　控訴の趣旨
　1　原判決を取り消す。
　2　被控訴人の請求を棄却する。
　3　訴訟費用は第一、二審とも被控訴人の負担とする。

【控訴の理由】
第3　控訴の理由
　追って控訴理由書をもって主張する。

【附属書類】
　1　控訴状副本　　1通
　2　資格証明書　　2通
　3　訴訟委任状　　1通

以上

　本章**A**Ⅰの訴状についての説明を参照すれば、上記の控訴状の構成の大要は
理解することができます。そこで、控訴状に特有の点のみをみておくことにし
ます。

　「当事者の表示」欄につき、上記の［**控訴状の構成**］では、当事者目録を使
用して当事者を特定していますが、被告が控訴人である場合において、複数の
原告の一部の者については控訴を提起しないときもありますから、そのような
場合に被控訴人の範囲を誤りのないように記載する必要があります。

　「第一審判決に対して控訴をする旨の表示」欄は、第一審裁判所、事件番号

と訴名、判決言渡し日を特定して記載するのが通例です。

「不服申立ての範囲」につき、上記の［控訴状の構成］では、第一審判決に対して控訴をする旨の表示欄に「全部不服である」旨を記載し、「控訴の趣旨」欄に「原判決を取り消す」旨の申立てを記載することによってしています。第一審判決において原告の請求の一部が棄却された場合は、「控訴人敗訴部分につき不服である」旨を記載し、「原判決中の控訴人敗訴部分を取り消す」旨の申立てを記載することになります。

控訴状に「控訴の理由」を記載することができるのは、前述のとおりですが、第一審判決を精査した上で控訴理由を起案するのは、第一審判決の送達後2週間では無理であることが多いため、上記の例のように**控訴理由書**を追って提出するのが通例であり、これが賢明な方法です。

2 控訴理由書

(1) 続審主義の建前と事後審主義の実態

控訴審の判断方法は、第一審で提出された資料と控訴審で提出された資料とを前提として、独自に事実認定をし法令の解釈適用をすることによって、自らの結論を導き、その結論と第一審判決とを比較して、不服の当否を決するというものです。我が国の控訴審における審判構造についてのこのような考え方（建前）を**続審主義**といいます[58]。

我が国の控訴審は続審主義を採用していますから、当事者は、第一審で提出しなかった主張と証拠とを提出することができるということになるのですが（民訴法297条、156条）、当然のことながら、**時機に後れた攻撃防御方法**として却下されることはあります（民訴法297条、157条）。そして、時機に後れたかどうかの判断は第一審の手続過程を経ていることを前提としてされますから、控訴審における第1回口頭弁論期日において提出された主張や証拠であっても、時機に後れたものとして却下されることは十分起こり得る事態です[59]。

---

[58] 続審主義と事後審主義につき、中野ほか・新民訴法講義649〜651頁［上野泰男執筆］（有斐閣、2018年）を参照。

また、訴訟の完結を遅延させるために控訴申立てが利用されることを防ぐため、控訴審の裁判長は、当事者の意見を聴いて、攻撃防御方法の提出、請求の追加、反訴の提起等をすべき期間を定めることができ、この期間経過後にこれらの訴訟行為をする当事者は、裁判所に対し、その期間内にできなかった理由を説明しなければならないこととされています（民訴法301条）[60]。

　これらの民訴法の規定から理解できることは、続審主義の建前を採用しているといっても、**法律実務家としては、控訴申立てによって審理が仕切り直しになり、更に主張・立証を継続することができるというイメージをもって臨むのは誤りである**ということです。控訴審の実務は、第一審判決の事実認定と法律判断が第一審において提出された主張と証拠に照らして正しいかどうかという観点で審判する**事後審主義**に近いものになっています。主張と証拠を後出しすることによって訴訟を有利に運ぶといった**「後出しじゃんけん」戦法は、通用**しないと心得ておくべきです。そうすると、当事者の代理人である法律実務家としては、第一審において主張・立証を尽くすよう努力しなければなりませんし、控訴理由書もそのような前提に立って構成を組み立て、内容を成す主張を整理しなければならないということになります。

(2)　控訴理由書の2つの役割

　民訴規則182条は、控訴人に対し、控訴の提起後50日以内に控訴理由を記載した書面を控訴裁判所に提出するよう要求していますが、この規定は訓示規定であると解されており、控訴理由書が提出されなかったり、控訴の提起後50日の経過後に提出された場合であっても、それを理由に控訴が不適法として却下されることはありません[61]。後に説明するとおり、この点は、上告理由書につ

---

(59)　特に、第一審において弁論準備手続等の主張と証拠の整理手続を経た場合においては、控訴審において攻撃防御方法を提出した当事者は、相手方の求めがあるときは、その手続において当該攻撃防御方法を提出することができなかった理由を説明しなければならないとされており（民訴法298条2項、178条）、その理由を説明することができない場合には、当該攻撃防御方法は却下されることになります。

(60)　また、民訴法303条1項は、控訴権の濫用に対する制裁として、「控訴人に対し、控訴の提起の手数料として納付すべき金額の十倍以下の金銭の納付を命ずることができる」と規定しています。

いての規制と全く異なる点です。結局、民訴規則上、控訴理由書は、それに対して被控訴人から提出されることが予定されている反論書（民訴規則183条）と相まって、控訴審における審理を充実させる（すなわち、争点を早期に明らかにし、集中審理を実現させる）ための道具として位置付けられているということです。

前記(1)で続審主義の建前と事後審主義の実態について触れましたが、これは、控訴理由書が次の2つの役割を有することを示唆するものでもあります。

控訴理由書の果たすべき究極の役割は、第一審判決が事実認定又は法令の解釈適用についての判断を誤り、その結果、主文の結論においても誤っていること（すなわち、勝訴すべき控訴人が全部又は一部において敗訴したこと）につき、**裁判所を説得するところにあります。**

ところで、多数の控訴事件の処理に追われる控訴裁判所としては、形式的に続審主義の建前に従ってどの事件についても一律の対応をするといったのでは控訴審に期待される役割（前記Ⅰに説明した「権利救済機能」）を実効的に果たすことはできません。そこで、控訴裁判所は、前記(1)の建前どおりに審理すべき控訴事件とそうでない控訴事件（すなわち、事後審的に審理すれば足りる控訴事件）とのスクリーニングをすることになります。このスクリーニングにおいて最も重要な役割を果たすのが、控訴理由書ということになります。

すなわち、**控訴理由書の副次的な役割は、控訴裁判所が実効的に権利救済機能を果たすためのスクリーニング資料となるところにあります。**控訴裁判所の目から見て、控訴理由書に記載された主張を前提にしても、第一審判決の事実認定にも法律判断にも問題がないと考えられる事件は事後審的に審理すれば足りる事件として分類されるということになります[62]。

処分権主義と弁論主義を車の両輪とする当事者主義を基本原理として運営されている**民事訴訟の控訴審手続において、控訴理由書は決定的に重要な役割を**果たしており、当事者の代理人を務める法律実務家としては、控訴審における

---

[61] 最高裁判所事務総局民事局監修『条解民事訴訟規則』378頁（司法協会、1997年）を参照。

[62] このように分類された事件は、第1回口頭弁論期日において終結され、その後控訴棄却判決が言い渡されるというのが普通の成り行きです。

訴訟行為の中で最も力を入れて取り組むべき仕事であると言って間違いはありません。

(3) 控訴理由書の作成準備

控訴理由書は、第一審判決が事実上の争点についてした事実認定の誤り又は第一審判決が法律上の争点についてした法令の解釈適用の誤りを指摘するものですから、控訴理由書作成の第一歩は、第一審判決を熟読し十分に咀嚼することです。

次に、第一審判決が誤った結論を導く原因になった判決理由中の事実認定又は法律判断の誤りを特定します。

第三に、そのようにして特定した誤りにつき、第一審判決が誤った原因ないし理由を探求します。

法律判断の誤りの場合、その原因は比較的特定しやすいものと思われます。制定法国である我が国においては、結局のところ、法令の解釈適用の誤りに帰着するのですが、その誤りが1つの法令の複数の条項に関する場合や複数の法令の複数の条項に関する場合もありますから、その解釈適用の中身には困難な問題が存することもありますが、その原因の特定に困難が存することは少ないでしょう。

これに対し、**事実認定の誤り**の場合、その原因を特定すること自体が困難であることがしばしばあります。事実認定の誤りの原因としては、以下のようなものを挙げることができます[63]。

① 証明度を高く設定しすぎたため、証明されている事実を証明不十分として認定しなかった。

② 証明度を低く設定したため（反証の存在を見落として）、証明されていない事実を証明されたものとして認定した。

③ 形式的証拠力のない文書であるにもかかわらず、それがあるものとして認定の資料とした。

---

[63] 事実認定の誤りの原因のそれぞれを本書で取り上げる紙幅はないので、田中・事実認定の該当箇所を参照してください。

④　形式的証拠力のある文書であるにもかかわらず、それがないものとして認定の資料から排斥した。

⑤　実質的証拠力のない文書であるにもかかわらず、それがあるものとして認定の資料とした。

⑥　実質的証拠力のある文書であるにもかかわらず、それがないものとして認定の資料から排斥した。

⑦　経験則の適用を誤り、直接証拠である供述を認定の資料とした又は認定の資料から排斥した。

⑧　経験則の適用を誤り、十分な間接事実を認定したのに、主要事実を推認することができないとした。

⑨　経験則の適用を誤り、不十分な間接事実しか認定しなかったのに、主要事実を推認することができるとした。

⑩　間接反証が成功しているのに、経験則の適用を誤り、主要事実の推認を妨げられないとした。

⑪　間接反証が成功していないのに、経験則の適用を誤り、主要事実の推認を妨げられるとした。

　しかし、第一審判決の判決理由中の事実認定が結論のみを示す簡単な場合も少なくないので、これらのいずれが原因であるのかを特定するのが容易でないこともあります。そのようなときには、可能性のあるものを拾い上げておく又は可能性のないものを消去しておくというところで満足するほかありません。

　第四にすべきことは、事実認定にせよ法律判断にせよ、以上の誤りは控訴人の立場からするものですから、控訴人の訴訟代理人として控訴裁判所を説得するに足りる根拠となる判例と学説とを収集するリーガル・リサーチです。多くの点については第一審の段階において済んでいるはずですが、第一審判決の判決理由によっては追加のリーガル・リサーチを要する場合もあります。最高裁判例が存する場合には、それを第一審判決の認定判断が誤りであることの根拠とすることができますから、ここでも最高裁判例の調査が最も重要です。判例の扱い方については、本書第2章Ⅲを復習してください[64]。

(4) 控訴理由書の構成

民訴規則179条が、控訴審の訴訟手続につき、第一審の訴訟手続における準備書面等に係る規定を準用する旨規定しています（ほかに民訴規則2条の規定に従うことが必要です。）。したがって、控訴理由書は、準備書面の一種として作成すれば足り、特別の様式はありません。

そこで、次に、控訴理由（控訴理由書の実質的記載事項）の構成例を掲げておきます。

［控訴理由書の構成］

控訴理由

目次

第1　事案の概要

第2　第一審判決の認定判断の概要

第3　第一審判決の誤りの概要

第4　第一審判決の事実認定の誤り
　1　売買契約書（甲1）の形式的証拠力に関する認定の誤り
　2　売買契約書（甲1）の実質的証拠力に関する認定の誤り

第5　第一審判決の法律判断の誤り
　1　売買契約解除の要件についての判断の誤り
　2　売買契約解除前の第三者との関係を対抗関係とする判断の誤り

---

(64) 後述のとおり、最高裁は事実認定についての経験則違反を法律問題として扱うという立場に立っているため、事実認定を扱った最高裁判例も少なからずあります。認定問題についても丹念にリサーチするのが肝要です。

第6　結論

　控訴理由書を起案するときに常に意を用いるべきは、**控訴理由書が自己完結的に構成されていて、内容が充足している**ことです。すなわち、控訴裁判所において、控訴人又は被控訴人の第一審における訴状、答弁書、準備書面、証拠である文書又は供述調書等の当該事件の訴訟記録を一々ひっくり返さなくても、主張の内容を理解することができるように作成されていなければなりません。

　前記(2)に説明したとおり、控訴理由書はまずは控訴裁判所によってスクリーニング資料として使用されます。控訴裁判所が控訴理由書を読了した時点で、控訴裁判所が当該控訴事件を「要再検討案件」と分類する程度に、法律上又は事実上の問題があると控訴裁判所を納得させるものである必要があります。そのためには、控訴理由書のみによって問題点が浮き彫りにされていなければなりません。

　それでは、前記［**控訴理由書の構成**］の項目順に、各項目の目的と内容とを簡単に説明しておくことにします。

　［**控訴理由書の構成**］の冒頭の「目次」は、控訴理由書の構造の全体像を示すとともに、後に参照するときの検索の便に供するものです。控訴裁判所は、少なくとも最初の１回は控訴理由書を通読するでしょうが、その後は冒頭部分から通読するという方法で控訴理由書を利用するわけではありません。必要に応じて、特定の項目のみを参照することもあります。そのようなことを考えると、冒頭に「目次」のある控訴理由書は便利です。ＡⅢ－3(3)(イ)にも述べましたが、筆者は、分量にして20頁を超える書面については、控訴理由書に限らず、「目次」を付することにしています。

　「第1　事案の概要」の項目は、第一審判決の法律上又は事実上の問題点に入る前に、それらの争点の発生する事案の全体像を明快に示すためのものです。後に論ずる問題点を勘案して、時的因子を入れるなどしてかなり詳細に事実関係を特定して整理しなければならない事件であるか、より簡潔に整理しても足りる事件であるかを個別に判断することが必要です。

　事実経過や登場人物の関係が複雑な事件においては、関係図や時系列表等を

活用するなどの工夫をすべきです。長々と言葉で説明するより、よほど理解がしやすいこともあります。

「第2　第一審判決の認定判断の概要」の項目は、「第1　事案の概要」の項目において整理した事案につき、第一審判決が事実上の争点についてどのような認定をし、法律上の争点についてどのような判断をしたかを整理するためのものです。控訴裁判所は、控訴理由書に目を通すのに先立って第一審判決に当たっているものですが、控訴理由書において第一審判決の認定判断を客観的に整理しておくのが読者である控訴裁判所に対して親切であると同時に、その後の第一審判決の誤りを指摘する論述の前提としても効果的です。

ここで留意しておくべきは、ここでの**第一審判決の認定判断の整理は、あくまでも客観的なものでなければならない**ということです。時に、第一審判決の認定判断を正確に反映させたとはいえない整理をした控訴理由書に遭遇することがあります。これは、控訴審において何とか控訴人に有利な判断を引き出したいという熱意の現れなのでしょうが、被控訴人から、第一審判決を正解しないでする無意味な非難であると反論されるばかりでなく、控訴人のその他の主張に対する控訴裁判所からの信頼感にも悪影響を及ぼすものになります。法曹倫理の観点から問題があるばかりでなく、結局は自らの依頼者の利益にも反することになるので、避けるべき態度です。

当該事案が争点の少ない単純なものであり、第一審判決の認定判断も簡明なものである場合には、「第1　事案の概要」と「第2　第一審判決の認定判断の概要」とを統合して、項目を「第1　本件事案及び第一審判決の概要」とすることも考えられます。

「第3　第一審判決の誤りの概要」の項目は、それに続く「第4　第一審判決の事実認定の誤り」と「第5　第一審判決の法律判断の誤り」の各項目の内容を簡潔に要約するものです。1頁程度にまとめて、読者である控訴裁判所に対し、控訴理由書における控訴人の議論の全体像をあらかじめ与えることを目的とするものです。

「第4　第一審判決の事実認定の誤り」と「第5　第一審判決の法律判断の誤り」の各項目は、控訴理由書の中核部分です。前記(3)の準備段階において摘出した第一審判決の問題点を特定し、事実認定又は法律判断が誤っていると考

える根拠を、説得的に論じなければなりません。事実認定については、前述のような誤りの原因を明快に指摘した上で、正しい事実認定はどうあるべきかを示します。法律判断については、判例・学説に照らして、第一審判決が誤っている理由を指摘した上で、正しい法律判断を示します。すなわち、単に第一審判決の認定判断について誤りであると攻撃するにとどまるのではなく、控訴審判決の内容となるべき正しい認定判断を提示しておくことが効果的です。

　その際、**問題点ごとに内容を簡潔に示す表題を付する**ことを心がけるべきです。［控訴理由書の構成］では、事実認定上の問題点につき、「1　売買契約書（甲1）の形式的証拠力に関する認定の誤り」、「2　売買契約書（甲1）の実質的証拠力に関する認定の誤り」の例を、法律判断上の問題点につき、「1　売買契約解除の要件についての判断の誤り」、「2　売買契約解除前の第三者との関係を対抗関係とする判断の誤り」の例を挙げておきました。それぞれの事案に即して工夫してみてください。

　また、第1章Ⅱ-5(4)においても述べましたが、判例・学説に言及する場合には、一般に普及している引用表記方法（system of citation）によって引用すべきです。言及した判例・学説が我が国のものではないなど控訴裁判所が簡単に入手することができないような場合には、控訴理由書に参考資料として添付しておくのが親切でしょう。被控訴人の反論の便宜の観点から、号証番号を付して証拠として提出するのが良い場合もあります。

　「第6　結論」は、上記の「第1　事案の概要」から「第5　第一審判決の法律判断の誤り」までの項目を受けて、控訴状の「控訴の趣旨」に掲げた判決をすべき旨を述べて、控訴理由書を締めくくるものです。

3　被控訴人による反論の準備書面等

　民訴規則183条は、控訴裁判所の裁判長が被控訴人に対して控訴理由書に対する反論のための書面の提出を命ずることができる旨規定しています。

　控訴審の実務では、前述したように、控訴状と控訴理由書とが時期を異にして提出されるのが通例ですから、被控訴人としては、控訴状に対しては答弁書を、**控訴理由書に対しては反論の準備書面**を提出するというのが通例です。もちろん、答弁書において、控訴の趣旨に対する答弁をした上で、控訴理由に対

する反論をすることに何らの問題もありません。

　これら答弁書又は控訴理由に対する反論の準備書面の作成に、第一審における答弁書や準備書面の作成と本質的に異なるところはありません。そこで、控訴理由に対する反論の準備書面に特有の留意事項を摘記しておくことにしましょう。

　最も基本的であり重要でもあるのは、控訴理由書における控訴人の主張と第一審判決の双方を正確に把握することです。控訴理由書における控訴人の第一審判決に対する非難が第一審判決を正解しないでされる場合が少なからずあり、第一審判決の正しい読み方を指摘しないまま、いきなり控訴人の主張に対する反論を始めると、控訴裁判所を誤解させる危険もあるからです。このような場合には、まずもって、第一審判決の正しい読み方を指摘し、控訴人の主張が第一審判決を正解しないものであって、的外れの非難であることを明確にすることが重要です。

　そして、控訴人の主張が正鵠を射ている場合には、被控訴人の側で、第一審における主張を補正し又は控訴人の主張に対応した新たな主張をした上で、証拠を提出する必要に迫られることもあります。被控訴人の訴訟代理人としては、第一審における主張と証拠とを再検討した上で、第一審判決に油断することなく、法律実務家として冷静に判断することが肝要です。被控訴人の訴訟代理人が控訴審においてすべき判断としては、この点が最も重要です。

　次に、控訴理由に対する反論をする際に忘れてならないのは、既に第一審判決があるという事実です。すなわち、第一審判決は被控訴人に有利な認定判断をしているのですから、被控訴人としては、第一審判決のした認定判断が相当であるという観点から反論するのが効果的なのです。そして、第一審判決のした認定判断に欠陥ないし舌足らずの部分がある場合には、その部分を埋めるべく補修の主張を伴った反論を提示すればよいのです。これを、第一審における手続の続きであるとの認識から、控訴人の主張と被控訴人の主張のいずれが正しいかという形で論争を再開するのは、第一審判決の存在効果を忘れた訴訟態度というべきでしょう。

　最後に、控訴人が控訴理由書に引用し、依拠している判例・学説には、必ず原典に直に当たってその内容を確認するという作業をすべきです。当該判例の

射程距離を無視して著しい拡張解釈をしたり、論文のコンテクストを無視して我田引水することによって控訴理由の根拠とするものを見抜き、その旨の反論をするためには原典に直に当たるという努力をすることが必要です。また、そのようなリーガル・リサーチの中から、自らの反論のために有益な判例・学説に行き当たることもしばしばあります。これは、控訴理由に対する反論の準備書面に特有の心得というわけではありませんが、控訴という場面で、リーガル・リサーチの重要性が集約して現れると理解することができます。

　なお、第一審判決が一部認容判決であった場合、被控訴人は、控訴期間内に控訴を提起しなくても、控訴審の口頭弁論の終結に至るまで、附帯控訴をすることができます（民訴法293条1項）。被控訴人の訴訟代理人としては、控訴理由に対する反論の準備書面を準備するための打合せの際、依頼者である被控訴人との間で附帯控訴をするかどうかについての認識を共通にしておくのがよいでしょう。

Ⅲ　上告審

1　法律審と民訴法の平成8年改正

　上告とは、控訴審の終局判決に対する法律審への上訴をいいます。原判決において適法に確定した事実は上告裁判所を拘束します（民訴法321条1項）から、**上告審では法律問題のみが審判の対象**になります。上告裁判所は、高等裁判所の判決については最高裁判所、地方裁判所の判決については高等裁判所です（民訴法311条）。

　現行民訴法は平成8年に改正され、平成10年1月1日に施行されたものですが、同改正の最重要事項の1つが、最高裁判所の負担軽減のための**上告制限制度**の導入です。すなわち、最高裁判所に対して権利として上告することができる理由を憲法違反と絶対的上告理由とに限定し（民訴法312条1項、2項）、判決に影響を及ぼすことが明らかな法令違反のうち重要なもの（最高裁判例違反の形での法令違反と法令の解釈に関する重要事項を含むと認められる法令違反）を上告受理申立ての理由としました（民訴法318条1項）。この改正の結果、最高裁判所は、上告審として受理して自ら判断するに値すると認める事件のみを取

り上げることができることになりました。

このように、控訴の場合とは異なり、上告審の扉は、原判決について不服の利益があるというだけでは、開かないのです。上告又は上告受理の各申立てについての委任を受けた法律実務家としては、この点を肝に銘じておく必要があります。

2　上告状と上告受理申立書

(1)　上告状又は上告受理申立書の提出

上告の提起は、控訴の場合と同様、**2週間の不変期間内に**（民訴法313条、285条本文）、上告状を原裁判所に提出してしなければなりません（民訴法314条1項）。上告受理申立てには、上告の提起に関する規定が準用されます（民訴法318条5項）。上告期間又は上告受理申立期間を徒過しないのが基本的に重要であるのは、控訴期間の場合と異なるところはありません。

同一事件について上告提起と上告受理申立てとが併存することがあり、その場合には両者を1通の書面ですることができます（民訴規則188条前段）。そうする場合には、1通の書面が両者を兼ねることを明らかにしておかなければなりません[65]。

ところで、最高裁判所が上告裁判所である場合に、上告人の訴訟代理人自身は原判決に憲法違反又は絶対的上告理由ありというのは難しいと考えているのに、一般的な法令違反の主張をもって原判決に民訴法312条2項6号にいう理由不備又は理由齟齬の違法があるという主張に仕立てることを前提にして、上告提起をする例があるようです。しかし、現行民訴法下の判例は、同号にいう理由不備又は理由齟齬とは、理由の全部又は一部を欠き、又は付された理由に矛盾があるため、判決主文に到達した過程が明らかでない場合をいうと解しています[66]から、このような最高裁判所への上告提起は意味のあるものというこ

---

[65]　最2小決平成12・7・14判時1720号147頁は、上告提起期間内にされた上告を、上告受理申立期間の経過後に上告受理の申立てに変更又は訂正することはできないとし、厳格な態度をとりました。

とはできません。

(2) 上告状又は上告受理申立書の記載事項

上告状の記載事項につき民訴法286条2項の規定が準用され（民訴法313条）、上告受理申立書の記載事項につき民訴法313条の規定が準用されます（民訴法318条5項）から、結局、いずれについても、控訴状の記載事項と大筋において相違がありません。

3 上告理由書又は上告受理申立て理由書

(1) 上告理由書又は上告受理申立て理由書の提出強制

上告人は、上告状に上告理由を記載した場合を除き、上告提起通知書の送達を受けた日から50日以内に上告理由書を原裁判所に提出しなければなりません（民訴法315条1項、民訴規則194条）。上告受理申立人も、同様に上告受理申立て理由書を原裁判所に提出しなければなりません（民訴法318条5項、315条1項、民訴規則194条）。そして、上告理由書又は上告受理申立て理由書を上記の期間内に提出しないときは、原裁判所は決定をもって上告又は上告受理申立てを却下しなければならないとされています（民訴法316条1項2号、318条5項）。

このように、上告理由書又は上告受理申立て理由書は、控訴理由書と全く訴訟手続上の位置付けが異なっており、上告裁判所が上告人又は上告受理申立人の訴訟代理人に理由書の提出を催告することはありませんから、これらの提出期間を徒過しないよう注意が必要です[67]。

(2) 書面審理の原則と上告審の審判対象

最高裁判所は、上告受理の申立てにつき、上告受理申立書に記載された主張

---

[66] 最3小判平成11・6・29判時1684号59頁。

[67] 最2小決平成12・7・14判時1723号49頁は、たとえ原裁判所が補正命令を発し、上告人が補正期間内に上告理由に該当する事由を記載した書面を提出しても、これによって上告が適法になるものではないとしました。

に照らして、上告審として事件を受理するかどうかを審査し、受理するときは上告受理の決定をし、受理しないときは不受理の決定をします（民訴法318条1項）。なお、上告受理の決定をする場合において、最高裁判所は、上告受理の申立ての理由のうち重要でないものを排除することができます（民訴法318条3項）。

　また、本書第5章Ⅲ−1(2)に説明するように、上告裁判所である最高裁判所は、上告の申立てにつき、上告理由書に記載された主張が明らかに民訴法312条1項（憲法違反）又は2項（絶対的上告理由）に規定する事由に該当しないと判断するときは、決定で上告を棄却することができます（民訴法317条2項）。

　このように、法律審である上告審においては、審理の大部分は書面によるということになりますから、上告の申立てにせよ上告受理の申立てにせよ、**上告理由書又は上告受理申立て理由書という書面が決定的に重要**であり、これらをどれだけ説得的に作成することができるかが訴訟代理人である法律実務家の腕のみせどころです。

　上告裁判所は、書面審理によって上告を却下するか棄却しない場合に、口頭弁論を開いて審理することになります。上告を容れる場合には、口頭弁論を開かなければなりません（民訴法87条1項、3項）。

　上告審の審判対象は、上告によってされた不服申立ての範囲（すなわち、原判決の変更を求める範囲）に限定されます（民訴法320条、313条、296条1項）。そして、原判決において適法に確定された事実は上告裁判所を拘束します（民訴法321条1項）から、上告裁判所は、適法に確定された事実を基礎として、原判決の法令違反の有無を判断します。

(3)　上告理由書又は上告受理申立て理由書の構成

　高等裁判所への上告の場合、原判決に不服を有する当事者は、法令違反が上告権の根拠となります（民訴法312条3項）から、上告理由書には法令違反に係る主張をすることになります。しかし、前記1のとおり、最高裁判所への上告の場合は、一般的な法令違反では十分でなく、憲法違反又は後述の絶対的上告理由でなければ上告権の根拠になりません（民訴法312条1項、2項）。したがって、**最高裁判所への上告の上告理由書においては、憲法違反又は絶対的上告**

理由に係る主張をすることになります。

　そして、憲法違反の場合は、憲法が国の最高法規であることに鑑み、それが判決に影響を及ぼさないことが明らかでない限り、上告理由になります（民訴法312条１項）。これに対し、その他の法令違反（一般的上告理由）の場合は、それが判決に影響を及ぼすことが明らかなときに限って、上告理由になります（民訴法312条３項）。しかし、手続違反については、それが判決に影響を及ぼすことが明らかでないことが多いので、一定の重大な手続違反については、判決への影響の有無を一々問題にせずに、上告理由になるとしています（民訴法312条２項）。これが**絶対的上告理由**と呼ばれるものです。

　上告受理申立ての要件は、①　原判決に法令の解釈適用の誤りが存すること、②　原判決に存する①の誤りが原判決の結論に影響を及ぼすことが明らかであること、③　原判決に存する①の誤りに関する法律問題が重要な事項を含むものと認められること、の３つすべてを充足していることです（民訴法318条１項、312条３項）。そして、民訴法318条１項は、③の重要な事項を含むものと認められる場合の典型例として、原判決に最高裁判例（これがない場合は、大審院又は上告裁判所若しくは控訴裁判所である高裁判例）と相反する判断があることを挙げています。

Tea Time

●「その他」と「その他の」●

　法令用語には、日常の日本語から容易には思いつかないような用法をするものが幾つもあります。繰り返し教えられる割に混乱を来すものとして、「又は」と「若しくは」、「及び」と「並びに」が挙げられます。これらほどポピュラーではありませんが、時々問題になるものとして、「その他」と「その他の」があります。

　民訴法318条１項は、「原判決に最高裁判所の判例（……）と相反する判断がある事件その他の法令の解釈に関する重要な事項を含むものと認められる事件」と規定しています。「その他の」は、「その他の」の前にある「原判決に最高裁判所の判例……と相反する判断がある事件」の句が、「その他の」の後にあるよ

り広い意味を有する「法令の解釈に関する重要な事項を含むものと認められる事件」の句の例示であり、その一部を成していることを示しています。

これに対し、同項が「原判決に最高裁判所の判例……と相反する判断がある事件その他法令の解釈に関する重要な事項を含むものと認められる事件」と規定していた場合には、「原判決に最高裁判所の判例……と相反する判断がある事件」はそれ自体で上告受理申立ての要件を満たすのであり、「その他」の後にある「法令の解釈に関する重要な事項を含むものと認められる事件」と並列の関係にあることを示しています。

法律を正確に読み解くには、このような立法上の約束事にも通じている必要があります。詳しくは、法制執務研究会編『新訂ワークブック法制執務』709頁以下（ぎょうせい、2007年）を参照してください。

　　以下に、実際によく使用される上告受理申立て理由書の構成を示しておきます。以下のとおり、**5部構成──当事者の表示、表題部、前文、目次、上告受理申立て理由**──をとるのが通例です。上告理由書の構成もほぼ同様であり、当然のことながら、最終項目が「上告受理申立て理由」ではなく「上告理由」になります。

［上告受理申立て理由書の構成］

【当事者の表示】

申立人　　X

相手方　　Y

【表題部】
上告受理申立て理由書

平成30年3月1日

最高裁判所　御中

申立人訴訟代理人弁護士　甲野一郎　㊞

第4章　訴状・答弁書・控訴状等　243

【前文】

　上記当事者間の東京高等裁判所平成30年（ネ受）第123号売買代金請求上告受理申立事件につき、以下のとおり上告受理申立て理由を述べる。

【目次】

　目次

【上告受理申立て理由】

第1　理由要旨

第2　理由

　1　事案の概要

　2　原判決の認定判断

　（1）　原判決の確定した事実

　（2）　争点①についての判断

　（3）　争点②についての判断

　3　原判決の判断の誤り

　（1）　争点①及び②に関する最高裁判例の立場

　（2）　原判決の判断①の誤り

　（3）　原判決の判断②の誤り

　（4）　原判決の判断①、②が最高裁判例に違反すること

　（5）　原判決の判断①、②の誤りが結論に影響を及ぼすことが明らかであること

　4　結論

以上

　以上の構成のうち、「当事者の表示」と「表題部」は、第一審の答弁書（前記AⅡ-3）又は準備書面（前記AⅢ-1）と異なることはありません。「前文」は、事件番号によって事件を特定し、上告受理申立て理由を述べる旨の表示をするための記載部分ですが、事件番号については冒頭部分に当事者の表示と併せて表示することで足りますし、上告受理申立て理由を述べる旨の表示は

表題部から明らかですから、改めて繰り返さなければならないというものでもありません。「目次」は、［控訴理由書の構成］についての説明と同旨の目的による記載部分です（前記Ⅱ‐2(4)）。

　もちろん、上告申立てにおいては「上告理由」が、上告受理の申立てにおいては「上告受理申立て理由」が、それぞれ実質的記載事項ということになります。そのうちの「第1　理由要旨」は、その次に続く「第2　理由」において具体的かつ詳細に主張する原判決の法律判断の誤りを要約する記載部分です。

　なお、東京高等裁判所民事部は、「『理由要旨』及び『目次』の添付について（お願い）」と題する文書を配布し、上告理由書及び上告受理申立て理由書に2000字以内を目安とする「理由要旨」の記載と理由書の頁数が20頁（2万字程度）を超える場合の「目次」の添付とを要望しています。

(4)　上告理由書又は上告受理申立て理由書作成上の留意点

　そこで、上告理由書又は上告受理申立て理由書を起案するに当たって、法律実務家として留意すべき点を整理しておくことにしましょう。

　第一に、控訴理由書と上告理由書又は上告受理申立て理由書とは全く別物であるという認識を明確にしておくべきことです。前記Ⅰに説明したとおり、上告制度の目的は、上訴の2つの目的のうち、法令の解釈適用の統一に重点が置かれており、当事者の権利救済は副次的なものと位置付けられています。特に、最高裁判所への上告についてそれが色濃く現れています。すなわち、控訴理由書においては、第一審判決の事実認定又は法律判断が誤っており、それによって控訴人に不利な判断がされた、要するに、勝つべき者を勝たせなかったことを説得力をもって主張すればよいのです。これに対し、上告理由書又は上告受理申立て理由書においては、勝つべき者を勝たせなかったというのでは足りず、原判決に上告理由又は上告受理申立て理由が存することを主張しなければならないのです。

　第二に、上告審が法律審であることを忘れないことです。法律実務家は、日常的に事実に接しており、裁判実務においても、主要事実の主張、間接事実の収集、それらの具体的事実の証明といった作業が仕事の中心を占めていて、「事実をもって語らせる」ことに心血を注いでいますから、上告審では原判決

が適法に確定した事実を前提として法律判断の違法を主張しなければならない（民訴法321条1項）といわれても、どうしても原判決の事実認定の誤りを言い募りたくなるという本能をもっています。

しかし、上告理由書又は上告受理申立て理由書において、原判決の事実認定の誤りを述べ、しかる後に憲法を含む法令の解釈適用の誤りを主張するといった構成にすると、当該理由書は結局のところ認定非難をするものと理解され、上告棄却決定又は不受理決定によって終末を迎える結果になりかねません[68]。前記(3)の［**上告受理申立て理由書の構成**］に即して説明すると、「第2－2(1)」に整理した事実を前提にして、法令の解釈適用の誤りを明確にするということになります。実際の事件では、事実認定に触れないで法令の解釈適用の誤りを主張するのは存外に難しいものです。理由書の全体構成と文章表現につき、幾重にも工夫が必要です。

ただし、現行民訴法下においても、同法318条1項の「法令」には経験則が含まれ、原判決の事実認定の誤りが経験則に違反する場合には、これを理由として上告受理の申立てをすることができると解されており、現にそのような運用がされています[69]。上告受理の申立ての依頼を受けた訴訟代理人としては、これを理由として主張したくなるのは当然なのですが、最高裁判所が経験則違反を理由として破棄したこれまでの判決例に照らし、また、他の申立て理由との兼ね合いを検討するなどして、上告受理申立て理由として取り上げるかどうかを慎重に決すべきです。

第三に、繰り返し述べているように、上告審の役割は法令の解釈適用の統一に重点が置かれており、また、最高裁判所への上告受理申立て理由としては、前記(3)の③のとおり、原判決に判断に存する法律問題が重要な事項を含むこと

---

[68]　最高裁判所による定型上告棄却決定は、「民事事件について最高裁判所に上告をすることが許されるのは、民訴法312条1項又は2項所定の場合に限られるところ、本件上告の理由は、違憲及び理由の不備・食違いをいうが、その実質は事実誤認又は単なる法令違反を主張するものであって、明らかに上記各項に規定する事由に該当しない。」というものです。また、上告受理申立てに対する定型不受理決定は、「本件申立ての理由によれば、本件は、民訴法318条1項により受理すべきものとは認められない。」というものです。

[69]　近藤崇晴「上告と上告受理の申立て」自由と正義2001年3月号61頁を参照。

が要件とされていますから、その法律問題が新奇なものであって最高裁判例がないような分野におけるものである場合であっても、当該法律問題が具体的事件を超えて、より広い政治的、経済的又は社会的影響を及ぼすものであることを理解できるように主張したいところです。

　第四に、原判決における法令の解釈適用の誤りとして、複数の上告理由又は上告受理申立て理由をリスト・アップできる場合であっても、複数の法律問題の大きさや法体系上の位置付け等を勘案し、取捨選択すべきかどうか、取捨選択すべきであるとして、どれを取りどれを捨てるかを決することが必要です。すべてを主張するのが効果的であることもありますが、捨てる勇気をもつのが賢明であることもあります。

　第五に、理由書において、憲法違反、法令違反、判例違反等の主張をすることになりますが、**必ず違反を主張する憲法の条項、法令の条項、判例を具体的に摘示した上、これらに違反する事実ないし事由を具体的に記載しなければなりません**（民訴規則190条ないし193条、199条1項）。これは、上告理由書又は上告受理申立て理由書に限らず、法律実務家の作成する文書すべてに当てはまる基本的心得ということができます。

4　最高裁判所への許可抗告

(1)　許可抗告制度の創設

　民訴法337条は、高等裁判所の決定・命令のうち法令解釈に関する重要な事項を含むと認められるものにつき、原高等裁判所の許可を得て、最高裁判所に特に抗告をすることができることとする**許可抗告の制度**を創設しました。それまでは、重要な法律問題が含まれていても、決定によって判断されるものについては、最高裁判所による法令解釈統一の機会がなかったのです。

　許可抗告の対象となる裁判は、高等裁判所の決定・命令のうち、それが地方裁判所の裁判としてされた場合に抗告をすることができるものに限られます（民訴法337条1項ただし書）。

(2) 抗告許可申立て

抗告許可申立ては、裁判の告知を受けた日から5日の不変期間内に（民訴法337条6項、336条2項）、申立書を高等裁判所に提出してします（民訴法337条6項、313条、286条）。申立人は、申立書に申立ての理由を記載しなかったときは、抗告許可申立て通知書の送達を受けた日から14日以内に（民訴規則210条2項、1項）、抗告許可申立て理由書を原裁判所に提出しなければなりません（民訴法337条6項、315条）。

(3) 抗告許可申立て理由書の作成

民訴法337条2項は、抗告許可の理由として、前記3(3)の上告受理申立てと同じ理由を挙げています。したがって、抗告許可申立て理由書は、上告受理申立て理由書に準拠して作成することになります。

なお、憲法に違反する裁判に対しては特別抗告をすることができます（民訴法336条）から、憲法違反は許可理由から除外されています（民訴法337条3項）。したがって、同一の裁判について、憲法違反を理由とする特別抗告と一般の法令違反を理由とする許可抗告との双方の申立てをすることができます。

第5章　判決書・決定書

A 判決書の作成

I 第一審判決書の作成

1 第一審判決書作成の目的

　第一審判決書は、第一審裁判所が、当事者双方の主張と立証とを前提にして、事実上・法律上の争点に関する認定・判断を示し、究極的には、当事者間の紛争解決に資するものとして原告が選択した訴訟物についての結論としての判断を示す文書をいいます。

　本書第１章Ⅰ‐２に、法律文書には、大別して、"客観的文書"と"説得的文書"とがあるという説明をしましたが、第一審、控訴審、上告審のいずれであるかを問わず、**判決書は"客観的文書"と"説得的文書"の双方の性質を有**しています。すなわち、判決書は、当事者双方の設定した事実上・法律上の争点につき、公平な裁断者としての中立的評価（認定・判断）を示す文書ですから、本質的に"客観的文書"の性質を有するものということができます。しかし、判決書は、判決の直接の名宛人である訴訟当事者が判決書中に示された認定・判断に納得することを目指していますから、説得のための文書の性質をも有しているのです。敗訴した当事者が第一審判決書中に示された認定・判断に十分に納得するか又はそのように認定・判断されることもやむなしという程度に納得することができれば、控訴することなく当該第一審判決に服することになるでしょう。したがって、良い判決書とは、判決書がこの２つの性質を有することを理解した上で、そのバランスをうまくとって作成されたものということになります。

　さらに、本書第１章Ⅱ‐５(2)に指摘したように、**文書を作成することは考えることそのことを意味**しますから、裁判官は、判決書の起案をすることによって、事実上・法律上の争点についての認定・判断をすることになります。すなわち、裁判官は、事件審理の過程において、暫定的な認定・判断を繰り返し、

積み重ねていますが、判決書の起案は、それを再度客観化し、集大成する知的作業なのです。

第一審判決書の作成についての最良の参考書は、司法研修所民事裁判教官室が長年にわたって改訂を重ねてきた『民事判決起案の手引』（法曹会。本書の他の箇所では「司法研修所・起案の手引」とします。凡例参照）です。その冒頭に、判決書作成の目的を4つに整理して説明しています。すなわち、①　訴訟当事者に対して、判決の内容を知らせるとともに、これに対し上訴するかどうかを考慮する機会を与える、②　上級審に対して、その再審査のため、いかなる事実に基づき、いかなる理由の下に、判決をしたのかを明らかにする、③　一般国民に対して、具体的な事件を通じ法の内容を明らかにするとともに、裁判所の判断及び判断の過程を示すことによって裁判の公正を保障する、④　判決をする裁判官自身に対して、自己の考え、判断を客観視することを可能にする、との4項目です[1]。

これら①ないし④の諸点は、それ自体もっともなものです。そのうち①ないし③の目的が十全に達せられるためには、判決書の作成に当たる裁判官が、判決書の有する上記の2つの性質をよく理解している必要があります。

ところで、①ないし③の点は、当該判決書が第一審、控訴審、上告審のいずれのものであるかによって、だいぶ強弱を異にします。①及び②の点は第一審及び控訴審の判決書によく当てはまる目的であり、③の点は上告審の判決書によく当てはまるものです。

また、④の点は、法律文書の作成に共通する性質を、判決書という文書の性質に即して説明したものです。

2　在来様式の判決書と新様式の判決書

平成2年1月に東京高等・地方裁判所民事判決書改善委員会と大阪高等・地方裁判所民事判決書改善委員会の共同提言である「民事判決書の新しい様式について」[2]が公表されてから既に約30年が経過し、「**新様式判決**」という用語も

---

(1)　司法研修所・起案の手引1頁を参照。
(2)　最高裁・新様式「はしがき」。

死語になりつつあるというのが実状です。すなわち、第一審判決書についてみれば、現在ほとんどの判決書は新様式によるものといって過言ではありません。

民訴法253条が判決書の必要的記載事項を規定していますから、判決書の様式如何にかかわらず、判決書中に記載されていなければならない最小限の事項に変わりはありません。新様式判決は、前記1①の目的に焦点を当てて、「**当事者のための判決**」という観点から、当事者にとって分かりやすい構造の判決書にし、当事者にとって分かりやすい文章によることを目指したものです[3]。また、そのことによって、裁判官の判決起案の労力を軽減し、それまで判決起案に傾注していた労力を結審に至るまでの審理の充実と促進とに振り向けることをねらったものです。

新様式の判決書のこのようなねらいを理解するために、在来様式の判決書と新様式の判決書の構造の違いをみておきましょう。

上記の説明のとおり、新様式の判決書は、当事者にとっての分かりやすさの観点から在来様式の判決書を修正したものです。そこで、これらの構造上の異同を的確に理解するために、最初に在来様式の判決書の説明をし、次に新様式の判決書の説明をすることにします。

［在来様式の判決書の構成］

【表題部】

平成29年(ワ)第567号売買代金請求事件

口頭弁論終結日　平成30年10月15日

判　決

【当事者等の表示】

（住所）

　　　　　　原　告　　　　　　　　甲野太郎

---

(3)　最高裁・新様式2頁は、「窺知（きち）」、「爾余（じよ）の点」のような難しい言葉や文語調の文章を避けることを、留意点として第一に挙げています。

同訴訟代理人弁護士　　丙野三郎

（住所）

被　　告　　　　　　乙山産業株式会社

同代表者代表取締役　　乙山一郎

同訴訟代理人弁護士　　丁川次雄

【主文】

1　被告は、原告に対し、金3000万円及びこれに対する平成29年4月1日以降完済に至るまで年6分の割合による金員を支払え。
2　原告のその余の請求を棄却する。
3　訴訟費用は、これを5分し、その2を原告の負担とし、その余を被告の負担とする。
4　この判決第1項は、仮に執行することができる。

【事実】

第1　当事者の求めた裁判

　1　請求の趣旨

　　⑴　被告は、原告に対し、金5000万円及びこれに対する平成29年4月1日以降完済に至るまで年6分の割合による金員を支払え。

　　⑵　訴訟費用は被告の負担とする。

　　⑶　仮執行宣言

　2　請求の趣旨に対する答弁

　　⑴　原告の請求を棄却する。

　　⑵　訴訟費用は原告の負担とする。

第2　当事者の主張

　1　請求原因

　2　請求原因に対する認否

　3　抗弁

　4　抗弁に対する認否

【理由】

1　請求原因（本件売買契約の成否）について
2　抗弁1（本件売買契約についての錯誤の成否）について
3　抗弁2（本件貸金債権による相殺の成否）について
4　結論

【裁判所の表示等】

東京地方裁判所民事第18部

裁判官　　　　A　　　㊞

［新様式の判決書の構成］

【表題部】

平成29年㈠第567号売買代金請求事件
口頭弁論終結日　平成30年10月15日

判　決

【当事者等の表示】

（住所）

原　告　　　　　甲野太郎
同訴訟代理人弁護士　丙野三郎

（住所）

被　告　　　　　乙山産業株式会社
同代表者代表取締役　乙山一郎
同訴訟代理人弁護士　丁川次雄

【主文】

1　被告は、原告に対し、金3000万円及びこれに対する平成29年4月1日以降完済に至るまで年6分の割合による金員を支払え。
2　原告のその余の請求を棄却する。

3　訴訟費用は、これを5分し、その2を原告の負担とし、その余を被告の負担とする。

4　この判決第1項は、仮に執行することができる。

【事実及び理由】

第1　請求

　被告は、原告に対し、金5000万円及びこれに対する平成29年4月1日以降完済に至るまで年6分の割合による金員を支払え。

第2　事案の概要

　本件は、原告が被告に対して別紙物件目録記載の土地を代金5000万円で売り渡したとして、その代金及び遅延損害金の支払を求める事案である。被告は、本件売買契約につき、錯誤によるもので無効である[4]、仮に有効に成立したとしても上記代金額と同額の貸金債権をもって相殺した、と主張して争う。

　　1　争いのない事実等

　　2　争点

　　(1)　本件売買契約の成否

　　(2)　本件売買契約についての錯誤の成否

　　(3)　本件貸金契約の成否

第3　争点に対する判断

　　1　本件売買契約の成否及び錯誤の成否について

　　2　本件貸金債権による相殺の成否について

　　3　結論

【裁判所の表示等】
東京地方裁判所民事第18部

---

[4]　平成32年4月1日施行の改正民法95条1項は、意思表示に錯誤があった場合には取り消し得るものとしています。本件には、錯誤の効果を無効とする旧民法95条が適用されます。

| | 裁判官 | A | ㊞ |

　両様式の判決書を対照させてみると、その異同は、次のように整理すること
ができます。

　第一に、形式的記載事項である表題部（事件番号、事件名、表題）と当事者等
の表示には、全く相違がありません。必要不可欠な記載であり、在来様式をこ
れ以上簡略にすることはできないでしょうし、特にそうする必要もありませ
ん。

　第二に、主文の欄にも、全く相違がありません。主文の欄は、一般に、「訴
えに対する応答として、訴訟物についての裁判所の判断の結論を示すもの」と
か、「判断の結論そのものを、外形上他の部分の記載から分離して、簡潔に、
しかも完全に記載し、それにより判決の効力、範囲が一見して明らかになるよ
うにすべきである。」と説明されています(5)が、この説明は、実際の判決主文
の記載を正確に反映したものということはできません。なぜなら、上記の構成
例の主文の記載のみから、原告の被告に対する金3000万円の請求権の実体法上
の性質（訴訟物）も、金3000万円に対する平成29年4月1日以降完済に至るま
で年6分の割合による金員の請求権の実体法上の性質（訴訟物）も、判明しま
せん。判例の採る旧訴訟物理論によると、判決の主文欄の記載のみによって訴
訟物が判明しないのは明らかです(6)が、この事情は、新訴訟物理論によっても
異なることはありません。

　民訴法114条1項の規定の文言に合わせて、主文の記載のみから既判力の客
観的範囲が判明するような方法を採ることも考えられないではありません。新
様式判決の提言がこの点を取り上げなかったのは、判決の主文欄の記載の方式
が実務に強固に定着していることが最大の理由でしょうが、判決の主文欄の記
載のみによって訴訟物を分からせるためには、判決の主文欄が現在のように簡
明なものというわけにはいかず、「事実及び理由」欄の記載を主文の欄におい

---

(5)　司法研修所・起案の手引9頁を参照。

(6)　司法研修所・起案の手引11頁は、同9頁の記載にもかかわらず、「給付判決の主文に
　おいては、給付の法的な性格又は理由付けを含まない抽象的な表現を用いる。」として
　います。

て繰り返すことをせざるを得ず、判決全体を簡略にしようとしているのに、主文の欄の記載がかなりの程度にごたごたしたものになることを嫌ったところにあると推察することができます。

第三に、これらとは対称的に**最も顕著な相違がある**のは、**事実及び理由**についての記載方法です。すなわち、在来様式の判決書においては、当事者の主張した事実を整理し争点を明らかにする「事実」欄とそれを前提として裁判所のした認定・判断を判示する「理由」欄とが明確に区別されていました。これに対し、新様式の判決書においては、これらが「事実及び理由」として一括されています。これは、在来様式の判決書において、「事実」欄に記載された当事者の主張事実が「理由」欄に重複して記載されることが多く、判決書が全体として冗長になる傾向があったため、判決書を簡潔にして、当事者には分かりやすく、裁判官には判決起案に要する負担を軽減するという機能的な観点からするものです。

在来様式の判決書は、「事実」欄において、要件事実論による「請求原因→抗弁→再抗弁」の主張構造を明らかにし、それぞれの主要事実を漏れなく摘示することによって、判断の遺脱を防ぎ、主張・立証責任の分配を誤った判断を防ぐことを主要な目的とするものです。そして、このような在来様式の判決書は、それ以前の判決書の様式（すなわち主要事実と間接事実の区別なく、歴史的な物語として争点を記述し、認定・判断を判示するという方式。このような方式は、一般に「物語方式」と呼ばれていました。）に対する反省として提唱され、司法研修所における要件事実教育の充実と歩を一にして第一審訴訟の実務に定着するようになりました。

しかし、他方で、判決起案に当たる裁判官が「事実」欄に記載すべき当事者の主張の整理（一般に、この作業を「事実摘示」と呼びます。）にかなりの労力と時間とを費やしている割には[7]、当事者にとって分かりにくいとか、全体として冗長なのに理由中の認定・判断の記載が平面的であるといった批判も加えられていたため、新様式の判決書の提言がされるに至ったのです。したがって、

---

[7]　筆者が裁判官に任官した昭和50年ころは、判決起案に着手し、「事実欄の摘示ができ上がれば、起案作業の大方は終ったのも同然。」といわれていました。

新様式の判決書は、要件事実論による事実摘示を判決書においてこと改めてすることはないのですが、それは、判決書の第一の読者である当事者にとっての分かりやすさを考慮した結果であって、判決起案をする裁判官がその作業を省略してよいというのではありません。すなわち、新様式の判決書は、要件事実論による主張整理が結審前の審理段階でされており、争点の的確な把握が判決起案着手前にされていることを前提とするものです。

　新様式の判決書が登場した背景と目的は、以上のとおりです。このような新様式の判決書が現在の実務を支配している現状に鑑み、以後、新様式の判決書の主要部分である「事実及び理由」欄の記載を中心に説明することにします。ただし、説明の大部分は、在来様式の判決書にも妥当するものです。そうでない場合にだけ、その旨の留保を付することにします。

3　判決書作成前の準備等

(1)　起案着手を早くすること

　民訴法252条は、判決の言渡しを判決書の原本に基づいてすべきことを規定し、同法251条1項本文は、判決の言渡しを口頭弁論終結の日から2月以内にすべきことを規定していますから、**判決書の原本は結審日の2月以内に作成されていなければならないことになります**[8]。そして、裁判の迅速化に関する法律2条1項は、**第一審の訴訟手続を2年以内のできるだけ早い期間内に終局させる**ことを目標としています。早く結審しても判決の言渡しまでに長期間を要するようでは、迅速な裁判を実現することはできません。結審後の期間の長短は、裁判所の責任範囲の問題です。近年は、民訴法251条1項本文の規定に従って、新奇な問題を含んだかなり困難な事件についての判決であっても、結審後2月以内に言渡しに至る例もあります。しかし、中には、当初の判決言渡期日は結審日から2月以内に指定されたものの、その後数回にわたって判決言渡期日が変更され、結局、結審後6か月かかってようやく判決が言い渡されると

---

(8)　しかし、同項本文は訓示規定であると解されており、結審日から2月を超えて言い渡された判決であっても、そのことのゆえに瑕疵ある判決というわけではありません。

いう例もないではありません。

　法律実務家は多忙な毎日を送っており、裁判官も例外ではありません。遅くとも結審日から2月以内に判決の言渡しをしたいところですが、そのために**最も重要な心がけは、判決起案に一日でも早く着手すること**です。

　心がけの良い裁判官は、結審する口頭弁論期日よりも1回前の期日後に判決起案に着手し、結審日の前にはファースト・ドラフトを仕上げ、そのファースト・ドラフトに基づいて終結すべきであるかどうかの最終チェックをしています。すべての事件でこのようにする必要はありませんが、いわゆる複雑・困難な事件——争点の数は少なくても新奇な問題を含む事件、1つずつの争点に新奇な問題はなくても争点の数が多い事件——については、この心がけが重要です。このようにすることによって、結審後に審理の不十分な点に気づき、終結した口頭弁論を再開する（民訴法153条）ことを余儀なくされるという事態にならないで済みます。

　「起案着手を早くする」というのは、法律文書作成の要諦であり、判決起案に最もよく当てはまります。

(2)　判決起案を前提とした訴訟記録の検討

　裁判官は、訴状、答弁書、準備書面等の主張書面又は証拠が提出される都度、それらを検討し、それまでの主張・立証との関連や心証形成の程度等を検証するものですが、そのような日常的な作業とは別に訴訟手続の節目節目において訴訟記録を読み返し、事実上・法律上の争点についての暫定的な結論を出し、更にそれを検証するといった作業を繰り返して、最終的な結論に到達します。

　これらの作業の最終段階が判決起案を前提とした訴訟記録の検討です。裁判官は、それ以前の審理段階において、当該事件の時系列表、当事者の関係図、主張の構造を簡略に示したブロック・ダイアグラム等を手控えとして作成していますから、それらを参照しながら、当該事件の主張・立証の構造を確認しつつ、主要な争点の把握に間違いがないかどうか、主要な争点についての心証形成に問題がないかどうかを再度検証することになります。

　前記2のとおり、新様式の判決書においては、要件事実論による「請求原因

→抗弁→再抗弁」の主張構造を明らかにし、それぞれの主要事実を漏れなく摘示するという形をとりませんから、この点の分析は、判決起案に着手する前に済ませておかなければなりません。判決書中に摘示しないのをいいことに、主張・立証の構造を分析し理解しないままに判決理由の起案に向かうと、誤った判断をしやすくなりますし、結論において誤ってはいなくても、説得力のある理由説示にはなりません。そのような分析に加え、主要な争点については、その認定に供する証拠と排斥する証拠とを識別して、判決理由の大筋を記載したメモ（手控え）を作成しておくのが効率のよい方法です。これらが、判決起案を前提として訴訟記録を検討するという作業の中身ということになります。

4 「事実及び理由」欄の記載

(1) 3部構成

新様式の判決書における「事実及び理由」欄は、民訴法253条1項2号の「事実」と同項3号の「理由」とを一括して記載する欄です。

そして、「事実及び理由」欄は、前記2の［新様式の判決書の構成］にみるように、① 請求、② 事案の概要、③ 争点に対する判断、の3部構成をとるのが通常です。

(2) 請求

「請求」は、原告の当該訴訟の主張の結論となる部分であり、既に説明した訴状の請求の趣旨に対応しています。在来様式の判決書においては、「請求の趣旨」と表示していました。ただし、在来様式の判決書の「請求の趣旨」欄に摘示されていた訴訟費用の負担の申立て及び仮執行宣言の申立ての記載は、いずれも省略されます。また、「請求の趣旨に対する答弁」欄も、これを記載しておくのが主文の理解に資するといった特段の事情がない限り、原則として省略されます。

民訴法253条2項は、事実の記載において請求を明らかにすることを要求しています。そして、同項にいう請求は訴訟物を意味していますが、新様式の判決書においては、「請求」と「事案の概要」の記載によって、訴訟物を特定す

ることになります。

⑶ 事案の概要

「事案の概要」は、次の「争点に対する判断」と相まって、主文に到達する論理的な筋道を明らかにする部分です。

そして、「事案の概要」は、①　当該事件の紛争の概要を整理して摘示し、訴訟物の法的性質付けを明らかにする冒頭部分、②　争いのない事実と争われてはいるものの証拠又は弁論の全趣旨で容易に認定できる事実を整理して示す「争いのない事実等」と題する部分、③　事実上・法律上の争点のうちの主要なものを整理して示す「争点」と題する部分、の３部構成によるのが通例です。前記２の［新様式の判決書の構成］を参照してください。

⑷　争点に対する判断

「争点に対する判断」は、「事案の概要」の「争点」と題する部分に挙げた事実上・法律上の争点につき、認定・判断を示す部分です。

事実上の争点については、当該争点に関連する証拠を具体的に指摘し、心証形成の過程を分かりやすく説示して、争点となった事実を認定することのできる根拠又は認定することのできない根拠を明らかにします。事実上の争点の心証形成の仕方には幾つかの類型があり、その結果、表現方法にも幾つかの類型があります。後述７で詳しく検討することにします。

法律上の争点については、採用する結論とその根拠が分かるように記載します。最高裁判例が存在している場合において、その解釈論に従うときは、当該最高裁判例を引用して、結論を簡潔に示すことで足りることが多いでしょう。しかし、最高裁判例が存在している場合において、その解釈論を変更すべきであると考えるときは、そう解すべき合理性を示す必要があります。また、当該事案が最高裁判例の射程内にないと考えるときにも、そう解すべき理由を明らかにする必要があります。ただし、いずれにしても、第一審判決は具体的事件の解決のためのものですから、長々と法律論を展開する必要はありませんし、当該事件の解決の必要性を超えた議論は往々にして的外れなものになりがちですから、慎むのが賢明です。

Tea Time

● 「場合において」「ときは」 ●

　法律実務家は、大きな条件と小さな条件の双方を満たした場合に一定の法的効果又は法的結論を導くことができるという趣旨の文章を作成しなければならないことがよくあります。そのような場面で役に立つのが、「場合において」「ときは」という言い回しです。前者を大きな条件、後者を小さな条件に使います。法律の条文、判決書等で目にしますが、これらに限らず契約書を含む法律文書作成の際に非常に便利なものですから、使いこなせるようになればしめたものです。

　いわゆる転用物訴権の成立範囲についての判例である最3小判平成7・9・19民集49巻8号2805頁の判決要旨は、この言い回しをほんの少し変形させて、以下のようにまとめています。

　「甲が建物賃借人乙との間の請負契約に基づき建物の修繕工事をしたところ、その後乙が無資力になったため、甲の乙に対する請負代金債権の全部又は一部が無価値である場合において、右建物の所有者丙が法律上の原因なくして右修繕工事に要した財産及び労務の提供に相当する利益を受けたということができるのは、丙と乙との間の賃貸借契約を全体としてみて、丙が対価関係なしに右利益を受けたときに限られる。」

　そして、ここでの「とき」は、小さな条件を意味しているのであり、時点を意味しているのではありませんから、「時」を用いることはありません。

5　「請求」及び「事案の概要」記載上の注意点

　それでは、次の演習問題によって、事実及び理由のうち、「請求」及び「事案の概要」を実際に起案してみることにしましょう。

[演習問題17]

【検討課題】

　裁判官Jは、Xを原告、Y_1とY_2を被告とする、2筆の土地L_1・L_2の所有権の確認とL_1・L_2についてされているA名義の所有権移転登記の各

第5章 判決書・決定書 263

抹消登記請求訴訟の判決起案をすることになった[9]。X及びY₁・Y₂の主張の要旨は、以下に整理するとおりである。

(1) 事実及び理由のうち「請求」は、どのように記載すべきか。

(2) 同「事案の概要」は、どのように記載すべきか。

【Xの主張の要旨】

1　私は、訴外A及びその妻Bとの間で、昭和8年に養子縁組をし、昭和47年に協議離縁しました。Bは昭和61年1月12日に死亡し、Aも同年8月11日に死亡しました。Aの相続人は、長女Y₁と二女Y₂のみです。

2　Aは、昭和24年6月15日、当時の所有者CからL₁を買い受け、それを当時19歳の大学生であった私に贈与してくれました。その証拠に、同日、L₁につき、前所有者Cから私に売買を原因とする所有権移転登記がされました。しかし、Aは、私との仲が悪くなっていた昭和45年3月30日に、私に無断で真正な登記名義の回復を原因としてA名義に登記（本件登記1）を移してしまったのです。

3　また、私は、昭和35年7月6日ころ、Aを代理人として当時の所有者DからL₂を買い受け、所有権移転登記を経由しました。しかし、Aは、L₁と同様、昭和46年6月2日に、私に無断で真正な登記名義の回復を原因としてA名義に登記（本件登記2）を移してしまいました。

4　Aの相続人であるY₁・Y₂は、相続によって自分たちがL₁・L₂の所有者になったと主張して、本件登記1・2の抹消登記手続に応じようとしません。

5　そこで、L₁・L₂の所有権の確認とL₁・L₂についてされている本件登記1・2の各抹消登記を請求します。

【Y₁・Y₂の主張の要旨】

1　【Xの主張の要旨】1と4は、そのとおりです。

---

[9]　[演習問題17]の事案は、最高裁・新様式37頁以下に収録されている判決モデル3によったものです。

2 同2のうち、Aが前所有者CからL₁を買い受けたこと、L₁の所有権移転登記が前所有者CからXに対してされたことはそのとおりです。しかし、AがXに対してL₁を贈与したことはありません。Aは、戦前から水道工事等の請負業をしており、昭和22年7月に同請負業を目的とする合資会社を設立しました。そして、Aは、L₁の購入直後、L₁上に建物を建築し、Aの家族のための住居兼会社の事務所として使用し始め、L₁の売買契約書と登記済証（乙1の1・2）を保管し、固定資産税も支払っていました（乙2）。

3 同3のうち、AがDとの間でL₂の売買契約を締結したこと、L₂の所有権移転登記がDからXに対してされたことはそのとおりです。しかし、Aは、Xの代理人としてしたのではなく、買主本人として契約を締結したのです。もともと、L₂は、資材保管用の倉庫建設用地を探していたAがBの親類であるDにその売却方を依頼したものであり、その代金50万円を支払ったのもAであり、DからA宛ての領収書（乙4）が発行されました。Aは、その後、実際にL₂上に建物を建築して倉庫として使用していましたし、固定資産税も支払っていました（乙5）。確かに、Xを買主とする代金2万円の売渡証（登記済証・乙3）がありますが、これも、死ぬまでAが保管していたのです。

4 L₁・L₂とも、死ぬまでAの所有に属していたことは、明らかだと思います。Xの請求には、応じられません。

[演習問題17の関係図]

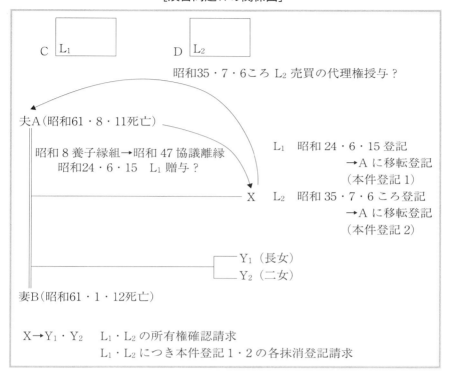

(1) 訴訟物

Xは、Y_1・Y_2に対し、L_1・L_2の所有権の確認とL_1・L_2についてされている本件登記1・2の各抹消登記を請求しています。

確認の訴えの訴訟物は、XのL_1・L_2の所有権ですが、被告2名に対するものであり、訴訟物の個数は4個になります。

抹消登記請求の訴訟物は、L_1・L_2の所有権に基づく妨害排除請求権としての本件登記1・2の各抹消登記請求権です[10]が、被告2名に対するものですから、訴訟物の個数は4個になります。結局、Xは、合計8個の訴訟物を提示し

---

[10] 登記請求権の訴訟物を物権的登記請求権、債権的登記請求権、物権変動的登記請求権の3類型に分けて把握するのが判例の立場であることにつき、司法研修所・類型別63頁以下を参照。

ているのです。

(2) 要件事実論による分析とブロック・ダイアグラムの作成
請求原因事実は、以下のとおりです。

[演習問題17の請求原因事実]

(ア) Aは、もと（昭和24年6月15日当時）L₁を所有していた。	○
(イ) Xは、Aから、昭和24年6月15日、L₁の贈与を受けた。	×
(ウ) Dは、もと（昭和35年7月6日ころ）L₂を所有していた。	○
(エ)-1 Aは、Dとの間で、昭和35年7月6日ころ、L₂を代金50万円で買い受ける旨の契約を締結した。	○
-2 Aは、Dに対し、(エ)-1の契約の締結に際し、Xのためにすることを示した。	×
-3 Xは、Aに対し、(エ)-1の契約の締結に先立って、同契約締結の代理権を授与した。	×
(オ) Aは、L₁・L₂につき、それぞれ本件登記1・2を経由している。	○
(カ)-1 Aは、昭和61年8月11日に死亡した。	○
-2 Y₁・Y₂は、いずれもAの子である。	○
(キ) Y₁・Y₂は、L₁・L₂の所有権がXに属することを争っている。	○

　このように整理してみると、この事案における争点は、請求原因事実(イ)（XA間のL₁の贈与契約の成否）、同(エ)-2、3（XがAに対しL₂売買契約の締結についての代理権を授与したかどうか、AがXを顕名したかどうか）にあり、その余の事実には争いがなく、しかも、抗弁の主張されていないものであることが明らかです。事実がもう少し複雑な場合には、主張・立証の構造を示すブロック・ダイアグラムを作成する必要があります。

　また、XがABの養子となり、後に離縁したことは、請求原因事実(イ)又は同(エ)-2、3の間接事実にすぎないことが分かります。

　問題になるのは、【Y₁・Y₂の主張の要旨】3に出てくるDX間の売渡証（乙

3）の扱いです。XにおいてY₁・Y₂の提出したこの証拠に依拠して、請求原因事実(エ)－1、2、3とは別に、「Xは、Dとの間で、昭和35年7月6日ころ、L₂を代金2万円で買い受ける旨の契約を締結した。」との主張（すなわち、L₂についてのDX間の売買契約締結の主張）をするのであれば、この主張は選択的な請求原因事実ということになります。しかし、Xは、L₂の売買については、Aを代理人とする主張しかしていませんし、Y₁・Y₂も、L₂の所有権移転登記がDからXに対してされた経緯を説明するための証拠として提出しているのであって、主要事実としてDX間の売買契約の成立を主張するものとは考えられませんから、不利益陳述として取り上げる必要もないでしょう。相手方に主張責任がある要件事実を他方の当事者が主張し、相手方がこの事実を争っているために、主張責任を負わない当事者の主張として当該要件事実がそのまま訴訟資料となる場合に、この当事者の主張を「不利益陳述」といいます[11]。Xの主張として又は不利益陳述として取り上げる場合には、Y₁・Y₂としては、通謀虚偽表示の抗弁を提出することになるでしょう。

(3) 「請求」及び「事案の概要」欄の記載

　上記(1)、(2)を前提にして、「請求」及び「事案の概要」欄を起案することにしましょう。

［演習問題17の「請求」及び「事案の概要」記載例］

第1　請求
　1　原告が、別紙物件目録記載1、2の土地につき、所有権を有することを確認する。
　2　被告らは、別紙物件目録記載1の土地につき○○法務局△△出張所昭和45年3月30日受付第7067号所有権移転登記（本件登記1）の、同目録記載2の土地につき○○法務局□□支局昭和46年6月2日受付第17012号所有権移転登記（本件登記2）の各抹消登記手続をせよ。

---

(11)　いわゆる不利益陳述につき、司法研修所・要件事実(1)18頁を参照。

第2 事案の概要

本件は、Xがもと養父であった亡A名義の2筆の土地（以下、別紙物件目録記載1の土地を「L_1」と、同2の土地を「L_2」という。）につき、Aの子であるY_1・Y_2に対し、所有権の確認を求め、併せて所有権に基づき本件登記1、2の各抹消登記手続を求める事案である。

1 争いのない事実

(1) 当事者の関係

Xは、A及びその妻Bとの間で、昭和8年に養子縁組をし、昭和47年に協議離縁した。Bは昭和61年1月12日に死亡し、Aも同年8月11日に死亡した。Aの相続人は、長女Y_1と二女Y_2のみである。

(2) L_1 について

Aは、昭和24年6月15日、当時の所有者CからL_1を買い受けた。L_1につき、CからXに対し、同日付け売買を原因とする所有権移転登記がされ、昭和45年3月30日、XからAに対し、真正な登記名義の回復を原因とする本件登記1がされている。

(3) L_2 について

Aは、昭和35年7月6日ころ、当時の所有者Dとの間で、L_2を買い受ける旨の売買契約を締結した。L_2につき、DからXに対し、同日付け売買を原因とする所有権移転登記がされ、昭和46年6月2日、XからAに対し、真正な登記名義の回復を原因とする本件登記2がされている。

2 争点

(1) L_1 について

AX間で、昭和24年6月15日にL_1の贈与契約が締結されたかどうか。

(2) L_2 について

AがDとの間で、昭和35年7月6日ころ、L_2の売買契約を締結するに際し、Xのためにすることを示したかどうか、同売買契約の締結に先立って、XがAに対してその代理権を授与したかどうか。

「請求」欄の記載方法は、訴状の「請求の趣旨」欄の記載方法と基本的に同じですから、本書第4章**ＡⅠ**－**4**(2)を参照してください。

「事案の概要」欄は、前記4(3)のとおり、紛争の類型と訴訟物とを明らかにする冒頭部分、争いのない事実、争点の3部構成になっています。

争いのない事実は、項目ごとに表題を付していますが、分かりやすさを考慮したものです。また、争いのない事実の「(1)　当事者の関係」には、前記(2)の請求原因事実と比較してみれば明らかなように、主要事実のみならず、ＡＢ夫妻とＸとの身分関係、Ｂの死亡時期等の間接事実にも言及して整理していますが、事案の全体像を把握しやすくするための工夫です。同「(2)　L_1 について」における「Ａによる L_1 の買受け」の事実も、厳密には主要事実ではないのでしょうが、本件登記1がされるに至った経緯を理解するために重要であるので、記載しています。このように、「争点に対する判断」の記載を分かりやすくし、判決の第一次的読者である当事者がこれを無理なく理解するようにするためには、重要な間接事実をここで摘示しておくのが有効です。

すなわち、**争いのない事実として摘示すべき事実**は、主文を導くために必要不可欠な主要事実のみでなく、「争点に対する判断」の記載を簡潔にかつ分かりやすくするという観点から、**重要な間接事実を選択してここに摘示しておきます**。主要事実は、その詳細さの程度（裏からいえば、その概括さの程度）はともかく、漏らさずに摘示し、間接事実は、争点との関係における重要度に応じて取捨選択するということになります。

争点は、要件事実論による分析をした上で、**いずれの主要事実が当事者間で争われているのかを明確にすること**を念頭に置いて記載します。［演習問題17］の起案例についてみますと、争点が、前記(2)の請求原因事実(イ)（ＸＡ間の L_1 の贈与契約の成否）、(エ)－2（L_2 売買契約の締結に際して、ＡがＸを顕名したかどうか）及び(エ)－3（L_2 売買契約の締結に先立って、ＸがＡに対しその代理権を授与したかどうか）にあることが明瞭に分かるように記載する必要があります[12]。

6 「争点に対する判断」記載上の注意点

(1) 論理的順序に従って記載すべきこと

　在来様式の判決書の場合には、「事実」と「理由」とが形式上区別されており、「事実」が「請求原因→抗弁→再抗弁」の順に整理されていましたから、「理由」も事実摘示の順に「請求原因→抗弁→再抗弁」と認定・判断を進めるのが自然の成り行きでした。

　新様式の判決書の場合には、「事実及び理由」として一括され、前記4(3)の「事案の概要」中の「争いのない事実等」の欄において付随的な争点についての認定・判断は簡単に済まされています。そして、「争点に対する判断」においては、「事案の概要」中の「争点」の欄に列挙されたものを順に認定・判断することになります。したがって、そこでは必ず「請求原因→抗弁→再抗弁」の順に説示事項が現れるということにはなりません。しかし、理由は、主文を導くために必要十分な事項についての認定・判断を分かりやすく説明するものであることに変わりはありません。したがって、**新様式の判決書においても、当該事件における「請求原因→抗弁→再抗弁」という争点の論理構造を常に念頭に置いて、記載することが肝要です**[13]。

---

(12)　最高裁・新様式41頁は、「代理の主張について、①代理行為、②顕名、③代理権授与行為といった要件事実をすべて記載する必要はな（い）」として、[演習問題17]の争点(2)の記載として「AがXの代理人としてXのためにL₂を買い受けたか否かである。」という概括的な記載で足りるとしています。本件では、①に争いがなく、②と③が争われているのですが、この記載では、①、②、③のいずれの点が争われているのかが不明確であり（②のみが争われていると理解する読者も、①、②、③のすべてが争われていると理解する読者もいるでしょう。）、推奨できる記載方法とはいえません。主要な争点を明らかにする欄なのですから、できる限り誤解を招く可能性の少ない正確な記載方法によるべきです。

(13)　むしろ、新様式の判決書の場合には、要件事実論による事実摘示欄が存在しない分、より一層「請求原因→抗弁→再抗弁」の論理構造を念頭に置いて理由説示に当たるべきであるというべきでしょう。

(2) 論理的順序による必要十分な認定・判断とは

主文を導くために必要十分な事項についての認定・判断を論理的順序に従って記載するというのは、当然のことであって難しいことはないようにみえます。しかし、実際には、種々の問題にぶつかることがあります。

これを、[演習問題18]によって具体的に考えてみましょう。

[演習問題18]

Xは、Yに対し、保証債務の履行を求めている。当該事件の争点の構造は、大要、以下のブロック・ダイアグラムのように整理することができる。○×△は相手方当事者の認否の態様を表す記号であり、それぞれ「認める」「否認する」「不知」を示す。

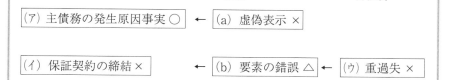

裁判官Jは、請求原因(イ)の事実は証拠によって認定することができ、抗弁(a)の事実は認定することができず、同(b)の事実は認定することができるとの心証を得ている。また、裁判官Jは、再抗弁(ウ)はXの主張する事実のすべてが認められると仮定しても、それらの事実によって「Yに重過失あり」ということはできないと考えている。

裁判官Jは、どのような順序で、どのような範囲の争点について認定・判断を示すのが適切か。

まず、本件については、主債務の発生原因事実(ア)に関する主張の系列と保証契約の締結(イ)に関する主張の系列の、2つの系列が存在することを確認しておく必要があります。

「請求原因→抗弁→再抗弁」の論理的順序に従って認定・判断を記載しよう
とするときに、本件のように、請求原因の要件事実が(ア)(イ)と複数ある場合には
どうすべきでしょうか。

2つの方法が考えられます。1つは、系列ごとに「(ア)→(a)」→「(イ)→(b)→
(ウ)」の順に認定・判断を記載する方法であり、もう1つは、請求原因・抗弁・
再抗弁のかたまりごとに「(ア)→(イ)」→「(a)→(b)」→(ウ)の順に認定・判断を記載
する方法です。

司法研修所・起案の手引60頁は、司法修習生に対し、後者の方法を推奨して
います。請求原因の要件事実のすべてを認定することができて初めて抗弁を問
題にすれば足りるという意味ではそのとおりですが、請求原因事実(イ)の認定を
長々とした上で、抗弁事実(a)を認定して請求を棄却するというのでは、主文を
導くために必要な事項についての認定・判断を記載したといえるのかに疑問が
残ります。請求を認容する場合には、いずれにしても請求原因事実のすべてを
認定（又は判断）する必要がありますから、後者の方法によるのが分かりやす
いことが多いでしょうが、抗弁の1つを採用して請求を棄却する場合には、一
概にいうことはできません。請求原因事実(ア)と(イ)との密接性の程度、当事者の
争い方及び審理の態様等を勘案し、最終的には基本的読者である当事者の理解
のしやすさと説得力の有無とを勘案して、いずれを採るかを決することになり
ます。

次に、本件のように、複数の抗弁が主張されている場合におけるそれらの抗
弁の認定・判断の要否が問題です。

この点につき、原告の請求を認容するためには、すべての抗弁を認定・判断
して排斥しなければならないが、原告の請求を棄却するためには、いずれか1
つの抗弁を採用すれば足りるので、**複数の抗弁及びそれらの抗弁に対する再抗
弁以下についての認定・判断をする余地はない**、と解されています[14]。

本件にこの原則を適用しますと、裁判官Jは、抗弁(b)の事実を認定すること
ができるとの心証を得ており、それに対する再抗弁(ウ)は主張自体失当である[15]

---

(14)　司法研修所・起案の手引60頁を参照。

(15)　主張自体失当の意義については、本書第2章Ⅳ-2(2)を参照。

と考えているというのですから、抗弁(b)についての認定・判断を記載すれば必要十分であり、抗弁(a)についての認定・判断を記載する余地はないということになります。

そうすると、裁判官Jとしては、「(ア)→(イ)→(b)→(ウ)」の順に認定・判断を記載する（ただし、(ア)については「争いのない事実」欄に記載します。）か[16]、「(イ)→(b)→(ウ)」の順に認定・判断を記載するということになります。いずれにしても、抗弁(a)の認定・判断を記載するのは蛇足です。

しかし、実際には、原告の請求を棄却するのに、複数の抗弁についての認定・判断をする場合が全くないわけではありません。その例としては、所有権に基づく返還請求訴訟において、所有権喪失の抗弁として、有権代理による売買契約の締結と表見代理による売買契約の締結とが主張されている場合において、有権代理を認めるに足りないが、表見代理の成立は認められるとするとき、同じく所有権喪失の抗弁として、取引行為の成立（売買契約の締結）と取得時効の成立とが主張されている場合において、取引行為を認めるに足りないが、取得時効の成立は認められるとするときなどを挙げることができます。

これらは、要件事実論からすると抗弁として等価値の主張なのですが、事実審裁判官としては、当事者に対する納得という観点から、有権代理の認定ができるかどうか、取引行為の認定ができるかどうかを判示した方がよいと考えているのでしょう。

ところで、裁判官Jは、再抗弁(ウ)が主張自体失当であると考えているので、上記の順序で記載することになりますが、再抗弁(ウ)に理由があると考える場合に、抗弁(b)の認定・判断をしないまま、再抗弁(ウ)の認定・判断をすることが許されるかどうか、許されるとして、そうするのが適切であるかどうか、という問題があります。本件に即して具体的にいうと、「仮にYに錯誤があるとしても、……の証拠によると、○○の事実が認められるところ、これらの事実によると、Yに重大な過失があるといわざるを得ないから、いずれにしてもYの錯誤無効の主張には理由がなく、Xの請求を認容するのが相当である。」といっ

---

[16]　東京地判昭和63・4・22判時1309号88頁は、前者の記載方法によっています。同判決についての詳しい検討は、田中・事実認定89〜95頁、230〜232頁を参照。

た認定・判断をすることに係る問題です。

　このような認定・判断の仕方は、絶対に許されないものではなく、争点の性質等によっては、有効な場合もなくはないでしょうが、誤った認定・判断をできる限り少なくするという観点からは、避けるのが賢明です。裁判官を含む法律実務家は、仮説的問題（hypothetical question）に答えるのを得意とはしていません。**当事者によって十分に議論が交わされていない問題に裁判官が出した答えは、見逃されている問題の存する危険があり、誤りやすい**というのが経験の教えるところです[17]。

Tea Time

●判決書における認定と判断●

　本書では、しばしば、「認定・判断」と表記しています。これは、判決書において「認定」及び「判断」という用語によって意味するところに従ったものです。すなわち、「認定」は事実の認定を意味するものとして、「判断」は法律判断——すなわち、法令の解釈と適用についての判断——を意味するものとして使用しています。

　法律文書を作成する場合に、2つの用語をこのように使い分けると、論理の運びが明快になります。特に、法律論であるのか事実論であるのかを識別することが重要である上告理由書と上告受理申立て理由書を作成する場面では、このような使い分けを意識して起案に向かう必要があります。

　しかし、新聞雑誌等の多くの記事は、このような用語の使い分けをしていません。法律実務家として裁判記事を読むときに、日本語による表現の仕方にも着目する癖をつけておくと、文章力の向上に資するものと思われます。

---

[17]　大判昭和9・5・4民集13巻633頁は、本文のような方法で重過失の再抗弁を容れて抗弁を排斥した原判決を審理不尽の違法ありとして破棄したものです。同判決についての詳しい検討は、田中・事実認定232〜237頁を参照。

第5章 判決書・決定書 275

7 事実上の争点についての判断（認定）の説示方法

(1) 要証事実を積極認定する場合

要証事実（争いのある主要事実）を積極認定することができるのは、① 主要事実を認定することのできる直接証拠が存在する場合、② 主要事実を認定することのできる直接証拠は存在しないが、間接証拠によって間接事実を認定することができ、それらの間接事実に経験則を適用すると主要事実を認定することのできる場合（この認定の手法を「推認」といいます。）、のいずれかです。

(ア) 直接証拠によって主要事実を認定する場合

この場合には、まず認定に用いる直接証拠を挙示し、その後に認定する主要事実を摘記するのが分かりやすい方法です。判決書の記載として一般的なのは、次のようなものです。

> 甲1及び証人Wの証言によれば、争点1の事実（WとXとの間の売買契約の締結）を認めることができる。

中心的な争点であって、反証も提出されており、それを排斥する説示をするのが適切である場合には、上記に続けて次のような表現でこれを示します。

> 上記認定に反する証人Aの供述は信用することができず、他に上記認定を左右するに足りる証拠はない。

この後半部分は、明示に排斥した証人Aの供述以外に、反証の域に達する証拠がないことを表現しています。証拠を排斥する理由を逐一説示する必要はないというのが最高裁判例の立場[18]ですが、当事者に対する説得という観点から、説示するのが適切である場合もあり、実務上もしばしば見られます。

また、直接証拠の有する証拠力（証明力）が真剣に争われた事件では、直接証拠に証拠力（証明力）が認められる理由を説示するために、間接証拠によって間接事実を認定することがあります。この場合には、認定された間接事実が

---

[18] 最2小判昭和38・6・21集民66号615頁。

補助事実として機能するということになります。

(イ) 間接事実による推認の手法を用いる場合

直接証拠が存在しない場合に、単に間接証拠を挙示してその後に認定する主要事実を摘記するという方法をとると、判決書の上では、上記(ア)の場合かどうかの区別がつきません。すなわち、事実審裁判官の事実認定の過程が判決書に反映されておらず、当事者に対する説得力を欠くことになります。

そこで、(1) 間接証拠を挙示し、それによって認定することのできる間接事実を摘記した上で、(2) それらの間接事実に経験則を適用して主要事実を推認するという心証形成の過程をそのまま判決書に表現するようにします。

判決書の記載として、一般的なのは、次のようなものです。

---

(1) 証拠（甲1、乙1、証人E、X本人）によれば、次の事実が認められる。

 ①……

 ②……

 ③……

(2) 前記(1)の①、②、③の事実を考慮すると、特段の事情が認められない限り、Xはその妻であるAに対し、本件契約を締結する代理権を与えていたということができる。

これに対し、(1)の過程において反証がありこれを排斥する場合、又は主要事実に対する直接の反証がありこれを排斥する場合に、その旨の説示をするときの要領は、前記(ア)と異なるところはありません。

次に、(2)の過程において反証（特段の事情の存在を目指した証拠）があるものの、いわゆる間接反証として十分でない（特段の事情とはいえない）場合に、これを説示するのが望ましいときもあります。

そのような場合の説示方法としては、次のようなものがあります。

証人Fによれば、④の事実が認められるが、証人Wによれば、これは⑤の目的でされたものであることが認められるから、④の事実をもって特段の事情に当たるということはできず、前記(2)の推認を妨げるものではな

い。

(2) 要証事実を積極認定することができない場合

　要証事実（争いのある主要事実）を積極認定することができない場合としては、①　要証事実に符合する直接証拠も間接証拠も存在しない場合、②　要証事実に符合する直接証拠は存在するものの、その証拠力（証明力）を認めることができず、他にめぼしい証拠がない場合、③　要証事実に符合する直接証拠は存在せず、間接証拠によって間接事実を認定することはできるものの、要証事実である主要事実を認定することができない場合、の３類型に分類することができます。

(ア)　直接証拠も間接証拠も存在しない場合

　司法研修所・起案の手引83〜84頁は、この場合を、更に、①　立証活動が全くされていないときと、②　立証活動がされてはいるものの、言及すべき証拠もないときとに分けて、それぞれ以下のように表現するとしています。

①　○○の事実については、証拠が全くない。
②　○○の事実は、これを認めるに足りる証拠がない。
　　○○の事実は、本件全証拠によってもこれを認めるに足りない。

(イ)　直接証拠の証拠力（証明力）を認めることができない場合

　この場合の典型例の１つは、直接証拠が文書であって、その形式的証拠力（成立の真正）が認められない場合です。

　最３小判平成11・３・９判時1708号38頁の概要以下のとおりの判示部分は、事実審裁判官にとって参考になります[19]。これは、贈与契約が締結されたことが要証事実である事件において、贈与の意思表示が記載された「念書」と題する文書の形式的証拠力の有無が直接的な争点になった（要するに、処分証書の成立の真正という補助事実の成否が主要な争点になった）のです。

---

[19]　前掲最３小判平成11・３・９についての詳しい検討は、田中・事実認定163〜169頁を参照。

① 本件念書は、その内容部分もＡの氏名部分もすべてワードプロセッサーで作成されて印刷されているものであって、Ａの自署による部分はない。また、その名下の印影はいわゆる三文判によるものであり、Ａが使用していた印章によって顕出された印影であることを証するに足りる証拠はない。したがって、本件念書は、Ａ作成名義ではあるものの、その外観からは真正な成立を認めることができない。

② 以上のとおりの本件念書の体裁や証人Ｍの供述内容に照らせば、本件念書の成立については種々の疑問が生ずるところ、その疑問を払拭するに足りる立証がないから、結局、本件念書の成立を認めることができない。

また、もう１つの典型例は、直接証拠が証言等の供述であって、その内容が信用することができない場合です。

前掲最３小判平成11・3・9は、以下のとおり、贈与の意思表示がされたと述べた証人Ｍの証言が信用することができない理由についても詳細に説示しており、参考になります。その一部分を紹介すると、以下のとおりです。

① 証人Ｍの供述によれば、亡Ａは、わざわざ入院中、しかも退院間近であると認識していたものと推測される時期に、知り合いでもない単なる入院先の病院職員に記載内容を口授し、そのメモを持ち帰らせて本件念書を作成させたというのであるが、本件念書の内容等に照らせば、入院先の病院職員に作成を依頼することは考え難く、右供述内容は不自然というべきである。

② 亡Ａが、入院中に突然、病院職員に依頼してまで、……本件念書を作成する必要が生じた理由等をうかがわせる証拠は見当たらない。

なお、このように主要な直接証拠の証拠力（証明力）を認めることができないことを説示した場合には、その上で、他に要証事実を認定するに足りる証拠がないことを説示しておくことが必要です。

第 5 章　判決書・決定書　279

(ｳ)　間接証拠によって間接事実を認定することはできるものの、主要事実を認定することができない場合

この場合は、更に、①　推認不十分型と、②　間接反証成功型とに分けて理解しておくのが有効です。

推認不十分型においては、以下のような説示をするのが通常です。

> 証拠（甲1、X本人）によれば、①、②、③の事実が認められるが、これらの事実を考慮しても、なお、X主張の○○の事実を推認するに足りず、他に同事実を認めるに足りる証拠はない。

なお、実務では、この説示部分に続けて、次のような認定を付加する例も見られます。

> かえって、証拠（乙1、Y本人）によれば、X主張の○○の事実は存在せず、Y主張の△△の事実が存在したことが認められる。

これは、Xの主張する請求原因事実を認定することができないばかりか、その反対事実又はYの主張する積極否認事実すら認定することができるといった場合に用いられる手法であり、一般に「かえって認定」と呼ばれています。判決主文を導くのに必要最小限の事実認定ではありませんし、勇み足による事実誤認をする危険が伴いますから、初心者は避けるのが無難です[20]。認定に誤りがないかどうかを慎重に検討した上で、しかも判決の説得力を増すために必要である場合には、常に必ず回避しなければならないということはなく、実際にも時々みられる認定の説示方法です。

間接反証成功型においては、以下のような説示をするのが通常です。

> 証拠（甲1、X本人）によれば、①、②、③の事実が認められる。しかし、他方、証拠（乙1、Y本人）によれば、④、⑤の事実も認めることができるところ、これらの事実に照らして考えると、①、②、③の事実から

---

[20]　司法研修所・起案の手引68頁を参照。

X主張の○○の事実を推認することはできず、他に同事実を認めるに足りる証拠はない。

　大阪高判昭和29・7・3下民集5巻7号1036頁は、父子関係の存在につき間接反証が成功したとしたものです。説示方法の参考として挙げておきます[21]。

　　鑑定人……の鑑定の結果に依ると、……各種血液型の検査……から見ると、YとXとの間に父子関係があっても矛盾することは無く、又受胎期に付てはAの陳述に依れば、……受胎可能期間は昭和○年1月3日頃より同月10日頃迄の間となり同月9日頃Yとの間に性交があったとすれば受胎可能期間に相当すること明であるが、指紋検査に於ては……XとYの間には類似点が少く、……又掌紋検査に付ても……殆ど異って居り、更に人類学的考察に依っても……XとYとは相似点は十点に達しないのであって、右指紋掌紋、及び人類学的考察より見ると、両者の間に、父子関係が存在すると考え難い所見になることが認められる。又……Y及びX法定代理人Aの各本人尋問の結果を総合すれば、Aは……昭和△年頃Yより紹介された……者と情交関係を結んだことがあり、……此等の事実関係及び右鑑定の結果と対比して考察するときは先に認定したAの妊娠より出産の前後に於ける事実関係及び……を総合してもいまだXがYの子であることを認定するに不十分であり、他に此の点に付Xに有利の認定をするに足る証拠は無い。

II　控訴審判決書の作成

1　第一審判決書との異同

　判決書作成の共通の目的については、前記 I - 1 に述べたとおりです。そし

---

(21)　しかし、前掲大阪高判昭和29・7・3は、最1小判昭和31・9・13民集10巻9号1135頁によって破棄されました。この最高裁判決についての詳しい検討は、田中・事実認定22～35頁を参照。

て、同 2 において、第一審判決書につき、「当事者のための判決」という観点から、当事者にとって分かりやすい構造と文章の判決書にすることを目指した「新様式の判決書」が工夫され、現在の実務をほぼ支配するに至っていることを説明しました。この事情は、控訴審判決書についても同様に当てはまります。

本書第 2 章Ⅳ - 1(2)で説明したように、民事控訴審は原告の提示した請求の当否を最終的な審判の対象とする続審ではありますが、そこでの直接の**審理の対象は、第一審判決に対して控訴人が申し立てた不服の範囲**（すなわち、**控訴の趣旨**）に限定されます。そこで、控訴審の審理は、控訴の趣旨によって明らかにした結論を導くべく控訴人が特定して主張した第一審判決の事実認定及び法律判断の正否に集中してされることになります。

控訴審判決書は、控訴審におけるこのような審理の実態を反映させたものであることが望ましいので、ここに第一審判決書との差異が生じることになります。

ところで、**民訴法297条は、第一審の訴訟手続に関する規定を控訴審の訴訟手続にも準用すること**としていますから、第一審判決書の必要的記載事項を定めた民訴法253条と280条の規定が基本的に控訴審判決書にも適用されます。すなわち、控訴審判決書にも、主文、事実、理由、口頭弁論の終結日、当事者及び法定代理人、裁判所を記載しなければなりませんし（民訴法253条）、事実を記載するには、請求の趣旨と原因の要旨の記載により請求を特定し、攻撃方法である請求の原因等や防御方法である抗弁等の要旨を摘示しなければなりません（民訴法280条）。

しかし、上記のとおり、控訴審においては第一審判決を前提として審理がされますから、民訴規則184条は、控訴審判決書においては第一審判決書の事実及び理由を「引用」することを許しています。そこで、第一審判決書の事実摘示のみならず理由に付加、削除又は訂正をするという形態の控訴審判決書が出現することになります。このような形態の控訴審判決書を、一般に「**引用判決**」と呼びますが、より具体的に「**正誤表型引用判決**」と呼ぶこともあります。

2 いわゆる「引用判決」の実状と改善の必要

　最1小判昭和37・3・8集民59号89頁は、民訴法391条（現行民訴規則184条）にいう「引用」の意義につき、「原判決の記載そのままを引用するを要するの謂ではなく、これに附加し又は訂正し時に或は削除して引用しても妨げない趣旨と解する」と判断し、当該控訴審判決書自体において理由が判明しない判決には理由不備の違法があると主張する上告理由を排斥し、当時の実務の取扱いを追認しました。

　この最高裁判決の存在も影響して、全国の高等裁判所における全判決中の7割ないし9割が事実摘示又は理由の一部又は全部を引用していると報告されています[22]。

　引用判決の欠点は、当事者ですら、控訴審判決の内容を理解するために控訴審判決書と第一審判決書とを対照させなければならないという煩雑さがあり、第一審判決書を保有しない第三者は、控訴審判決書のみではその内容を理解するのが困難であるというところにあります。

　他方、引用判決は、第一審判決との異同を明らかにし、控訴審における審理の実態を反映させるという利点もあります。

　したがって、控訴審判決の言渡しを口頭弁論の終結日から2月以内にする（民訴法251条1項）ためには、控訴審裁判官の判決起案の負担を現状以上に加重することはできないという観点から、引用判決を単に必要悪として受け止めるのではなく、その欠点をできるだけ少なくするよう補正しつつ、これを積極的に活用する工夫がされてしかるべきでしょう。現に、そのような試みもされています[23]。

　第一審判決書の記載をそもそも引用するかどうか、引用するとしてどの程度に引用するかは、次のような様々な要素を勘案して、決することになります。

---

[22] 　雛形要松＝井上繁規＝佐村浩之＝松田亨『民事控訴審における審理の充実に関する研究』200頁（法曹会、2004年）を参照。

[23] 　引用判決改善の工夫につき、雛形＝井上＝佐村＝松田・前掲注(22)205〜208頁を参照。

[24] 　雛形＝井上＝佐村＝松田・前掲注(22)207頁は、新様式の第一審判決書の中に、主張・立証責任の所在をあいまいにしたままで理由中の判断がされていることがある旨指摘しています。

すなわち、結論において第一審判決を取り消し又は変更するのかどうか、当事者が控訴審において請求の変更、新主張又は新証拠の提出等をしたかどうか、結論において第一審判決を取り消し又は変更するのではない場合であっても、当該第一審判決が理路整然と分かりやすく説示されたものであるかどうか(24)といった要素です。

3　控訴審判決書の構成

そこで、次に、新様式の判決書を前提として、控訴審判決書の構成をみておきましょう(25)。

［控訴審判決書の構成］

【表題部】

平成30年(ネ)第1345号売買代金返還請求控訴事件（原審・横浜地方裁判所平成28年(ワ)第876号）

口頭弁論終結日　平成30年９月20日

判　決

【当事者等の表示】

（住所）

控訴人（第一審原告）　甲野太郎

同訴訟代理人弁護士　丙野三郎

（住所）

被控訴人（第一審被告）　乙山産業株式会社

同代表者代表取締役　乙山一郎

同訴訟代理人弁護士　丁川次雄

【主文】

(25)　雛形＝井上＝佐村＝松田・前掲注(22)209頁以下の参考判決例のうちの第５事例（同書232頁）を修正したものです。

1 原判決を次のとおり変更する。
 (1) 被控訴人は、控訴人が別紙物件目録記載の土地について別紙登記
  目録記載の登記の抹消登記手続をするのと引換えに、控訴人に対
  し、金5000万円を支払え。
 (2) 控訴人のその余の請求を棄却する。
2 訴訟費用は、第1、2審を通じ、これを5分し、その1を控訴人
 の、その余を被控訴人の負担とする。
3 この判決は、第1項(1)に限り、仮に執行することができる。

【事実及び理由】

第1 控訴の趣旨
1 原判決を取り消す。
2 被控訴人は、控訴人に対し、金5000万円及びこれに対する平成27年
 4月3日から支払済みまで年5分の割合による金員を支払え。

第2 事案の概要（略称等は、原判決のそれに従う。）
1 本件の概要
2 前提となる事実（当事者間に争いがない事実及び括弧内に掲記の証拠
 により容易に認定することのできる事実）
 (1)
 (2)
 (3)
3 争点及び当事者の主張
 (1) 停止条件（法定条件）付売買契約及び条件不成就の確定
  ア 控訴人の主張
  イ 被控訴人の主張
 (2) 同時履行の抗弁
  ア 被控訴人の主張
  イ 控訴人の主張

第5章 判決書・決定書 **285**

第3 当裁判所の判断

1 本件売買契約締結に至る経緯

前記第2、2の事実に加え、括弧内に掲記の証拠及び弁論の全趣旨によれば、以下の事実を認定することができる。

(1)

(2)

(3)

2 争点(1)について

3 争点(2)について

第4 結論

【裁判所の表示等】

東京高等裁判所第1民事部

裁判長裁判官　　　A　　　㊞

裁判官　　　B　　　㊞

裁判官　　　C　　　㊞

　控訴審の新様式判決は、第一審の新様式判決と同様、実質的記載事項について「主文」と「事実及び理由」の2部構成を採っています。

　そして、控訴審判決書の「事実及び理由」の部は、実質的に、「第1　控訴の趣旨」、「第2　事案の概要」、「第3　当裁判所の判断」の3項目から成っています。**第一審判決書と異なるのは、その冒頭に「第1　控訴の趣旨」の項目が置かれること**ですが、これは、前記1のとおり、控訴審における審理の対象を明示するためのものです。

4 事案の概要と当裁判所の判断

(1) 事案の概要

前記3の[**控訴審判決書の構成**]では、「第2　事案の概要」は、「本件の概

要」、「前提となる事実」、「争点及び当事者の主張」の３項目から成っています
が、事案によって工夫すべき部分です。

　まず、「本件の概要」において、原告の請求（訴訟物）は何か、中心となる
争点は何か、第一審判決の判断の概要等を明らかにしておく必要があります。
ここで、控訴審判決の結論と理由の要旨をも説示しておくと、当事者は、「本
件の概要」の項目によって、第一審以来の審判経過を踏まえて、当該控訴審判
決の内容を大づかみに理解することが可能になります。

　そして、「前提となる事実」において、当事者間に争いがない事実と争いが
あるものの証拠又は弁論の全趣旨により容易に認定することのできる事実を挙
げておき、「争点及び当事者の主張」において、控訴審での主要な争点とそれ
についての当事者の要件事実についての主張の概要を主張・立証責任の所在を
明確にしつつ摘示する工夫をすることが重要です。そうすることによって、そ
れに続く判断の理解を容易にすることができます。

(2)　当裁判所の判断

　「第３　当裁判所の判断」は、控訴審判決書の中心となる部分であり、事件
ごとに工夫を要する部分です。

　前記３の［控訴審判決書の構成］では、２つの主要な争点を判断するための
前提となるべき事実が共通するため、まず、証拠によってした事実認定をまと
めて説示し、その後に各争点についての判断を説示するという順序になってい
ます。しかし、争点の性質や内容によっては、争点ごとに証拠による事実認定
を説示する方が分かりやすいこともあります。このあたりの使い分けや工夫
が、判決起案をする裁判官の腕のみせどころになります。

Ⅲ　上告審判決書・決定書の作成

1　民訴法の改正

(1)　上告の制限

　現行民訴法は、旧民訴法が改正され平成10年１月１日に施行されたもので

す。この改正の最大のねらいは、事実審裁判所における審理の充実と迅速化を図るために規定を整備するところにありましたが、この点ではそれまで実務上積み重ねられていた工夫を条文化したという側面が強く、目新しいものはそれ程多くはありません。法律改正そのものが民事訴訟実務に影響を及ぼすという観点からしますと、むしろ、上告手続の改正の方が重要なものであるということができます[26]。

すなわち、旧民訴法の下では、事実審判決につき、その結論に影響を及ぼす実体法・手続法の誤りは、すべて当事者の権利として上告することができました。法律審であるという性質上、事実審判決のした事実認定の誤りを上告理由にすることはできなかったのですが、事実認定の誤りであってもそれが経験則に違反する場合には上告理由にすることができるという確定判例の立場に依拠して、単なる認定非難にすぎないものも、経験則違反の名の下に上告されるという実態にありました。

現行民訴法は、旧民訴法下のこのような実態を考慮し、当事者が権利として上告し得る事件の範囲を制限し、最高裁判所の負担を軽減することによって、その時間とエネルギーとを憲法問題と重要な法律問題の判断に集中させることを目的として、法律問題については原則として上告受理決定がされて初めて上告審の判断を受けることができるという**上告受理申立ての制度**を導入しました（民訴法318条1項、4項）。そして、当事者が権利として上告し得るのは、憲法解釈の誤りと絶対的上告理由といわれる重大な手続上の誤りとに限定しました（民訴法312条1項、2項）。

(2) 上告事件の処理

上告審である最高裁判所は、上告の理由が明らかに民訴法312条1項、2項の規定する事由に該当しない場合には、決定をもって上告を棄却することができるものとしました（民訴法317条2項）。旧民訴法下では、このような場合であっても、判決をもって上告を棄却しなければならなかったのですが、決定で

---

[26] 近藤崇晴「上告と上告受理の申立て──新民事訴訟法と最高裁判所への上訴」自由と正義2001年3月号53頁を参照。

足りることとしたため、法廷で言い渡す必要がなくなり（民訴法251条）、言渡期日をあらかじめ当事者に通知する必要もなくなったのです（民訴規則156条）。また、判決書には、判決をした裁判官が署名押印しなければならない（民訴規則157条1項）のですが、決定で足りることとしたため、裁判官が署名する必要がなくなりました。

　平成28年度における最高裁判所における民事・行政事件の既済事件の終局区分は、次の表のとおりであり、全事件のうち約97.7％の事件が決定によって処理されている実情にあります[27]から、この民訴法の改正は実務に大きな影響を及ぼしています。また、上告審の訴訟代理人である弁護士としては、全上告事件に占める破棄判決の割合が0.2％であり、全上告受理事件に占める破棄判決の割合が1.1％であって、最高裁判所の上告審としての終局区分に占める割合はわずか0.73％にすぎないことをよくよく認識して仕事に臨む必要があります。

平成28年度民事・行政事件の既済事件の終局区分（最高裁判所）

	判決		決定			和解	取下げ	その他
	棄却	破棄	却下	棄却	不受理			
上告　2419	8	5	36	2352	－	－	16	2
上告受理　3056	13	35	－	－	2962	1	26	19
総数　5475	21	40	36	2352	2962	1	42	21
100%	(0.38)	(0.73)	(0.66)	(42.96)	(54.10)	(0.02)	(0.77)	(0.38)
	1.11%		97.72%			0.02%	0.77%	0.38%

　決定によって上告を棄却する場合（いわゆる「三行半決定」）の理由には、「民事事件について最高裁判所に上告をすることが許されるのは、民訴法312条1項又は2項所定の場合に限られるところ、本件上告理由は、違憲（又は理由の不備・食違い）をいうが、その実質は事実誤認又は単なる法令違反を主張するものであって、明らかに上記各条項に規定する事由に該当しない。」という定型的な文言が使用されます。

　最高裁判所も、上告の理由が明らかに民訴法312条1項、2項の規定する事由に該当しないといえない場合には、決定をもって上告を棄却することはでき

---

(27)　最高裁判所事務総局編『平成28年司法統計年報1　民事・行政編』52〜53頁を参照。

ず、上告に理由があるときは原判決を破棄しての差戻し、自判等の判決（民訴法325条、326条）を、上告に理由がないときは上告棄却の判決（民訴法319条）を言い渡すことになります。

(3) 上告受理申立て事件の処理

旧民訴法下においては、判決に影響を及ぼすことの明らかなる法令の違背（旧民訴法394条）があることを上告理由とすることができたのですが、前述のとおり、現行民訴法下においては、原判決の法令違反を主張するには、まず、上告受理の申立てをし、事件が上告事件として受理されなければなりません。

受理されるためには、法令の解釈に関する重要な事項を含むものと認められる事件であることが必要です（民訴法318条1項）。判例違反がその1つの例として挙げられているところからして、最高裁判所として法令解釈を示す必要がある事項を前提としており、個別事件における法令の解釈適用の誤りを是正するという観点よりも、当該事件に含まれている法令解釈の重要性という観点に重点が置かれるため、上記の旧民訴法における法令違背よりも狭いものが予定されていると解釈されており[28]、現に、そのような解釈に基づく運用が上告受理申立て事件について定着してきています。

しかし、最高裁判所民事上席調査官である富越和厚氏（当時）は、「調査を担当する者としては、上告と受理申立ての関係あるいは法令解釈重要事項の範囲についていかなる立場をとるかにかかわらず、旧法において是正されたものは新法においても是正されるべきであるとの認識の下に職務に当たっている。」と明言されています[29]。民事紛争に毎日接している法律実務家の一人である筆者としては、法令の解釈適用の誤りを犯した控訴審判決は民訴法の改正の前後を問わずかなりの多数存在するという実感をもっています。最高裁判所の役割として、違憲審査と法令解釈の統一が最重要であることはそのとおりでしょうが、それは、個別事件における控訴審判決に法令の解釈適用の誤りがないとい

---

[28] 富越和厚「最高裁判所における新民事訴訟法の運用」法の支配116号40頁（2000年3月号）を参照。

[29] 富越・前掲注[28]52頁を参照。

う状態が広範に存在することが前提になっていなければなりません。富越氏の上記の発言は、民事最終審の現場を支える立場にある法律実務家のあるべき姿であり、富越氏の後輩の調査官諸氏が常にこのような姿勢で上告受理申立て事件の調査に当たることを願っています。

最高裁判所は、上告受理申立て事件が民訴法318条1項にいう事件に当たるかどうかを審理し、当たると判断するときは受理決定を、当たらないと判断するときは不受理決定をします。受理決定には「本件を上告審として受理する。」という定型的な主文が[30]、不受理決定には「本件を上告審として受理しない。」という定型的な主文が用いられています[31]。不受理決定の理由は、「本件申立ての理由によれば、本件は、民訴法318条1項により受理すべきものとは認められない。」という極めて簡単なものです。

2　事実審判決書との異同

上告審である最高裁判所の制度目的との関係から、その判決書作成の主要な目的は、前記I－1のうち③の点（一般国民に対して法の内容、すなわち、その解釈適用を明らかにするという点）にあります。

そして、上告審は法律審であるという性質上、事実審（第一審及び控訴審）において確定された事実を前提として、原判決の法律判断の正否について判断を示すということになります。

第一審及び控訴審判決書については、当事者のための判決書という観点から、判決書が工夫され、いわゆる新様式判決書が現在の実務の趨勢になっていることを説明しましたが、最高裁判決書については、事実審判決書についてのこのような動きと軌を一にして意識して工夫がされたという形跡はありません。

しかし、第二次世界大戦後今日までの最高裁判決書を時系列上に並べて比較

---

(30)　ただし、上告受理の申立て理由中に民訴法318条3項の規定により排除すべきものがある場合は、上告受理決定の主文において「申立ての理由中、第3項を排除する。」などとして、申立て理由中の排除すべき部分を特定します。

(31)　上告と上告受理の申立て双方の申立てがされ、上告につき決定をもって棄却し、上告受理の申立てにつき不受理決定をするときは、1通の決定書（主文は、「本件上告を棄却する。本件を上告審として受理しない。」というもの）によって処理されています。

してみると、幾つかの点を指摘することができます。第一に、第二次世界大戦後しばらくの間の最高裁判決書にしばしばみられた結論のみであって理由付けの伴わない判決書は、最近30年程度をみますとほとんどなくなりました。第二に、第一の点の系というべきでしょうが、理由付けが比較的丁寧になり、徐々に判決書が長文化してきています。しかし、アメリカ連邦最高裁判決と比較してみれば、はるかに簡潔であり、我が国の現在の最高裁判決書をもって冗長にすぎるということはありませんし、近時の法律関係の複雑さからして、現在の程度の詳細さは維持されるべきものです。第三に、我が国においては、最高裁判所においてのみ各裁判官の意見を表示することとされています（裁判所法11条に規定するいわゆる個別意見制度）が、近時、民事事件においても個別意見の表明が増えていると感じられます[32]。第四に、事実審において新様式判決書が定着したことを反映して、最高裁判決書中の事案の概要の摘示等において、新様式判決書と共通する説示の仕方が見られるようになっていることです。

3　最高裁判決書の構成

　そこで、次に、上告又は上告受理申立ての結果、判例となる最高裁判決が言い渡される場合における判決書の構成を検討してみましょう。

　最1小判平成16・3・25民集58巻3号753頁をやや簡略にしてその構成を整理すると、以下のとおりです。

［最高裁判決書の構成］

【表題部】

平成13年㋸第734号、同年（受）第723号保険金請求、債務不存在確認請求
　本訴、同反訴事件

判　決

---

[32]　アメリカ連邦最高裁判所と我が国の最高裁判所における議論のされ方の比較については、藤倉皓一郎＝小杉丈夫編『衆議のかたち——アメリカ連邦最高裁判所判例研究（1993〜2005）』1〜23頁（東京大学出版会、2007年）を参照。

【当事者等の表示】
（住所）

上告人	甲株式会社
同代表者代表取締役	甲山一郎
同訴訟代理人弁護士	丙野三郎

（住所）

被上告人	乙生命保険株式会社
同代表者代表取締役	乙山一郎
同訴訟代理人弁護士	丁川次雄

【主文】

1　原判決主文第1項を破棄し、同項に係る部分につき本件を東京高等裁判所に差し戻す。

2　原判決主文第2項のうち、被上告人の上告人に対する債務不存在確認請求に関する部分を破棄し、同部分につき第一審判決を取り消す。

3　前項の部分に係る被上告人の訴えを却下する。

4　上告人のその余の上告を棄却する。

5　第2項及び第3項に関する訴訟の総費用並びに前項に関する上告費用は上告人の負担とする。

【理由】

第1　事案の概要

1　原審の確定した事実関係の概要は、次のとおりである。

(1)

(2)

(3)

2　被上告人は、上告人に対し、平成7年契約中の主契約に基づく死亡保険金について保険金支払債務の不存在確認を求め、これに対する反訴として、上告人は、被上告人に対し、平成7年契約に基づく保険金及びその遅延損害金の支払を求めている。

第2 上告代理人丙野三郎の上告理由について

1 民事事件について最高裁判所に上告をすることが許されるのは、民訴法312条1項又は2項所定の場合に限られるところ、本件上告理由は、理由の不備・食違いをいうが、その実質は事実誤認又は単なる法令違反を主張するものであって、上記各条項に規定する事由に該当しない。

2 職権により判断するに、被上告人の平成7年契約に基づく保険金支払債務の不存在確認請求に係る訴えについては、上告人の平成7年契約に基づく保険金等の支払を求める反訴が提起されている以上、もはや確認の利益を認めることはできないから、被上告人の上記訴えは、不適法として却下を免れないというべきである。

3 したがって、原判決主文第2項のうち、上記保険金支払債務の不存在確認請求に関する部分は、破棄を免れず、同部分につき第一審判決を取り消して、同請求に係る訴えを却下することとする。

　なお、本判決主文第2項及び第3項に関する訴訟の総費用については、民訴法62条の規定を適用し、上告人の負担とする。

第3 上告代理人丙野三郎の上告受理申立て理由第3について

1 原審は、前記事実関係の下において、次のとおり判示して、上告人の平成6年契約に基づく主契約の死亡保険金の請求を棄却した。

　(1)

　(2)

　(3)

2 しかしながら、原審の上記判断は是認することができない。その理由は、次のとおりである。

　(1)

　(2)

　(3)

3 そうすると、上告人の平成6年契約に基づく主契約の死亡保険金の請求については、1年内自殺免責特約により、商法680条1項1号

〔注：現行保険法51条1号〕の規定の適用が排除されるものと解すべきである。これと異なる原審の判断には、判決に影響を及ぼすことが明らかな法令の違反がある。論旨は理由があり、原判決主文第1項は破棄を免れない。そして、上記請求について更に審理を尽くさせるため、同項に係る部分につき、本件を原審に差し戻すこととする。

（第4　よって書き）
　なお、上告人の平成7年契約に基づく保険金請求に関しては、上告受理申立ての理由が上告受理の決定において排除された。
　よって、裁判官全員一致の意見で、主文のとおり判決する。

【裁判所の表示等】
最高裁判所第一小法廷

裁判長裁判官	A	印
裁判官	B	印
裁判官	C	印
裁判官	D	印

　最高裁判決書は、大別して、「**主文**」と「**理由**」とから成っています。そして、「理由」欄は、①　事案の概要（上記第1）、②　上告理由又は上告受理申立て理由についての判断（上記第2、第3）、③　結論（上記第4）、の3部構成をとるのが通常です。

　事案の概要において、誰から誰に対してどのような請求（訴訟物）がされている事件であるか（上記第1の2）、原審の確定した事実関係の概要はどのようなものであるか（上記第1の1）を説示します。

　その上で、上告理由又は上告受理申立て理由についての判断を示します。ここに**判例となる判断が説示**されることになります。上記の構成例では、第3の2の部分に現れます。

　そして、判例となる判断を当該事件の事実関係に当てはめた結果としての、原判決を維持又は破棄すべきであるかの結論、及びその後の当該事件の処理

（原審に差し戻すのか自判するのか）を説示します。上記の構成例では、第3の3の「そうすると」以下の部分に現れます。

　なお、上記の構成例の第2の説示は、債務不存在確認の本訴に対して被告から当該債務の支払請求の反訴が提起された場合における本訴の帰趨如何という民訴法上の問題を最高裁判所が職権で取り上げて判断した部分です。この判断は、民集の判示事項・判決要旨として抽出されていませんが、最高裁判所による初めての判断であり、民事訴訟実務に参考になるものです。第2においても、第3におけるのと同じ構成がとられていることを確認してください。

　上記の構成例の第4は、「よって書き」とでもいうべきものであり、第1ないし第3の結果、主文の結論に至ることを完結にまとめています。ここに、前記のとおりの裁判所法の要求するところに従って、各裁判官が意見を表明したことを明らかにしています。上記の構成例は、全員一致の判決ですが、個別意見が付されることもあります。その場合には、例えば、「裁判官Aの補足意見、裁判官Bの反対意見があるほか、裁判官全員一致の意見で、主文のとおり判決する。」といった具合に、個別意見の状況を明らかにします。そして、その後に、「裁判官Aの補足意見は、次のとおりである。」、「裁判官Bの反対意見は、次のとおりである。」として、各意見を説示します[33]。

---

(33)　例えば、最2小判平成9・3・14判時1600号89頁を参照。

B 決定書の作成

1 決定書作成の重要性の認識

(1) 判決と決定・命令との異同

　判決は、裁判所が原則として口頭弁論に基づき判決書を作成して、言い渡すことが要求される裁判の形式です。

　他方、決定と命令は、訴訟指揮上の措置や付随的事項を簡易迅速に解決するために用いられる裁判の形式です。決定は裁判所の裁判ですが、命令は裁判官が裁判長、受命裁判官等の資格でする裁判です。決定と命令については、口頭弁論によるかどうかは裁判所の裁量にゆだねられ（民訴法87条1項ただし書）、言渡しの必要はなく、相当と認める方法で告知すれば足り（民訴法119条）、必ずしも決定書を作成せずに調書の記載によって代用することもできます（民訴規則67条1項7号）。

(2) 許可抗告制度の創設

　前記**A Ⅲ** - 1(1)の「上告の制限」において、最高裁判所に対する上告を制限することによって、最高裁判所の本来の役割である違憲審査と法令解釈の統一に時間と労力とを注ぐことを可能とすることを目的として現行民訴法への改正がされたことを説明しました。

　このような観点から、現行民訴法は、上告制限の制度を導入するばかりではなく、他方では、決定事件についても法令解釈の統一を図るため、**許可抗告の制度を創設**しました（民訴法337条。本書第4章**B Ⅲ** - 4参照。）。すなわち、民事執行法や民事保全法の制定等に伴い、決定で判断される事項に重要なものが増えていたところ、重要な法律問題について高等裁判所の判断が分かれるという状況が生じていたので、最高裁判所による判断の統一を図ることを目的としたものです[34]。

　現に、平成20年度から平成28年度まで、最高裁判所における許可抗告事件の

第5章 判決書・決定書 297

新受件数は40ないし60件台で推移しており（ただし、平成27年度は例外的に29件と少ない。）、民集又は裁判集（民事）に登載された決定事件数は2ないし19件（当該年度の決定件数に占める割合にして、2ないし50％）の間にあり[35]、一定程度の存在感を示しています。そして、このような重要な決定は、例外なく、決定書によって告知されています。

　以上のとおり、民訴法においても決定で判断される事項の重要性が認知されたのですから、法律実務家としては、この点を念頭に置いて決定事項についても対処することが肝要です。

2　決定書の構成

　決定で判断される事項についての根拠となる主要な法律としては、**民訴法、民事執行法、民事保全法、破産法、民事再生法、家事事件手続法等**を挙げることができます。

　ここでは、文書提出命令に係る抗告棄却決定に対する許可抗告事件についての最2小決平成13・12・7民集55巻7号1411頁を素材にして、第一審（原々審）[36]、抗告審（原審）[37]、許可抗告審（最高裁）の各決定書の構成（ただし、表題部、当事者等の表示、裁判所の表示を除きます。）を検討しておきましょう。

(1)　第一審（原々審）決定書の構成

[第一審決定書の構成]

【主文】

1　相手方（原告）は、別紙文書目録1から4までの各文書を当裁判所に提出せよ。

---

(34)　法務省民事局参事官室編『一問一答新民事訴訟法』374頁（商事法務研究会、1996年）。

(35)　小林宏司＝後藤一章「許可抗告事件の実情——平成28年度」判時2348号3頁を参照。

(36)　大阪地決平成12・3・28判時1726号137頁。

(37)　大阪高決平成13・2・15金判1141号32頁。

2　その余の本件申立てを却下する。

【理由】

第1　申立ての趣旨及び理由等
　申立人（被告）らの申立ての趣旨及び理由は、別紙文書提出命令申立書のとおりであり、これに対する相手方（原告）の意見は、別紙意見書のとおりである。

第2　判断
　1　基本事件の概要
　2　別紙文書目録1から4までの各文書について
　3　別紙文書目録5の文書について

第3　結論

　基本的に、決定書の構成は、判決書のそれによっているのですが、前記1(1)のとおり、決定の簡易迅速性の観点から、判決書とは大分様相を異にするところもあります。**最も大きな相違点は、「申立ての趣旨及び理由」というような基本的事項の摘示においてすら、大胆に当事者提出の申立書や意見書を引用添付するのが一般化している点です。**

　決定書の起案のために基本事件の進行が遅滞するというのでは本末転倒ですから、起案をする裁判官としては、決定書の中核となる判断部分に注力するのが賢明です。

　なお、上記の構成例の参考にした前掲大阪地決平成12・3・28は、主文2項につき、「その余の本件申立てを却下する。」と表現しています。しかし、この決定のいう「却下」は、申立てが不適法であるというのではなく、申立てに理由がないとの趣旨に出るものです。決定・命令事項については、理由がない場合にも却下という用語を使用するという慣例に従ったものですが、推奨されるべき用語法ということはできません。「その余の本件申立てを棄却する。」とするのが正しいというべきでしょう。

第5章　判決書・決定書　299

(2)　抗告審（原審）決定書の構成

[抗告審決定書の構成]

【主文】

1　本件抗告を棄却する。

2　抗告費用は抗告人の負担とする。

【理由】

第1　抗告の趣旨

1　原決定中、主文1項を取り消す。

2　相手方の原決定別紙文書目録1ないし4記載の文書提出命令の申立てを却下する。

第2　抗告の理由と相手方らの反論

1　抗告人の主張

別紙「抗告の理由」……記載のとおりである。

2　相手方らの反論

別紙「抗告の理由に対する反論書」……記載のとおりである。

第3　当裁判所の判断

1　当裁判所も、相手方らの申し立てた原決定別紙文書目録1ないし4記載の文書の提出命令は認容するのが相当であると判断するが、その理由は、2項に記載するほか、原決定の「第2　判断」記載のとおりであるから、これを引用する。ただし、次のとおり補正する。

2　抗告人の主張に対する判断

3　結論

　前記(1)の第一審決定書の構成に付加して説明すべきことはありません。控訴審判決書と同様、第一審決定書の理由説示の一部を引用しています。引用に当

たって留意すべき点については、控訴審判決書の引用におけるのと特段異なるところはありません。

⑶　許可抗告審決定書の構成

[許可抗告審決定書の構成]

【主文】

1　本件抗告を棄却する。

2　抗告費用は抗告人の負担とする。

【理由】

抗告代理人Ａの抗告理由について

1　記録によれば、本件の経緯は次のとおりである。

　⑴

　⑵

　⑶

2　原審は、……と判断して、抗告人に対して本件文書の提出を命ずべきものとした。

3　本件文書は、……特段の事情がない限り、民訴法220条4号ハ（現行法220条4号ニ）所定の「専ら文書の所持者の利用に供するための文書」に当たると解すべきである（最高裁平成11年（許）第2号同年11月12日第2小法廷決定・民集53巻8号1787頁参照）。

　　そこで、本件文書について、上記の特段の事情があるかどうかについて検討すると、記録により認められる事実関係等は、次のとおりである。

　⑴　本件文書の所持者であるＸ（株式会社整理回収機構）は、預金保険法1条に定める目的を達成するために同法によって設立された預金保険機構から委託を受け、同機構に代わって、破たんした金融機関等からその資産を買い取り、その管理及び処分を行うことを主な業務とす

る株式会社である。

⑵　Xは、A信用組合の経営が破たんしたため、その営業の全部を譲り受けたことに伴い、A信用組合の貸付債権等に係る本件文書を所持するに至った。

⑶　本件文書の作成者であるA信用組合は、営業の全部を譲り渡し、清算中であって、将来においても、貸付業務等を自ら行うことはない。

⑷　Xは、前記のとおり、法律の規定に基づいてA信用組合の貸し付けた債権等の回収に当たっているものであって、本件文書の提出を命じられることにより、Xにおいて、自由な意見の表明に支障を来しその自由な意思形成が阻害されるおそれがあるものとは考えられない。

　　上記の事実関係等の下では、本件文書につき、上記の特段の事情があることを肯定すべきである。……所論引用の判例は、本件と事案を異にするものであり、その他原決定の違法をいう論旨は採用することができない。

4　以上のとおりであるから、本件文書の提出を命ずべきものとした原審の判断は、結論において是認することができる。

　　よって、裁判官全員一致の意見で、主文のとおり決定する。

　必要的口頭弁論による判決とそうでない決定との相違点はありますが、最高裁判所の裁判書として1つの典型を示しています。

　すなわち、銀行の貸出稟議書につき、特段の事情がない限り、民訴法220条4号ハ（現行法220条4号ニ）所定の「専ら文書の所持者の利用に供するための文書」に当たるとした最2小決平成11・11・12民集53巻8号1787頁の判断を前提にして、そこで例外とされた「特段の事情」があるかどうかを検討し、上記【理由】の3の⑴ないし⑷の事実関係を挙示した上で特段の事情ありとし、所論引用の判例を「事案を異にするもの」として論旨を排斥するという構造を採っています。これを読み解くのに、大きな苦労はないものと思われます。

　通常の法律実務家は、最高裁判所の判決書や決定書を起案する立場に立つことはありませんから、まず、判例となる判決書や決定書の構造に親しみ、正確に読解する力を養っておくことが先決です。

第6章 契約書

A　契約と契約書──その意義と機能

I　現代における契約と契約書

1　身分から契約へ

「身分から契約へ」という言葉は、他人からの身分的支配に従属する者が人間の多くを占めていた時代から、社会を構成するすべての個人を権利能力の主体として認める時代への転換を示すものとして人口に膾炙しています。現在の我が国では、権利能力の主体である個人が自らの生活関係を形成する手段は、私有財産と自由契約ということになります[1]。

契約の当事者となる個人は、自らの望むところに従って契約上の権利義務を自由に定めることができるのが原則です。この原則は、「契約自由の原則」と呼ばれており、契約法の基本原則として異論なく承認されています。契約自由の原則は、①　契約を締結するかしないかの自由、②　契約の相手方を選択する自由、③　契約の内容を決定する自由、④　契約締結の方式の自由、の4項目から成ると説明されています。改正民法521条1項が上記①②を、同条2項が上記③を、522条2項が上記④を規定しています[2]。その上で、現代では、この原則に種々の観点から制限が加えられるに至っています[3]。

このような現代に生きる法律実務家は、契約及び契約書と一生を通じて付き合う職業であるということができます。本書は、法律文書の作成を扱うものですから、現代のビジネスや市民生活に必須である契約書の作成に係る問題を避けて通ることはできません。そして、本書で取り扱う契約書の作成を検討する

---

(1)　我妻榮『民法総則（民法講義Ⅰ）［新訂版］』235〜237頁（岩波書店、1965年）を参照。

(2)　筒井健夫＝村松秀樹『一問一答民法（債権関係）改正』216頁（商事法務、2018年）を参照。

(3)　平井宜雄『債権各論Ⅰ⑴　契約総論』70〜75頁（弘文堂、2008年）を参照。

に当たっても、「身分から契約へ」という言葉の意味するところや、契約自由の原則と例外といった基本を再確認しておくと、これから検討する問題の位置付けや意味合いをより的確に理解することができると思います。

2　契約と契約書の意義

　契約とは、相対立する複数の意思表示（最小限では、2当事者の「申込み」と「承諾」の2つの意思表示）の合致によって成立する法律行為（一定の法律効果を生ずるもの）をいいます。そして、上記のとおり、契約自由の原則の内容の1つとして、契約締結の方式の自由がありますから、原則として、契約の成立に文書を要するという制約はありません。しかし、現代の法律実務家は、立場の相違にかかわらず、文書化された契約にかかわるのが圧倒的に多数です。

　契約書とは、そのような相対立する複数の意思表示が記載された文書をいいます。この定義からすると、**契約書の作成者は二人以上存在するはずですが、我が国では、「契約書」と題する文書の作成者が一人しかいないという事態によく出くわします**。実務上、「**差入れ契約書**」と呼ばれる契約書がこれです。要するに、申込みと承諾という2つの意思表示のうちの片方のみが記載されているにすぎないのに、その表題を「契約書」としているのです。「金銭消費貸借契約証書」という表題の文書を前にして、貸主と借主との二人が作成者であると早合点してはいけません。借主が貸主である銀行に差し入れている文書であって、借主の意思表示のみが記載されているものが現在でも多数あります。

　なお、民事訴訟法学では、意思表示ないし法律行為が記載されている文書を「**処分証書**」といい、契約書がその代表例です。これに対し、見聞した事実や感想・判断等が記載されている文書を「**報告文書**」といいます。

II　和解契約（典型契約中の特殊な類型）と和解条項

1　締結目的からの分類──和解契約とその他の契約

　民法は「第3編、第2章　契約」において13種類の契約を規定しており、商法は「第2編　商行為」において運送、寄託等の契約を規定していますが、法律に要件と効果が規定されているこれらの契約を**典型契約**と呼びます。他方、

民法、商法等の法律に規定のない契約を**非典型契約**と呼びます。

民法の規定する**典型契約**をその目的ないし機能の点から観察してみると、既に起こってしまった法的紛争を解決するために締結する**和解契約**と、これから取引関係に入るために締結する**その他の契約**との２つに分類することができます[4]。和解契約は、その他の契約とその目的ないし機能の観点において顕著に異なっています。

和解契約の出番は、紛争が訴訟に至る前の段階だけではなく、訴訟に至った後の段階においてもあります。すなわち、**当事者は、訴訟手続の係属中であっても、訴訟上の和解を成立させることによって、訴訟を終結させ、争いをやめることができます**。訴訟上の和解の内容を成す条項は、調書に記載されることにより、**確定判決と同一の効力を有します**（民訴法267条、275条、民訴規則67条１項１号）から、紛争の終着駅として極めて重要なものです。そして、訴訟上の和解も、民法上の和解の性質を失わず、これに無効事由や取消事由があるときには、無効や取消しの主張をすることができるというのが確定判例の立場です[5]。法律実務家としては、**そのような瑕疵のない和解をし、それを和解条項に正確に反映させることが重要**です。その条項の解釈適用をめぐって当事者間で意見が対立するというのでは、何のための和解であったのか分からないということになります。

和解契約は既に起こっている法的紛争を解決するためのものであり、現に争われている具体的な権利や利益の対立を解消することができればよいことから、これから取引関係に入るために締結する契約に比較して、複雑な内容になることは少なく、それだけに、和解条項の作成に当たっての留意事項には、契約書の作成一般に通ずる基本的心得が凝縮されています。

さらに、現代において、訴訟の終了原因に占める和解の重要性に照らしてみますと[6]、**和解条項作成の基本は、法律実務家の修得しておくべき必須の技能**

---

(4) 平井・前掲注(3)44～56頁を参照。同44頁は、第二の類型の契約を「主として経済的利益の獲得を目的とする」と整理しています。

(5) 最２小判昭和31・３・30民集10巻３号242頁ほか。

(6) 田中豊「民事第一審訴訟における和解について」民訴雑誌32号133頁（1986年）を参照。

第6章 契約書 307

の1つというべきものです。事実審を担当する裁判官としては、基本的な紛争類型において頻繁に使用される和解条項であれば、書籍に当たらなくても間違いなく作成できるようになっている必要がありますし、当事者の訴訟代理人の弁護士としても、誤りや見落としがあって依頼者に被害が及ぶことのないよう、瞬時に的確な応接ができるようになっている必要があります。

2　和解条項作成の基本的心得

　ここでは、訴訟上の和解を念頭に置いて、担当裁判官として又は当事者の訴訟代理人である弁護士として、和解条項作成に当たっての問題点を検討しておきましょう。

(1)　訴訟物が当事者の自由処分を許す性質のものであるかどうかの検討

　第一に検討すべきは、当該訴訟における訴訟物が当事者の自由処分を許す性質のものであるかどうかです。和解は、当事者の互譲によって法律（権利義務）関係を確定させる契約ですから（民法695条）、そもそも、当該訴訟物が当事者の自由処分を許すものでない場合には、当該訴訟物を対象とする和解によって紛争を解決することはできない筋合いであるからです。

　それでは、これを、実際によく起きる問題を取り上げて、具体的に検討してみましょう。

［演習問題19］

【検討課題】
　以下の各訴訟につき、当事者間に紛争解決の機運が生じ、ほぼ合意ができそうな状況にある。合議体の左陪席裁判官Aとして、訴訟上の和解を成立させるに当たり、どのような点に注意し、どのような工夫をする必要があるかについて検討メモを作成せよ。

【各訴訟の概要】
1　Xは、Yを被告として、X所有の甲地とY所有の乙地との境界がアイ

線であることの確認を求めて、筆界確定訴訟[7]を提起した。Yは、甲地と乙地との筆界がウエ線であるとして争った。証拠調べ終了後、担当裁判官が和解を勧試したところ、甲地と乙地との筆界をオカ線とすることで合意できそうな状況にある。

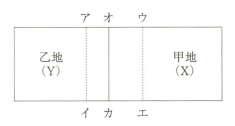

2　夫Xは、妻Yに対し、性格の不一致を理由として離婚訴訟を提起した。Yは、「Xは、不貞の相手と結婚したくて本訴を提起したのであり、有責配偶者である。」と主張して争ったが、自らの年齢等を勘案し、訴訟をしているよりは慰謝料を支払わせてXと離婚した方がよいと考えるに至った。

3　Zの債権者Xは、Zに代位して、Zの債務者Yに対し、ZのYに対する売買代金債権500万円の支払を求めて訴えを提起した。Yは、そのうち200万円は支払済みであるから、再度支払ういわれはないが、残300万円を3年で分割弁済するというのであれば、和解に応じてもよいという。

［演習問題19］は、いずれも、訴訟物が当事者の自由処分を許すものであるかどうか、自由処分を許すものでない場合には、どのような工夫をすることによって訴訟上の和解を成立させ、当該訴訟を終了に導くことができるかを問う

---

(7)　従来「境界確定訴訟」と呼ばれていた訴訟につき、現在の不動産登記法132条1項6号は「筆界の確定を求める訴え」と称することとし、同法147条及び148条の表題には「筆界確定訴訟」の用語を使っています。

ものです[8]。

次に示すのは、左陪席裁判官Aの検討メモの一例です。

［演習問題19の検討メモ例］

1 　筆界確定訴訟は、隣接する土地の公法上の地番と地番との筆界を定める形式的形成訴訟であると考えるのが判例の立場であるといってよい[9]。本質的には非訟事件であるが、事柄の重要性に鑑み、民事訴訟事件の形式を借用しているものである。

　形式を借用した訴訟の訴訟物である公法上の筆界は、甲地・乙地の所有権の範囲とは関係なく、客観的に定まるものであるから、ＸとＹの自由処分は許されない。したがって、判決によれば形成することのできる公法上の筆界を、訴訟上の和解によって形成することは許されない。

　しかし、ＸＹ間の紛争は、甲地と乙地との所有権の範囲をめぐるものに帰着するから、ウエカオウを順次直線で結んだ範囲の土地がＸの所有に属し、アイカオアを順次直線で結んだ範囲の土地がＹの所有に属することを、相互に確認することによって本件紛争を解決することができる。

　ところで、所有権の範囲を確認する旨の合意を和解条項の内容とするだけでは、上記の訴訟物についての解決はなく、訴訟の終了を導くことはできないので、訴訟物につき、訴え取下げの合意又は訴訟終了の合意をした旨の和解条項を備えることが必要である。

2 　人事訴訟法の施行前においては、調停又は判決によって離婚という法律効果を創設することはできるものの、訴訟上の和解による離婚は許されないと解され、戸籍実務の取扱いも同様の考え方によっていた[10]。そ

---

(8) 　訴訟物が当事者の自由処分を許すものであるかどうかを網羅的に整理したものとして、裁判職員研修所・書記官和解条項6〜12頁を参照。

(9) 　大橋弘・最判解民事平成7年度(上)330頁を参照。

(10) 　裁判職員研修所・書記官和解条項9頁を参照。

こで、離婚訴訟につき、訴訟上の和解によって終了させるために、和解条項としては、当事者間で協議離婚届出をする旨の合意を記載した上、上記1の筆界確定訴訟におけると同様、訴え取下げの合意又は訴訟終了の合意をした旨の記載をするという方法をとっていた。

しかし、平成16年4月1日施行の人事訴訟法は、37条1項の規定を置き、離婚の訴えに係る訴訟においては、訴訟上の和解による離婚が許されることを明文化した。離縁の訴えに係る訴訟においても同様である。ただし、民訴法264条の規定した和解条項案の書面による受諾制度と同法265条の規定した裁判所等が定める和解条項の制度は適用されない（人訴法37条2項）。

したがって、慰謝料等の条件面での折合いがついた暁には、訴訟上の和解によってXとYとが離婚することに問題はない。

3　債権者代位訴訟は、一定の要件の下、債権者の債権を保全するために債務者に帰属する権利を債権者の名で行使することを認める制度であり、法定訴訟担当の一例と位置付けられる。

したがって、行使されている当該債権を実現する行為又はこれを保存する行為を超えて、債権者が当該債権の全部又は一部の放棄、譲渡等の処分行為をすることを内容とする訴訟上の和解は許されないことになる。

そこで、当該債権の債権者であってその処分権を有する債務者Zを本件訴訟に参加させ、Zが200万円の弁済を認め、残300万円の分割弁済に同意する場合には、本件を訴訟上の和解によって終了させることができる。

(2)　和解条項の構造

第二に、和解条項には、それが実体法上の効力を有する効力条項とそうでない任意条項とが存します。そして、効力条項には、基本条項とそれ以外の条項とがありますが、**以下のように構造化して理解しておくと便利です**[11]。

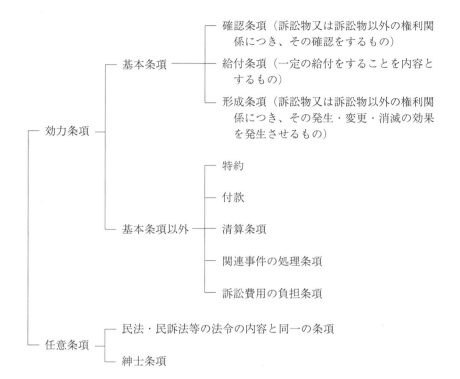

　このように構造化しておくと、各条項の本来的・一般的な重要度を理解することができます。しかし、例えば特約又は付款であるからといって、当該事件における重要度が低いということではありません。付款の表現が不用意であったがために、いざというときに役に立たない条項になってしまうということもないではありません。
　これを、付款の代表ともいうべき期限の利益喪失条項によって検討してみましょう。

⑾　和解条項の類型についての詳細につき、裁判職員研修所・書記官和解条項13〜17頁を参照。

［演習問題20］

　Ｘは、Ｙを被告として、印刷機械１台の代金500万円の支払を求める訴えを提起した。売買契約の成立に争いはなく、Ｙは、印刷業の業績が悪く、１回では支払えないので、各回100万円で５回に分割して５年の年賦で支払うという和解案を提案している。

　Ｘは、Ｙの業績からすると、Ｙの提案を受け入れざるを得ないだろうが、Ｙがその約束を破ったときは、直ちに残額全部の強制執行にかかれるようにしてほしいと言う。Ｘの訴訟代理人である弁護士Ａは、下記のとおり、確認条項及び給付条項の起案をした。弁護士Ａとして、期限の利益喪失条項を起案せよ。

記

「１　Ｙは、Ｘに対し、本件売買代金債務として500万円の支払義務があることを認める。

　２　Ｙは、Ｘに対し、前項の金員を平成30年から令和４年まで各年12月20日限り100万円ずつに分割して、Ｘ方に持参又は送金して支払う。」

　割賦金弁済契約における期限の利益喪失約款には、債務者が割賦払の約定に違反した場合に、当然に期限の利益を喪失するものと、債権者の意思表示によって期限の利益を喪失するものとの２種類があります。後者においては、債務不履行が生じた場合に、債権者は、残額すべての執行をするには、期限の利益を喪失させる旨の意思表示をする必要があります。また、判例は、そのいずれであるかによって、債務不履行が生じた場合における残債務の消滅時効の起算点を異にするという立場を採っています。すなわち、前者においては債務不履行の時点が消滅時効の起算点になりますが、後者においては債権者が期限の利益を喪失させる旨の意思表示をした時点が消滅時効の起算点になります[12]。

　そうすると、弁護士Ａとしては、まず、これらのうちのいずれによるべきであるかを決する必要があります。本件では、既に遅滞に陥っている売買代金債

---

(12)　最２小判昭和42・6・23民集21巻6号1492頁。

務の弁済につき、更に期限を許与するのですし、Ｙが再度債務を履行しなかっ
たときは、直ちに残額全部の強制執行にかかれるようにしてほしいというのが
依頼者であるＸの要望ですから、前者を選択することになります。

　これに対し、Ｙにめぼしい財産がなく、Ｙが再度債務を履行しなかったとき
であっても、残額全部について期限の利益を当然に失わせることとすることに
大きな意味はなく、期限の利益を失わせることとするかどうかにつき、債務の
不履行が起きた時点で、Ｘにおいて改めて判断することにしたいという場合も
あります。このような場合には、後者を選択することになります。改正前民法
170条から174条までの職業別の短期消滅時効の特例は廃止されることになりま
したが、改正民法166条１項１号の規定する主観的時効期間が５年であり、比
較的短期間で消滅時効にかかることになりましたから、前者を選択することが
常に必ず債権者の利益につながるわけではないので、そのあたりをよく考える
必要があります。我が国の契約実務では、後者を選択する例が多く、前者の方
が少ないようです[13]。

　次に、各分割金につきどの程度の金額を遅滞したときに期限の利益喪失の効
果を発生させることとするのかを決する必要があります。例えば、１回分の
100万円を遅滞したときなのか、１円でも遅滞したときなのかを決し、当事者
間で共通の理解をしておく必要があります。

　このような検討をした上で、弁護士Ａは、以下のように、期限の利益喪失条
項を起案しました。

［演習問題20の期限の利益喪失条項の例］

　弁護士Ａの案は、以下のとおりである。
　「１　Ｙにおいて前項の分割金の支払を怠ったとき（その金額の多寡を問
わない。）は、当然に期限の利益を失い、Ｙは、Ｘに対し、残額を即時に
支払う。」

　このうち、「当然に期限の利益を失い」としたのは、債権者Ｘの意思表

---

(13)　四宮和夫＝能見善久『民法総則［第９版］』432頁（弘文堂、2018年）を参照。

示を要しないことを明示するためである。実務上用いられる表現として
は、他に、「直ちに期限の利益を失い」とするもの、「何らの通知催告を要
せず期限の利益を失い」とするもの等がある。これを、「期限の利益を失
い、残額を一時に請求されても異議がない」という表現にすると、債権者
Xの意思表示を要するものと読まれることになるので、本件においては適
切でない。大判明治39・12・1民録12輯1598頁は、そのような表現によっ
た場合につき、債権者の意思表示を要するものとした。

次に、「(その金額の多寡を問わない。)」としたのは、Yが分割金の支払を
1円でも遅滞したときは期限の利益を喪失することを明示するためであ
る。100万円を遅滞したときに初めて期限の利益を喪失するというのであ
れば、「支払を怠り、その額が100万円に達したとき」といった表現をと
る。

末尾の「Yは、Xに対し、残額を即時に支払う。」との部分は、期限の
利益を喪失したときに法律上発生する効果を念のために記載したものであ
り、前記の任意条項の性質を有する。したがって、「当然に期限の利益を
失う。」としても、問題は生じないが、実務上は、Yに残額全部の支払義
務を再認識させる意味合い（リスク管理の観点）もあり、このように締め
くくることが多い。

(3)　和解条項作成上の留意点

訴訟上の和解における和解条項を作成する上で**最重要**の点は、訴訟物をど
のように処分したのかを明確にすることです。判決主文が不明確のゆえに違法と
されることがあるように[14]、訴訟上の和解も、その内容が条項上特定していな
い場合には無効とされます。

---

[14]　最3小判昭和35・6・14民集14巻8号1324頁は、筆界確定訴訟における主文につき、
判決理由と判決添付の図面によっても現地のどこであるかを確定できないとし、仮に当
事者間に争いがないとしても、主文不明確の違法ありとしました。また、最2小判昭和
45・1・23判時589号50頁は、一定の土地のうち東部の宅地139坪というのでは主文不明
確の違法があると判示しています。

例えば、XがYに対し、本件土地の所有権に基づいてその返還を求める訴訟において、YはXに対して1筆の土地の約7割の部分（甲部分）を返還し、Xはその残部約3割（乙部分）を贈与し、乙部分について分筆の上、Yに対して所有権移転登記手続をするという互譲が成立したとしましょう。このような場合、当該土地の測量図等の図面を付し、同図面上で甲部分と乙部分とを特定するのが通常ですが、甲部分と乙部分とが現地において再現することができるように、同図面上に、筆界標等の不動の基点を明示し、そこからの距離、角度等をも明示することによって、甲部分と乙部分とを特定しなければなりません。このような特定を欠いた和解条項は当然に無効であるとされます[15]。

次に、**訴訟物であれそれ以外の権利関係であれ、条項が一義的に明確であることが重要**です。後日二様以上に解釈する余地のあるような条項は、失格です。特に、訴訟の係属中に弁護士が関与して成立した訴訟上の和解においては、その文言自体相互に矛盾し、又は文言自体によってその意味を解し難いなど、和解条項それ自体に瑕疵を含むような特段の事情のない限り、和解調書に記載された文言と異なる意味に和解の趣旨を解すべきではないというのが、最高裁の明らかにしている和解条項の基本的な解釈態度です[16]から、当事者の訴訟代理人である弁護士はもとより、事実審の担当裁判官も、この点をよくよく精査する必要があります。前記(2)で検討した期限の利益喪失条項も、このようなコンテクストで理解しておくべきでしょう。

---

(15) 前掲最2小判昭和31・3・30は、和解調書に添付された図面には、棒線・点線・点等の表示はあるけれども、縮尺、2線間の角度、距離、面積等の表示を欠くので、返還すべき地域（本文の甲部分）と所有権移転をすべき地域（本文の乙部分）を確定し得ないとして、和解を無効とした原判決を維持したものです。

(16) 最1小判昭和44・7・10民集23巻8号1450頁。本最高裁判決は、「〔Xは〕本件家屋についてこれを占有する正当な権限のないことを認め昭和39年6月末日限り明渡すこと。」という訴訟上の和解の条項につき、これを建物明渡しの猶予期間の定めをしたのではなく、建物賃貸借契約が成立したものとした控訴審判決を破棄して、事件を原審に差し戻したものです。訴訟上の和解によって賃貸借契約を成立させることに何らの問題もありませんが、それにはそのような表現をとるべきです。控訴審判決は、一方当事者の苦し紛れの主張を採用してしまったものであり、最高裁が破棄したのは当然のことというべきですが、本最高裁判決は、和解条項の作成には、その表現も含め慎重の上にも慎重に当たるべきであることを教えています。

最後に、全体として論理的に構成されている和解条項が良い和解条項です。そのためには、前記(2)の和解条項の構造を理解している必要があります。一般的には、権利義務の確認・形成条項→その給付条項→給付義務不履行等に関する付款（制裁条項）→清算条項→訴訟費用の負担等の条項という構成をとると、分かりやすいし、必要な条項の見落としも起こりづらくなります。

Ⅲ　取引関係に入るための契約と契約書

1　契約書の存在理由──2つの目的

　これから取引関係に入るための契約（すなわち、和解契約以外の契約）を締結するときに契約書を作成し取り交わすのはなぜか、契約書という文書の形にすることにどのような効用があるのかという問いに対する答えは、一様ではありませんが、筆者は、次のように整理するのが最も明快であると考えています。

　すなわち、**第一**は、**契約当事者間における行為規範の明確化**であり、**第二**は、**危急時又は紛争発生時における裁判規範の明確化**です。1つの契約書中に含まれる条項をこの2つの目的のいずれかに色分けすることができるというのではなく、契約書の作成が全体としてこの2つの目的を兼ね備えているという意味です。

　契約書作成の目的・効用を、紛争の予防と紛争に至ったときの証拠方法の確保という観点から説明することもできますが、必ずしも、紛争の予防が上記の第一に、証拠方法の確保が上記の第二に対応するというわけではありません。また、証拠方法を確保しておくことが紛争の予防にも役立ちますから、紛争の予防と証拠方法の確保とが性質の異なる別の事柄というわけでもありません。

　基本的には、契約自由の原則が妥当しますから、何も契約の内容を文書化しておかなければならないというわけではないのですが、文書化して常に両当事者が参照できるようにしておけば、契約の締結後、各当事者は契約内容の実現に向けて何をすべきであるのか、各当事者は契約内容の実現として何をすべきであるのか、契約内容の実現後、各当事者は何をすべきであるのかといった事柄が明確になります。また、契約内容の不履行が生じ、又は当事者間に意見の食違いが生じたときに、裁判所、仲裁人等の紛争解決機関が判断のよりどころ

とすべき規範が明確になります。

このように取引関係に入るための契約における契約書作成の目的・効用を理解すると、この種の契約書を作成するに当たって留意すべきは、これら2つの目的・効用を十分に達成することができるよう、必要な条項を整備し、立場の相違（いずれの当事者であるか、紛争解決機関であるか）にかかわらず、全体として分かりやすい構造を備えていて、各条項が二義なく理解することができて、裁判（仲裁）によって実現可能なものになっていることです。

そして、このような契約書作成の目的・効用についての理解が広く一般に浸透した結果、多くの業界では契約書を作成することなく取引関係に入ることが例外化した（換言すると、ビジネスの場面では、契約が締結されたときは原則として契約書が作成されるという経験則が成立しているということです。）ため、例えば会社の税務処理又は会計処理上、契約書がないのに取引から生ずる債権債務を認識するのは困難になっています。そうすると、会社が適正円滑に税務処理又は会計処理をするためには、契約書を整備しておく必要があるのであり、これが翻って契約書を作成する付随的目的になっているといってもよい状況にあります。

なお、現在では、法律によって、法的効力が認められるためには書面によることが要件とされている契約類型もかなりの多数に上っています[17]ので、契約の締結に当たっては、そのような「要式契約」に当たるかどうかを確認する必要があります。民法の規定する典型契約の中では、保証契約がこれに当たります（民法446条2項）。これは、平成17年4月1日施行の民法改正によって導入されました。保証契約は無償契約であるのですが、主債務者の依頼を受けて安易に保証人になったところ後に重大な結果が生ずるといった事態を考慮し、書面によることを要件とすることによって、保証人になることを慎重にさせるとともに、債権者にとっても事後の紛争を極力少なくし、取引の予測可能性を高めることを目的とするものです。また、改正民法465条の6～9は、個人が安

⒄　借地借家法22条の規定する定期借地権設定契約、同法38条1項の規定する定期建物賃貸借契約、任意後見契約に関する法律3条の規定する任意後見契約（公正証書による）等があります。

易に保証人になることを防止するため、事業のために負担した貸金等債務を主債務とする保証契約等につき、原則として、公証人が保証意思を事前に確認することを要件としました。

2 当事者の性質による契約の類型

　取引関係に入るための契約にも、事業者間で締結される**商事契約**（ビジネス契約）、消費者と事業者との間で締結される**消費者契約**、消費者と消費者との間で締結される**民事契約**の3類型があります[18]。

　契約書の作成という観点からすると、その基本に差異はありません。しかし、契約書の作成に関与する法律実務家としては、**消費者契約法**が、「消費者と事業者との間の情報の質及び量並びに交渉力の格差に鑑み……、消費者の利益の擁護を図〔る〕」ための規定を置いていること（消費者契約法1条）を認識し、契約当事者のいずれから依頼を受けるにしても、消費者にとって分かりやすい平易な条項にすることを心がけるとともに、事業者が消費者に対して当該契約の内容とそれに伴う消費者側のリスクについての説明をその理解度に応じて十分にするなど契約締結に至るまでの過程についてのアドバイスに注力する必要があります。

---

(18)　加藤雅信『新民法大系Ⅳ　契約法』124頁（有斐閣、2007年）を参照。

B　契約の成立過程と契約書

I　契約書と LOI

1　契約の締結交渉過程

　民法は、「第3編第2章　契約」の「第1節　総則」に関する規定を「契約の成立」と題する第1款からスタートしており、契約上の権利義務は契約が成立して初めて意味を有するとの立場に立っているようにみえます。しかし、小売店における動産売買といった形態の契約を除くと、当事者は、交渉をし、様々の提案や協議をした上で最終的な合意をし、契約の締結に至るのが普通です。このように、契約は、いきなり一方当事者から他方当事者に対する申込みがされ、それに対する承諾がされるというのではなく、その締結までには一定程度の時間と労力とをかけた交渉のプロセスが存在します。

　判例上、**契約の締結に向けて交渉過程に入った者同士の間では、信義則上、誠実に交渉をするという義務を相互に負い、一方当事者がこの義務に違反した場合には、それに起因して他方当事者に生じた損害を賠償する義務を負担**するという考え方が定着しています。そして、この損害賠償義務の性質は、信義則上の義務違反を理由とする不法行為責任であると解されています[19]。

　そして、判例は、不法行為に基づく損害賠償の範囲についても、債務不履行に基づく損害賠償の範囲を規定する民法416条を類推適用するという立場にあります[20]から、同条にいう「**通常損害**」は、他方当事者において契約が成立するものと信頼したことによって被った損害（契約交渉のための人員配置に要した経費、契約交渉のための移動に要した交通費や宿泊費等）であって、契約が成立し

---

(19)　最3小判昭和59・9・18判時1137号51頁を嚆矢とし、最1小判平成2・7・5集民160号187頁、最3小判平成19・2・27判時1964号45頁に至っています。

(20)　最1小判昭和48・6・7民集27巻6号681頁。

たことを前提とする逸失利益は含まれません。そして、通常損害を超える「**特別損害**」は、一方当事者が誠実交渉義務に違反した時点（通常であれば、交渉を破棄した時点）において予見可能な事情によって生じた損害に限られるということになります[21]。

このように契約締結交渉過程における行為によっても法的責任（権利義務）が発生することを考慮すると、この点についても書面によってリスクをコントロールすることが考えられます。

2　LOI とその作成上の留意点

前記1のとおり、現代の取引関係の複雑化を反映して、交渉開始から締結に至るまでに一定程度の時間がかかるということになりますと、契約締結前の各交渉段階に応じて合意に達した事項を文書化することになるのは、自然の成り行きです。

LOI（Letter of Intent）とは、契約の締結を目指して交渉に入った当事者間において、契約成立前に、将来締結される契約の内容とすべき事項——取引の目的、取引の対象とすべき権利義務、取引の条件等——についての合意をかなり詳細に文書化したものをいいます。LOI は、もともと国際契約で利用されていましたが、近年では国内契約でも利用されるようになりました。主に、企業再編等の内容が複雑である契約や、取引規模・金額の大きい契約の交渉過程で利用されます。直訳すれば、「契約意図表明状」ということになりますが、「契約予備書面」と訳されることもあります[22]。契約の実務では、その内容の詳細化の程度や内容とする条項の性質によっては、HOA（Head of Agreement.「合意項目書」）又は MOU（Memorandum of Understanding.「了解事項メモ」）と呼ぶこともありますが、これら3つの用語の厳密な使い分けはさ

---

[21]　損害賠償義務の性質を「契約上の債務不履行責任に類似した責任」であると説明する学説もありますが、そのような立場によると、民法416条の規定を直接適用することになりますから、損害賠償の範囲についても、本文と異なるところはありません。また、損害賠償の範囲をいわゆる「信頼利益」に限ると説明しても、同じことです。以上につき、平井・前掲注(3)128～131頁を参照。

[22]　平井・前掲注(3)67～68頁を参照。

れていません。

　LOI に通常盛り込まれる項目は、以下のように整理することができます[23]。

① 　将来締結される契約の内容として定めるべき事項——既に暫定的合意の成立しているものと、今後の協議によって合意に達すべきものとの識別

② 　交渉の期間又は期限

③ 　契約成立の方法——通常は、契約書の作成、調印を要するとする

④ 　誠実交渉義務——相互に排他的交渉権を有することとする場合もある

⑤ 　拘束力排除条項（誠実交渉義務のみを負い、契約を成立させる法的義務を負わないとする条項）

⑥ 　秘密保持条項

　LOI は、上記のとおり、契約交渉過程における当事者間の認識を共有化し、交渉過程を整序してその前進を図ることを目的とするものです。このような目的からして、上記①において、既に暫定的合意が成立したとされた事項についても、他の協議事項が合意に達する過程において再度見直しがされ、それによって全体として当事者間の利害のバランスをとることができることになるといった事態も決して稀ではありません。契約の成立に向けた交渉というものは、常にそのようなものです。生きた政治・経済社会の中で行われる交渉であり、相互の利害を何らかの形で調整することができなければなりませんから、LOI を作成したからといって、最終的に契約の締結に至らない事例は無数といってよいほど存在します。

　そのために、交渉がデッドロック状態になったり、上記③に定める契約書の調印に至らずに交渉が破綻した場合に、それに不満をもつ当事者から、LOI の作成を理由として、契約が成立したとしてその履行を求められたり、契約の成立を前提にしてその不履行に基づく損害賠償を求められたりするリスクを回避する目的で、LOI という文書の性質上当然のものとはいえ、**念のために、上記⑤の拘束力排除条項を必ず置く**というのが実務のやり方です。

　結局、LOI の作成によって当事者が相互に負う本質的かつ唯一の義務は、上

---

(23)　村井武＝平井宜雄「交渉に基づく契約の成立(下)」NBL704号54頁（2001年）を参照。

記④の**誠実交渉義務である**ということになります（もちろん、誠実交渉義務の一環として、排他的交渉義務を負うことを合意する場合もありますが。）。そして、LOIを作成したものの、その後交渉が破綻した場合に、一方当事者が他方当事者に対して誠実交渉義務又は排他的交渉義務違反を理由として損害賠償を請求するときは、LOIという合意を根拠として、債務不履行に基づく損害賠償請求権を訴訟物とすることが可能ですし、前述のとおり不法行為に基づく損害賠償請求権を訴訟物とすることも可能です。いずれの法律構成をしても、請求することのできる賠償の範囲は、前記1に述べた枠組みによって決せられます。

　東京高判昭和62・3・17判時1232号110頁は、合弁契約の締結を目指してされた国際取引が交渉の最終段階で挫折した事案についての判決です。原告の所有するブルネイ法人の株式の50%を買い取ることにつき交渉をし、売買の対象、代金額、支払時期、支払場所等の基本的事項について了解に達し、被告が原告に対してそれを文書化した書簡を送付し、これを受けて原・被告間で株式売買契約書及び株主間契約書の案文が作成され、法律的な検討と修正はあり得るものの、契約書に調印されるばかりの状態となったというケースにおいて、東京高裁は、被告としては、同書簡を送付するなどした段階において、原告に契約が確実に成立するとの期待を抱かせるに至ったものと認められるから、以後契約締結に向けて誠実に努力すべき信義則上の義務を負うとし、契約締結の中止を正当視すべき特段の事情のない限り一方的に中止することは許されないと判断しました。そして、東京高裁は、原告に上記の期待を抱かせるに至った時点から被告が明確に契約締結中止の態度を示した時点までに、原告が契約の成立を期待したことによって被った損害を賠償すべき義務が被告にあるとしました。そして、契約が成立したと仮定した場合の得べかりし利益の喪失については、被告の義務違反との間に因果関係を欠くとしました。

　東京地判平成18・2・13判時1928号3頁（UFJ信託銀行協働事業化事件判決）は、信託銀行と銀行グループとが業務提携を目指してLOI（判決では、「基本合意書」と呼ばれています。）を作成したものの、その7週間後には交渉が挫折した事案についての判決です。この事件のLOIには、独占交渉義務及び誠実協議義務を定める条項があり、東京地裁は、両義務に違反した被告は債務不履行

責任を負うとしましたが、被告が両義務を履行していたとしても、最終契約の成立が確実であったとはいえず、また、同契約の内容も具体的に確定していなかった本件においては、本件協働事業化に関する最終契約が成立した場合の得べかりし利益（履行利益）は、両義務違反と相当因果関係があるとは認められないから、原告は、被告らに対し、最終契約の成立を前提とする履行利益相当額の損害賠償を求めることができないものというべきであるとしました。

　これらの事件をみると、契約締結を目指して交渉過程に入っても、様々な要因により交渉が挫折せざるを得ない事態に至るというビジネスの現実の一端を理解することができます。両事件とも、交渉当事者間に、交渉途中の合意に違反した場合の制裁や違約罰についての合意はありません。法律実務家としては、合意に違反する事態が生ずることを想定して、LOI に民法420条にいう「賠償額の予定」や違約罰に関する条項を入れることを提案するのは、何もおかしなことではありません。しかし、生きたビジネスに係る事柄であり、「賠償額の予定」をするくらいなら交渉に入らないという当事者がいることも十分想定することができます。換言すると、交渉の挫折についてのリスクを自らが負担することとして交渉に入るという選択が合理性を欠くとまでいうことはできません。現実の LOI に違約に係る条項を入れることができるかどうかは、最終的には、このような微妙な兼ね合いの問題になります。

II　基本契約書と個別契約書

1　契約関係に入った後の当事者間の関係構築の仕方

　前記 I で検討したのは、契約関係に入る前の交渉段階における問題です。ここでは、契約関係に入ってから契約関係が目的を達して終了するまでの間における問題を検討することにします。

　ビジネスの世界で広範に利用されているのが、取引当事者の関係を基本契約と個別契約の組合せによってコントロールするというやり方です。例えば、完成機械の製造メーカーとその部品の製造メーカーとが長期にわたる部品供給に係る取引関係をもとうとするときには、まず、取引の枠組みを決める「**基本契約**」を締結し、その上で、その取引を具体化する「**個別契約**」を締結します。

多くの場合に、「基本契約書」と「個別契約書」とが作成されることになりますが、基本契約書は作成されるものの、個別契約については発注書と請書のやり取りで済ませる、又は発注書と請求書のやり取りで済ませるということもないではありません。業界により又は会社により、様々なバリエーションがあります。

例えば、銀行が事業会社との間で融資を含む取引関係に入るに際して、まず、「銀行取引約定書」と題する基本契約書を取り交わし、次に、当該事業会社が融資を受けるときには「金銭消費貸借契約証書」を、為替変動のリスクヘッジをするための取引をするときには例えば「通貨オプション取引契約証書」を取り交わすことになります。

このような場合に、基本契約は、その契約期間内における個別契約の締結を予定はしていますが、個別契約の内容が特定されているわけではないので、個別契約はその内容について合意が成立して初めて成立するのであり、一方当事者が個別契約を締結しないこと自体は基本契約の債務不履行になりません。ただし、当事者は相互に誠実交渉義務を負っていると考えられるので、何らの合理的な理由もなしに個別契約を締結しないという場合には、誠実交渉義務違反の債務不履行を構成することになります[24]。このような考え方の筋道は、前記Ⅰにおける議論を参考にすることができます。

2 基本契約書と個別契約書を作成するに当たっての留意点

後に詳しく検討する契約書の構成や契約書作成上の留意点についてはそちらに譲ることとし、ここでは、基本契約書と個別契約書という組合せによる場合における問題を検討しておくことにしましょう。

基本契約書は、前記1のとおり、取引の枠組みを決めることを目的とするものですから、その観点から、盛り込むべき項目を決することになります。取引の類型により必要とされる条項は様々ですから、一概にはいえませんが、以下

---

[24] 東京地判昭和58・12・19判時1128号64頁は、売主が個別契約の締結を拒絶した事案において、買主の資産状況の悪化がその原因である場合には、個別契約の締結拒絶は信義則上違法とはいえないとしました。

のように整理することができます。

① 対象とする取引の範囲（ある種類の機械の特定の部品の売買であるとか、銀行取引一般であるなど）

② **基本契約の有効期間及びその更新等に関する条項**（2年を有効期間とし、一方当事者から期間満了の3か月前までに文書による不更新の通知がされない限り、1年ずつ更新されることとするなど）

③ **個別契約を成立させる法的義務を負わないとする拘束力排除条項**（誠実交渉義務を負う旨の条項を入れる場合もある）

④ 個別契約締結の手続に関する条項（発注者側は1か月前に発注予定の部品の種類、個数、単価を記載した発注予定書を交付し、受注者側はそれに対して7日以内にそれに応ずるかどうかを文書で回答し、合意に至った場合には個別契約書を取り交わすなど）

⑤ 基本契約と個別契約の関係に関する条項（原則として個別契約の内容を優先適用するなど）

⑥ 個別契約の履行に関する条項（目的物の納品方法、場所、受領した側の検収手続、代金の支払に要する手順、支払方法など）

⑦ 危険の移転、担保責任（履行の追完、代金減額、損害賠償、契約の解除）条項

⑧ 基本契約の有効期間中における解除・解約原因を定める条項

⑨ 期限の利益の喪失条項

⑩ 権利義務の譲渡に関する条項（権利義務の譲渡につき事前に相手方の文書による同意を要するなど）

⑪ 通知義務条項（商号、代表者の変更等一定の重要事項について通知を要するなど）

⑫ **契約終了時の清算方法に関する条項**

⑬ 秘密保持条項

⑭ 合意管轄条項

　基本契約と個別契約という組合せによる取引関係に入る場合の多くは、いわゆる継続的契約のカテゴリーに属することになります。将来の紛争予防という

観点からすると、上記のうち、②、③、⑫の条項が特に重要です。すなわち、契約関係に終止符を打つこととするのに何らかの理由が必要であるのか、必要でないのか、必要であることとするのであれば、どのような理由が必要であるのかを明文で定めておくのが賢明です。明文の定めがあっても、契約関係の終了に不満をもつ当事者が訴えを提起するという事態を全くなくすことはできませんが、かなりの程度に法的リスクを軽減させることは可能です。

　例えば、「何らの理由を要せず、いずれかの当事者が相手方に対し、期間満了の３か月前までに文書によって不更新の通知をした場合には、基本契約は期間満了によって終了する。」との明文の定めがあり、基本契約が終了した場合における清算方法についての条項があるという事案において、一方当事者がそれらの明文の定めに従って不更新の通知をしその後の手続もふんだ場合には、それにもかかわらず、基本契約を終了させるためには「やむを得ない理由」が必要であると主張して、債務不履行又は不法行為に基づき損害賠償請求をする当事者が現れたとしても、そのような当事者は、契約締結の時点で自ら引き受けたリスク（assumed risk）をそれが現実化した時点で相手方に負わせようとするいわゆる「いいとこどり」の機会主義的行動に出るものとの評価を受けることになります[25]。すなわち、当事者が自ら合意した行為規範に反しているとの評価を受け、自ら合意した裁判規範によってそのような主張の当否が判断されることになります。契約書の作成に携わる法律実務家としては、このような紛争及びリスクを想定して、具体的条項の起案に向かうことが必要です。

---

[25]　東京地判平成16・1・26判時1847号123頁は、仲裁判断取消請求を棄却したものです。もとの仲裁判断は、ライセンス及び販売店契約（本件契約）のライセンシー兼ディストリビューターであった者が契約の相手方当事者に対して、継続的契約の不更新にはやむを得ない理由が必要であり、このような理由のない不更新は違法であると主張して、債務不履行又は不法行為に基づいて損害賠償を求めた事件において、不更新は契約上の明文の定めに従えば足り、法律上当然にはやむを得ない理由が必要となるものではなく、本件契約にもこのような理由は要求されていない、不更新の告知期間を設けることでこれに伴う損害をカバーしている、不更新の理由も国際取引の観点からして不合理とはいえないなどとして、ライセンシー兼ディストリビューターであった者の請求をすべて棄却したものです。

3　変更合意

　現実の経済社会では、**力の強い企業が基本契約書の書式を用意していて、取引相手方にはそれを押し付ける**という態度（換言すると、取引相手方の提案が合理的なものであるかどうかにかかわらず、基本契約書の条項の変更には応じないという態度）をとることがあります。

　押し付けられる側の当事者を依頼者にもつ法律実務家として、第一次的に基本契約書の条項の変更提案をするのはよいとして、その交渉がデッドロック状態になってしまい、いつまでも肝心の取引関係に入れないというのでは、依頼者が困ってしまいます。そのような場合に事態を打開する方法として考えられるのが、**基本契約書の外で変更合意書を作成し、基本契約書と変更合意書とに同時調印する**というものです。このような方法は、基本契約書に限らず、通常の契約書でも採り得る方法です。

　中には、変更合意書という形にすることにすら応じないという者もいます。そのような場合には、問題となっている条項が発動される事態に至る現実性の程度をまず検討することになります。依頼者にとって、当該条項が条項としては望ましいものとはいえない場合であっても、それが発動される事態に至る可能性がほとんどないというのであれば、取引関係に入ることによる利益と可能性の少ないリスクとを天秤にかけてみると、当該条項の変更にこだわって時間と労力とを消費するよりも取引関係に入ろうということになるだろうと思われます。しかし、この最終的判断は、法律実務家がするものではなく、依頼者である当事者がすべきものです。**法律実務家としては、依頼者にこのコスト（費用）とベネフィット（便益）の中身が理解できるように説明し、依頼者がそのアナリシス（考量）を自らの責任でしたものと納得するようにしておく必要が**あります。

　そして、そのような考量の結果、次善の策として契約書に調印する場合であっても、相手方当事者の当該条項の解釈を質問し、それに対する回答を得ておくことによって、いざというときに、当該条項がその文言によって読むことができるほど依頼者である当事者に不利益に適用されることのないよう手当てしておくことが望まれます。

　以下の設例によって、この問題を具体的に検討してみましょう。

[演習問題21]

　　愛知県を本店所在地とするＡ社は、地方銀行であるＢ行から10億円の融資を受けて、新規事業を立ち上げようとしている。融資を受けるのに先立って、Ａ社は、Ｂ行から、銀行取引約定書に調印するよう要求されている。Ｂ行は、銀行取引約定書の一部を修正したり、削除した例はないとして、このまま調印するよう求めている。Ａ社は、10億円の融資を受けるために、本社の社屋とその敷地に２番抵当権を設定することを了解しており、また、融資条件（利息）が他行に比して低いので、Ｂ行から融資を受けたいと考えている。

　　Ａ社の顧問弁護士Ｃは、Ａ社から、この銀行取引約定書に問題がないかどうか、問題がある場合にどのように対応すべきであるかについて、意見を求められている。弁護士Ｃとして、どのような意見を述べるかを検討せよ。同約定書第５条の条文は、下記のとおりである。

記

「第５条（担保）
1　借主（Ａ社）は、貸主（Ｂ行）が指定する物件又は権利を別に定める契約により貸主に担保として差し入れるものとします。
2　貸主に差し入れる担保は、借主が貸主に対して現在及び将来負担する一切の債務を担保するものとします。
3　貸主は、借主に代わって、担保を一般に適当と認められる方法、時期、価格等により処分の上、その処分金から諸費用を差し引いた残額を、法定の順序にかかわらず、債務の弁済に充当することができるものとし、なお残債務がある場合、借主は直ちにこれを一時に弁済します。」

[演習問題21についての弁護士Ｃの意見書例]

1　問題の所在

　　Ａ社とＢ行との間で了解に達している担保は、本社の社屋とその敷地に対する２番抵当権である。本約定書５条１項の定めによると、10億円の金銭消費貸借契約書に調印する際、別に抵当権設定契約書に調印することに

なる。

しかし、別に調印する担保権についての契約書が抵当権のみの設定契約書であっても、本約定書5条2項の定めによると、B行に対して負担する一切の債務を担保するものとすること（すなわち、根抵当権を設定すること）をあらかじめ合意しているかのように読まれかねない。

また、本約定書5条3項の定めによると、担保権のほかに譲渡担保権（B行に所有権を移転するという形式による担保権）をも設定するかのように読まれかねない。

2　対応の方法

設定することを合意している担保権は、10億円の借受金債務を被担保債務とする抵当権であって、根抵当権でも譲渡担保権でもないのであるから、本約定書5条2項と3項は削除するのが筋である。

本約定書の条項を削除させるのが実際上困難であるのであれば、B行との間で、本約定書5条2項と3項は適用にならない旨の合意書（覚書）を取り交わすのが次善の策である。

しかし、合意書（覚書）を取り交わすのも困難である場合において、A社にとってB行から融資を受けることによる経済的利益が大きいと判断されるのであれば、A社の質問とB行の回答といった形式で、B行としては、本約定書5条2項の定めのゆえに根抵当権を設定したものとして取り扱うことはなく、同条3項の定めのゆえに譲渡担保権を設定したものとして取り扱うことはない旨の本約定書の解釈適用についてのB行の解釈[26]を取り付けておくことが考えられる。

---

[26]　菊地清豪「銀行取引約定書と債権回収の実務」銀行法務21No.518 21頁（1996年3月増刊号）。

C 法律実務家と契約書の作成

I 法律実務家と契約書作成過程への関与

前記**A** I - 1 において、現代に生きる法律実務家は、契約及び契約書と一生を通じて付き合う職業であると述べましたが、法律実務家の契約書作成過程への関与の仕方は色々です。商事契約（ビジネス契約）、消費者契約、民事契約のいずれの類型に属する契約であっても（これらの分類については、前記**A** III - 2 を参照）、法律実務家の関与の仕方としては、次の3つの場合があります。

① 自らの依頼者の用意した契約書案を検討する。

② 契約の相手方の用意した契約書案を検討する。

③ 自らの依頼者の手持資料とインタビューとに基づいて法律実務家が契約書原案を起案する。

以上のいずれの場合であっても、法律実務家の果たすべき役割の基本に差があるわけではありませんが、それぞれの場合に応じて法律実務家の心構えと注意事項には多少の相違がありますので、その点を確認しておきましょう。

1 自らの依頼者の用意した契約書原案の検討

自らの依頼者の属性（事業者であるか消費者であるか）、検討を依頼された契約の新奇性の程度（典型契約であるかどうか、当該依頼者にとって定型的な契約であるかどうか）等によって、当然のことながら、検討に際しての目のつけどころは変わります。

顧問先である会社にとって定型的な契約ではあるが、契約相手方の属性や財務状況に鑑み、特に精査してほしい条項があるというようなときがあります。例えば、財務状況が芳しくないため、債務不履行を一定程度見込んでおり、そのための危急時条項を充実させておきたいと考えているといった具合です。そ

のようなときには、定型的に使用している契約書であり、ビジネスの中で一定の効用が実証されているものであっても、期限の利益の喪失条項、履行遅滞に基づく契約解除条項、履行遅滞に基づく違約罰条項等の危急時条項を重点的に精査し、その文言に不備がないかどうかを再検討する必要があります。

　個人が自らの所有する建物を賃貸することにしたとして、又は知人から金銭を貸してほしいと頼まれたため、金銭を貸すことにしたとして、市販の契約書式集を参考にして契約書案を用意したが、問題がないかどうかを検討してほしいということもあります。このような場合には、単に契約条項の内容を検討するだけでは足りず、建物又は金銭の返還を確保するために、単なる私製の契約書を取り交わすだけでよいのか、建物賃貸の場合に起訴前の和解（即決和解）をし、金銭貸付けの場合に執行認諾条項のある公正証書を作成した方がよいのではないかをアドバイスする必要があります[27]。

　また、建物賃貸の場合に、２年後に当該建物を利用する必要が依頼者にあって、法定更新の余地を封じておかなければならないという事情があるときは、いわゆる「定期建物賃貸借契約」にしておくのが適切です。そうであるとすれば、その建物賃貸契約は契約書の作成を要する要式契約ということになります（借地借家法38条１項）。

　金銭貸付けの場合に、債務者に対して保証人をつけるよう求めた方がよいのではないかをアドバイスし、その方がよいということになるのであれば、その金銭消費貸借契約書は保証契約書をも兼ねたものとするのが望ましいのであり、当該契約書のうちの保証契約書部分は要式契約としてのものということになります（民法446条２項）。

　このように、**法律実務家としては、依頼者から自らの用意した契約書案を検討するよう求められた場合であっても、それぞれの依頼者のニーズを的確に把握し、単に契約書の文言の検討にとどまらず、各ニーズに応じたアドバイスをすることが肝要**です。私製の契約書を作成するだけでは、依頼者の潜在的なニーズには応えられないこともあることを心得ておかなければなりません。依頼者の明示の依頼事項をこなすだけでは法律実務家として十全な仕事をしたこと

---

(27)　本書第３章Ⅲ－３を参照。

にはなりません。自らのニーズを的確に把握していない依頼者も、数多く存在するからです。

2 契約の相手方の用意した契約書原案の検討

筆者は、常日頃、依頼者に対し、**契約書原案の作成を相手方の手にゆだねず、自らの手で作成するよう**（もちろん、自らの顧問弁護士と協働するのでよいのですが、）**アドバイス**しています。これは、多かれ少なかれ契約書原案が契約書最終案の内容を決することになるからであり、契約書原案を作成する労力をかけることによって契約書最終案の内容を決するイニシアティブをとるのが取引全体を有利に進行させることにつながるという経験に基づいています。

しかし、現実の経済社会における取引である以上、契約書原案の作成を自らの手で行うことができる場合ばかりではありません。経済的な観点からの交渉力の大きい者は、小さい者に対し、自らの用意した契約書原案をそのまま押し付けようとします（**約款と呼ばれる契約書は、そのようなものの典型です。**）。前記 **B Ⅱ - 3** で検討した［演習問題21］は、まさにそのような問題です。

そして、交渉力のほぼ対等な当事者においても、様々な理由から相手方の用意した契約書原案をたたき台として検討するということはしばしば生じます。この検討を依頼された法律実務家としては、相手方は自らに有利になるように各条項を起案しているという前提で、その契約書原案を検討する必要があります。

世上よくみられる不平等な条項としては、約定解除原因を一方当事者についてだけ拡大する、損害賠償義務の発生原因事実を一方当事者についてだけ規定する、損害賠償の範囲を一方当事者についてだけ拡大する、紛争発生時の仲裁地又は裁判地を自らの本店所在地のみとするなどがあります。このような契約書原案の検討依頼を受けた法律実務家は、**第一に、これらの不平等な条項を同定し、少なくとも対等な内容を有する条項を起案して提示し、第二に、依頼者の利益を実現する**という観点から、**契約書原案に盛り込まれていない内容を同定し、そのための新たな条項を起案して提示する**のが任務です。法律実務家としては、第一の点を識別するのは比較的容易なのですが、当該取引の内容、それに伴うリスク等を具体的に理解していないと、第二の点を識別した上、必要

な条項を起案するのはそう簡単ではありません。知ったかぶりをしないで、依頼者に自らの疑問をぶつけ、当該取引の内容等を十分に理解する努力をしなければなりません。

3　依頼者の手持資料とインタビューとに基づく契約書原案の起案

依頼者の用意したものであれ、相手方当事者の用意したものであれ、契約書原案が存在する場合には、法律実務家が検討する素材は存するのであり、法律実務家の費やす労力と時間は、その分少なくなるのが通常です。これに対し、法律実務家が契約書原案の起案に当たる場合には、そのための労力と時間、すなわち、ドラフティング・コスト（drafting cost）は、かなり高いものになります。我が国では、一般に知られた企業であっても、法律実務家に契約書原案の起案を依頼する例が少ないのは、ここに原因があるのかもしれません。また、企業の用意した契約書原案の検討を依頼しても、意味のある提案がされた経験が少ないことから、法律実務家に契約書原案の起案を依頼する意味を見出すことができないでいるのかもしれません。

筆者の考える良い契約書は、①　実体面における契約内容（条件）が両当事者の経済的交渉力を合理的な範囲で反映したものであること、及び②　紛争発生時における解決条項（手続面を含む）が対等なものであること、の２点を充足した契約書です。後述するように、当該契約書が両当事者の真意を反映したものであること、強行法規に反するものでないこと等は、①及び②以前の基礎条件というべきものです。

このような観点からすると、契約書原案の起案に当たるのが依頼者である当事者本人であるか法律実務家であるかに、それ程大きな意味があるわけではありません。当該取引の背景と内容とに最も通暁しているのは当事者本人ですから、当事者本人が契約書原案又はその骨子を用意し、当該取引の背景と内容について資料を取得しインタビューをして十分に理解した法律実務家が、法的な観点から契約書原案を加除修正又は契約書の骨子に基づき原案を作成するという手順が最も効率的であるということができます。特に、商事契約（ビジネス契約）と消費者契約における事業者が依頼者である場合には、これが妥当します。

他方、消費者が依頼者である場合には、むしろ、法律実務家が依頼者から当該取引の背景と内容についてのインタビューをした後に、法律実務家が契約書原案を作成し、当事者本人にその内容を説明しながら、各条項が両当事者の真意を反映したものになっているかどうかを確認するという手順によるのが効率的である場合が多いでしょう。

Ⅱ 契約書作成の基礎的注意事項

1 要件事実論による各条項の分析と位置付けの確認

前記 **A** Ⅲ−1に説明したとおり、取引関係に入るための契約を締結するときに契約書を作成する目的は、契約当事者間における行為規範の明確化と紛争発生時における裁判規範の明確化とにあります。

締結する契約が有効に成立することが最低限の要求事項ですが、契約書を作成する以上、契約締結後、想定した事態が発生した場合に想定した効果の発生を相互に主張することができ、また、紛争が発生した場合に裁判所（仲裁裁判所等の ADR 機関を含む。）が契約書中の条項に従って判断することができるのでなくてはなりません。

そこで、**契約書の作成に関与する法律実務家としては、当該契約が成立するための要件事実が何かを明確に理解していることが基本中の基本です**。例えば、売買契約が成立するためには、①　目的物が確定していること、及び②　代金額又は代金の決定方法が確定していること、の2つが要件事実です[28]から、これらの2点が契約書上に明示されていることを確認するのが基本です。

これは当然のことのように思われますが、実際には、契約の成否が争われることも稀ではありません。以下の設例で検討してみましょう。

［演習問題22］

【検討課題】
　以下の事案につき、Y社の委任を受けた弁護士として、銅板5000t の売

---

(28)　司法研修所・類型別2頁を参照。

第6章　契約書　335

買契約の成否につき、問題点を検討し、メモを作成せよ。

【事案の概要】

　銅製品の加工業を営むX社は、商社であるY社との間で、銅板の購入取引を繰り返していたが、次のような方法によっていた。

① 　X社において約3か月程度の期間内に必要とする銅板につき、Y社との間で、その総量とその製造者を指定した「売買契約書」と題する書面を取り交わす。

② 　①の後、X社は、Y社に対し、銅板の厚さごとに買受けを希望する数量・引渡日・引渡地を指定する。その指定を受けたY社は、銅板メーカーに連絡をとり、X社の希望する数量をX社の希望する引渡日に引渡地において引き渡すことが可能であるかどうかを確認する。

③ 　②の手続を経て、X社とY社は、複数回にわたって、銅板の厚さと数量、銅板の厚さによる各商品ごとの単価、引渡日、引渡地を合意し、これらの事項を記載した「売買契約書」と題する書面を取り交わす。なお、この売買契約書は、①の「売買契約書」と同様の書式によるものである。

　平成30年10月1日、X社は、平成31年1月15日までに必要とする銅板につき、Y社との間で、「厚さ0.2mmから0.4mmまでのA社製の銅板5000t、平成30年10月20日から平成31年1月15日までに引渡し」とする売買契約書を作成した。X社とY社との間で、平成30年10月25日、「必要数量2000t、厚さ0.3mm、単価4万円、平成30年11月20日にX社の広島工場で引渡し」とする売買契約書が作成され、契約どおり厚さ0.3mmの銅板2000tの引渡しがされた。しかし、X社が工場の廃液を一級河川に流したことにより大量の魚が死に、漁業権を有する者に被害を与えたことが報道されたため、Y社は、X社との以後の取引を停止する旨通告するに至った。Y社は、この通告どおり、X社から同年12月1日に受けた「必要数量3000t、厚さ0.2mm、単価3万円、平成31年1月15日にX社の広島工場で引渡し」とする注文を受けることを拒絶した。

　X社は、Y社に対し、平成30年10月1日に銅板5000tの売買契約が成立

したとして、債務不履行に基づく損害賠償を求めて訴えを提起した。

　[演習問題22] は、売買契約が成立したとされるための前記の2要件を充足しているかどうかの検討を求めるものです。

[演習問題22についての検討メモ例]

1　売買契約の成立要件

　民法555条は、売買契約につき、売主（本件ではY社）が買主（本件ではX社）に財産権を移転することを約し、買主が売主にその対価として一定額の金員を支払うことを約束することによって成立すると規定する。すなわち、売買契約が成立したというためには、①　契約の目的物が確定していること、及び②　代金額又は代金の決定方法が確定していることを要する。

2　X社・Y社間の銅板取引と売買契約の成立時期

　X社とY社との間の銅板取引は、厚さごとの数量が確定し、厚さごとの単価が合意された場合には、種類物である目的物が確定し、代金額が確定するという仕組みになっている。Y社としては、X社から、銅板の厚さごとに買受けを希望する数量の指定を受け、次に銅板メーカーから、X社の希望する数量をX社の希望する引渡日に引渡地において引き渡すことが可能であるかどうかを確認した上で、X社との間で数量、単価（代金額）、引渡日、引渡地を特定した売買契約書を取り交わすという手順をふんでいた。

　種類物である銅板の売買契約が成立したということができるのは、X社において、銅板の厚さごとの数量を具体的に確定した注文をし、Y社において、それに応ずることが可能であるかどうかの確認をした上で、銅板の厚さごとの単価（代金額）についての合意ができ、上記の売買契約書を取り交わした時点であるというべきである。

第6章　契約書　337

3　平成30年10月1日に銅板5000tの売買契約が成立したか

　本件では、X社が将来3か月程度の期間内に買受けを希望する銅板の数量とそのメーカーの指定をした際に、X社とY社との間で「売買契約書」と題する書面を取り交わしていたために、その時点で売買契約が成立したのではないかという疑問が生じる。

　しかし、種類物である銅板の取引において種類（銅板の厚さ）と種類ごとの数量が確定していない以上、その時点で売買契約が成立したというのは困難である。なぜなら、Y社としては目的物引渡義務の履行のしようがないし、X社としても代金支払義務の履行のしようがないからである。

　なお、代金額（単価）については、種類と数量とが確定しさえすれば、何らかの指標によってほぼ自動的に単価が決まるというやり方をとっていたのであれば、代金額（単価）が確定していないことは不成立の大きな理由にはならないかもしれない。これに対し、代金額（単価）についても、その都度実質的な交渉があって、決せられていたというのであれば、この点も理由になる。

　そうすると、平成30年10月1日に銅板5000tの売買契約が成立したことを前提とするXの損害賠償請求は失当ということになる。

4　将来の方策

　Y社としては、今後同種の銅板取引をする場合には、購入予定の顧客からその総量とその製造者の指定とを受けた時点において、民法555条にいう売買契約が成立したとの主張を誘発するような書面によることを避け、むしろ売買契約の成立時期を明示した書面を取り交わすこととするのが賢明である。

　検討すべき点は、契約成立の要件事実に限りません。売買契約においては、代金の弁済期、目的物の引渡時期、登記手続の時期等に係る合意は、契約成立の本質的要素ではなく付款ですが、**その内容が二義を許さぬように明確に記述されている必要**があります。そうでないと、当事者に対する行為規範としても裁判官に対する裁判規範としても機能しないことになります。

〔演習問題20〕は、訴訟上の和解における条項として、付款の代表ともいうべき期限の利益喪失条項について検討しました。法律実務家が、取引関係に入るための契約の契約書における条項を検討する場面においても、異なるところはありません。

法律実務家としては、契約書中の各条項につき、紛争発生時に自らの依頼者が主張・立証すべき要件事実が明確であるかどうか、それに対して相手方当事者が抗弁（場合によっては再抗弁）事実として主張・立証すべき要件事実が明確であるかどうかを検討しておく心がけを忘れてはいけません。

2　真意に従った条項であること──錯誤、虚偽表示、詐欺、強迫の排除

契約書は、処分証書の代表例であり、契約書が真正に成立した場合は、後日、契約の締結が争われたときであっても、当該契約の締結は動きようがありません。しかし、これは、当該契約が有効に締結されたことを意味するわけではなく、当該契約を構成する意思表示に、**錯誤、虚偽表示、詐欺、強迫**といった瑕疵が存するかどうかは、意思表示が成立していることを前提にして、別に問題にされます。

我が国では、例えば保証債務履行請求訴訟において、保証人から、「決して迷惑はかけない、形だけのことなので、署名押印してほしいと主債務者に言われて、契約書を作成した。」と主張され、また、例えば売買契約に基づく目的物引渡請求訴訟において、売主から、「確かに契約書は作成したが、その契約書は当事者の真意を反映したものではなく、別にこれこれの内容の裏合意ができている。」と主張されるようなことがしばしばあります。こういった主張は、民法93条1項ただし書の心裡留保の抗弁又は民法94条1項の虚偽表示の抗弁として構成されるものです。これらの主張は、そう簡単に裁判所によって認定されるものではありません。それは、前述の契約書作成の基本的な目的からして、当然のことというべきでしょう[29]。

しかし、稀に、間接事実を詳細に認定した上で、虚偽表示の抗弁が容れられ

---

(29)　以上につき、田中・事実認定89〜95頁を参照。

る判決例に出くわすことがあります。筆者は、そのような判決例に接するとき、その契約書の作成に法律実務家が関与したのかどうか、どのように関与したのかが気になります。法律実務家が契約書の作成に関与する以上は、両当事者の真意が反映された契約書にするというのが基本であるからです。

これを要するに、法律実務家としては、作成に関与する契約書につき、錯誤、虚偽表示、詐欺、強迫といった意思表示の瑕疵があるのではないかとの懸念が生じたときには、そのような問題がないことを積極的に確認しておかなければならないということです。

3 強行規定と任意規定との識別──違法な条項の排除、特約と交渉力の相違

一般に、民法91条にいう「公の秩序に関しない規定」を任意規定（又は任意法規）と呼び、公の秩序に関する規定を強行規定（又は強行法規）と呼びます。

強行規定の内容に反する合意（特約）は、当然に無効であると考えられます。そこで、強行規定の内容に反する合意（特約）をしてみても、相手方に当該合意の遵守を求めることはできず（行為規範として）、裁判において当該合意の効力を認めさせることもできません（裁判規範として）。

強行規定と任意規定との識別をする実益は、第一に、当事者間の行為規範としても裁判規範としても効力を認められない条項を契約書の中から排除するためのメルクマールになることです。第二に、契約書中の各条項につき、それぞれの条項の法的性質を認識した上で、契約書全体を構成することができることです。

すなわち、契約書中の条項は、以下の5種類に分類することができます。

① 強行規定に違反する条項
② 強行規定と同一又はそれを上回る内容の条項
③ 任意規定と同一内容の条項
④ 任意規定の内容を変更する条項
⑤ 任意規定の存在しない部分を補充する条項

各条項がこれら①ないし⑤のいずれの性質を有するものであるかを把握しておくと、契約書全体を論理的に構造化することができます。

340

次の演習問題によって、以上の問題を具体的に検討してみましょう。

［演習問題23］

　東京から大阪に転勤したＸは、大阪に本店を有する建物賃貸業者Ｙとの間で、平成30年４月１日、建物（マンションの１室）の賃貸借契約（期間４年、賃料月額10万円）を締結した。Ｘは、Ｙから提示された契約書にざっと目を通して署名押印したが、引越しが終わって少し時間の余裕のできたころに契約書を改めて読み直したところ、幾つかの条項に疑問を抱いた。そこで、Ｘは、高校時代の友人である弁護士甲のもとを訪れ、アドバイスを求めた。

　各条項につき、本文の①ないし⑤のいずれの性質を有するものであるかを明らかにした上で、Ｘに対し、どのようにアドバイスすべきかにつきメモを作成せよ。

　弁護士甲がアドバイスを求められている条項は、以下のとおりである。

⑴　８条１項「賃借人は、賃貸人に対し、当月分の賃料を前月末日限り、本契約書末尾に指定する賃貸人の銀行口座（省略）に振り込む方法で支払う。」

　　８条２項「賃借人が賃料の支払を１回でも怠ったときは、賃貸人は、賃借人に催告をすることなく本賃貸借契約を解除することができる。」

⑵　10条１項「賃借人は、賃貸人の承諾を得なければ、その賃借権を譲り渡し、又は本建物を転貸することができない。」

　　同条２項「賃借人が前項の規定に違反して第三者に本建物の使用又は収益をさせたときは、賃貸人は、本賃貸借契約を解除することができる。」

⑶　12条１項「本賃貸借契約が終了したときは、賃借人は、本建物に付属させた物品を収去して原状に回復した上で、賃貸人に対し、本建物を返還しなければならない。」

　　12条２項「賃借人は、通常の使用に伴い生じた損耗であるかどうかにかかわらず、本建物を原状に回復しなければならない。賃借人がこの義務を履行しないときは、賃貸人において賃借人の費用負担で原状回復す

第6章　契約書　341

> ることができる。」

　［演習問題23］は、建物賃貸借契約という典型契約につき、賃借人の依頼を受けた弁護士として、民法、借地借家法、消費者契約法等の適用関係を検討し、判例の到達点を押さえた上で、適切なアドバイスをすることを求めるものです。

［演習問題23についての弁護士甲によるアドバイス・メモ例］

> 　賃貸借契約は、いわゆる貸借型契約の典型の1つであり、貸主は借主に対して契約の目的物の返還を一定期間請求できないという拘束を負うと解されている。そして、そのような返還時期についての合意は、付款ではなく契約の本質的要素であるとするのが伝統的通説の立場である。これに対し、民法601条が返還時期を定めることを明文で要求していないことを理由にして、返還時期についての合意を付款と解する見解も存する[30]。本賃貸借契約においては、平成30年4月1日から期間4年と合意されており、また、賃貸目的物である本建物が特定し、賃料月額10万円と合意されているから、いずれにしても契約成立の要件を充足していることに問題はない。
>
> 1　8条1項（賃料の支払時期等）、2項（無催告解除条項）について
> (1)　賃料の支払時期等について
> 　本来、賃料は、目的物を一定期間賃借人の使用収益が可能な状態に置

---

[30]　貸借型の契約と返還時期の合意の関係につき、伝統的通説の立場による説明として、司法研修所・要件事実(1)275頁以下及び司法研修所・要件事実(2)4頁以下を参照。返還時期の合意を付款とする立場による説明として、司法研修所編『新問題研究要件事実』124頁（法曹会、2011年）を参照。なお、改正民法601条は、「引渡しを受けた物を契約が終了したときに返還すること」を賃貸借契約として合意すべき内容に含めて規定しています。しかし、これは、賃貸借契約に本質的な返還合意を念のために規定するものであって、本文中に説明した返還時期についての合意が契約の本質的要素であるか、付款であるかという見解の対立とは関係がありません。

いたことに対する対価として発生するものであるから、目的物を一定期間賃借人の使用収益が可能な状態に置いたことが賃料請求のための先履行の関係に立つ。

そして、民法614条は、建物につき賃料の支払時期を毎月末と規定する。民法614条の規定は任意規定であるから、本賃貸借契約8条1項はこれを変更する前払の特約であると理解することができる[31]。

また、債務の弁済の場所につき、民法484条は持参債務（債権者の現在の住所における弁済）の原則を規定するが、本賃貸借契約8条1項はこれを変更する特約の性質も併せ有する。

したがって、Xは、同項の規定に従って、毎月末日までに翌月分を指定されたYの銀行口座に振り込む方法で支払うことを要する。

(2)　無催告解除条項について

本賃貸借契約8条2項と同様の無催告解除条項の入った建物賃貸借契約は、決して珍しいものではない。

最1小判昭和43・11・21民集22巻12号2741頁は、「賃貸借契約が当事者間の信頼関係を基礎とする継続的債権関係であることにかんがみれば、賃料が約定の期日に支払われず、これがため契約を解除するに当たり催告をしなくてもあながち不合理とは認められないような事情が存する場合には、無催告で解除権を行使することが許される旨を定めた約定であると解するのが相当である。したがって、原判示の特約条項は、右説示のごとき趣旨において無催告解除を認めたものと解すべきであり、この限度においてその効力を肯定すべきものである。」と判示した。

賃貸借契約はいわゆる継続的契約の代表例であるが、判例・通説は、その解除に民法541条の適用を肯定する。上記の最高裁判例も、民法541条の適用を当然の前提にして、無催告解除条項をその特約ととらえている。しかし、賃貸借契約が当事者間の信頼関係に基づく継続的契約であるという特性に着目し、無催告解除を可能にする特約を全面的に有効とはせず、「催告をしなくてもあながち不合理とは認められないような事

---

(31)　司法研修所・要件事実(2)6、101頁を参照。

情が存する場合」のみを射程範囲とする合意であるとの制限的解釈をし、その範囲において有効な特約であるとした。

したがって、1か月分の賃料支払を遅滞したというだけで常に有効に無催告解除ができるわけではないが、上記の最高裁判例は、無催告解除条項の発動を許す要件を「あながち不合理とは認められないような事情が存する場合」としており、賃借人側に強い背信性が存することを要求するのでないことを、正確に理解しておくことが必要である。

2　賃借権の無断譲渡、無断転貸禁止条項

本賃貸借契約10条1項、2項は、民法612条1項、2項と全く同一の内容の条項である。本文の③のカテゴリーに属する。したがって、本賃貸借契約書中にこの条項がなくても同一の規範が適用されるのであるが、当事者間の行為規範を明確化する目的であえて置かれたものと考えられる。

契約書のみによって主要な行為規範が明らかになっているのは当事者にとって便利であるから、各種の契約書でよく用いられる手法である。

3　原状回復条項

本賃貸借契約12条1項については特段の問題がないが、同条2項は、旧建設省作成に係る賃貸住宅標準契約書が「賃借人は、通常の使用に伴い生じた本物件の損耗を除き、本物件を原状回復しなければならない。」としているのと比べ、自然損耗等についても賃借人に原状回復義務を負わせ、その費用を賃借人に負担させるところに特徴がある。

ところで、平成13年4月1日に消費者契約法が施行されており、その10条は、任意規定の適用による場合に比し、「消費者の権利を制限し又は消費者の義務を加重する消費者契約の条項であって、民法第1条第2項に規定する基本原則に反して消費者の利益を一方的に害するものは、無効とする。」と規定する。

本賃貸借契約12条2項の規定については、消費者契約法10条に当たり、無効ではないかが問題になる。最2小判平成17・12・16判時1921号61頁は、通常損耗の原状回復義務を賃借人に負わせる旨の特約の有効性如何に

つき、賃貸借契約は目的物の損耗の発生を本質上当然に予定しているとし、建物の賃借人にその賃貸借において生ずる通常損耗についての原状回復義務を負わせるのは、賃借人に予期しない特別の負担を課することになるとの理由を述べ、「賃借人に同義務が認められるためには、少なくとも、賃借人が補修費用を負担することになる通常損耗の範囲が賃貸借契約書の条項自体に具体的に明記されているか、……賃貸人が口頭により説明し、賃借人がその旨を明確に認識し、それを合意の内容としたものと認められるなど、その旨の特約（以下「通常損耗補修特約」という。）が明確に合意されていることが必要である」と説示した上、当該事件における契約では通常損耗補修特約の合意が成立しているとはいえないとした。

すなわち、通常損耗について賃借人に原状回復義務を負わせる条項が一般的に消費者契約法10条によって無効となるわけではなく、契約書の記載内容や賃貸人の説明の仕方等事案ごとの細部にわたる検討を要する。

このように、賃貸借契約中の条項が有効であるか無効であるかの検討に際し、民法と借地借家法のみを検討すれば足りるのではなく、消費者契約法の解釈適用についても検討する必要がある。

以上のように、**法律実務家が関与して契約書を作成する場合に、強行規定に反する違法な条項を排除すべく注意する**ことは法律実務家として重要な仕事の一部です。

しかし、このことと契約書中の条項が当事者の交渉力の相違を反映したものになることとは全く別のことです。事業者が不公正な取引方法を用いることは許されません（独占禁止法19条）が、そのようなことのない限り、自己の有する交渉力を最大限に発揮して契約締結交渉に臨むのは当然のことであり、契約はそのような交渉の結果として締結されるのですから、むしろ、契約書中の条項を全体として観察したときは、どのような契約であれ、当事者の交渉力の相違を反映したものになっているはずなのです。

4　契約の当事者となる者及び締結権限の確認

以上１ないし３は、契約書の内容に関する基本的注意事項です。これらの事

項とは性質が異なるものの重要なのは、契約の当事者の表記をどうするか、当事者として又はその代表者（代理人）として署名（記名）押印する者を誰にするかという問題です。

（1）　当事者となる者の確認
　契約における権利と義務の帰属主体を当事者として表記するというのが原則です。自然人（個人）と法人の場合は、自然人であればその氏名を表記し、法人であればその商号・名称を表記します。ただし、自然人であれ法人であれ、その氏名や商号・名称によって二義を許さない程度に特定することができることは稀であるため、住居所又は本店所在地等の補助的情報をも表記することによって当事者を特定するのが通常です。
　契約書の中には、当事者として当該契約についての担当部署名を表記する（例えば、「A株式会社システム開発部」と表記する）ものがありますが、上記のとおり誤りです。また、商号を表記するだけでは、当事者が個人営業であるのか法人格を有する会社であるのかが判然としない場合もありますから、遅くとも契約書を用意する過程において登記事項証明書等によって確認する必要があります。個人営業である場合には、「ABオフィスこと甲野太郎」などと表記して個人の氏名をも特定しておくべきです。
　法人格を有しない民法上の組合や社団等が当事者になる場合に、契約書上どのように表記するのが適切であるかは、それぞれの組合や社団等の成熟度（財産的基盤の確かさの程度）にもよりますので、一概にはいえません。
　民法上の組合の場合には、その債権者は各組合員の個人財産に対して損失分担の割合に応じて権利を行使することができます（民法675条）から、当事者欄には当該組合の名称を表記しておき、別表等の形式で当該組合の組合員を特定しておくのが適切であると考えられます。
　これに対し、法人格を有しない社団の場合には、その代表者が社団の名においてした取引上の債務は、社団の構成員全員に1個の債務として総有的に帰属するとともに、社団の総有財産だけが責任財産となり、構成員各自は取引の相手方に対し直接には個人的債務ないし責任を負わないとされています[32]から、当事者欄には当該社団の名称を表記しておくことは当然のことですが、契約書

上当該社団の構成員を特定しておくべきであるとまでいうことはできません。しかし、民法上の組合であるのか法人格を有しない社団であるのかを外形的に的確に識別することは容易でないので、法人格を有しない社団であるとされる場合にも、その構成員を特定しておくのが将来生じ得るリスクをコントロールするという観点からは、望ましいということができます。

　また、当事者が外国法人であるのか、その外国法人の子会社である日本法人であるのかについても、紛れのないように表記する必要があります。それは、後述する契約締結権限の確認にも役立つことです。

(2)　契約締結権限の確認

　契約書に当事者として特定掲記された者に契約の効果を及ぼさせるためには、当事者のために契約書に署名（記名）押印した者に当事者を代理（代表）する権限がなければなりません。

　自然人が当事者になる場合には、当該自然人が署名（記名）押印するか、本人のためにすることを示してその代理人が署名（記名）押印する必要があります。相手方としては、本人が署名（記名）押印する場合には、現に署名（記名）押印している者が本人であることの確認をし（身分証明書の提示を求め、押印は実印によることとし、印鑑証明書の提出を求めて確認するなど）、**代理人が署名（記名）押印する場合には、必ず相手方から委任状の提出を受け、しかもその委任状が真正に作成されたことをも確認しておく**（印鑑証明書の提出を求めて確認するなど）ことが必要です。

　会社が当事者になる場合には、代表取締役の記名押印を得るのが最も望ましいものですし、それがビジネスの通例でもあります。商業登記簿によって、代表取締役が誰であるかを確認する必要があります。欧米では、共同代表とする例が稀ではありませんので、この点にも注意を要します。また、支配人は、包括的代理権を有しています（商法21条1項、会社法11条1項）から、代表取締役と同様に扱うことができます。これに対し、部長・課長といった職位にある者は、「事業（営業）に関するある種類又は特定の事項の委任を受けた使用人」

---

(32)　最3小判昭和48・10・9民集27巻9号1129頁。

です（会社法14条1項、なお商法25条1項参照）から、当該契約がその有する代理権の範囲内のものであるかどうかについて、調査する必要があります。会社によっては、対外的な契約書の調印権限を部長・課長といった職位にある者に授与していないこともありますから、慎重な調査を要します。契約書に署名（記名）押印する者に当該契約の締結権限があることを証する書面の提出を受けるのが適切です。相手方当事者から、権限のない者のした契約であるとして争われる事態は、仮に裁判において勝訴する結果になったとしても、契約締結業務としては失敗作というべきです。

 Tea Time

●署名・記名と押印・捺印●

　署名は、自署する方法で氏名を記すことをいいます。ですから、手書きの方法によるものであっても、本人がしたのでない場合には、厳密には、署名のカテゴリーには入りません。

　これに対し、記名は、自署する以外の方法で氏名を記すことをいいます。ですから、手書きの方法によるものであっても、本人以外の第三者がした場合には、記名のカテゴリーに入ることになります。旧来型の記名の例としてゴム印やタイプ印刷を、現代型の記名の例としてワードプロセッサー印刷を挙げることができます。

　民訴規則157条は、「判決書には、判決をした裁判官が署名押印しなければならない。」と規定しています。判決書の重要性に鑑み、裁判官の「署名」のみならず「押印」をも要求しているのです。

　これに対し、民訴規則50条1項は「決定書及び命令書には、決定又は命令をした裁判官が記名押印しなければならない。」と規定しています。また、やや古い法律である手形法82条及小切手法67条は、「本法ニ於テ署名トアルハ記名捺印ヲ含ム」と規定しています。捺印も押印も印判を押すことをいいますが、捺印が古い法令用語、押印が新しい法令用語です。

5 税務の確認

　契約の締結は、税務を伴うのが通常です。不動産の売買契約を締結した場合には、売主には譲渡益に対する課税が発生しますし、買主には不動産取得税が発生するといった具合です。

　最1小判平成元・9・14判時1336号93頁は、契約を締結する際に税務の確認がいかに重要であるかを教える判例です。

　この最高裁判決は、協議離婚の際にされる財産分与に伴う課税が財産を分与する者に対してされるのか、財産の分与を受ける者に対してされるのかにつき、財産を分与する者が完全に誤解していたという事案におけるものです。すなわち、夫Xは、妻Yとの間で、Yに対して自らの特有財産である土地建物を財産分与として譲渡することを約し、その旨が記載された離婚協議書及び離婚届に署名押印しました。Xは、これらの文書に署名押印する際、財産分与に伴う課税が財産分与を受けるYに対してされるものと誤解しており、Yに対してこれを気遣う発言をしていたのですが、離婚の届出と当該不動産の所有権移転登記がされた後になって、勤務先の上司の指摘により、自己に課税されることを知り、かつその額が2億2224万円余に上ることを知りました。そこで、Xは、Yに対し、本件財産分与契約は要素の錯誤により無効であると主張し、分与の対象とした建物につき、所有権移転登記の抹消登記手続を求めて訴えを提起しました。

　最高裁は、「所得税法33条1項にいう『資産の譲渡』とは、有償無償を問わず資産を移転させる一切の行為をいうものであり、夫婦の一方の特有財産である資産を財産分与として他方に譲渡することが右『資産の譲渡』に当たり、譲渡所得を生ずるものであることは、当裁判所の判例[33]とするところであり、離婚に伴う財産分与として夫婦の一方がその特有財産である不動産を他方に譲渡した場合には、分与者に譲渡所得を生じたものとして課税されることとなる。したがって、前示事実関係からすると、本件財産分与契約の際、少なくともXにおいて右の点を誤解していたものというほかはないが、Xは、その際、財産

---

(33)　最3小判昭和50・5・27民集29巻5号641頁、最1小判昭和53・2・16集民123号71頁。

分与を受けるYに課税されることを心配してこれを気遣う発言をしたというのであり、記録によれば、Yも、自己に課税されるものと理解していたことが窺われる。そうとすれば、Xにおいて、右財産分与に伴う課税の点を重視していたのみならず、他に特段の事情がない限り、自己に課税されないことを当然の前提とし、かつ、その旨を黙示的には表示していたものといわざるをえない。そして、前示のとおり、本件財産分与契約の目的物はXらが居住していた本件建物を含む本件不動産の全部であり、これに伴う課税も極めて高額にのぼるから、Xとすれば、前示の錯誤がなければ本件財産分与契約の意思表示をしなかったものと認める余地が十分にあるというべきである。」と判示しました。そして、高額の課税がされるかどうかは本件財産分与契約締結の動機にすぎず、Xがその表示をしたことは認められないとして、Xの本件財産分与契約の錯誤無効の主張を排斥をした原判決を破棄しました。

　意思決定に至る原因や動機に誤解がある場合を動機の錯誤といいますが、判例は、当該動機を意思表示の要素（重要性がある）ということができ、かつ当該動機が相手方に表示された場合には、当該意思表示を無効にするという立場に立っています[34]。

　この事件では、結局、契約当事者双方が税務の確認を怠ったばかりに、当該契約自体の錯誤無効が争われることになりました。**契約交渉又は契約書作成の過程**において、**単なる付随的事項であるとして税務の確認を軽視してはならない**ことを物語っています。

　また、契約書の調印に当たっては、印紙税が発生するのが原則であることも忘れてはいけません。契約書に印紙を貼付し、それを消印する形で国に納税することになります。

---

[34]　改正民法95条1項2号及び2項は、本文に説明した最高裁判例の立場を明文化したものです。

D 契約書の構成と各種条項作成上の留意点

I 契約書の構成

1 全体構成

本書第4章において、裁判文書については、訴状にせよ判決書にせよ、法律が必要的記載事項を規定しており、その様式も実務慣行によってかなりの程度に定まっていることを説明しました。

契約書については、そもそも契約自由の原則の内容の1つに契約締結の方式の自由がありますから、様式も当事者の自由ということになります。しかし、前述したような契約書作成の目的を反映して、契約実務の中でおのずと合理的であると考えられる契約書の様式が生き残ってきています。次に示すものは、極めて一般的なものであり、汎用性の高いものです。ただし、**生きたビジネスのニーズに応えるべく、契約書の様式にもかなりの発展ないし変化が見られます。固定的に考えることなく、より良い様式を追求することが肝要です。**

［契約書の構成］

【表題】
金銭消費貸借契約書

【前文】
　東京興産株式会社（以下「甲」という。）と株式会社阪神商事（以下「乙」という。）とは、以下のとおり金銭消費貸借契約を締結する。

【本文】
第1条（目的）

第6章　契約書　351

第2条（金銭消費貸借契約）

　　(1)

　　(2)

第3条（期限の利益喪失）

　　・

　　・

　　・

　　・

第○条（合意管轄）

【後文】

　本契約締結の証として、本書2通を作成し、甲・乙記名押印の上、各1通を保有する。

【日付】

平成30年10月20日

【記名押印欄】

　　甲　（本店所在地）

　　　　（商号）

　　　　（代表取締役の記名）　　　　　　　　㊞

　　乙　（本店所在地）

　　　　（商号）

　　　　（代表取締役の記名）　　　　　　　　㊞

　以上のとおり、通常の契約書は、**表題―前文―本文―後文―日付―署名（記名）押印欄の6部構成**になっています。

2 表題（タイトル）

表題（タイトル）は、単に「契約書」とするのではなく、当該契約内容を反映していて、当該契約の特質を一言で把握することができるようなものにするのが適切です。典型契約の場合には「売買契約書」、「金銭消費貸借契約書」、「請負契約書」、「委任契約書」などとし、非典型契約の場合には「製作物供給契約」、「販売店契約」などとします。

また、前述した「基本契約」とその「個別契約」という関係に立つ契約書の場合には、表題と前文とによって、そのような関係に立つことを明示しておくのが、後日の混乱を招かないために必要です。

なお、法律上の性質としては、契約書であっても、簡易な合意又は付随的な合意であることを示すために、「覚書」とか「念書」といった表題を付することもあります。前に締結された契約の内容を変更する目的で「覚書」又は「念書」といった表題の文書を取り交わす場合には、「覚書」又は「念書」の前文等においてそのような関係を明示しておく必要があります。

3 前文

前文は、契約の当事者を明示し、契約の法的性質を明示するのが通例です。前文に、契約の目的や契約締結に至った経緯等をかなり詳細に記載する例もありますが、当該契約の各条項を解釈適用する上でそれらの事情が重要な意味をもつという理由で記載するのがよいと考えられる場合には、そのような意味を明らかにした上で、前文にではなく本文に明記する方がよいでしょう。

なお、前記の例のように、ここで当事者に略称（甲、乙など）を付しておくと、本文の記載を簡潔にすることができます。

4 本文

本文は、**契約書の中核**であり、当事者双方が最も注意深く検討すべき部分です。前記の例は、第1条から第〇条までの構成であり、各条の中に分割して定めた方が分かりやすい事項が存する場合には、「(1)、(2)」としています。これら「(1)、(2)」を「**項**」と呼びます。内容が複雑で条項数も多数に上る契約の場合には、「**条**」の上のカテゴリーである「**章**」を設け、契約書内の条項の性質

によるまとまりないし契約書全体の論理構造を明確にするようにします。逆に、内容の簡素な契約の場合には、「章」はもちろん「条」も置かず、「項」のみによることもあります。そのような場合は、「第1項、第2項」と表示することはなく、単に「1.、2.」などとします。

「条」には、前記の例のように括弧書きで「見出し」を付するのが通常です。表題と同様、当該条項の内容を反映した見出しを付するよう配慮する必要があります。見出しと条項の内容との間に齟齬がある場合には、もちろん条項の内容が優先して考慮されることになりますが、条項の内容と齟齬する見出しが付されていると、当該条項の解釈に争いが生じる一因になりかねません。法律実務家としては、見出しの表現にも細心の注意を払う必要があります。

5 後文

契約書原本の作成数とその保有者とを記載します。前記**AⅠ−2**に説明したように、我が国の契約書には作成者が一人しかいないものもありますし、作成者が二人以上いる場合であっても、当該契約書の当事者にとっての重要性の程度、印紙税の節約等を考えて、原本を1通しか作成せず、一方当事者のみが原本を保有し、他方当事者は原本の写し（コピー）を保有するときもあります。

前記の例は、原本を2通作成し、当事者双方がそれぞれ原本を保有することとしていますが、これが契約実務の原則といってよいでしょう。

また、市販の書式集を引き写して、「甲・乙署名押印の上」と記載したのに、実際には記名押印であったり、署名のみであったりする（署名と記名の相違等については、本章コラム「署名・記名と押印・捺印」を参照）と、後日、当事者の一方から契約の成立を争われる原因にもなりますから、注意が必要です。

6 日付

契約は申込みと承諾の各意思表示が合致した時点で成立しますから、当事者が一堂に会して調印した場合には、その日付を表記しますし、そうでない場合には、後に署名（記名）押印した当事者がその日付を記入することになります。各当事者が署名（記名）押印した日付を各別に記入するという方式によっても構いません。

契約締結の日付と当該契約の効力発生日とが同一でない場合には、必ず、本文中でその点を明確にしておかなければなりません。

また、**C II** - **2** に説明したとおり、内容虚偽の契約書の作成は避けるべきです。例えば、契約書の日付をずらすことによって決算期の異なる取引を作出すると、架空売上げによる粉飾決算の結果を招来することにもなりかねません。日付のずれは大した問題ではないと軽く考えることはできないのです。

7　署名（記名）押印欄

契約書は、当事者双方が自らの権利義務を処分する証書ですから、裁判文書ほどの厳格さは要しないにしても、一定程度厳格な方式によってそれぞれが責任を負う旨を明らかにすべきです。そうするのは、当事者の行為規範の明確化及び裁判規範の明確化という契約書の基本目的に沿うゆえんでもあります。

ですから、展望的な観点からすれば、当事者双方が「**署名押印**」する方式で自らが責任を負う旨を明らかにするのが望ましいということができます。しかし、当事者が自然人（個人）である場合はともかく、法人等の団体である場合にもその代表者又は代理人の署名押印を要求するのでは、ビジネスが円滑に進まないことにもなります。そこで、現代の我が国においては、当事者が法人等の団体である場合には、次善の策として「**記名押印**」によることが一般化しています（コラム「署名・記名と押印・捺印」参照）。

なお、中には、契約書には代表者が署名をするという扱いをしている法人もありますが、そのような法人であっても、署名とともに押印をするという扱いをするのがほとんどです。したがって、少なくとも国内のビジネス契約において、いずれかの当事者欄に押印がないという場合には、契約が成立していないのではないかとの合理的な疑いが生ずるものと心得ておくべきです。

上記の観点からしても、後日、偽造又は冒用であるとして争われるおそれが少ないという観点からしても、押印は、個人の実印（印鑑登録されている印鑑）、会社の代表者印（商業登記法20条の規定に基づき登記所に届出される印鑑）によることが望ましいといえます。

Ⅱ　本文の条項作成上の留意点

1　はじめに

　契約書起案の中核となる部分は、もちろん本文の条項作成です。**契約書の起案に当たって最も重要な心がけは、当該契約の内容における特徴と当該契約書の作成・取り交わしの具体的な目的を明確に把握しておくことです。**これは、法律実務家が直接契約書原案を起案する場合であれ、会社の法務部が起案した原案を法律実務家がチェックする場合であれ、常に念頭に置いておくべき事柄です。

　例えば、契約当事者間に信頼感が醸成されており、契約成立後は相互に債務不履行の懸念はほとんどなく、契約書作成の目的が、どのような具体的手順によって引渡債務の履行と受領とを確実にし、それについての対価の請求と支払をするかにあるという場合には、当事者間のビジネス上の行為規範の明確化が最重要の事柄ですから、その点に焦点を当てて条項を実質化・詳細化することに注力することになります。

　他方、相手方当事者とは初めて契約関係に入る場合であって、しかも相手方当事者の財務状況には不安定な面があり、その債権回収を確実にしておく必要があるというときは、相手方当事者の債務の履行を担保するための条項、不履行が生じたとき又はその懸念が生じたときの条項等に焦点を当てて、適切な条項を工夫することになります。

　このような心がけは、法律実務家の仕事のすべてに共通することであり、これを抽象化すれば、**当該事案の特徴をどのような仕事の場面であっても忘れない**ということになります。契約書の作成場面においても、同様の要請があり、市販の又は以前に使った契約書式をなぞって一丁あがりというわけにはいかないということです。

　以下、契約書本文を構成する条項をその性質に応じて分類することによって、各種条項を整理し、それぞれの条項ごとに留意点を検討することにしましょう。なお、和解契約における条項の作成について触れた点の多くは、取引関係に入るための契約における条項の作成についても妥当しますが、ここでは原

則として繰り返さないことにします。

2　実体条項と手続条項

　契約書本文中の条項の分類の仕方の**第一は、実体条項と手続条項とに分類す**るというものです。1つの法的効果が発生するために、実体に係る事実と手続に係る事実の存在を要すると定める場合があります。実体要件と手続要件とが1つの条項の中に並存することもしばしばありますが、これら2つの要件の区別を意識して契約書の条項の起案に当たると、趣旨の明快な条項になります。これを、具体的な条項に即して検討してみましょう。

(1)　売買契約における売主の担保責任に係る条項

　改正前民法570条が規定する瑕疵担保責任は、売買の目的物が特定物の場合にのみ適用され、不特定物の場合には、買主が瑕疵の存在を認識した上でこれを履行として認容したときにのみ適用されるとするのが判例の立場[35]です。

　これに対し、改正民法562条は、売買の目的物が特定物であるか不特定物であるかを区別することなく、売主は種類、品質又は数量に関して契約の内容に適合した目的物を引き渡す債務を負うことを前提として、引き渡された目的物が種類、品質又は数量に関して契約の内容に適合しない場合には、買主は、①履行の追完（修補、代替物の引渡し又は不足分の引渡し）請求（改正民法562条1項本文）、②　代金減額の請求（改正民法563条1項・2項）、③　損害賠償の請求（改正民法564条）、④　契約の解除（改正民法564条）をすることができることとしています。また、買主は、引き渡された目的物が種類又は品質に関して契約の内容に適合しないことを知った日から1年以内にその旨を売主に通知しなければ、上記①ないし④の救済を受けることができないこととしています（改正民法566条本文）。

　ところで、商人間の売買契約においては、①　買主は目的物の受領後遅滞なく検査をし、検査の結果、目的物の瑕疵又は数量不足を発見したときは直ちに通知を発しなければならず、②　直ちに発見することのできない瑕疵がある場

---

(35)　最2小判昭和36・12・15民集15巻11号2852頁。

合には、6か月以内に瑕疵を発見し直ちに通知を発しなければならず、①又は②のいずれかを満たさない場合には、買主は目的物の瑕疵又は数量不足を理由に損害賠償請求をすることができません（商法526条）。

これは、商人間の売買取引の迅速処理の観点から、民法の売主の担保責任の規定に対する重大な例外を設けたものです。そして、商法526条の規定は、特定物のみならず不特定物にも適用されるものと解されてきました[36]。

以上の制定法の規定は任意規定ですから、これらの規定の存在を前提として、具体的な契約においては、契約当事者のニーズと交渉力とを反映させた条項を工夫することになります。

そして、**商人間の取引**の場合には、営業の中で取引を繰り返しているのですから、取引から生ずるリスクを相互にできるだけ小さくし、紛争発生の可能性を小さくすることを目指して、契約書の内容を工夫しています。その1つとして、**手続条項を具体化・詳細化する**ことによってリスクの最小化を図るという**手法**を挙げることができます。

例えば、商法526条にいう「遅滞なく検査をする」、「直ちに通知を発しなければならない」といった要件につき、次のような検査と通知の条項にすることが考えられます。

［売主の担保責任に係る検査・通知条項の例］

第8条（売主の担保責任）
(1)　甲（買主である会社）は、乙（売主である会社）から本件目的物を受領後受領日を含めて3営業日以内に検査し、乙に対し、受領後受領日を含めて7営業日以内に合否の結果を書面をもって通知する。この期間内に通知がされなかった場合は、合格したものとして扱う。
(2)　甲は、前項による検査合格の時から10か月以内に本件目的物に種類又は品質に関する不適合を発見したときは、乙に対し、速やかに当該不適合の内容を具体的に記載した書面をもって通知する[37]。この期間内に通知がされなかった場合、乙は、本件目的物の種類又は品質に関する不適

---

[36]　最2小判昭和35・12・2民集14巻13号2893頁。

合を理由とする何らの責任も負わないものとする。

この契約書の8条1項によれば、乙（売主）は、差し当たり目的物納入後7営業日以内にされる書面による通知に従って、目的物の種類・品質に関する不適合又は数量不足に対応することで足ります。

また、同条2項によれば、乙は、目的物の受入検査に合格した場合であっても、その後10か月以内は目的物の種類・品質に関する不適合には対応しなければなりません。その点では、売主である乙にとって商法526条の規定するところよりも不利益な特約になっています。しかし、目的物に種類・品質に関する不適合があるかどうか、あるとしてそれが種類・品質に関する不適合に当たるかどうかにつき、乙は甲による書面によって一応の判断をすることができ、争うことができます。

本件契約においては、これらを全体として考慮して、甲と乙との利害のバランスがとられたということができます。

また、手続条項のみならず、実体条項を工夫することによって甲と乙との利害のバランスをとることも、当然のことながら考えられます。

責任期間についての特約は、その1つです。商法526条は、責任期間を目的物の引渡し後6か月としていますが、目的物の性質、当事者の交渉力の大小等を反映して、責任期間を延長する場合もあれば、短縮する場合もあります。この契約書の8条2項では、責任期間の起算点についての特約をした上で、責任期間の延長をしています。ほかには、救済方法についての特約も実際にみられます。そのような特約の例としては、次のようなものが考えられます。

[売主の担保責任に係る救済方法の特約の例]

第8条（売主の担保責任）

---

(37)　大判大正11・4・1民集1巻155頁は、買主が売主に対して瑕疵の通知をすべき場合には、単に売買の目的物に瑕疵があることを通知するのみでは十分ではなく、瑕疵の種類及び大体の範囲を通知することを要するが、その細目を通知することは要しないと判断しました。

⑶　甲は、１項に定める方法で不合格の通知をしたときは、乙に対し、通知の日から３営業日以内に乙の負担による当該目的物の修補若しくは代替品との交換をすべきこと又は代金の減額のいずれかを選択して請求する。

　⑷　甲は、２項に定める方法で不適合の通知をしたときは、乙に対し、通知の日から７営業日以内に乙の負担による当該目的物の修補又は代替品との交換をすべきことのいずれかを選択して請求する。

　⑸　前２項のいずれの場合においても、甲に損害が発生したときは、乙に対して損害賠償を請求することを妨げない。ただし、賠償額は、当該不適合に起因して現実に生じた通常の損害に限り、かつ、当該目的物の売買代金額を上限とする。

　改正前民法は、売買契約における瑕疵担保責任の救済方法として、契約の解除と損害賠償請求とを規定していましたが、目的物の修補請求、代替品との交換請求、代金減額請求といった救済方法を規定してはいませんでした。商法も、同様です[38]。この契約書の８条３項、４項は、取引の実際を考慮して、当時の制定法の規定する救済方法に加えて、簡便な救済方法を創設する特約の性質を有しています。

　また、この契約書の８条５項は、同条３項、４項の規定の存在が当時の制定法の規定する損害賠償請求を排除するものでないことを注意的に明らかにするとともに、売主に対して損害賠償を求める場合に、どの範囲の賠償を求めることができるかについて学説上争いがあることに鑑み、その点についての特約を結ぶことによって当事者間における規範を創設しています。すなわち、売主の担保責任につき、いわゆる法定責任説に立ち、賠償の範囲は信頼利益に限られるとする考え方と、いわゆる契約責任説に立ち、賠償の範囲は信頼利益に限られず履行利益に及ぶとする考え方との対立があります[39]。８条５項は、賠償の

　⒇　最２小判昭和29・１・22民集８巻１号198頁。
　㊴　瑕疵担保責任の法的性質、損害賠償の範囲（信頼利益と履行利益）等につき、加藤・前掲注⒅216～231頁を参照。

範囲につき、通常損害の範囲における履行利益に及ぶとすると同時に、その額の上限を当該目的物の売買代金額とすることを定めています。この規定により、当事者双方とも、ビジネス展開上、賠償金額についての予測可能性が高まるという利益を享受することになります。このように、制定法中の任意規定に係る契約上の特約は、契約当事者が当該当事者にのみ通用する規範を創設するという機能を営んでいるのです。

(2) 販売店契約における契約期間条項

いわゆる継続的契約というカテゴリーに属する契約の契約書を起案するに際して細心の注意を払うべき条項の1つは、その終了原因に係る条項です。

1回の履行によって契約関係が終了するものを**一時的契約**と呼び、履行が一定の期間継続する又は一定の期間反復するものを**継続的契約**と呼びます。継続的契約における期間の定めの有無と契約の終了原因との組合せを一覧表にすると、次のようになります。

[継続的契約における契約終了原因]

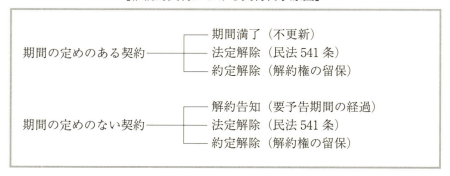

継続的契約の解除は、原則として将来に向かってのみ効力が生ずるものですが、かつては、そもそも民法541条の規定に従って継続的契約を解除することができるのかどうかが争われ、また、解除原因として常に必ず「**やむを得ない事由**」ないし「当事者間の信頼関係の破壊」を要するのかどうかが争われてきました。しかし、前者については、民法541条の規定の適用を認めるのが確定判例の立場であり、その系として、継続的契約であるというだけで解除原

因として常に必ず「やむを得ない事由」等を要すると解すべき根拠はないとするところに落ち着いてきています。

しかし、現在も、継続的契約の終了をめぐる紛争は数多くみられますから、その**終了原因に係る条項の起案には慎重を要します**。

ここでは、いわゆる販売店契約における期間に関する定めについて検討しましょう。一口に販売店契約といっても種々の類型のものがありますが、通常は、一定程度のブランド価値を形成したメーカーから、一定のテリトリーにおける販売権限を授与され、メーカーから製品を買い取り自らの計算で販売するという形態をとります。販売店としては、かなりの資本投下をして製品販売の努力をするため、契約期間をできるだけ長期間にすることによって投下資本の回収をしたいと考えます。他方、メーカーとしては、販売店を利用することによって低リスクで当該テリトリーを開拓することができますから、販売店に一定程度の期間を許容しようとはしますが、販売店の能力が低ければ別の者を販売店とする権限を保持しておきたいと考えますし、また、当該テリトリーが市場として成熟し、市場情報の集積も進んだ段階では、自らの手で製品の販売をコントロールしたいと考えます。

契約が成立するのは、当事者双方のこのような利害がバランスしたからなのであり、それが正確に反映された契約条項が良い契約条項であると考えることができます。

前記のような法的議論が存することを考慮して、契約期間に係る条項を起案すると、その一例は次のようになります。

［販売店契約における契約期間の条項の例］

第20条（契約期間）
(1)　本契約は、平成30年4月1日以降令和4年3月31日までの4年間その効力を有する。
(2)　甲又は乙から前項の期間満了の6か月前までに書面による不更新の意思表示がない場合には、本契約は、同一の条件で1年間効力を有するものとし、その後も同様とする。
(3)　甲又は乙が前項に定める不更新の意思表示をするには、何らの理由も

要しない。

　この契約書の20条３項は、期間満了による契約の終了の効果が争われる場合を慮って、**実体条項**として、「やむを得ない事由」はもちろん「合理的な理由」を含む何らの理由も要しないことを明文で定めるものです。

　そして、20条２項は、不更新の意思表示を期間満了の６か月前までにすることを要するとする**手続条項**です。同条１項において期間を４年としているのと相まって、投下資本の回収に要する期間、契約の終了に対する準備に要する期間等のビジネスの実態に即して交渉され、決せられる条項であり、極めて重要な意味をもっています。また、同条２項において不更新の意思表示を書面ですることとしているのは、意思表示の存否についての争いをなくすことを目的とするものです。

　これに対し、不更新には正当理由が必要であるとすることで契約条件のバランスがとれるという場合には、20条３項を、次のようにすることが考えられます。

［販売店契約における契約期間の条項の別例］

第20条（契約期間）
(3)　甲又は乙が前項に定める不更新の意思表示をするには、その意思表示をする当事者に不更新を正当とする事由の存することを要し、前項の書面にその事由を記載することを要する。

3　平時条項と戦時又は危急時条項

　契約書の作成に当たって、前記２とは別の観点から、条項を**平時条項**と戦時又は**危急時条項**（以下、単に「危急時条項」といいます。）とに区別して検討するという方策も有用です。

　平時条項とは、契約当事者間に特段の問題が生じていない状況の下で、当該契約において予定した権利の行使と義務の履行とが円滑に実行されるための条項をいいます。前記２(1)で検討した売買契約における売主の担保責任に係る目

的物受領時の検査と合否の通知に関する条項は、平時条項といってよいでしょう。

危急時条項とは、契約当事者の一方又は双方に、当該契約において予定した権利の行使と義務の履行とが円滑に実行されない事情が生じ又はそのような懸念が生じた状況の下で、当事者の利益を最大限に保全し又は当事者の不利益を最小限に抑えるための条項をいいます。**AⅡ-2**(2)で検討した期限の利益喪失条項は、危急時条項の代表例です。契約の解除条項も、その1つです。

ただし、具体的な契約書の1箇条が平時条項と危急時条項の双方の性質を備えていることは、しばしばあります。前記**2**(1)で検討した売買契約における売主の担保責任に係る損害賠償に関する条項は危急時条項に当たるといってよいでしょうから、1箇条の中に目的物の検査等についての平時条項と損害賠償等についての危急時条項とが並存していることになります。

ここでは、危急時条項である**解除条項**と**損害賠償条項**について検討することにします。

(1) 解除条項

改正民法は、催告による解除（民法541条）、催告によらない解除（民法542条）、期間の定めのない賃貸借契約等の解約の申入れ（民法617条、627条、678条1項等）、期間の定めのある雇用契約等のやむを得ない事由による即時解除（民法628条、678条2項等）を規定しています。

解除又は**解約**は、当事者が契約の拘束から免れるために重要な機能を果たしています。

民法は、一時的契約については、履行不能等の事由があって、債権者から債務者に対する催告を要求することに意味のない場合に限って無催告解除を認め、そうでない場合には債権者から債務者に対する催告を要求しています。これは、契約解除の効果の大きさに着目したものと考えることができます。また、前述したように、継続的契約を解除（解約）するのに、一律にやむを得ない事由の存することを要するのかどうかが争われていました。

そこで、契約実務では、これらの任意規定のみに頼ることなく、契約解除の実体要件及び手続要件を充実させてきました。

まず、一時的契約であれ継続的契約であれ、以下のように**契約当事者の信用不安等を理由とする無催告解除条項**を置くのが一般的です。

[信用不安等を理由とする無催告解除条項の例]

第15条（無催告解除）

　甲又は乙は、相手方が以下に定める1項目にでも該当するときは、何らの通知催告及び自己の債務の履行の提供を要することなく、本契約を解除することができる。

① 　仮差押え、仮処分、強制執行、競売の申立て若しくは破産・会社更生・民事再生手続開始の申立てがあったとき又は清算手続に入ったとき

② 　租税公課を滞納して督促を受けたとき又は保全差押えを受けたとき

③ 　支払を停止したとき

④ 　手形交換所の取引停止処分を受け又は不渡手形を生じたとき

⑤ 　監督官庁から営業停止処分を受けたとき

⑥ 　その他本契約に基づく債務の履行が不可能であると考えられる客観的事由が生じたとき

⑦ 　発行済み株式の過半数を有する株主の異動、取締役の過半数の異動、合併・会社分割・事業譲渡等の組織再編、その他会社の支配に重要な影響を及ぼす事態が生じたとき

　この契約書の15条柱書に「自己の債務の履行の提供を要することなく」としているのは、双務契約においては、**同時履行の抗弁権**の存在効果を消滅させておかないと相手方の債務不履行をもって違法であるということができず、有効に契約解除することができない[40]ので、その点の問題を生じさせないためです。15条7号は、「**チェンジ・オブ・コントロール条項**」と呼ばれるものであり、自社の秘密情報が契約の相手方当事者を経由して、ライバル会社に漏れるといった事態を慮って使用されてきた条項であり、そのような心配のない契約については入れておく必要は少ないのですが、相手方会社との信頼関係が維持

---

(40)　司法研修所・類型別11頁を参照。

されている必要のある契約の場合には、入れておいた方がよいでしょう。

ただし、当事者の一方に15条1号に当たる事情が生じた場合に、倒産手続における債権者平等や管財人の双方未履行債務の選択権の制度との整合性の観点から、常に必ずこの特約に基づく解除権行使の効果が認められるとは限らないことを理解しておく必要があります[41]。

なお、この契約書は、甲と乙の双方に適用される条項になっていますが、世上みられる契約書には、当事者の一方のみに適用される形になっているものもあります。これなどは、いかに資産規模等に差があるとはいっても、合理的なものとは考えられません。

次に、無催告解除の原因とするほど緊急性が高いとはいえないが、民法541条に規定する解除原因及び解除の手続的要件を明らかにしておくのが望ましいという場合には、以下のような条項を置くことが考えられます。

[催告解除条項の例]

> 第16条（催告解除）
> 　甲又は乙は、相手方が本契約の条項に違反するときは、書面をもってその是正を催告し、相手方において同書面到達後10日以内にその是正をしないときは、自己の債務の履行の提供を要することなく、本契約を解除することができる。

この契約書の16条は、契約書中の条項違反のいずれもが解除原因となることを明らかにするとともに、催告の方法を書面に限定することによって、催告の有無についての紛争を予防しています。また、民法541条にいう「相当の期間」が当該契約においては10日であることを明らかにしています。

(2)　損害賠償条項

危急時条項として不可欠であるのが損害賠償条項ですが、民法415条の規定とほとんど変わりのない条項しか備えていない契約書も多くあります。これか

---

[41]　東京地判平成10・12・8判タ1011号284頁は、本文類似の特約に基づく契約解除の効果を破産管財人に主張することはできないと判断しました。

ら契約関係に入ろうとする当事者としては、相互に債務不履行を発生させた場合に、どのような損害項目についてどの程度の金額の賠償義務を負担するのかを予測しておくことが重要です。

前記2(1)で検討した商人間の売買契約を念頭に置いて、その8条5項に代わるより具体的で詳細な損害賠償条項を検討してみましょう。

[売主の担保責任に係る救済方法の特約の例]

第9条（損害賠償）

(1)　前条第3項及び第4項において、甲に損害が発生したときは、乙に対して損害賠償を請求することを妨げない。ただし、賠償額は、7000万円を上限とする。

(2)　前項の損害とは、以下に列挙するものをいう。

　①　目的物が契約の内容に適合していた場合にその売却によって甲が取得することのできた利益。ただし、損害額は、目的物1個当たり500円とし、契約の内容に適合していなかった目的物の個数を乗じて算出する。

　②　目的物の契約内容不適合に起因して、甲の売却先が甲との今後の取引を停止し又は削減するなどの事態になった場合、予定することのできた取引によって甲が取得することのできた利益。ただし、損害額は、目的物1個当たり500円とし、売却を予定することのできた目的物の個数を乗じて算出する。

　③　目的物の契約内容不適合に起因して、甲が売却先から目的物の回収等をした場合に、それに要した人件費・交通費・運搬費・広告費その他一切の費用。

　④　目的物の契約内容不適合に起因して、甲が乙に対して損害賠償請求訴訟を提起した場合、損害額の10％相当額の弁護士費用。

この契約書の9条は、どの損害項目が民法416条1項にいう「通常生ずべき損害」であり、同条2項にいう「特別の事情によって生じた損害」であるのか

という争いをなくし、乙において「その事情を予見し、予見することができた」かどうかという争いをなくすことを企図したものです。

　また、9条2項1号、2号は、損害項目の一部につき、民法420条1項の規定する損害賠償額の予定として「目的物1個当たり500円」としています。同項4号は、弁護士費用を挙げています。これは、不法行為に基づく損害賠償請求につき、相当額の範囲内に限って不法行為と相当因果関係に立つ損害であるとされていますが[42]、契約関係に基づく損害賠償請求訴訟においては、同様に解されていないことを慮って特約として挿入したものと理解することができます。

　以上のように、**損害賠償条項はどのような契約書にも必須のものといってよいのですが、条項の表現の仕方によっては、当該条項の意味するところが争われ、契約書作成の意義が問われかねないことになります。**実際に起きた事案を参考にして、検討してみましょう。

[演習問題24]

【検討課題】
　Xの訴訟代理人弁護士Bとして、本件契約書の約定につき、予想されるYの主張を挙げ、その主張の成否を論ずる意見書を作成せよ。

【事案の概要】
　Xは、Yから、平成30年10月3日、本件土地を代金1630万円で買い受け、Yに手付金150万円を交付し、売買契約書に調印した。しかし、Yは、平成31年2月7日、本件土地をAに対して二重に売り渡し、同月9日、Aへの所有権移転登記を経由した。
　本件契約書には、以下の3つの約定がある。
⑴　買主の義務不履行を理由として売主が契約を解除したときは、買主は違約損害金として手付金の返還を請求することができない。

---

[42]　最1小判昭和44・2・27民集23巻2号441頁。

(2)　売主の義務不履行を理由として買主が契約を解除したときは、売主は手付金の倍額を支払わなければならない。

(3)　上記以外に特別の損害を被った当事者の一方は、相手方に違約金又は損害賠償の支払を求めることができる。

　Xは、Yに対し、約定(2)に基づいて手付の倍額300万円の支払を求め、約定(3)に基づいて平成31年2月9日の本件土地の時価と売買代金額との差額2240万円の支払を求めて訴えを提起した。

［演習問題24についての弁護士Bの意見書例］

1　予想されるYの主張

　本件契約書の約定は、条項の表現が全体として舌足らずであり、二義を許さないようなものになっていないため、Yに有利な読み方ができないではない。

　予想されるYの主張は、「約定(3)は、その使用されている文言に照らし、民法416条2項にいう『特別の事情によって生じた損害』につき、同項の規定に従って、各当事者が債務不履行を起こした相手方当事者に対し、その賠償を請求することができることを定めたものである。他方、約定(1)、(2)は、同条1項にいう『通常生ずべき損害』につき、各当事者が債務不履行を起こした相手方当事者に対し、現実に生じた損害の額いかんにかかわらず、手付の額をもって賠償額とすることを定めたものである。」というものである。

　そうすると、手付金の倍額の支払請求は認められるものの、履行不能時の時価と売買代金額との差額の損害は、通常損害であって特別損害ではないから、その支払請求は認められないということになる。

2　本件契約書の合理的な解釈

　上記1のような契約の解釈は、不動産の売買契約を締結する当事者の通常の意思に沿うものとはいい難い。本件契約書の約定の合理的な解釈は、以下のとおりである。

> 「約定(1)、(2)は、各当事者が債務不履行を起こした相手方当事者に対し、現実に生じた損害の証明をすることなく、当然に手付金額と同額の損害賠償を求めることができることを定めたものである。そして、約定(3)は、手付金額を超える損害が発生したときは、現実に生じた損害とその額を証明することによって、その分の損害賠償を求めることができることを定めたものである。」
>
> Yの主張するであろう契約の解釈は、通常損害については手付金額を超える損害の賠償請求を認めず、特別損害に限って別途その賠償請求を認めるというものであるが、そのように解釈すべき合理性は見出し難い。

　[演習問題24]は、最３小判平成９・２・25判時1599号66頁を素材にしたものです[43]。この事件における契約書は、社団法人兵庫県宅地建物取引業協会制定の不動産売買契約書の定型書式を使用したものです。最高裁は、前記のＸ側弁護士Ｂの意見書の見解を採用しましたが、その原審である大阪高裁は、予想されるＹの主張を採用しました。大阪高裁も、約定(3)の「特別の損害」という文言にひきずられたのです。このように契約書の条項の解釈が最高裁まで争われるというのでは、契約書作成の意味の大半が失われてしまいます。「契約書の条項の作成は慎重な上にも慎重を期すべし」とのレッスンになる判例です。

　このような検討を踏まえて、約定(3)を修正するとすれば、以下のような条文案が考えられます。

[演習問題24の約定(3)の修正案]

> (3)　前各項は、相手方当事者の債務不履行によって手付金額を超える損害が発生した場合における、当該損害の賠償請求を妨げるものではない。

4　紛争解決条項

契約に定める債権債務が相互に履行され円満に終了するのが望ましい事態で

---

(43)　この最高裁判例の詳細につき、田中・事実認定106～110頁を参照。

はありますが、当事者間に紛争（意見の相違）が生ずるのは避け難いことですから、**契約書は、紛争が生じた場合の解決に資する条項を備えている必要があります。**

紛争解決条項にも、前述した**実体条項**と**手続条項**とがあります。前者に属するものとして**準拠法に関する条項**を、後者に属するものとして**裁判又は仲裁の管轄に関する条項**を、それぞれ挙げることができます。いずれも、紛争に至った場合には、決定的に重要です。

(1) 準拠法条項

準拠法に関する条項は、**特に、国際取引**において**重要**です。契約書中で、契約の準拠法自体を指定するのが一般的ですが、中には、準拠法の決定方法を定めるというやり方もあります。一般的な準拠法に関する条項例として、以下のものを挙げておきます。

［準拠法に関する条項例］

> 第30条（準拠法）
> 　この契約は、日本法に準拠し解釈されるものとする。

国際取引における紛争で、契約書中に準拠法を指定せず、準拠法の決定方法をも定めていない場合に、準拠法が争われることになりますと、そのための審理判断が必要になり、裁判又は仲裁手続が遅延し、特に仲裁の場合には費用も嵩むことになります。そもそも、準拠法から争われるというのでは、最終判断の予測は著しく困難になります。契約書中に準拠法を指定しておくのが望ましいことは明らかです[44]。

(2) 裁判（仲裁）管轄条項

準拠法条項と同様、裁判又は仲裁の管轄に関する条項も重要です。

まずは、紛争解決の方法として裁判によるべきであるのか、仲裁によるべき

---

[44] 中村達也『国際商事仲裁入門』89頁（中央経済社、2001年）を参照。

第6章　契約書　371

であるのかの慎重な考慮が必要です。仲裁には審級がなく、原則として一発勝負であることを心得ておく必要があります[45]。他方、アメリカ合衆国で民事裁判をする場合には、陪審裁判によらざるを得ないときがありますが、一般的には、仲裁による方が陪審裁判によるよりも、最終判断の予測可能性は高いものと考えられます。

　国際取引において紛争解決の方法として仲裁によることとした場合に、次に、**仲裁地**をどうするかの問題を考えなければなりません。仲裁地に係る条項としては、クロス方式又は被告地主義と呼ばれる方式（申立人が被申立人の住所地に出向く方式）[46]、当事者の属する以外の第三国（中立国）を仲裁地とする方式、第三者に仲裁地の決定をゆだねる方式の3方式があります[47]。

　国際取引において仲裁を紛争解決の方式として選択しなかった場合は、裁判によることになりますが、契約書に裁判地についての明示の合意がない場合には、どこの国の裁判所に管轄があるかが激しく争われることになります。

　また、国内取引であっても、自然人（個人）であれ法人であれ、福岡の者が札幌地方裁判所に訴訟を提起し追行しなければならないというのでは、費用と時間の両面から大きな負担になりますし、札幌の者が福岡地方裁判所に訴訟を提起され応訴するというのも、同様に大きな負担です。

　もちろん、裁判地又は仲裁地に係る条項を合意するについても、当事者の交渉力の大小とは無縁ではありません。合理的な管轄の合意が望まれます。合意が成立した場合の管轄条項としては、以下のようになります。

[裁判管轄条項例]

第31条（裁判管轄）
　この契約に関する紛争については、東京地方裁判所を第一審専属管轄裁判所とする。

---

[45]　前掲東京地判平成16・1・26は、仮定的判断としてではありますが、仲裁判断を最終的なものにしないとの当事者間の合意は無効というべきであると判断しました。

[46]　クロス方式は、リングリング・サーカス事件（最1小判平成9・9・4民集51巻8号3657頁）において採用されていたものです。

[47]　本文の3方式の具体的内容につき、中村・前掲注[44]53〜57頁を参照。

5　契約書の全体像の確認

　契約書の本文につき、実体条項と手続条項、平時条項と危急時条項、紛争解決条項といった条項の性質に着目して検討してきましたが、動産売買に係る契約書を例にして、前記 2 ないし 4 で取り上げた条項を以下にまとめて一覧することにしましょう。本書第 1 章 Ⅱ - 6 で述べたのと同様、最終文書とする前に、矛盾する条項がないかどうか、遺漏がないかどうかを確認する作業が必要です。

［動産売買契約書例］

売買契約書

　買主東京商事株式会社（日本法に基づいて設立された会社。以下「甲」という。）と売主 A Corporation（アメリカ合衆国デラウェア州法に基づいて設立された会社。以下「乙」という。）とは、以下のとおり売買契約を締結する。

第 1 条（目的）
第 2 条（本件目的物）
第 3 条（売買代金）
第 4 条（代金支払日・支払方法）
第 5 条（目的物引渡日・引渡方法）
第 6 条（所有権移転）
第 7 条（反対給付の履行拒絶）

第 8 条（売主の担保責任）
　⑴　甲は、乙から本件目的物を受領後受領日を含めて 3 営業日以内に検査し、乙に対し、受領後受領日を含めて 7 営業日以内に合否の結果を書面をもって通知する。この期間内に通知がされなかった場合は、合格したものとして扱う。
　⑵　甲は、前項による検査合格の時から10か月以内に本件目的物に種類

又は品質に関する不適合を発見したときは、乙に対し、速やかに当該不適合の内容を具体的に記載した書面をもって通知する。この期間内に通知がされなかった場合、乙は、本件目的物の種類又は品質に関する不適合を理由とする何らの責任も負わないものとする。

(3) 甲は、1項に定める方法で不合格の通知をしたときは、乙に対し、通知の日から3営業日以内に乙の負担による当該目的物の修補若しくは代替品との交換をすべきこと又は代金の減額のいずれかを選択して請求する。

(4) 甲は、2項に定める方法で不適合の通知をしたときは、乙に対し、通知の日から7営業日以内に乙の負担による当該目的物の修補又は代替品との交換をすべきことのいずれかを選択して請求する。

(5) 前2項のいずれの場合においても、甲に損害が発生したときは、乙に対して損害賠償を請求することを妨げない。ただし、賠償額は、当該不適合に起因して現実に生じた通常の損害に限り、かつ、当該目的物の売買代金額を上限とする。

第9条（損害賠償）

(1) 前条第3項及び第4項において、甲に損害が発生したときは、乙に対して損害賠償を請求することを妨げない。ただし、賠償額は、7000万円を上限とする。

(2) 前項の損害とは、以下に列挙するものをいう。

① 目的物が契約の内容に適合していた場合にその売却によって甲が取得することのできた利益。ただし、損害額は、目的物1個当たり500円とし、契約の内容に適合していなかった目的物の個数を乗じて算出する。

② 目的物の契約内容不適合に起因して、甲の売却先が甲との今後の取引を停止し又は削減するなどの事態になった場合、予定することのできた取引によって甲が取得することのできた利益。ただし、損害額は、目的物1個当たり500円とし、売却を予定することのできた目的物の個数を乗じて算出する。

③　目的物の契約内容不適合に起因して、甲が売却先から目的物の回収等をした場合に、それに要した人件費・交通費・運搬費・広告費その他一切の費用。

④　目的物の契約内容不適合に起因して、甲が乙に対して損害賠償請求訴訟を提起した場合、損害額の10％相当額の弁護士費用。

・
・
・

第15条（無催告解除）

甲又は乙は、相手方が以下に定める１項目にでも該当するときは、何らの通知催告及び自己の債務の履行の提供を要することなく、本契約を解除することができる。

①　仮差押え、仮処分、強制執行、競売の申立て若しくは破産・会社更生・民事再生手続開始の申立てがあったとき又は清算手続に入ったとき

②　租税公課を滞納して督促を受けたとき又は保全差押えを受けたとき

③　支払を停止したとき

④　手形交換所の取引停止処分を受け又は不渡手形を生じたとき

⑤　監督官庁から営業停止処分を受けたとき

⑥　その他本契約に基づく債務の履行が不可能であると考えられる客観的事由が生じたとき

⑦　発行済み株式の過半数を有する株主の異動、取締役の過半数の異動、合併・会社分割・事業譲渡等の組織再編、その他会社の支配に重要な影響を及ぼす事態が生じたとき

第16条（催告解除）

甲又は乙は、相手方が本契約の条項に違反するときは、書面をもってその是正を催告し、相手方において同書面到達後10日以内にその是正をしないときは、自己の債務の履行の提供を要することなく、本契約を解除する

ことができる。

- ・
- ・
- ・

第30条（準拠法）

　この契約は、日本法に準拠し解釈されるものとする。

第31条（裁判管轄）

　この契約に関する紛争については、東京地方裁判所を第一審専属管轄裁判所とする。

　本契約締結の証として、本書2通を作成し、甲・乙記名押印又は署名の上、各1通を保有する。

2020年10月20日

　　　　　　　　　　　甲　（本店所在地）
　　　　　　　　　　　　（商号）
　　　　　　　　　　　　（代表取締役の記名）　　　　　　㊞

　　　　　　　　　　　乙　（本店所在地）
　　　　　　　　　　　　（商号）
　　　　　　　　　　　　（代表者の署名）

Appendix－文書例－

378

　※以下の Appendix1〜8においては、掲載している法令はすべて当時のものです。

1　訴状と内容証明郵便——氷見うどん事件

　Appendix1の訴状は、「氷見うどん」の商標を付して麺類の販売を業とする原告会社が、富山県氷見市内で麺類の製造も原材料の産出もしていないのに、「越中氷見名物」、「氷見糸うどん」、「氷見の手延うどん」等の表示を付して麺類の販売をしてきた被告会社に対し、被告会社の行為は不正競争防止法２条１項13号（現行同法同条同項20号）にいう「原産地……について誤認させるような表示をし、又はその表示をした商品を譲渡し、引き渡し、譲渡若しくは引渡しのために展示し」に当たると主張して、同法３条１項に基づく商品販売の差止め、同法４条、５条２項に基づく損害賠償等を求めるとともに、被告会社代表者に対し、商法266条ノ３第１項（現行会社法429条１項）に基づく損害賠償等を求めたものです。

　本事件については、第一審判決が富山地高岡支判平成18・11・10判時1955号137頁として、控訴審判決が名古屋高金沢支判平成19・10・24判時1992号117頁（確定）として、いずれも公刊されています。特に、不正競争防止法５条２項の推定規定を適用して、多額の損害賠償を認容したところに意義を見出すことができます。控訴審判決の評釈として、泉克幸・Ｌ＆Ｔ42号79頁があります。

　Appendix2の内容証明郵便は、上記の控訴審判決の確定後に被告会社と同様の原産地誤認惹起行為をしている麺類販売業者数社に対し、同行為の停止等の請求をしたもののうちの１つです。いずれの会社も同行為をやめることを約束し、紛争は収束しました。

Appendix1　訴状

訴　　状

平成16年7月9日

富山地方裁判所　御中

原告訴訟代理人弁護士　　田　中　　豊　㊞
同　　　　　　　　　　　　敦　賀　彰　一　㊞

当事者の表示　　　　　　　　　　　　　別紙当事者目録記載のとおり

不正競争防止等請求事件

　訴訟物の価額　金1億1891万円

　貼用印紙額　金37万7000円

請求の趣旨

1　被告株式会社氷見うどん▲▲屋本舗は、別紙商品目録記載の各商品の包装紙、化粧箱、手提袋及び広告材料（パンフレット、カタログ等）に、別紙表示目録記載の各表示を付して、別紙商品目録記載の各商品を販売し、販売のために展示してはならない。

2　被告株式会社氷見うどん▲▲屋本舗は、その所持に係る別紙表示目録記載の各表示を付した別紙商品目録記載の各商品の包装紙、化粧箱、手提袋及び広告材料（パンフレット、カタログ等）を廃棄せよ。

3　被告らは、原告に対し、連帯して金9371万円及びこれに対する訴状送達の日の翌日から支払済みに至るまで年5分の割合による金員を支払え。

4　被告らは、原告に対し、連帯して平成16年7月1日から被告株式会社氷見うどん▲▲屋本舗が別紙商品目録記載の各商品の包装紙、化粧箱、手提袋及び広告材料（パンフレット、カタログ等）に、別紙表示目録記載の各表示を付した別紙商品目録記載の各商品を販売し販売のために展示することを停止するに至るまで1か月金105万円の割合による金員を支払え。

5　訴訟費用は被告らの負担とする。

6 仮執行の宣言

請求の原因

第1 当事者
1 原告
(1) 原告は、平成 6 年11月16日に設立された麺類の販売等を目的とする株式会社であり、その保有する「氷見うどん」の商標を付した麺類を販売している（甲 1 の 1、甲10）。
(2) 原告の前身は、昭和50年 3 月15日に原告の代表取締役である（以下「A」という。）が「●●屋」の屋号の下に創業した麺類の製造販売の個人事業である。同個人事業を母体として、昭和63年 3 月 1 日に有限会社氷見うどん●●屋が設立され、その後、有限会社氷見うどん●●屋が「氷見うどん」の商標を付した麺類を製造販売してきたが、平成 6 年11月16日、主に麺類販売の役割を担う会社として原告が設立されたため、有限会社氷見うどん●●屋はそれ以後主に麺類製造の役割を担うこととなった。なお、有限会社氷見うどん●●屋は、平成15年 1 月 5 日、株式会社に組織変更され、現在に至っている（甲 1 の 1、甲 1 の 2 の 1、2）。
2 被告ら
(1) 被告株式会社氷見うどん▲▲屋本舗（以下「被告会社」という。）は、平成 9 年 9 月17日に設立された麺類の製造販売等を目的とする株式会社であり、別紙商品目録記載の各商品を製造販売している（甲 2 の 1、甲 3 の 1 の 1 ないし12）。
(2) 被告Y（以下「被告Y」という。）は、被告会社設立以来その代表者である（甲 2 の 1）。

第2 被告会社の不正競争行為（原産地の誤認惹起行為）
1 被告会社は、平成 9 年 9 月ころから、別紙商品目録記載の各商品（以下「本件各商品」という。）を製造販売している（甲 3 の 1 の 1 ないし12）。
2 被告会社は、別紙商品目録「商品名」欄の記載から明らかなとおり、すべての商品の商品名に「氷見」という地名を冠した上、本件各商品の包装及びパンフレット、カタログ等の広告に、別紙表示目録記載のとおり、「越中氷見名物」、「氷見うどん（の）元祖」、「氷見糸うどん加賀藩献上元」、「加賀藩御用うどん　氷見糸うどん　献上元」、「氷見うどんの発祥元祖▲▲屋の『氷見糸うどん』は当地唯一江戸時代からの歴史を持ち、加賀藩御用うどんの味と技を今に磨き伝えています。」などと表示して、一般消費者に対し、本件

各商品が富山県氷見市において製造されたものであるとの認識を生じさせている（甲3の1の1ないし12、甲3の2の1ないし5）。

　また、被告会社は、本件各商品の包装及びパンフレット、カタログ等の広告に、「製造者　㈱氷見うどん▲▲屋本舗　富山県氷見市伊勢大町○丁目○番○号」と表示しているところ、この製造者表示は、上記の各表示が一般消費者に本件各商品が富山県氷見市において製造されたものであるとの認識を生じさせるのを更に強める効果をもたらしている（甲3の1の1ないし12、甲3の2の1ないし5）。

3　しかし、本件各商品は、富山県氷見市において製造されてはおらず、岡山県において製造されている（甲4の1ないし4、甲5）。

4　「氷見うどん」は、現在、富山県氷見市において製造される食品として全国的な人気を博しているところ、被告会社の上記の行為は、一般消費者をして、富山県氷見市において製造されていない本件各商品を富山県氷見市において製造されているものとの誤認混同を生じさせるものであるから、不正競争防止法2条1項13号にいう「原産地……について誤認させるような表示をし、又はその表示をした商品を譲渡し、引き渡し、譲渡若しくは引渡しのために展示し」に当たることは明らかである。

5　農林物資の規格化及び品質表示の適正化に関する法律違反

(1)　農林物資の規格化及び品質表示の適正化に関する法律19条の8第2項の規定に基づき定められた「手延べそうめん類品質表示基準」（平成12年12月19日農林水産省告示1640号、甲6の1）は、加工食品品質表示基準（平成12年3月31日農林水産省告示513号、甲6の2）に定めるところに加えて、手延べそうめん類の品質に関する表示基準を定めるものであるところ、その6条は表示禁止事項を規定する。そして、その3号は「国内の産地名を表す用語」を、4号は「『本場』又は『特産』の用語」をそれぞれ表示禁止事項として指定する。

(2)　本件各商品のうち番号3ないし7の5商品は、手延べそうめん類に属する商品であるところ、これらの商品については、その包装紙、パンフレット、カタログ等にそれぞれ下記のとおりの表示がされている（甲3の1の1ないし12、甲3の2の1ないし5）。

記

番号	表示内容
3	「元祖」、「名物」、「越中氷見名物」、「氷見糸うどん」、「氷見の手延うどん」
4	「越中氷見名物」、「氷見細うどん」、「氷見うどん元祖」

5　　「越中氷見名物」、「氷見糸干麺」、「氷見うどん発祥元祖」
　　　6　　「名物」、「氷見糸そうめん」
　　　7　　「名物」、「氷見糸冷めん」
(3) 上記(2)の各表示は、上記(1)の「手延べそうめん類品質表示基準」6条3号及び4号に明らかに違反するものである。

　　なお、同基準6条は3号及び4号の表示禁止が外れる例外となる各場合を規定している（すなわち、3号については「製めん地で包装したものに表示する場合又は製めん地以外で一般消費者向けに包装したものについて『製めん地・○○』の用語を商品名を表示した箇所に近接した箇所に記載し、『○○』には当該製めん地名を記載する場合」を例外とし、4号については「製めん地で包装したものについて国内の産地名を表す用語とともに表示する場合」を例外とする。甲6の1）が、別紙表示目録記載の各表示がこれらの例外の場合に当たらないこともまた明らかである。

(4) 当然のことながら、不正競争防止法の制定目的は、農林物資の規格化及び品質表示の適正化に関する法律のそれと同一のものではない。しかし、被告会社の販売する本件各商品の包装等に付された表示内容が一般消費者の購入商品の選択に際して重要な誤認混同を生じさせる性質のものであることは、農林物資の規格化及び品質表示の適正化に関する法律に違反する事実からも明らかである。そして、このような行為が事業者間の公正な競争を阻害するものとなることもまた、火を見るより明らかである。

第3　被告会社が不正競争行為に出るに至った背景

1　「氷見うどん」の誕生とその周知化の過程

(1) 「氷見うどん」なる標章は、昭和50年3月15日、原告代表者であるAがその個人事業「●●屋」を創業し、富山県氷見市に存する工場で製造し、販売する全商品に商標として付して使用したのを嚆矢とする（甲7の1、2）。

(2) Aの製造販売に係る「氷見うどん」には、「細めん（乾燥）」と「太めん（半生・乾燥）」の2種類3商品があったところ（甲10）、独特の腰の強さ、粘り、ゆで上がりの色つやを有していたため、一般消費者から大好評を博し、昭和50年以降昭和61年までの12年の間、毎年10％以上の売上げの伸びを記録し、昭和61年には売上高1億6000万円に達し、富山県氷見市の特産品としての地位を築くに至った（甲7の1、2）。

(3) このような実績を踏まえて、Aは、昭和61年4月17日、「氷見うどん」を商標として登録するべく出願し、平成6年8月31日、商標「氷見うど

ん」は、指定商品を「うどんめん（第32類）」として登録された（甲8、9）。

　　なお、株式会社氷見うどん●●屋は、Aから、平成15年1月20日、上記商標権を譲り受け、同年6月11日、その移転登録手続を了した（甲9）。

(4)　前記第1の1の(2)のとおり、昭和63年3月1日に株式会社氷見うどん●●屋（ただし、当時の会社組織は有限会社であった。）が設立され、平成6年11月16日には原告が設立されたのであるが、商品「氷見うどん」は、一貫して、富山県氷見市に存する工場において製造されてきている（甲7の1、2）。

2　被告会社ないしその関係者による不正競争行為の開始

(1)　被告会社の前身は、「▲▲屋」の屋号による個人事業であったが、もともと「▲▲屋糸饂飩」という商標（昭和52年10月8日出願、同57年3月31日登録）を使用して、富山県氷見市において小規模にうどんの製造販売に従事していた。なお、「▲▲屋糸饂飩」という商標の存続期間（商標法19条1項）が平成4年3月31日に満了したこともあって、平成9年6月2日に「糸饂飩」という商標の出願をし、同11年1月29日に登録をしている。

(2)　しかし、上記1の(2)のとおり、個人事業「●●屋」ないし株式会社氷見うどん●●屋（ただし、当時は有限会社）の製造販売に係る「氷見うどん」の商標によるうどんが一般消費者からの大好評を博し、富山県氷見市の特産品としての地位を築くに至ったことを眼前にして、個人事業「▲▲屋」を法人化して設立された有限会社▲▲屋本舗は、商標「氷見うどん」の顧客吸引力にただ乗りすることを企図して、同商標の出願公告のされた平成5年9月8日（甲8）の後間もなく、㈠平成5年10月29日、「▲▲屋氷見うどん」、「▲▲屋氷見糸うどん」及び「▲▲屋氷見糸干麺」なる商標を出願したり（甲11）、㈡平成7年1月30日、商号を「有限会社氷見うどん▲▲屋本舗」に変更したり（甲2の2の1、2）、㈢平成9年9月17日、商号を「株式会社氷見うどん▲▲屋本舗」とする別会社（これが被告会社である。）を設立したり（甲2の1）、㈣平成11年12月27日、「氷見糸うどん」なる商標を出願したり、㈤平成12年4月28日、「手延うどん氷見の伝承」なる商標を出願したりして、自らの商品に何とかして「氷見うどん」の商標を付すべく腐心してきた。

　　なお、上記㈠のうち、「▲▲屋氷見うどん」なる商標出願の試みは、平成12年6月13日に拒絶査定を是認する旨の審決がされてこれが確定し、失敗に終わっている（甲12）。

(3)　そして、被告会社は、自らの利益を追求するに急なあまり、商標「氷見

うどん」の顧客吸引力にただ乗りすることでは飽き足らず、ついに、前記**第2**のとおり、遅くとも平成9年9月ころから、富山県氷見市では製造していない本件各商品に原産地を誤認させる表示をして、一般消費者に対して本件各商品を販売するという挙に出るに至った（甲4の1ないし4）。

第4　原告の被った損害

1　営業上の損害

　　被告会社による上記**第2**の不正競争行為に起因して、原告は以下の営業上の損害を被った。

(1)　被告会社は、平成9年9月から同14年12月までの間、本件各商品の製造販売量の少なくとも8割のものにつき、原産地表示を偽った表示をすることによって一般消費者に対して製造地を富山県氷見市であるとの誤認を惹起させて販売した。

　　　被告会社の平成9年ないし同14年の年平均売上高は、1億5000万円を下らない。

(2)　被告会社は、平成15年1月から同16年6月までの間、本件各商品の製造販売量の少なくとも7割のものにつき、原産地表示を偽った表示をすることによって一般消費者に対して製造地を富山県氷見市であるとの誤認を惹起させて販売した。

　　　被告会社の平成15年の売上高が1億8000万円を下ることはなく、同16年の1ないし6月の売上高が9000万円を下ることはない。

(3)　被告会社の本件各商品の製造販売による営業利益は、平成9年9月から同16年6月までの間を通じて、売上高の10％を下ることはない。

(4)　以上(1)ないし(3)によれば、被告会社は、本件各商品について原産地表示を偽ることによって、平成9年9月から同16年6月までの間に少なくとも8290万円の利益を受けた。

$$[\{1億5000万円 × （4/12 + 5） × 0.8\} + \{（1億8000万円 + 9000万円）× 0.7\}] × 0.1 = 8290万円$$

(5)　不正競争防止法5条2項の規定により、原告は、被告会社の不正競争行為に起因して少なくとも上記(4)と同額である8290万円の営業上の損害を被ったものと推定される。

2　平成16年7月1日以降の損害

　　原告は、被告会社が上記のとおりの不正競争行為を停止するまでは、平成16年7月1日以降も1か月当たり少なくとも105万円の割合による損害を継続して被る。

　　　　1億8000万円×0.7×0.1÷12＝105万円
　3　弁護士費用
　　　法律の素人である原告は、不正競争防止法違反を理由とする本件訴訟の提
　　起・追行を弁護士に依頼することを余儀なくされた。その弁護士費用は、①
　　差止請求につき「被告会社の訴え提起時の年間売上推定額×被告会社の訴え
　　提起時の利益率」である金1260万円、②過去分の損害賠償請求につき金8290
　　万円、③将来分の損害賠償請求につき①と同額の金1260万円の合計である金
　　1億0810万円の10％である金1081万円を下らない。

第5　被告Ｙの責任
　1　被告Ｙは、被告会社の創立以来の代表取締役として被告会社の経営全般を
　　統括管理し、業務を執行している（甲2の1）。
　2　被告Ｙは、法令を遵守して被告会社の業務執行に当たるべき義務を負うと
　　ころ、悪意又は重大な過失によりこれを怠り、上記**第2**ないし**第4**のとおり
　　被告会社の不正競争防止法に違反する行為によって原告に損害を被らせる結
　　果を招来した。
　3　よって、被告Ｙは、商法266条ノ3第1項により、被告会社の違法行為に
　　よって原告の被った損害につき、被告会社と連帯して賠償すべき責任があ
　　る。

第6　結論
　よって、原告は、(i)被告会社に対し、不正競争防止法3条1項に基づき請求の
趣旨1項記載の侵害行為の差止めを求め、同条2項に基づき請求の趣旨2項記載
の侵害行為を組成した物の廃棄を求めるとともに、(ii)被告会社に対しては同法4
条、5条に基づく損害賠償として、被告Ｙに対しては商法266条ノ3第1項に基
づく損害賠償として、請求の趣旨3項及び4項記載の損害賠償金と民法所定の年
5分の割合による遅延損害金の支払とを、それぞれ求める。

証拠方法

別紙証拠説明書記載のとおり

添付書類

1	訴状（副本）	2通
2	証拠説明書（正本）	1通
	同（副本）	2通

3 甲号各証（正本）	各1通
同（副本）	各2通
4 資格証明書	2通
5 訴訟委任状	2通
	以　上

当事者目録

〒935-××××　　　富山県氷見市上泉○番地
　　　　　　　　　　原　　　　　告　　　　　株式会社●●屋
　　　　　　　　　　同代表者代表取締役　　　　　　A
〒105-××××　　　東京都港区西新橋○丁目○番○号
　　　　　　　　　　　弁護士ビル2号館○○号
　　　　　　　　　　　電　話　03-3437-××××
　　　　　　　　　　　ＦＡＸ　03-3437-××××
　　　　　　　　　　　　原告訴訟代理人弁護士　田　　中　　　　豊
（送達場所）
〒920-××××　　　金沢市尾張町○丁目○番○号
　　　　　　　　　　　電　話　076-261-××××
　　　　　　　　　　　ＦＡＸ　076-261-××××
　　　　　　　　　　　　原告訴訟代理人弁護士　敦　　賀　　彰　　一

〒935-××××　　　富山県氷見市伊勢大町○丁目○番○号
　　　　　　　　　　被　　　　　告　　　株式会社氷見うどん▲▲屋本舗
　　　　　　　　　　同代表者代表取締役　　　　　　　Y

〒935-××××　　　富山県氷見市伊勢大町○丁目○番○号
　　　　　　　　　　被　　　　　告　　　　　　　Y

商　品　目　録

番号	商　品　名	種　類
1	氷見糸うどん・澱粉の旨味・太めん	乾めん
2	氷見糸うどん・澱粉の旨味・細めん	乾めん
3	氷見糸うどん・胡麻の旨味・細めん	手延べ
4	氷見細うどん	手延べ
5	氷見糸干麺	手延べ
6	氷見糸そうめん	手延べ
7	氷見糸冷めん	手延べ
8	氷見よもぎうどん・細めん	乾めん
9	氷見細丸めん	乾めん
10	氷見太干めん	乾めん
11	氷見糸うどん・細丸めん	乾めん
12	氷見糸うどん・太干めん	乾めん

表　示　目　録

　「越中氷見名物」、「氷見名物」、「元祖」、「名物」、「発祥元祖」、「氷見うどん」、「氷見糸うどん」、「氷見の手延うどん」、「氷見細うどん」、「氷見糸干麺」、「氷見糸そうめん」、「氷見糸冷めん」、「氷見よもぎうどん」、「氷見細丸めん」、「氷見太干めん」、「加賀藩御用うどん」、「加賀藩献上元」、「加賀藩御用うどん献上元」

Appendix2　内容証明郵便

平成20年4月○日

株式会社　B
代表者代表取締役　××××殿

〒935-××××
富山県氷見市上泉○番地
　株式会社●●屋
　TEL 0766-91-××××　　FAX 0766-91-××××
　代表者代表取締役　A

〒105-××××
東京都港区虎ノ門○丁目○番○号
　○○法律事務所
　TEL 03-3580-××××　　FAX 03-3580-××××
　株式会社●●屋代理人
　弁護士　田　中　豊　㊞

〒920-××××
金沢市尾張町○丁目○番○号
　○○法律事務所
　TEL 076-261-××××　　FAX 076-261-××××
　株式会社●●屋代理人
　弁護士　敦　賀　彰　一　㊞

申入書

拝啓　御社ますますご繁栄のこととお慶び申し上げます。
当職らは、株式会社●●屋（以下「弊社」といいます。）の委任を受け、本申
入書をお送りします。

弊社は、平成16年7月、株式会社氷見うどん▲▲屋本舗及びその代表者を相手方として、氷見市において製造されていない乾麺に氷見市で製造されていることを示す表示を付して販売する行為が不正競争防止法2条1項13号に規定する原産地誤認惹起行為に当たると主張して、同法3条1項に基づく商品の販売等の差止め及び過去の原産地誤認惹起行為によって弊社の被った損害の賠償などを求める訴えを提起しました。そして、平成18年11月10日には富山地裁高岡支部による第一審判決が、平成19年10月24日には名古屋高裁金沢支部による控訴審判決が出され、最高裁に上告されることなく、控訴審判決が確定しました。この確定判決は、弊社の主張を認めて、氷見市において製造されていない乾麺に氷見市で製造されていることを示す表示を付して販売する行為が原産地誤認惹起行為に当たる旨明確に判断しています。この判断内容につきましては、第一審判決、控訴審判決言渡しの各翌日の新聞で広く報道されましたし、判例雑誌にも掲載されていますので、御社も既にその内容を認識されていることと存じます。

さて、御社は、株式会社氷見うどん▲▲屋本舗と同様、氷見市において製造されていない乾麺であるにもかかわらず、商品の包装紙に「氷見◆◆うどん」という氷見市で製造されていることを示す表示を付した上、発売元として「氷見・◆◆館　㈱B」と記載して販売しており、この事実関係を上記の各判決が認定しています。御社のこの行為は、上記のとおり、不正競争防止法に規定する原産地誤認惹起行為に当たる違法行為です。また、農林物資の規格化及び品質表示の適正化に関する法律の規定を受けて制定された「乾めん類品質表示基準」5条1項2号にも違反する違法行為です。

そこで、弊社は、御社に対し、即刻この原産地誤認惹起行為を止めることを本申入書をもって請求します。また、御社の違法行為によって弊社の被った損害の填補方法を含む本件の解決方法についての御社のお考えを、本申入書到達後10日以内に書面にて弁護士敦賀彰一宛てにご回答ください。

弊社としましては、御社の良識を信じておりますが、誠意のある回答をいただけない場合は、法的措置を採らざるを得ないことになりますので、一言申し添えます。

敬具

2　答弁書──建物明渡等請求事件

　Appendix3の答弁書は、マンション用建物全体を所有者から賃借して賃借権登記を経由した原告が同マンションの１室（以下「本件建物」といいます。）を占有する被告に対し、本件建物及び本件建物に付随する駐車場の明渡し等を請求する訴訟におけるものです。原告は、同マンションの別の１室（以下「本件外建物」といいます。）を占有する被告の夫をも共同被告として同様の請求をしましたが、夫と妻とは別の弁護士が訴訟代理人を務めており、妻である被告Y₁分のものが本答弁書です。

　本件は、原告が物権化した賃借権に基づく返還請求権を行使するというやや珍しい事件ですが、これは裁判所からの釈明を受けて後日原告が明らかにした法律構成であり、訴状においては、原告は、本件建物の所有者ではないが、所有者から施設管理権を設定されたと主張するのみで、明渡請求権の法律構成もその発生原因事実に係る主張も不明瞭なままでした。

　本答弁書は、第１において「請求の趣旨に対する答弁」をし、第２において「請求の理由に対する認否」をしており、本文第４章**Ａ**Ⅱで詳しく検討した訴訟の答弁書の典型といってよいものです。やや特徴的なのは、上記のとおり、本件建物の明渡請求権の訴訟物が何なのか、その発生原因に係る要件事実としてどのような主張をするのかが訴状の記載から明らかでなかったため、**第２の2(4)**において原告の請求が主張自体失当である旨の指摘をしていることです。本文第４章**Ａ**Ⅱ - ６に説明したように、答弁書において、受訴裁判所に対して釈明権の行使を求めるというのも採り得る方法ですが、本件のように欠陥の大きい場合には、主張自体失当である旨の指摘をして、原告の対応の仕方をみるというのも１つの方法です。そして、そのような指摘をするだけではなく、受訴裁判所において早期に本件紛争の核心の理解に至るよう、第２、７に「被告Y₁の主張の要点」という項目を設けて、被告の立場を整理して主張しています。原告が自らの選択した訴訟物と主張の構造を明確にしたときは、被告の主張をより詳細に展開することになります。

　被告の主張の要点は、本件建物の賃貸借契約書上被告ではなく医療法人社団

Cが賃借人になっているのは、契約締結時の本件建物の所有者である賃貸人から、賃貸人内の決裁手続の都合上名義上の賃借人になってくれる法人を探してほしい旨の要請を受けたためであり、当然のことながら、被告 Y_1 が賃借人であってCは名義を貸した者であることは当初から同賃貸人において了解していた、というものです。

本件の第一審判決（東京地判平成28・2・24LEX/DB25533689）は、上記の被告 Y_1 の主張を容れ、原告の請求を棄却しました。名義借りによる占有正権原の抗弁を認めたものであり、認定問題ではありますが、かなり珍しい判決といってよいと思われます。控訴審判決（東京高判平成28・7・14判例集未登載）は、原告の控訴を棄却し、上記の第一審判決が確定しました。

Appendix3　答弁書

平成26年(ワ)第16307号建物明渡等請求事件
原告　株式会社X
被告　Y_1　外1名

答　弁　書

平成26年7月29日

東京地方裁判所民事第18部ろB係　御中

　　　　〒105-0001
　　　　　　　　　　東京都港区虎ノ門○丁目○番○号
　　　　　　　　　　○○法律事務所（送達場所）
　　　　　　　　　　電　話　　　03-3580-XXXX
　　　　　　　　　　ＦＡＸ　　　03-3580-XXXX

　　　　　　　　被告 Y_1 訴訟代理人弁護士　　　田　中　　　豊

同　　　　　　　　　　中 野 雅 也

第1　請求の趣旨に対する答弁

1　原告の被告 Y_1 に対する請求をいずれも棄却する。

2　訴訟費用は原告の負担とする。

　との判決を求める。

第2　請求の原因に対する認否

1　当事者

(1)　1 の第 1 段落のうち、原告が、不動産業、土木建築業、商業施設の経営、駐車場及び駐輪場の経営等を主たる目的とする株式会社であること、原告が、訴状別紙物件目録 1 記載の貸室、同目録 3 の駐車場の管理をしていることを認め、その余は不知。

(2)　1 の第 2 段落のうち、被告 Y_2（以下「被告 Y_2」という。）と被告 Y_1（以下「被告 Y_1」という。）が夫婦であること、訴外 A が被告らの子であること、被告 Y_1 が訴状別紙物件目録 1 記載の建物（以下「本件建物 1」という。）及び同目録 3 記載の駐車場（以下「本件駐車場 1」という。）を占有していることを認め、その余は否認する。

2　本件建物 1 に関する賃貸借契約の締結

(1)　2 の(1)のうち、B 鉄道株式会社（以下「B 鉄道」という。）と訴外医療法人社団 C（以下「C」という。）との間で平成 8 年 4 月 26 日付けの本件建物 1 に係る賃貸借契約が成立したことは否認する。

　　本件建物 1 についての賃貸借契約は、B 鉄道と被告 Y_1 との間で成立したものである（以下「本件建物 1 賃貸借契約」という。）。

　　詳細は、追って主張する。

(2)　2 の(2)のうち、被告 Y_1 が平成 8 年 4 月 29 日に本件建物 1 の引渡しを受け、それ以降自らの住居として占有していることを認め、その余は否認する。

　　上記(1)のとおり、本件建物 1 賃貸借契約は B 鉄道と被告 Y_1 との間で成立したものであり、それを前提にして自動更新されてきた。

(3)　2 の(3)のうち、B 鉄道と C との間で、平成 17 年 2 月 1 日付けをもって本件建物 1 賃貸借契約の賃料改定の合意がされたことは否認する。この賃料改定の合意も、B 鉄道と被告 Y_1 との間でされたものである。

(4)　2 の(4)のうち、D ホテルが、平成 18 年 2 月 1 日、B 鉄道の会社分割を原

因として、B鉄道の所有する品川D・レジデンスを所有するに至ったこと、B鉄道の品川D・レジデンスの賃貸人たる地位が株式会社Dホテルに移転したことを認め、その余は不知。

原告は、Dホテルから、平成22年4月1日、本件建物1賃貸借契約に係る権利・義務その他一切の契約上の地位を承継したと法的効果の主張をするが、契約上の地位の承継原因事実を主張しないから、原告の主張は主張自体失当である。

3 本件駐車場1に関する駐車場賃貸借契約の締結

(1) 3の(1)のうち、B鉄道とCとの間で平成8年4月26日付けの駐車場賃貸借契約が成立したことは否認する。

本件駐車場1についての賃貸借契約は、B鉄道と被告Y_1との間で成立したものである（以下「本件駐車場1賃貸借契約」という。）。

(2) 3の(2)は、否認する。

被告Y_1が、平成8年4月29日に本件駐車場1賃貸借契約に基づき本件駐車場1の引渡しを受け、それ以降駐車場として占有している。

(3) 3の(3)は、認める。

(4) 3の(4)は、Dホテルが、平成18年2月1日、B鉄道の会社分割を原因として、B鉄道の所有する品川D・レジデンスを所有するに至ったこと、B鉄道の本件駐車場1賃貸借契約の賃貸人たる地位がDホテルに移転したことを認め、その余は不知。

原告は、本件駐車場1賃貸借契約の権利・義務その他一切の契約上の地位がDホテルから原告に承継されたと法的効果の主張をするが、契約上の地位の承継原因事実を主張しないから、原告の主張は主張自体失当である。

4 本件各契約の終了

(1) 7の(1)は、政府が「企業が反社会的勢力による被害を防止するための指針」を示したこと、原告の属するBグループが平成16年に総会屋に対する利益供与事件や有価証券報告書の虚偽記載事件を発生させB鉄道が上場廃止に至ったことを認め、その余は不知。

(2) 7の(2)のアの第1段落は、不知。同第2段落は、認める。同第3、第4段落は、不知。

7の(2)のイは、否認する。

(3) 7の(3)のイの第1段落のうち、Cが平成20年5月21日社員総会の決議に

より解散したことを認め、その余は否認する。

　Ｃが平成20年５月21日に解散決議をしたという事実は本件建物１賃貸借契約及び本件駐車場１賃貸借契約の消長に何らの影響を与えるものではない。原告は、Ｃが社員総会の決議により解散し賃借人の契約当事者としての権利能力を失っており、平成20年５月21日の解散決議日に本件建物１賃貸借契約及び本件駐車場１賃貸借契約は終了したと主張するが（訴状11〜12頁）、誤りである。医療法56条の２は、「解散した医療法人は、清算の目的の範囲内において、その清算の結了に至るまではなお存続するものとみなす。」と規定しており、Ｃは解散決議により権利能力を失うことはない。

　７の(3)のウの第１段落のうち、本件建物１及び本件駐車場１の明渡請求に係る事実は認める。

　７の(3)のエの第１段落は、認める。

　７の(3)のエの第２段落及び第３段落は、否認する。

　７の３のエの第４段落は、争う。

5　被告 Y₁の占有

　８のうち、被告 Y₁が原告に対して平成26年４月15日付け通知書（甲21）を送付して本件建物１賃貸借契約及び本件駐車場１賃貸借契約はＣとの間で成立したものではなく被告 Y₁との間で成立したものであると主張したことを認め、その余は否認する。

　被告 Y₁は、本件建物１及び本件駐車場１を占有しているが、それ以外の建物及び駐車場は占有していない。

6　契約終了に伴う違約金及び賃料相当損害金等

　９の(1)は、争う。

　本件建物１及び本件駐車場１につき、平成26年４月分ないし６月分の賃料を支払ったのは、被告 Y₁であって、被告 Y₂ではない。

7　被告 Y₁の主張の要点

(1)　Ｂ鉄道と被告 Y₁との間で本件建物１賃貸借契約及び本件駐車場１賃貸借契約が成立したこと

　被告 Y₁は、Ｂ鉄道代理人のＥ不動産株式会社（甲２、以下「Ｅ不動産」という。）に対し、本件建物１及び本件駐車場１の賃貸借契約の申込みをしたところ、Ｅ不動産から、本件建物１はモデルルームとして使用してい

た物件であり、是非とも借りてほしい、本件駐車場1の賃料を大幅に減額してもよい、もっとも、B鉄道側の事情があるので、賃貸借契約書の賃借人名義を被告Y_1名義ではなく法人名義にしてほしい、名義を貸してもらえる法人を探してもらえないかとの要請を受けた。

そこで、被告Y_1は、かねて懇意のCから、その名義を借りることの承諾を得、C名義で契約の締結をすることにつきB鉄道の承諾を得た上で、本件建物1賃貸借契約及び本件駐車場1賃貸借契約を締結した。

被告Y_1は、E不動産から、各契約の締結に先立って、C名義で、本件建物1賃貸借契約に係る敷金及び賃料、本件駐車場1賃貸借契約に係る賃料の支払をするよう求められたため、これらを平成8年4月25日に銀行振込みにより支払った。その後も、E不動産から、C名義による振込みを要請されたため、被告Y_1はその要請に従って支払ってきた。

すなわち、B鉄道側は、被告Y_1がC名義で本件建物1賃貸借契約及び本件駐車場1賃貸借契約を締結したことを知悉していた。そこで、契約締結時以降も、B鉄道側は、被告Y_1を賃借人として遇してきたのである。

(2) 原告はCの清算結了後も被告Y_1を賃借人として扱っていること

原告は、平成22年3月、被告Y_2からBグループの会社再編に伴う契約上の地位の承継に係る承諾書（甲8）を徴求したのと同様に、被告Y_1からも承諾書を徴求したのであり、原告は、当初から、被告Y_1を本件建物1賃貸借契約及び本件駐車場1賃貸借契約の賃借人と遇してきた。

また、平成22年7月ころの賃料改定交渉の際、被告Y_1は、原告から、Cが平成21年5月8日に清算結了しているので、実体に即して被告Y_1を賃借人とする賃貸借契約書を取り交わすことにする旨の申入れを受けたのであるが、その後、原告は、今後も当分の間従前どおりC名義で賃料を支払ってほしいと言い出したため、被告Y_1がC名義で振込送金するという賃料の支払方法がその後も継続することになった。

以上のとおり、被告Y_1は、平成8年4月26日から一貫して本件建物1賃貸借契約及び本件駐車場1賃貸借契約の当事者なのである。

8　結論

原告は、被告Y_1に対し、施設管理権に基づき本件建物1・2及び本件駐車場1ないし3の明渡しを求めると主張する。しかし、原告は、本件建物1・2及び本件駐車場1ないし3の各所有者ではないから、被告Y_1に対して物権に基づく返還請求権を行使できない筋合いである。おまけに、被告Y_1は、本件建物1及び本件駐車場1を除く物件を占有していない。

原告の被告Y₁に対する明渡請求は、いずれも主張自体失当のものである。
　　　速やかに、被告Y₁に対する請求を棄却するとの判決をされたい。

　　　　　　　　　　　　　附属書類
　1　訴訟委任状　　　1通
　　　　　　　　　　　　　　　　　　　　　　　　　　　　　　　以上

3　最終準備書面──質権設定否認権行使事件

　Appendix4の最終準備書面は、破産したA社の破産管財人XがA社のメインバンクであったY銀行に対し、定期預金債権についてされた質権設定行為が旧破産法72条1号の規定する故意否認の対象になると主張し、否認権行使による原状回復として、Y銀行が質権の実行により回収した金員の支払を求めた事件における控訴審の最終準備書面です。本件には、①　A社名義ではなく第三者名義の預金債権についてされた質権設定が同号による否認の対象になるかどうか、②　受益者であるY銀行が質権設定当時A社の債権者を害するとの認識を有していなかったかどうか、③　否認権が時効により消滅しているかどうか等、数多くの争点があります。

　第一審判決は上記①ないし③の各争点についてY銀行の主張を排斥したものであるところ、本最終準備書面は、同判決の認定・判断を非難するY銀行の主張と鑑定意見書に対し、事実論及び法律論の両面からその誤りを指摘するものです。その第2の2(3)と(4)は、最高裁判例の理解の仕方を議論する部分ですが、本書第2章Ⅲ「判例」の説明を復習してください。

　本事件については、第一審判決が東京地判平成20・6・30判時2014号96頁として、控訴審判決が東京高判平成21・1・29金法1878号51頁（確定）として、いずれも公刊されています。特に、第三者名義の預金債権についてされた質権設定が否認の対象になるとした認定・判断部分に意義を見出すことができます。控訴審判決の評釈として、松本光一郎・金法1881号26頁があります。

Appendix4　最終準備書面

平成20年(ネ)第3923号　弁済金返還請求控訴事件
控訴人　　　株式会社Ｙ銀行
被控訴人　　破産者Ａ工業株式会社破産管財人Ｋ

準　備　書　面　(2)

平成20年12月12日

東京高等裁判所第14民事部　御中

被控訴人訴訟代理人弁護士　田　中　　豊　㊞

目　次

【はじめに】……………………………………………………………………＊
第１　被告の事実主張の誤り——主に被告準備書面２について…………………＊
　１　被告とＡ工業との関係についての主張の誤り………………………………＊
　(1)　平成13年９月末ころの被告とＡ工業との関係を論ずべきこと…………＊
　(2)　第１次・第２次再建計画を被告が策定したことにつき動かぬ証拠があること……………………………………………………………………＊
　(3)　被告がＡ工業の財務等に係る詳細情報を常時取得するなどしており、メインバンクとしての当時の共通属性を有していたこと………………＊
　２　本件質権設定行為に係る主張の誤り…………………………………………＊
　(1)　ＢとＣとの間の消費貸借契約の締結を示す客観的証拠が全くないこと……………………………………………………………………＊
　(2)　ＣがＢの100％親会社であったことを示す客観的証拠が全くないこと……………………………………………………………………＊
第２　被告の法律論の誤り——主に被告準備書面３の依拠する鑑定意見書（乙59）について…………………………………………………………………＊
　１　はじめに…………………………………………………………………………＊

2　本件質権設定行為の詐害性に関する原判決の判断に対する非難の誤り… ＊
　　(1)　詐害性に関する議論の誤り………………………………………………… ＊
　　(2)　原判決がＡ工業の債務超過（無資力）又は支払不能を認定判断して
　　　　いないとの理解の誤り …………………………………………………… ＊
　　(3)　本旨弁済に関する最高裁判例の理解の誤り ………………………… ＊
　　(4)　相殺権との関係における最高裁判例の理解の誤り ……………… ＊
　　3　否認権の消滅時効期間の始期に関する原判決の判断に対する非難の誤り
　　　………………………………………………………………………………… ＊
　　(1)　原判決を正解しないでする非難であること ………………………… ＊
　　(2)　否認権の消滅時効との関係における最高裁判例の理解の誤り ………… ＊
【おわりに】 ………………………………………………………………………… ＊

【はじめに】
　被告は、原告に対し、平成20年11月７日、同日付け準備書面２・３及び乙54ない
し59を送付し、同月20日の最終口頭弁論期日には乙60を提出した。被告の提出
に係るこれらの主張書面及び証拠は、第一審以来繰り返してきた誤った事実論と
法律論とを繰り返すものにすぎない。しかし、被告の主張には、原判決の判断を
覆したい一心から出たものとはいえ、客観的事実に反する事実主張及び的外れな
判例解釈や法的議論があまりにも多く見受けられる。
　そこで、以下、上記の被告準備書面における事実論と法律論の誤りのうち主要
なものを取り上げ、簡潔にその誤りの内容と原因とを明らかにしておくことにす
る（被告準備書面３は、乙59の「鑑定意見書」に全面的に依拠するものであるので、
直接には、乙59の法律論の誤りを取り上げて論ずることとする。）。
　なお、当然のことながら、本準備書面中には、新たな主要事実に関する主張は
全くなく、すべてこれまでの主張と証拠とを整理したという性質のものである。

第１　被告の事実主張の誤り──主に被告準備書面２について
　1　被告とＡ工業との関係についての主張の誤り
　　(1)　平成13年９月末ころの被告とＡ工業との関係を論ずべきこと
　　　　　被告は、被告が昭和60年ころからＡ工業のメインバンクであり続けたこ
　　　　とを自認しながら、「その（Ａ工業グループの）経営に係る意思決定に参
　　　　加していたわけでもなければ、同グループの情報を自動的に取得できる立
　　　　場にあったわけでもない」とか（被告準備書面２の４頁）、「Ａ工業のメイ
　　　　ンバンクと言っても、それは単純に貸出シェアが最も大きいということを
　　　　意味する以上の意味はな（い）」などと（被告準備書面２の５頁）主張する

に至った。

　被告の主張には、いつの時点のどのような行為を前提にして主張しているのかが明らかでないという通弊があるのであるが、上記の主張もその典型例の１つといってよい。

　本件で問題となっているのは、平成13年９月28日にされた質権設定行為なのであるが、これは、被告がＡ工業のメインバンクとして策定した第１次再建計画が平成６年１月以降同７年12月まで実行されたが奏功せず、同様に被告がＡ工業のメインバンクとして策定した第２次再建計画が平成８年１月以降実行されていた最中の行為なのである。Ａ工業が経営難に陥り、その再建に向けてイニシアティブを発揮して２次にわたる再建計画を策定し実行中であったという状況を考えただけでも、平成13年９月末ころの被告とＡ工業との関係が「単純に貸出シェアが最も大きい銀行とその貸出先との関係」にとどまるものでないことは明らかである。

(2)　第１次・第２次再建計画を被告が策定したことにつき動かぬ証拠があること

　被告は、これまで、被告がＡ工業の第１次・第２次再建計画を策定したことを争っていなかったのに、被告準備書面２ではこの事実をも争うことにしたらしく、原告の主張につき、「Ｓの証言等と、平成７年12月付けの「追加支援のお願い」と題する書面（甲15）のみを根拠に、主張する。」（被告準備書面２の８頁）とか、「何ら証拠に基づかない、かつ、金融実務や当時の具体的な事実関係を一切無視した主張」（被告準備書面２の９頁）などと激しく非難する。

　しかし、被告のこのような非難は失当である。そもそも、原告の主張は、Ｓの証言等と甲15のみを根拠にするものではない。これは、被告が自ら提出した乙35（Ｓの平成18年７月20日付け陳述書）を一瞥すれば明らかである。すなわち、乙35には「証拠１、２、３、４」という大量の文書が添付されているのであるが、以下に説明するとおり、これらはすべて、第１次・第２次再建計画に関して被告が作成し、Ａ工業に送付した文書なのである。

　「証拠１」は、1994年（平成６年）７月29日付けの「特利適用後（93/12以降）の営業状況」、「特利適用の一年間延長要請の背景」等と題する文書であるところ、被告の審査部に在籍していたＴ氏が第１次再建計画実施後のＡ工業の財務・営業状況を前提として、他の金融機関に対して第１次再建計画の１年延長を要請するためにＡ工業において作成すべき資料の原案を起案した手書き文書である。「証拠２」は、1994年（平成６年）８月１

日付けの「まとめ　約定金利見直し、元金返済の実質猶予実施後の状況（93/11～」と題する文書であるが、T氏が同様の目的で起案した手書き文書である。「証拠3」は、平成6年7月1日付けの「ファクシミリ送信票」であるが、T氏が自分は海外出張中であるが、必要に応じて連絡するようにということで自らの滞在ホテルを連絡してきたものである（乙35の8頁に各文書の受領経緯等の説明がある。）。

「証拠4」は、1995年（平成7年）12月28日付けの「シェア返済を次のような考え方で他行を説得して下さい。」と頭書された文書であるが、被告東京支店営業4班に在籍しA工業の担当者であったK氏がA工業に対し、第2次再建計画につき、他の金融機関に対する説明内容を指示してきた文書である（乙35の14頁にその受領経緯等の説明がある。）。その末尾の（考え方）の項には、「支援期間内の内入れは認めない。」と記載されており、平成7年12月末当時、貸付残高を維持するとの考え方で他の金融機関に対して説明するよう被告がA工業に対して指示していたことが動かぬ証拠として残されている。

また、被告は、甲15（平成7年12月付けの「追加支援のお願い」と題する文書）につき、苦し紛れの言い逃れをするが、失当である。すなわち、被告は、甲15の作成名義人がA工業であることを理由に、「あくまでも同文書から認定できるのは、平成7年12月当時、SがA工業の代表者として、本文書の記載内容への応諾を打診していた、という事実にすぎない」と主張する（被告準備書面2の9頁）。しかし、この主張は、次の3点において誤っている。

第一に、甲15は、他の金融機関が第2次再建計画に参加してくれるようお願いするために、被告がA工業のメインバンクとして起案し配布した文書であるところ、原告は、第一審以来一貫してそのように主張してきた。被告は、これについて全く反論することはなく、今回もこの点には反論しない。より具体的に明らかにすれば、甲15は、当時の被告担当者であった上記K氏が起案したものであり、A工業は、これに相手方となる他の金融機関の商号を手書きで記入して各金融機関に提出したのである。これらの当事者間に争いのない事実を前にして甲15に対するときは、甲15は、単にA工業の当時の認識が示されているというにとどまらず、起案者である被告の認識も示されている文書であることが明らかである。そうすると、被告は、本件訴訟において必死に否定する「担保凍結」の認識を、平成7年12月当時には有していたことが明らかになる。

第二に、被告は、第2次再建計画につき、日債銀と商工中金には、被告

東京支店営業4班のH課長とK氏が訪問して説得し、その後はA工業に同行して他の金融機関の幾つかを説得のために回り、当然のことながら、甲15の記載内容はメインバンクである被告の考え方でもある旨を他の金融機関に対して説明したのであるが、この事実と甲15とを併せ考慮すれば、他の金融機関においてA工業のメインバンクである被告が甲15に記載されている再建計画の枠組みの中で行動するものと信頼するのは当然のことである。

被告は、ここでも、「被告を含めた金融機関の間に、法的拘束力を有する合意が存在したかの如くの原告の主張は、全く理由がない。」といって、原告の主張を非難する（被告準備書面2の9頁）が、的外れである。なぜなら、本件で問題となっているのは、「A工業の再建計画に関して、金融機関の間に法的拘束力を有する合意が成立したかどうか」ではなく、被告が主張・立証責任を負う「本件質権の設定を受けるにつき、被告に他の債権者を害するとの認識がなかった」という事実を認定することができるかどうかであるからである。金融機関の間に厳密な意味で法的拘束力を有するとされる合意が成立していなかったとしても、第2次再建計画に参加した金融機関が「新規担保徴求不可」の認識を共有することになったのであれば、上記の被告主張の事実は、到底認定することができない筋合いとなる。なお、第2次再建計画に参加した他の金融機関の中に、被告を除き、A工業から新規担保を徴求した者がないことは当事者間に争いがない。

第三に、甲15は、これを一瞥すれば明らかなように、金融機関に対してA工業の再建計画への協力を求めるお願い文書であることから、再建計画の骨子の説明のみならず、「1995年度（平成7年度）資金繰実績表」、「1996年度（平成8年度）資金繰予定表（支払利息現状維持）」、「1996年度（平成8年度）資金繰予定表（支払利息1.625%）」といった財務実績及び財務予想を示す表が添付されているところ、これらの表も被告の指示の下に作成されたものである。この事実は、被告の主張とは全く逆に、被告がA工業にとって単に貸出シェアが最も大きい銀行というにとどまらず、被告がA工業の財務等に係る詳細情報を取得し、その情報に基づき再建計画の前提となる資金繰予定表等の作成を指導していたのであり、正に事業会社の危機時のメインバンクとしての役割を果たしていたことを示している。

(3) 被告がA工業の財務等に係る詳細情報を常時取得するなどしており、メインバンクとしての当時の共通属性を有していたこと

前記(1)のとおり、被告は、A工業の経営に係る意思決定に参加していたわけではない、情報を自動的に取得できる立場にあったわけでもないなど

と主張するが、これらの主張は、法形式を主張しているにすぎない。すなわち、前者は、被告の従業員がＡ工業の取締役になっていないことを、後者は、Ａ工業の経営上の情報はＡ工業が被告に報告ないし送付することによって初めて被告が取得するのであり、Ａ工業の行為の介在なしに被告が取得することはないことを、もっともらしく言い換えたものにすぎない。

昭和54年に銀行取引を開始し、昭和60年ころにメインバンクになった被告とＡ工業との関係の実際については、甲41（Ｓ陳述書）に臨場感をもって語られている。すなわち、事業会社が特定の銀行との間でメインバンク関係という継続的契約関係に入った場合の当時の慣例どおり、Ａ工業は、被告に対し、毎月、財務資料や営業記録をすべて提出し、被告から、資金の借入れという形での直接的な信用補完のほか、取引先に対する間接的な信用補完を受け、他方で、被告からのＡ工業の運営全般についての指示と指導とを受けいれる（例えば、サラ金、パチンコ屋、風俗店はテナントとしてはならないといった、貸しビル業という業態に即した極めて具体的で詳細な指示まで受けていた。）という関係になっていた（甲41の４～５頁）。

結局、我が国特有のメインバンクという継続的契約関係の中で、被告は、Ａ工業の経営状態を月次ベースでリアルタイムに把握していたのである。このような関係が成立していたからこそ、被告の強力な誘導の下で、Ａ工業は、全く経験のない海外（米国）での投資プロジェクト（Ｐプロジェクト）に参加し、被告の何から何までのお膳立ての下で、米国法人Ｂを設立することになったのである。被告の主張とは全く逆に、Ｓ証言等を根拠付ける被告作成に係る多量の客観的証拠（甲６～12）が存在しており、Ａ工業の会計、税務、法務のすべてにわたって、被告が指示と指導とをし、Ａ工業がそれに一々従っていたことが明らかになっている。

被告は、今回、Ｂの米国での平成10年度と同11年度の各税務申告書（甲35、36）がＡ工業から被告に提出されていないと言い出した（被告準備書面２の２頁）。しかし、これらは、原審において、被告が自らの主張の根拠として依拠する従業員Ⅰの証人尋問が実施された平成20年２月18日の３か月も前の同19年11月22日に提出されていたのであるが、Ⅰは、この税務申告書を示されての尋問に対し、「（Ａ工業から被告に提出されていた）資料は非常にたくさんでしたので、目を通したときにあったかもしれませんけれども、明確には覚えておりません。」と答えたのである（Ⅰ証人調書７頁）。被告は、なぜ、Ⅰの尋問実施から９か月もたった今ごろになって、これらが提出されていないなどと言い出したのであろうか。さらに、被告は、これらの各税務申告書が平成10年度と同11年度のものであるとして、

原告に対し、「明らかに虚偽の主張を行っている」と激しい非難を浴びせる。しかし、この被告の非難がいかなる論理によるものか、理解することができない。なぜなら、平成10年の決算期内に、Bの株主権が「A工業→Aホーム→C」と会社の帳簿上移転され、それに基づく税務処理がされている（これは、客観的証拠（甲32〜34、枝番号を含む。）から明らかである。）のに、被告が信頼しているとして推薦しそれをA工業が受け入れた米国の会計事務所は、Bの株主権が帳簿上移転された以後の年度の税務申告書上「Bの100％株主はA工業である」と米国の税務当局に申告しているのである。したがって、被告のすべきことは、自らの信頼する会計事務所が何故「Bの100％株主はA工業である」と申告したのかの理由を明らかにすることである。被告の原告に対する非難は、天に唾するものというほかない。

　また、被告は、A工業がメインバンクである被告の指示に従っていなかったことを示すエピソードのうち特に重要であるのが、平成15年以降被告の押し付けた再建のアドバイザーである「N証券」の意向に従わず、独善的な行動に走ったことであると主張し（被告準備書面2の6頁）、乙60を提出する。しかし、この主張は、正に語るに落ちたものである。なぜなら、本件において意味を有するのは、本件質権設定時である平成13年9月当時の被告とA工業との関係であるからである。平成14年12月には、それまで第2次再建計画を主導していた被告もまた、自らの策定したA工業の再建計画を放棄し、A工業の期限の利益を喪失させたから、平成15年1月以降の被告とA工業との関係は、それ以前のものとは完全に異なるものになったからである。A工業が被告の指示と指導とに従ったエピソードの最後が、再建につき、N証券をアドバイザーとし、被告担当者のL氏が「うちの弁護士を使え」と言って紹介したJ弁護士への依頼を承認したことであろう。被告の上記の主張は、A工業が本件質権設定の当時被告の指示と指導とに従っていたことを自認するものにほかならない。

　さらに、被告は、原告が長銀事件判決を被告とA工業との関係についての主張の根拠とするものと理解しているようである（被告準備書面2の4頁）が、これは初歩的な誤りというものである。長銀とイ・アイ・イとの間に存した事実関係が被告とA工業との間にそのまま平行移動し得るものでないのは、当事者双方が異なり、メインバンク傘下の事業会社の事業内容・物的人的規模・財務状況等が異なる以上当然のことである。原告が控訴審答弁書25頁で指摘したのは、長銀事件判決において、いわゆるバブル経済期以降のメインバンクとその傘下の事業会社との関係の共通する属性

につき、東京地裁は、「当時においては、①　メインバンクは、借り手についての情報収集・蓄積及び経営監視の面で他の債権者よりも優位な立場にあること、②　最大の融資者として借り手が経営難に陥った場合の危機管理にイニシアティブを発揮することから、③　これらに信頼・期待して他行は当該借り手企業への融資を引き受け、④　他方メインバンクは、借り手の預金、為替及び社債管理業務などを独占的に引き受ける関係が成立していたものと解される。」と認定している（東京地裁のこの認定は、長銀がイ・アイ・イに対して従業員を出向させたこと等の両者の個別的事実関係にかかわりのないものである。）ところ、そのような共通する属性が被告とＡ工業との関係にも同様に存在していたことが明らかであると主張しているのである。本件における当事者間に争いのない諸事実、前記のとおりの多くの客観的証拠及びＳ証言等によって明らかになっている事実関係に照らし、平成13年9月当時の被告とＡ工業との関係が上記①ないし④の属性を有していたことは否定すべくもない。「単に貸出シェアが最大の銀行という以上の意味はない」との今回の被告の主張がいかに真実から遠く、Ｓの証言や陳述書の内容が素直に実態を語ったものであるかは、火を見るより明らかである。

2　本件質権設定行為に係る主張の誤り

(1)　ＢとＣとの間の消費貸借契約の締結を示す客観的証拠が全くないこと

被告の主張は、ほとんどの場合にトートロジーに陥っているのであるが、ＢからＣに対する8億円余の送金（以下「本件送金」という。）に係る事実関係についての主張は、その典型である。

被告は、本件送金につき、一方で「ＢとＣという共にＳが代表者であった会社間の合意の問題である以上、被告が確知するところではない」と主張しながら、他方で「当該資金移動が仮装的でない以上、何らかの実体関係の存在が想定される」と主張する（被告準備書面2の18頁）。被告は、実体関係を知らない（すなわち、実体があったのかなかったのか、実体があったとしてもどのような法的性質の実体であったのかは、知らないという。）のに、仮装的でない送金であることを前提として、消費貸借契約の締結を推認するのが経験則に合致すると言い張るのであるが、この被告の主張は幾重にも誤っている。

第一に、被告は、今回の準備書面では一言も触れようとしないのであるが、本件送金に関しては、外国送金依頼書兼告知書（甲19、20）という客観的証拠が存在し、特に、ＢからＣに対する8億円余の送金依頼書である

甲20は、「ご依頼人署名又は記名押印」欄を除き、本文のすべての内容を記載したのが被告であることが明らかになっているのである。もちろん、被告も、これを争ってはいない。したがって、「送金目的」欄の「貸付金」の記載をした被告としては、これを被告の一存でないしは被告の都合によって記載したのでないのであるなら、平成13年9月28日の時点において、BとCの代表者であったSから、8億円余にも上る大金の送金目的を確認するというのが被告の熟知している「金融実務」の常識である。しかし、当時の被告の担当者であったIは、8億円余の消費貸借契約の締結を確認していないし、Cにそのような資金需要があったかどうかも分からないと証言する（I証人調書10頁）。また、Cは当時被告に普通預金口座すら開設していなかったところ、その開設につき、Iは、A工業に対し、「Cのほうに資金を移して、Cのほうから預金の担保を提供していただくということで、預金口座を開いてもらったと思います。」と証言する（I証人調書9頁）。結局、Iは、A工業に対して送金の指示をした平成13年9月28日の時点において、被告としては、BからCへの送金の実体関係の有無や性質には何らの関心もなく、本件質権設定に便宜であると考えて、米国においてBに入金されたばかりの本件配当金をそのために新たに開設させたC名義（しかも、英文名義）の預金口座に送金するよう指示したことを証言しているのである。

　第二に、被告が何らの根拠もなく「当該資金移動が仮装的でない」と決め付けるのは、「被告には本件持分配当金の担保取得を他の金融機関に隠すべき理由はない」という被告の主張（被告準備書面2の18頁）と辻褄を合わせるためなのであるが、前提とする被告のこの主張が客観的証拠に反するものであることは、前記のとおりである。このように被告の主張は、幾つもの根拠のない決め付けを前提とする循環論法の繰返しにすぎない。

(2)　CがBの100%親会社であったことを示す客観的証拠が全くないこと

　被告は、ここでも、「Bの株式が実体法上Cに移転していることは明らかであ（る）」と決め付ける（被告準備書面2の18～19頁）が、肝心の「実体法上の移転原因事実」を全く主張することができないでいる。主張自体失当とされる主張の典型である。

　第一に、Bの株式がCに移転した帳簿上の外形が作出されたのが被告の指示（被告の当時の東京支店営業第4班課長であったR氏——本件質権設定行為当時の担当者であったIの前任者——と担当者のG氏の指示）によることは被告の引用するイリノイ訴訟におけるBの訴状記載のとおりなのである（被告準備書面2の19頁）が、原告がこの株式移転が被告の指示によっ

て作出された外形にすぎないことを認識する契機になったのは、別件訴訟においてBが平成18年7月20日付け準備書面において「同訴訟代理人の調査の結果、Bの株式がA工業から移転していないことが判明した」との主張をした時点である。すなわち、それまでは、被告を除くA工業の関係者は、帳簿上の移転により実際にBの株式がA工業から移転したと考えていたから、そのような認識を前提とした行動をするのが当然である。したがって、同日ころ以前のSやBの米国訴訟担当の弁護士の陳述（しかも、いずれもA工業からの移転原因事実の主張の伴ったものではなく、当該関係者の法律状態の認識を述べたものにすぎない。）をあげつらってみても、無意味というほかない。

　第二に、今回、被告は、米国デラウェア州法についての意見書（乙58）なるものを提出しているが、この意見書の内容が正しいことを前提とすると、Bの株式が「A工業→Aホーム→C」と移転した事実は認められないという結論に導かれる。

　なぜなら、まず、この意見書は、「会社所有権の移転は、株式の売却または移転により完了するが、株式の移転は(1)引渡し（delivery）及び(2)裏書（endorsement）をその要件とする。」と結論しているところ（乙58の1頁）、被告は、「株式の売却または移転」という実体法上の移転原因事実の主張・立証を全くしない上、「株券の引渡し及びその裏書」という要件の主張・立証をも全くしないからである。

　そして、原告が指摘したとおり、原審において、被告は、この実体法上の移転原因事実の主張・立証をしないと明言したのである。各移転原因事実が本件訴訟における抗弁事実でないことはそのとおりであるが、A工業の100％子会社として設立されたことに争いがなく、かつその法律状態が変動したことに争いがある本件において、被告が各移転原因事実の主張・立証を全くしなければ、裁判所が各移転原因事実についての心証を形成するに由ないのは当然の事柄である。BがA工業の100％子会社であることについて決着を見、争点ではなくなったと原告が主張するのは、民事訴訟の基本法理そのものを述べているにすぎない。要するに、各移転原因事実の存否が争われているのに、被告がそれらの事実を全く主張・立証しないでおいて、裁判所に「BがCの100％子会社である」との法律状態を直接に認識せよと要求することは、現在の民事訴訟のシステムでは許容されていないということである。被告は、この主張に対して「極めて誤導的で不当な主張」などという悪罵を投げる（被告準備書面2の22頁）が、通常の法律家には理解できない理不尽な非難というほかない。

次に、被告は、「株券の引渡し及びその裏書」という要件の主張・立証をも全くしない。Ｂの株券は、終始Ａ工業が占有していたのであって、「Ａ工業→Ａホーム→Ｃ」と占有が移転した事実はない。被告は、平成13年11月20日に被告がＡ工業からＢの株券を取り上げた際、Ｃ宛て預り証（乙21）を作成したから、Ｃに占有があったことになると主張する（被告準備書面２の20頁）が、本末転倒の議論というべきである。また、被告は、擬制引渡し（constructive delivery）にも言及するが、その前提となる前記の各移転原因事実を証する書面が存在すること（乙58の２頁を参照されたい。）の主張・立証の全くない本件では、擬制引渡しにも該当しない。また、「Ａ工業→Ａホーム→Ｃ」という裏書がないことは、動かぬ証拠が提出されていて、被告も認めて争わない。さらに、同意見書によれば、デラウェア州法は「デラウェア州会社に対して株主名簿を整備する積極的義務を課していることから、デラウェア州会社は、自社の株式の移転を株主台帳に登録することが義務付けられて（いる）」というのであるが、本件ではこの登録もない。

　結局、同意見書は、これを素直に読むときは、被告のＢの株式が「Ａ工業→Ａホーム→Ｃ」と譲渡された事実がないことを示す有力な証拠になっていることが明らかである。

　そして、このようにデラウェア州法に通暁する被告は、米国イリノイ訴訟において、Ｂが「単なる法人の形骸」であって、「Ａ工業と分離した実質的な存在をほとんど欠く完全子会社」であると積極的に主張しているのである（乙20の①、②の各19頁）。なぜ、被告は、米国と日本国とで矛盾した訴訟行為をするのであろうか。上記のように原告の主張を誤導的であるなどと激しく非難する被告としては、我と我が身とを振り返ってみる必要がありそうである。

　第三に、被告は、Ｂの株式を帳簿上移転させる合理的な目的がなかったと主張し、Ｓの証言に矛盾があるなどという（被告準備書面２の21頁）が、これまた失当である。Ｓは、別件訴訟において、第１段階の「Ａ工業→Ａホーム」と移転させる目的に関する被告の当時の説明内容につき、「当初は為替差損を取るということであったのですが、今考えてみると実に不可解なことでありました。」と当時のＳの受けた説明を素直に述べているのである（乙39の36頁）。被告は、この証言のすぐ後に、被告代理人の「税務対策でもないのですね。」との問いに対し、Ｓが単に「はい。」と答えた部分（乙39の36頁）をとらえて、Ｓが「本人尋問において、税務対策ではない旨明確に述べている」というが、税務対策ではない旨明確に述べて答

えを誘導したのは被告代理人であって、Ｓでないことが調書上明らかであり、子供だましの主張にすぎない。上記のとおり、Ｓは、被告がＳに対して当時説明した内容について極めて明快に陳述している。原告の主張は、Ｂの株式を帳簿上移転させた被告の当時の目的をそのまま主張したものであって、Ａ工業の第２次再建計画をメインバンクとして遂行していた被告の案出したスキームとしてみれば、何ら不合理なところはない。むしろ、そのような立場にある銀行又は銀行員がいかにも考えそうなスキームである。上記のＳの陳述内容は、そのような被告の目的をよく理解しないまま、被告の指示に従ったことをよく示している。

　　また、「Ａホーム→Ｃ」の移転につき、被告は、「他の金融機関はＢの存在を認識していたのであって、被告がＢの存在を隠そうとする理由がない」と主張する（被告準備書面２の21頁）が、この主張が動かぬ証拠に反し、客観的事実に反するものであることは、答弁書において詳述した（答弁書21〜23頁）ので、ここでは再論しない。

第２　被告の法律論の誤り──主に被告準備書面３の依拠する鑑定意見書（乙59）について

1　はじめに

　　被告は、平成20年11月７日、Ｅ氏作成に係る同月５日付け「鑑定意見書」と題する文書（以下、乙53のＤ氏の意見書と区別する観点から、「第２意見書」という。）を送付し、これをなぞった被告準備書面３を同時に送付してきた。

　　そこで、第２意見書の誤りを明らかにし、併せて、被告準備書面３の主張の誤りを明らかにしておく。

　　なお、第２意見書が専門家による意見書の基本を踏み外したものであることは、先のＤ氏の意見書と大同小異である。ここでは繰り返さないので、原告の控訴審での準備書面(1)の３〜５頁を参照されたい。

2　本件質権設定行為の詐害性に関する原判決の判断に対する非難の誤り

(1)　詐害性に関する議論の誤り

　　旧破産法72条１号の規定する故意否認は、同２号以下の危機否認とは別個に詐害意思を中核とする主観主義に立脚した否認類型であり、民法424条の規定する詐害行為取消権と基本的に同一の性質・目的を有するものと解されている（千種秀夫・最高裁判所判例解説民事篇昭和42年度235〜236頁、竹下守夫編・大コンメンタール破産法627頁［山本和彦］）。そして、故意否認の対象とするためには、破産者となった債務者の行為が破産債権者

を害する行為であること（客観的要件）とそれを債務者が知っていたこと（主観的要件）を要するところ、第2意見書が原判決を非難するのは、専ら客観的要件の認定判断——すなわち、本件質権設定行為が破産債権者を害する行為であるかどうか——についてである。

　しかし、以下に明らかにするとおり、第2意見書の意見は、原判決及び自らの依拠する最高裁判例を正解しないまま、原判決を非難するものにすぎず、失当たるを免れない。

(2)　原判決がA工業の債務超過（無資力）又は支払不能を認定判断していないとの理解の誤り

　第2意見書は、「A工業は、遅くとも平成13年までには、長期継続的に資金不足の状態にあり、自力で営業状態を回復することは困難であって、早晩支払停止や破産申立てに至ることが想定される危機的状況にあったものと認めるのが相当である。」との原判決30頁の結論部分のみを見て、原判決がA工業の債務超過（無資力）も支払不能も認定判断していないと理解し、ここに「原判決の特色がある。」などと評している（第2意見書2頁）が、判決全文をきちんと読まずにした論評であって、的外れというほかない。

　原判決は、A工業の財務・経営状況につき、以下のとおり極めて詳細に認定している。

①　A工業は、いわゆるバブル経済の崩壊に伴い、不動産事業において含み損が発生し、平成5年から6年までの間に約82億円に上る損失を計上して債務超過の状態に陥った。また、不動産事業そのものが凋落したことが相まって、A工業の業績や資金繰りは悪化し、平成5年ころには金融機関に対する約定弁済が困難な状況に陥った。そこで、被告、商工中金及び日債銀らが金利優遇等を内容とするA工業に対する支援体制を組むことになった（原判決22頁）。

②　A工業は、平成6年1月以降、㈠約定金利の軽減、㈡元本の期中弁済を停止し年度末に元本を同額とする借換えをして借入残高を維持する、㈢新規担保提供をしない等の支援策を内容とする第1次再建計画の下、経営を継続したが、環境が好転しないばかりか、平成7年12月、当時の約定金利では運転資金にも事欠く状況に落ち込むとして、追加支援の申入れをし、平成8年1月以降、上記㈠、㈡、㈢の支援策に加えて、運転資金を留保した上で、各借入先に対し、余剰金を年1回プロラタ弁済するにとどめることを内容とする第2次再建計画を実施するに至った。これらの再建計画は、いずれもA工業のメインバンクである被告の主導に

より行われた（原判決22頁）。

③　被告と並ぶＡ工業の主要融資元であった旧日債銀が平成10年12月に破綻し、平成11年11月、旧日債銀からＡ工業に対する債権譲渡を受けた<u>RCC は、平成12年 3 月31日をもって残元金合計約39億円の債権につきＡ工業の期限の利益を喪失させ、平成11年11月以降の弁済金を元本に充当する処理をすることにした</u>（原判決23頁）。

④　平成13年 3 月27日、Ａ工業は、RCC の要請を受け、担保不動産を売却し 6 億7000万円の売却金のすべてを RCC への未払債務への弁済に充てた（原判決23頁）。

⑤　④のような担保不動産の売却の結果、賃料収入が減少し、プロラタ弁済の原資も減少するようになったため、Ａ工業の債権者である RCC やＭ信託銀行は、更にＡ工業所有の不動産を売却して弁済原資に回すよう求めるに至った（原判決23～24頁）。

⑥　このような状況の中、平成13年 7 月ころ、米国での投資物件が売却処分され、本件投資が終了することとなるや、被告は、当該売却金を本件貸付金の弁済に充当することを確認する旨の本件確認書（甲16）を起案し、Ａ工業とＢの代表者であるＳに署名押印させた（原判決25頁）。

⑦　平成13年 9 月ころ、本件売却配当金がＢ名義の預金口座に入金されることとなったところ、被告は、Ａ工業に対し、本件売却配当金を担保提供するよう求め、Ｓに対し、質権を設定するため、Ｃ名義の銀行口座を開設するよう指示した。Ｃは、被告との間に何らの取引もなく、被告に預金口座を有していなかったのであるが、Ｓは、被告の指示に従い、被告にＣ名義の預金口座を開設した（原判決25頁）。

⑧　平成13年 9 月28日、Ｃ名義で被告に開設された預金口座に対し、Ｂ名義の預金口座から円転した本件売却配当金が送金され、同日、その送金に係る金員が定期預金とされ、被告に対し、同定期預金債権に質権が設定された（原判決25頁）。

　以上に整理したとおり、まず、原判決は、(ア)　平成 5 年から 6 年までの間に、<u>Ａ工業が債務超過に陥ったこと</u>（上記①）を明確に認定している。

　さらに、原判決は、Ａ工業の本件質権設定当時の客観的状態として、(イ)平成 7 年12月、Ａ工業が運転資金にも事欠く状況になり（上記②）、平成12年 3 月、Ａ工業の第 2 次再建計画に参加せず残元本約39億円という莫大な債権を有していた RCC から期限の利益を喪失させられて、<u>実質破綻先企業としての債務管理が開始された</u>（上記③）上、平成13年 3 月には、

RCCから担保物件の売却を迫られてこれに応じる形で一部債務の弁済をし（上記④）、同再建計画に参加していたM信託銀行からも物件売却を迫られるという逼迫した状況（上記⑤）を認定しているのである。

ところで、支払不能とは、債務者が弁済期の到来した債務を一般的かつ継続的に弁済することができないと判断される客観的状態をいうのであるから（伊藤眞・破産法・民事再生法76頁）、上記(イ)の認定は、正にA工業が弁済期の到来した債務を一般的かつ継続的に弁済することができない具体的事実関係の認定であることが明らかである。

すなわち、原判決の事実認定部分をきちんと読みさえすれば、本件質権設定当時、A工業が債務超過であったことは当然として、支払不能の状態にあったことまでも認定判断していることが容易に理解できるのである。原判決のいう「早晩支払停止や破産申立てに至ることが想定される危機的状況」は、A工業が債務超過又は支払不能の状態を超えた危機的状況にあったとの趣旨をいうものであり、後述するとおり、第2意見書の依拠する最高裁判例の原審においてもそのような状況を説明するために用いられている表現である。

結局、第2意見書は、その議論の出発点において誤ったものというべきである。

(3) 本旨弁済に関する最高裁判例の理解の誤り

第2意見書は、本旨弁済をも故意否認の対象とする最高裁判例を参照しながら、「担保権設定行為を否認した最高裁の裁判例は知られていない。このことは銘記されるべきである。」と意味ありげな記述をする（第2意見書3頁）が、趣旨不明で無意味である。

なぜなら、上記(1)のとおり、故意否認は、民法424条の規定する詐害行為取消権と基本的に同一の性質・目的を有するものと解されているところ、新たな担保権の設定行為は、共同担保が減少し他の債権者に損害を及ぼす結果を招来するところから、詐害行為の典型とされており、最2小判昭和32・11・1民集11巻12号1832頁等確定判例の立場であるからである。

また、第2意見書は、本旨弁済の否認に関する最3小判昭和42・5・2民集21巻4号859頁と最3小判昭和47・12・19民集26巻10号1937頁とを挙げ、「弁済時に債務者が債務超過または支払不能であったことを要求するものであると理解できる。」と主張する（第2意見書3頁）ところ、詐害行為の客観的要件として債務超過または支払不能を要求する第2意見書の見解自体は誤りではないが、これを上記2つの判例の要求するところであるとの議論は失当である。

第一に、これらの最高裁判例は、判示事項及び判決要旨から明らかなように、本旨弁済であっても、破産者が他の債権者を害することを知ってした場合には、故意否認の対象となること――すなわち、本旨弁済が故意否認されるための主観的要件如何――を判断したものであって、その客観的要件について判断したものではない。

　第二に、第2意見書は、最3小判昭和42・5・2の第一審判決と控訴審判決について言及するが、これらの判決もまた、主観的要件につき、「破産者が早晩支払停止又は破産宣告に至ること及び特定債権を支払うにおいては右支払停止又は破産宣告の暁に他の債権者に十分な弁済をなし得ない結果を召来することを予見していながら、特定債権者に利益を与える不当な弁済を敢てした場合であることを要する。」と判断したものである（民集21巻4号881頁に登載）。また、最3小判昭和47・12・19は、その控訴審判決の認定判断を摘記し、「破産会社は、債務超過は勿論のこと、資産内容が著しく悪化し、事実上支払不能に陥っており」としているが、この部分は、破産会社の代表者及び弁済を受けた債権者の意図ないし認識を認定するための間接事実としてのものであることが明らかである。

　いずれにしても、原判決は、A工業が本件質権設定時に債務超過でありかつ支払不能状態であったことを認定判断しているから、この点についての第2意見書の意見は本件の結論に何らの影響も及ぼすことがない。なお、最3小判昭和42・5・2の原判決（第一審判決を引用）にみられる「破産者が早晩支払停止又は破産宣告に至る」との言い回しと比較してみても、本件原判決が本件質権設定時のA工業につき、債務超過でありかつ支払不能状態であったことを包含した認定判断をしていることを理解することができる。

(4)　相殺権との関係における最高裁判例の理解の誤り

　相殺権との関係を議論する第2意見書の意見の根本的な欠陥は、被告が被担保債権を自働債権、本件定期預金債権を受働債権とする相殺権を有していたことを所与のものとして議論を始める（第2意見書4～5頁）ところにある。

　すなわち、第2意見書は、本件における最重要の問題が、「被告は、平成13年9月28日にA工業に対して負担することになった本件定期預金債務を受働債権とする相殺をすることが許されるのか」というところに存することを見落としている。したがって、第2意見書は、「本件質権設定行為は単に相殺権（つまり、被告が本件定期預金債権から被担保債権の優先的満足を受ける地位）を上塗りしたものにほかなら（ない）」と結論付けるの

である（第2意見書6頁）が、これこそトートロジーというものである。

原告は、相殺可能性を議論する第1意見書（D意見書）が誤っているゆえんにつき、平成20年11月7日付け準備書面(1)の第3の1ないし4（12～18頁）に詳述したので、参照されたい。ここでは繰り返さない。

注目すべきは、第2意見書が自らの意見を補強する目的で引用する最1小判平成9・12・18民集51巻10号4210頁である。同最高裁判例は、その事実関係が本件の事実関係と酷似する（ただし、後述するとおり、本件の被告の行為の方がより詐害性が高い。）ものであって、本件質権設定行為の故意否認対象性を補強する判例というべきである。

最1小判平成9・12・18（以下「参照最高裁判例」という。）と本件の各事実関係を図によって対照させると、下記のとおりである。

[図1] 参照最高裁判例

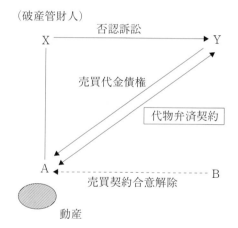

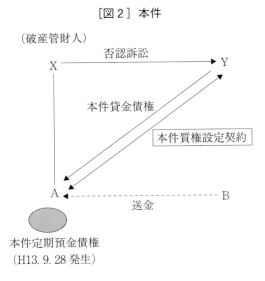

　すなわち、参照最高裁判例における「動産」が本件では「本件定期預金債権」となり、参照最高裁判例における「代物弁済契約」が本件では「本件質権設定契約」となるのである。支払停止後の事案であった参照最高裁判例は適用条文が破産法72条4号となるが、前記(2)のような危機的状況にあった本件においては適用条文が同条1号となる点に相違が生ずるだけのことである。
　そして、2つの事案を対照させた場合に、大きな相違点として指摘することができるのは、参照最高裁判例の場合には、YがAに対してもともと動産売買の先取特権という担保権を有していたのであるが、本件の場合には、被告がもともと本件質権設定契約の対象となった本件定期預金債務を負担していたのではなく（すなわち、保護すべき相殺期待権が被告にはない。）、A工業が危機的状況に陥った後の平成13年9月28日に至って初めてBから送金させることによって作出したものであるという点である。すなわち、両者を比較することによって、被告の方が参照最高裁判例のYよりも詐害性の強度な行為に出ていることが浮かび上がるのである。原判決が本件質権設定行為を旧破産法72条1号による否認の対象になるとしたのは、参照最高裁判例との比較の観点からしても当然ということができる。
　第2意見書の参照最高裁判例へのアプローチは、的外れなものというほかない。

Appendix―文書例― 415

3 否認権の消滅時効期間の始期に関する原判決の判断に対する非難の誤り

(1) 原判決を正解しないでする非難であること

　第2意見書は、「確かに、原判決がいうように、本件は現行の民事再生法252条2項が適用される事案でない。」と明言する（第2意見書7頁）。この点は、被告の従前からの主張が誤っていることを指摘するものであり、評価することができる。

　しかし、第2意見書は、原判決が否認権の消滅時効期間の始期について法律判断をしていないものと理解して、原判決のこの点の判断を非難する（第2意見書7頁）が、これまた原判決を正解しないでする非難であり、的外れである。

　なぜなら、原判決は、「上記各規定の施行日前においては、民事再生法252条2項と同趣旨の規定は存在せず、旧破産法85条前段に破産法176条前段と同旨の規定が置かれているにすぎなかった。そうすると、規定上、民事再生手続が先行した牽連破産の場合であっても、破産宣告の日から2年間は否認権を行使することができるものと解される。」と判示して、明確に法律判断をしているからである（原判決34〜35頁）。

　第2意見書の非難する原判決の判示部分（「この規定の施行日前において、同様の解釈、運用が定着していたことを認めるに足りる証拠はない。」との部分）は、再生法附則2条8項の規定にいう「従前の例」というべき慣習ないし慣習法が改正法施行日前に存在していたかどうかを念のために検討し判断するものである。すなわち、「なお従前の例による」という経過規定は、改正法の施行直前の法律制度をそのまま凍結した状態で適用するとの趣旨をいう立法技術である（法制執務研究会編・新訂ワークブック法制執務332〜336頁）から、原判決は、改正法の施行直前の解釈・運用の定着状況にも目配りをしたのであって、何ら非難されるべき判示ではない。改正法の施行直前の民事再生手続と破産手続の解釈・運用の実際において、再生手続から破産手続へ移行した場合に、破産宣告の日から2年間は否認権を行使することができるものとされていたのに、手続に参加する当事者の期待を裏切り、別の解釈をして法適用をすることは許されないのである。

　改正前においては、牽連破産の場合であっても、破産宣告の日から2年間は否認権を行使することができるものとして運用されていたことは、原審において指摘したとおりであるが、改正法の立法担当者も、「旧倒産法制における牽連破産では、否認権の行使期間については、特段の手当てがなく、否認権は破産宣告の日から2年間行使しないときは時効によって消

減する旨を定める旧破産法85条前段が適用されることとなっている。」と説明する（全国倒産処理弁護士ネットワーク編・論点解説新破産法（下）216頁［菅家忠行］）。原判決に非難されるべき点はない。

(2)　否認権の消滅時効との関係における最高裁判例の理解の誤り

第2意見書は、最3小判昭和61・4・8民集40巻3号541頁を引用して、「先行する倒産処理手続と移行後の破産手続を一体的なものと見る思想は、平成16年改正前においても最高裁判例上承認されたものであった」と主張し（第2意見書9頁）、自らの意見の支えにしようとするが、これまた的外れである。

なぜなら、最3小判昭和61・4・8の判断事項は、本件とは何ら関係がないからである。同最高裁判例が判断したのは、「和議債権者が債務者の支払停止又は和議申立てのあったことを知りながら負担した債務を受働債権とする相殺が和議法5条の準用する破産法104条2号の適用によって（換言すると、破産法104条2号ただし書に規定する事由がないために）効力を生じない場合は、その後和議手続が破産手続に移行したからといって、同債務負担の原因が破産宣告時より1年前に生じたことになるときであっても（同法104条2号ただし書に規定する事由があるものとして）、当該相殺が効力を生じることにはならない。」というものである。

すなわち、和議法5条の準用する破産法104条2号の相殺禁止条項に当たる相殺は当然に無効であり、この点に争いはないところ（門口正人・最高裁判所判例解説民事篇（昭和61年度）214頁）、同最高裁判例は、たまたま和議手続に時間がかかりその末に破産手続に移行したからといって、当然無効の効果が覆ることはないと判断したのである。

第2意見書は、同最高裁判例の「和議手続と破産手続とを継続した一体のものとして把握し」との説示部分のみに目を奪われて、「先行する倒産処理手続と移行後の破産手続を一体的なものと見る思想は、平成16年改正前においても最高裁判例上承認されたものであった」と主張するが、同最高裁判例は、その説示部分の直前に「同号（旧破産法104条2号の相殺禁止条項）との関係においては」と、注意深く限定を付するのを忘れていないのである。そして、同最高裁判例は、第2意見書の引用に係る説示部分の直後に、「このように解しても、同号但し書の前記定めが意図する取引の安全の保護に欠けることとなるものではないというべきである。」と述べて、この結論を採る実質的理由を明らかにしている。

結局、第2意見書のこの点の意見は、同最高裁判例の説示部分の一部の表面をなぞっただけのものにすぎず、否認権の消滅時効期間についての解

決に意味のある示唆を与えるものとはいえない。

【おわりに】

　以上の次第で、被告準備書面2・3及び被告準備書面3の依拠する第2意見書は、大筋において従前の主張を繰り返すものにすぎず、事実論・法律論の双方において根拠のないものというほかない。

　当準備書面は、その性質上、新しい事実を持ち出すものではなく、念のために被告の主張の誤りを整理して明らかにするものである。

以上

4　控訴理由書──路木ダム事件

　Appendix5の控訴理由書は、熊本県の住民（Ｘら）が、路木ダム建設事業の整備計画等（以下「本件整備計画等」といいます。）は治水及び利水の必要を欠いていて違法であるから、同事業に係る公金の支出等も違法であると主張して、同県の執行機関である知事（Ｙ）に対し、㋐　地方自治法242条の2第1項1号に基づいて本件支出等の差止めを求めるとともに、㋑　同項4号本文に基づいて同知事個人に対して約20億円の損害賠償請求をすることを求めた事件におけるＹの控訴理由書です。

　第一審判決（熊本地判平成26・2・28LLI/DB判例秘書L06950112）は、上記㋐の差止請求のうち、第一審の口頭弁論終結日までに終了した部分につき不適法として却下しましたが、本件整備計画等は治水面において違法であるとし、判決確定時後の部分につき認容し、同㋑の損害賠償請求については棄却しました。そこで、Ｙが差止請求の敗訴部分を不服として控訴し、Ｘらが損害賠償請求部分を不服として附帯控訴しました。

　Ｙが控訴理由書において主に取り上げたのは、①　本件支出等の財務会計法規上の違法と先行行為の違法との関係、②　Ｘらが先行行為と主張する本件整備計画等に治水面における違法があるかどうか等についてです。控訴理由書は88頁にもわたる大部なものであるため、本書には目次と【理由要旨】とを収録

することにしました。要旨の整理の仕方等の参考になることを期待しています。

控訴審判決（福岡高判平成28・4・25LLI/DB 判例秘書 L07120173）は、上記①の争点につき、普通地方公共団体の職員の財務会計上の行為をとらえて損害賠償の請求をすることができるのは、財務会計上の行為に先行する行為に違法事由が存する場合であっても、その先行行為を前提としてされた当該職員の財務会計法規上の義務に違反する違法なものであるときに限られると判断し[1]、同②の争点につき、河川法は河川に関する整備計画内容の形成を河川管理者の広範な技術裁量にゆだねていると解するのが相当であるとした上、Xらの主張するいずれの先行行為にも予算の適正確保の見地から看過し得ない瑕疵が存するとはいえないとして、Yの控訴に基づき上記(ア)の一部認容部分を取り消してその部分に関する訴えを却下し、Xらの附帯控訴をいずれも棄却する判決をしました。Xらは上告及び上告受理申立てをしましたが、平成29年2月21日の上告棄却決定及び不受理決定により、この控訴審判決が確定しました。控訴審判決の評釈として、伊藤智基・新・判例解説 watch（法セミ増刊）20号305頁があります。

Appendix5　控訴理由書

平成26年(行コ)第17号県営路木ダム事業に係る公金支出差止等請求控訴事件
控訴人　　熊本県知事蒲島郁夫
控訴人補助参加人　　天草市
被控訴人　中田統外25名

控訴理由書

---

(1)　最3小判平成4・12・15民集46巻9号2753頁に依拠した判断です。

平成26年5月2日

福岡高等裁判所第4民事部　御中

控訴人訴訟代理人弁護士　　田　中　　　豊
同　　　　　　　　　　　　松　井　　　仁
同　　　　　　　　　　　　住　野　武　史
同　　　　　　　　　　　　中　野　雅　也
控訴人指定代理人熊本県職員　持　田　　　浩
同　　　　　　　　　　　　村　上　義　幸
同　　　　　　　　　　　　村　上　　　徹
同　　　　　　　　　　　　古　城　和　人
同　　　　　　　　　　　　福　田　博　文
同　　　　　　　　　　　　渡　邉　真　也
同　　　　　　　　　　　　古　閑　瑞　樹

目　次

【理由要旨】……………………………………………………………………… 5
1　はじめに……………………………………………………………………… 5
2　事案の概要…………………………………………………………………… 6
3　原判決の判断とその誤りの概要…………………………………………… 8
　(1)　住民監査請求の有無（争点①）に係る原判決の判断とその誤り ……… 8
　(2)　本件整備計画等の違法と控訴人の財務会計上の行為の違法との関係
　　　（争点②）に係る原判決の判断とその誤り………………………………… 8
　(3)　本件整備計画等の違法の瑕疵の有無（争点③）に係る原判決の判断と
　　　その誤り……………………………………………………………………… 11
　　ア　本件整備計画等の違法性の判断枠組みについての問題点……………… 11
　　イ　過去の洪水被害状況に関する事実認定の誤りと治水の必要性の観点に
　　　　おける判断の誤り………………………………………………………… 12
　　ウ　本件破堤氾濫被害想定に関する事実認定の誤りと治水の必要性の観点
　　　　における判断の誤り……………………………………………………… 14
　　エ　続行決定の合理性についての判断の遺漏………………………………… 15
4　結語…………………………………………………………………………… 16
【理　由】………………………………………………………………………… 16

第1	住民監査請求の有無に係る法律判断の誤り………………………… 16
	1　はじめに……………………………………………………………… 16
	2　本件監査請求が時的因子と確定金額とによって特定されたものであること…………………………………………………………………… 17
	3　平成22年度以降の公金支出の後続を理由とする判断の誤り………… 19
	4　監査請求者の意思に反する結果を招来すること…………………… 20
	5　結語…………………………………………………………………… 21
第2	本件整備計画等の違法と控訴人の財務会計上の行為の違法との関係に係る法律判断の誤り…………………………………………………… 22
	1　原判決の判断………………………………………………………… 22
	⑴　財務会計法規上違法の場合に限られること……………………… 22
	⑵　原因行為と財務会計上の行為の権限者が同一である場合……… 22
	2　原判決の法律判断の誤り1── 一般論の誤り……………………… 23
	⑴　原因行為と財務会計上の行為の権限者が同一であることと両行為の違法性如何とは直接の関係がないこと………………………… 23
	⑵　財務会計上の行為の違法性の判断枠組み………………………… 24
	⑶　原判決の判断の誤り……………………………………………… 25
	3　原判決の法律判断の誤り2──原因行為のとらえ方の誤り………… 25
	⑴　原判決の理由不備………………………………………………… 25
	⑵　原判決の理由齟齬………………………………………………… 26
	⑶　控訴人のする財務会計上の行為の原因行為…………………… 29
	4　原判決の法律判断の誤り3──本件事業着手後の予算執行を含む重要事実を全く考慮しない誤り………………………………………… 29
	⑴　平成5年以降の本件事業の進展………………………………… 29
	⑵　原判決の誤り……………………………………………………… 30
	5　原判決の法律判断の誤り4── 3つの誤りを集積させた誤り………… 31
	⑴　原判決の論理とその欠陥………………………………………… 31
	⑵　あるべき判決の論理とその結論………………………………… 31
第3	河川管理者としての行為に係る認定判断の誤り…………………… 33
	1　はじめに……………………………………………………………… 33
	2　行政庁のする裁量判断に関する司法審査の方法…………………… 33
	⑴　原判決の提示した司法審査の方法……………………………… 33
	⑵　原判決の具体的な審査方法の誤り……………………………… 35
	⑶　本件事業に係る審査密度の高低について……………………… 36
	⑷　小括………………………………………………………………… 39

3	過去の洪水被害事実の存在について	………	39
(1)	原判決の問題点	………	39
(2)	河川整備計画における過去の洪水被害の位置付け	……	40
(3)	路木川の地理的条件からくる治水対策の必要性の存在	……	42
(4)	路木集落における過去の洪水被害事実の存在	……	43
(5)	昭和57年7月に洪水被害が発生したこと	……	46
(6)	水位情報周知河川の指定を行っていない理由について	…	54
(7)	豪雨による洪水の危険性は将来ますます増大すること	…	55
(8)	まとめ	………	56
4	本件計画規模（本件治水安全度）を前提とした路木ダム建設の必要性		
	——本件破堤氾濫被害想定の合理性について	……	57
(1)	はじめに（原判決の問題点）	……	57
(2)	本件マニュアルの意義	……	59
(3)	本件破堤想定の合理性について	……	62
(4)	本件氾濫想定の合理性について	……	76
(5)	まとめ	………	79
5	控訴人のした本件事業続行決定の合理性	……	80
(1)	はじめに	………	80
(2)	続行決定における各検討項目	……	81
(3)	本件事業続行判断の合理性	……	87
第4	結　論	………	88

【理由要旨】

1　はじめに

　　熊本県知事である控訴人は、「県民幸福量の最大化」を常に念頭に置いて熊本県の行政に当たっている[1]。本件のテーマである治水・利水目的のダム建設事業についても、控訴人はダム建設ありきの立場に立っているわけではない。ダム建設事業については、既に建設事業に着手したものであっても、そのまま計画を推進すべきであるか計画を撤回してその他の治水・利水の方法を追求す

---

[1]　この発想の源泉は、「君主は己れ自身を立派に世話をせんがためでなく、また彼を選んだ者たちが彼によって仕合せとならんがために、選ばれるのであるからである。」というソクラテスの言葉にある。クセノフォーン『ソークラテースの思い出』（岩波書店、1953年）120頁を参照。

べきであるかにつき、一度立ち止まって慎重な検討手続をふみ、県知事の有する裁量権の範囲内で「県民幸福量の最大化」を目指して最善と考えられる決断（行政上の決定）をしてきた[2]。

　例えば、川辺川ダム建設事業についてみると、有識者会議（ダム建設と利害関係のない専門家による客観的な立場からの意見を聴取するための会議）、現地での住民集会、文書による県民からの意見の集約、県議会における議論といった数多くのチャンネルによる検討手続をふみ、平成20年9月11日、川辺川ダム建設計画を白紙撤回した。そのほかにも、五木ダムに係る各建設事業を中止した。また、昭和30年に球磨川に発電用に建設された荒瀬ダムについては、平成22年2月3日、これを撤去する決定をした。

　このように、控訴人は、各ダム建設事業につき、治水、利水、財政、環境という多面的な観点から検証した上で事業を継続するかどうかを決定してきたのであるが、本件における路木川（熊本県天草市河浦町を流れる二級河川）河川総合開発事業路木ダム建設事業（以下「本件事業」という。）についても、全く同様である。

　すなわち、本件事業は、平成5年に国の採択を受け、総事業費90億円で建設事業に着手したのである（原判決13頁、乙2）が、後述するとおり、控訴人は、本件事業につき、改めて、熊本県公共事業再評価監視委員会による再評価を求め、平成20年12月4日にその意見を徴し（原判決22～24頁）、また、本件事業の費用対効果分析につき、その専門業者であるA株式会社を受託者として、資料収集・整理を委託し、平成21年3月にその報告書の提出を受け（原判決28～35頁）、さらに、同年4月2日、副知事に対して治水、利水、財政、環境という4つの観点から検証及び確認することを指示し、同年6月に全庁挙げての確認作業結果の報告を受けた上で、同年6月3日、その継続を決定した（原判決41頁）のであり、河川管理者としての裁量権の範囲を逸脱し又はこれを濫用した違法があるということはできないし、財務会計上の行為をする権限者としての裁量権の範囲を逸脱し又はこれを濫用した違法があるということもできない。

　原判決は、後記2の争点③イの(イ)、(ウ)及び同④についての認定判断を除き、

---

(2)　法律の観点からすれば、これを、地方自治法2条14項は「地方公共団体は、その事務を処理するに当たっては、住民の福祉の増進に努めるとともに、最少の経費で最大の効果を挙げるようにしなければならない。」と規定し、地方財政法4条1項は「地方公共団体の経費は、その目的を達成するための必要且つ最少の限度をこえて、これを支出してはならない。」と規定しているのである。

法律論と事実論との双方にわたって数多くの誤りを犯し、控訴人の財務会計上の行為をする権限の行使に違法があるとの誤った結論を導いたものである（後記【理由】に詳述する。）。

2　事案の概要

　本件は、本件事業につき、熊本県の住民である被控訴人らが同事業に係る公金支出等は違法であると主張して、同県の知事の職にある控訴人に対し、(1)地方自治法242条の2第1項1号に基づき、上記の公金支出等の差止めを求める（以下「本件(1)請求」という。）とともに、(2)同項4号本文に基づき、控訴人に対して不法行為による損害賠償請求をするよう求める（以下「本件(2)請求」という。）住民訴訟である。

　本件の原審における争点は、以下の4点に整理することができる。

① 被控訴人らにおいて平成21年5月19日に下記のとおり特定してした住民監査請求（以下「本件監査請求」という。）は、平成22年度以降の公金の支出をも監査の対象とするものということができるか。

記

「1　熊本県知事は、平成20年6月6日から同21年4月10日までの間に県営路木ダム事業に支出した246,002,328円を熊本県に返還せよ。

2　熊本県知事は、平成21年度の路木ダム事業費700,000,000円の支出を行ってはならない。」

② 平成12年7月に定められた「路木川河川整備基本方針」（以下「本件基本方針」という。）及び平成13年1月に定められた「路木川河川整備計画」（以下「本件整備計画」といい、本件基本方針と併せて「本件整備計画等」という。）に河川法上違法の瑕疵が存するものと仮定した場合に、本件事業に係る控訴人の財務会計上の行為（支出負担行為及び支出命令）は、財務会計法規上違法な行為というべきであるか。

③ 本件整備計画等に河川法上違法の瑕疵が存するか。

　ア　本件整備計画等の違法性の判断枠組み如何

　イ　アの判断枠組みに照らし、(ｱ) 路木ダムに治水の観点からの必要性があるか、(ｲ) 路木ダムに利水の観点からの必要性があるか、(ｳ) 本件整備計画等に生物多様性条約との関係において違法の瑕疵が存するか。

④ 本件事業に係る平成20年度ないし同25年度（ただし、同年10月31日まで）における財務会計上の行為（支出負担行為及び支出命令）をするに当たり、控訴人は本件整備計画等に違法の瑕疵が存することを認識していたか（故意が存するか）、又はそれを認識することが可能であったか（過失が存するか）。

3 原判決の判断とその誤りの概要

(1) 住民監査請求の有無（争点①）に係る原判決の判断とその誤り

原判決は、本件監査請求が前記２、①のとおりのものであることを確定しながら、平成22年度以降の公金支出をも含めて監査の対象とするものであったと判断した（原判決85頁）。

しかし、前記２、①のとおり、本件監査請求は、本件監査請求１の請求の及ぶ範囲につき、時的因子によって「平成20年６月６日から同21年４月10日までの間に」と特定し、かつ確定金額によって「246,002,328円」と特定してしたものであり、本件監査請求２の請求の及ぶ範囲につき、時的因子によって「平成21年度の」と特定し、かつ確定金額によって「700,000,000円」と特定してしたものである。したがって、本件監査請求が平成22年度以降の公金の支出をも監査の対象とするものでないことは明らかである。

原判決の上記判断は、住民監査請求の特定という法律問題につき、極めて初歩的な誤りを犯したものというべきである。

(2) 本件整備計画等の違法と控訴人の財務会計上の行為の違法との関係（争点②）に係る原判決の判断とその誤り

原判決は、本件整備計画等が違法である場合には、控訴人において同計画等を変更し、本件事業を変更又は中止するなどしてこれを是正せずに、公金の支出を行うことは、財務会計法規上の義務に違反する違法な財務会計上の行為というべきであると判断した（原判決86頁）。

原判決のこの判断には、その性質によって分類すると、４つの大きな誤りが含まれている。

第一に、この判断の前提とする一般論（すなわち、権限者が同一である場合において原因行為が違法であるときは、原因行為の違法を是正しない限り、財務会計上の行為も違法であるとする考え方）が誤っている。

第二に、控訴人の財務会計上の行為に先行する原因行為が平成12年ないし同13年に定められた本件整備計画等であるとする点が誤っている。

第三に、本件事業が国によって採択された平成５年から平成21年までの16年にも上る時間の経過を全く考慮せず、この間における本件事業の進展、そのための費用の支出、本件事業の再評価等の重要な事実を無視した点が誤っている。

第四に、第一から第三までの誤りを集積させた結果、本件整備計画等の違法を控訴人の財務会計上の行為の違法に直結させた点が誤っている。

後に詳述するが、ここに上記の４つの誤りを簡潔に整理しておく。

第一に、権限者が同一であるかどうかにかかわらず、先行する原因行為の

違法がそれ自体で財務会計上の行為の違法をもたらすという関係にあるわけではないから、原判決は、既にその前提において誤っている。

　第二に、前記１のとおり、控訴人は、本件事業につき、改めて平成20年12月に熊本県公共事業再評価監視委員会の再評価意見を徴し、平成21年３月に本件事業の費用対効果分析について専門業者の報告を受け、さらに同年６月に全庁挙げての確認作業の報告を受けるなどの慎重な検討を尽くした上で、同年６月３日、その継続を決定したのであるから、控訴人の財務会計上の行為に先行する原因行為として位置付けるべきは、同年６月３日の本件事業継続決定である。そもそも、本件整備計画等は本件事業のみをその対象とするものではないし、９年も遡った時点で作成された本件整備計画等をもっていわゆる原因行為として位置付けるのは的外れである。

　第三に、前記１のとおり、本件事業は、平成５年に総事業費90億円で建設事業に着手していたのであり、当然のことながら、本件整備計画等の策定以降もそのまま静止していたわけではない。すなわち、平成21年６月３日時点で、計画総事業費90億円のうち約37億円が執行済みであり、残事業費約53億円のうち熊本県が実際に負担すべき額が約11億円であったこと、執行済み事業費のうち約31億円を熊本県において執行したものであるが、そのうち国から補助金約15億5000万円を受領していたところ、本件事業を中止することにするのであれば、受領した補助金全額を返納する義務が発生することになり、本事業を継続する場合の熊本県の実負担額約11億円を大幅に上回ることが明らかになっていたのである（乙２）。同日の本件事業継続決定は、平成５年以降の過去16年間にわたる本件事業の進展、そのための費用の支出、第三者である熊本県公共事業再評価委員会が３回にわたってした再評価等の重要な事実を考慮要素として組み込んだ上での決断であったのである。

　しかし、原判決は、あたかも本件事業が本件整備計画等の策定以降そのまま静止していたかのように扱い、昭和57年７月の豪雨の際に路木集落に浸水被害が生じたかどうか、破堤氾濫被害想定に誤りがあるのかどうかといった事実認定上の争点のみに目を奪われ（しかも、後述するとおり、これらの点の事実認定自体も、事実認定の基本を踏み外したものであって、採証法則違反、経験則違反の違法がある。）、視野狭窄に陥った判断をしたものである。

　第四に、先行する原因行為の違法がそれ自体で財務会計上の行為の違法をもたらすという関係にあるわけではないのに、原判決は、「昭和57年７月豪雨による路木集落での浸水被害は発生せず、かつ本件破堤氾濫被害想定に誤りがある」→「本件整備計画等は重要な事実の基礎を欠くから、本件整備計画等の策定に県知事の裁量権の範囲の逸脱又は濫用あり」→「県知事の財務

会計上の行為は、財務会計法規上の是正義務に違反するものとして違法」という極めて単純で直線的な論理で結論を導いたのである。

しかし、上記第一のとおり、先行する原因行為の違法がそれ自体で財務会計上の行為の違法をもたらすという関係にあるわけではないこと、上記第二のとおり、控訴人の財務会計上の行為に先行する原因行為は平成21年6月3日の本件事業継続決定であって、9年も遡った本件整備計画等でないこと、上記第三のとおり、同日の本件事業継続決定が平成5年の建設事業着手以降16年間にわたる本件事業の進展、そのための費用の支出、本件事業について第三者によって3回にわたってされた再評価等の重要な事実を考慮した上で下されたことを正しく認識するときは、控訴人のした平成21年度以降の本件事業に係る財務会計上の行為に違法の瑕疵が存しないことは明らかである。

(3) **本件整備計画等の違法の瑕疵の有無（争点③）に係る原判決の判断とその誤り**

ア　本件整備計画等の違法性の判断枠組みについての問題点

原判決は、河川整備計画等の作成につき、河川法及び施行令の定める様々な考慮要素を総合的に考慮して、政策的・技術的見地から判断するものであるから、河川管理者の広範な裁量にゆだねられているとした上、裁判所が整備計画等の内容の適否を審査するに当たっては、㋐その基礎とされた重要な事実に誤認があること等により重要な事実の基礎を欠くこととなる場合、又は、㋑事実に対する評価が明らかに合理性を欠くこと、判断の過程において考慮すべき事情を考慮しないこと等によりその内容が社会通念に照らし著しく妥当性を欠くものと認められる場合に限り、裁量権の範囲を逸脱し又はこれを濫用したものとして違法となると判断した。

原判決のこの判断枠組みは、最1小判平成18・11・2民集60巻9号3249頁（小田急電鉄事件判決）が都市計画の決定等の内容の適否を審査するために採用した判断枠組みをそのまま河川整備計画等の内容の適否の司法審査の判断枠組みに流用したものである。

都市計画の決定等も河川整備計画等も、行政庁の裁量に属する事柄であるから、司法審査の方法としていわゆる裁量権濫用型の判断枠組みを採用すること[3]は、大筋において正しいものと思われる。

しかし、都市計画の決定等と河川整備計画等の策定との間には、計画の範

---

(3)　行政庁の裁量判断の実体的適法性に関する司法審査の方法として、裁量権濫用型、実体的判断代置型、中間密度型の3つの類型が存することにつき、森英明『最高裁判所判例解説民事篇平成18年度（下）』（法曹会、平成21年）1157～1159頁を参照。

囲内に居住する住民の権利利益に対する影響の有無・程度等様々な点に相違があるから、その適用に当たっては、河川整備計画等の作成に際して検討すべき数多くの考慮要素の専門性・技術性・政策性に十分に配慮することが必要である。

イ　過去の洪水被害状況に関する事実認定の誤りと治水の必要性の観点における判断の誤り

原判決は、本件整備計画等においては過去の水害被害（とりわけ昭和57年7月豪雨）が重要な根拠になっていたにもかかわらず、証拠に照らすと昭和57年7月豪雨によって路木集落における家屋の浸水被害は発生しなかったことが明らかであると断定し、したがって、本件整備計画等には重大な事実誤認があり、違法であると結論付けている（原判決90～94頁）。

しかしながら、そもそも、本件公金支出行為の原因行為は、上述のとおり平成21年6月の本件ダム建設事業続行決定とみるべきであるから、当該続行決定において治水の必要性の確認が適切であったかどうかが問題となるべきである。そして、本件事業（原判決が検討対象とした本件整備計画等を含めて）は、路木川の氾濫による過去の被害として昭和57年7月豪雨によるもののみを前提として計画されたわけではなく、それ以外の時期における過去の豪雨（例えば、昭和46年豪雨）による被害等をも前提としていたのであり（その趣旨を明らかにするために、本件基本方針（乙13）及び本件整備計画（乙14）のいずれもが治水対策に関する記述において「昭和57年7月等の豪雨による洪水」と表現している）、前記1のとおり、控訴人が知事に就任した後である平成20年の再評価監視委員会の意見及び平成21年の熊本県全庁挙げての確認作業においても、過去の洪水被害の存在が確認されるとともに、将来の洪水被害を防止するためには、本件事業が必要であることが確認されたのである。したがって、本件整備計画等においても、続行決定においても、何ら事実誤認はない。

さらに、原判決が、昭和57年7月豪雨による浸水被害がなかったと断定している点も誤りである。原判決は、旧河浦町の町長に対するインタビューをテレビ番組用に編集されたDVDを証拠（甲112の1・2）として採用した上、一定の意図に基づいてテレビ番組用に編集されてしまっているインタビューの片言隻句に全面的に依拠して心証を形成しており、中立公平な審判者のすべき事実認定の基本を大きく踏み外したものといわざるを得ない。他方で、昭和57年7月豪雨による水害に言及する旧牛深市及び旧河浦町の陳情書（乙3ないし5）や、天草市による路木集落住民に対する聞き取り調査（乙6）等、より直接的な証拠資料の存在を無視又は軽視した上で、昭和57年7

月豪雨による浸水被害がなかったと断定しており、その認定が採証法則や経験則に違反することは明らかである。

このように、原審が、昭和57年7月豪雨による人家への被害の有無とその程度とに視野を狭窄させて本件の審理に臨み、しかも、この点についての誤った事実認定に基づいて本件整備計画等の違法性如何の判断をし、さらにそれを本件公金支出の違法性へと直接結び付けるという経路を辿ったことが、原判決の結論を誤らせた根本原因というべきである。

ウ　本件破堤氾濫被害想定に関する事実認定の誤りと治水の必要性の観点における判断の誤り

原判決は、本件計画規模（概ね30年に1回発生する規模の大洪水から防御することを目標とする計画のこと。原判決16頁）を前提としても、熊本県のした破堤氾濫被害想定には明白な事実誤認があり、本件整備計画等の内容が社会通念に照らし著しく妥当性を欠くとして、本件整備計画等が違法であるとの結論を導いている（原判決109頁）。

しかし、そもそも、破堤氾濫被害想定（氾濫シミュレーション）は、治水事業の経済的効果の一部を評価するための費用対効果分析における手順の一部にすぎず（甲19）、これらの想定に誤りがあったとしても、当然に当該事業計画の違法を導くものではない。

また、平成20年ないし同21年にした再評価作業における本件破堤氾濫被害想定に誤りがあることが後に判明したとしても、平成12年ないし同13年に定められた本件整備計画等が違法となるわけでないことは当然である。原判決は、本件破堤氾濫被害想定に誤りがあるとし、それを理由にして8年も遡った時点で作成された本件整備計画等に違法の瑕疵があるとの結論を導くのであるが、このような論理が本末を転倒したもので誤っていることは多言を要しない。

そもそも、河川法及び同法施行令は、河川整備計画等の策定に当たり、その内容が経済的に合理的であることを求めているが、治水経済調査マニュアル（案）の費用対効果分析をすることを求めるものではない。原判決は、本件整備計画等と治水経済調査マニュアル（案）との間のこのような関係を正確に理解しないままされたものである。

さらに、国土交通省の作成した「治水経済調査マニュアル（案）（平成17年4月）」（本件マニュアル、甲19）は、そこに明記されているとおり、治水施設の整備による便益として、「水害によって生じる直接的または間接的な資産被害を軽減することによって生じる可処分所得の増加」という考えられる便益のごく一部を算定するものにすぎず、「治水事業の全体を評価してい

るものでない」ことを正しく認識する必要がある。また、当然のことながら、マニュアルはどこまでいってもマニュアルなのであって、一定の条件を想定し、それを満たす場合の経済調査方法を提示するものであって、個別具体的条件を無視してこれに従うことを強制するものではない。

　ところが、原判決は、本件マニュアル及びこれについての国交省回答の文言に囚われるあまり、路木川及びその周辺の地形等の特殊性を考慮することを怠り、本件破堤氾濫被害想定に誤りがあると断じたものである。

　原判決は、治水の必要性という高度に専門的・技術的判断が必要な事項に関して、科学的経験則を持たない素人がマニュアルのみを頼りに認定に臨んだ結果、経験則に反する誤った認定をしたのである。

エ　続行決定の合理性についての判断の遺漏

　本件公金支出は、控訴人による平成21年6月の本件ダム事業続行決定が原因行為である。続行決定は、それまでの事業の進捗状況や、事業をめぐる社会経済情勢の変化、中止した場合の影響やコスト比較など、諸般の事情を考慮した上での判断なのであるから、平成12年ないし同13年の本件整備計画等の適法違法や当不当を検討するだけでは全く無意味である。

　控訴人は、平成21年4月に、本件ダム事業について治水・利水・財政・環境という4つの観点からの見直しを指示し、その時点で出来る限りの調査が行われた結果、本件ダム事業には、治水の必要性も利水の必要性も認められること、また、現時点で事業を中止するよりも続行した方が財政的にも負担が少ないこと、環境面でも問題がないこと等を総合的に勘案して、本件路木ダム事業を続行する決定をしたものである。

　その判断は、財務会計上の観点からしても最小の費用で最大の効果を挙げるという地方自治法及び地方財政法の理念にかなったものであり、控訴人の事業続行判断に何らの裁量権の逸脱も濫用も認められない。原判決は、単に本件整備計画や氾濫シミュレーションを論難することで司法審査の役割を果たすことができるものと誤解し、本来着目すべき、様々な要素を考慮して行なわなければならない事業続行判断の合理性について、何らの注意も払っていないのである。

4　結語

　上記3にその概要を説明したように、原判決の法律判断及び事実認定には数多くの基本的かつ重要な誤りがあり、それらの誤りが判決の結論を誤らせることになった。以下、原判決の犯した法律判断及び事実認定の誤りを、個別に詳述する。

5　上告受理申立て理由書──ビデオメイツ事件

　Appendix6の上告受理申立て理由書は、飲食店において著作権者の許諾を得ないでカラオケ演奏がされた場合に、当該飲食店の経営者が著作権侵害の不法行為責任を負うこと（クラブ・キャッツアイ事件判決、最3小判昭和63・3・15民集42巻3号199頁）を前提として、当該飲食店にカラオケ装置をリースしている業者もまた著作権侵害の責任を負うかどうか、負うとすればどのような場合であるかが争われた事件における著作権者による上告受理申立て理由書です。

　最高裁は、この上告受理申立て理由を容れ、リース業者にはカラオケ装置をリース先の飲食店に引き渡すに先立って当該飲食店の経営者が著作権者に対して音楽著作物利用許諾契約締結の申込みをしたことを確認すべき注意義務があるとした上、控訴審判決を破棄し、自判して、著作権者の請求を一部認容しました（最2小判平成13・3・2民集55巻2号185頁）。

　本事件はビデオメイツ事件と呼ばれており、控訴審判決である東京高判平成11・11・29（民集55巻2号266頁に収録）の評釈として田村善之・NBL694号14頁があり、上告審判決の解説として高部眞規子・最判解民事平成13年度（上）179頁があります。

Appendix6　上告受理申立て理由書

上告受理申立て理由書

申　　立　　人	社団法人日本音楽著作権協会
訴訟代理人弁護士	田　　中　　　　豊㊞
同	堀　井　敬　一㊞
同	藤　原　　　浩㊞
相　　手　　方	有限会社　　　Y

Appendix—文書例— 431

当事者間の東京高等裁判所平成11年（ネ受）第×号著作権侵害差止等請求上告
受理申立て事件について、次のとおり上告受理申立て理由を述べる。

上告受理申立ての理由

【はじめに】
1 　本件は、社交飲食店においてリースされたカラオケ装置が著作権者の許諾
　　を得ないで使用される場合に、当該飲食店の経営者が著作権侵害の不法行為
　　責任を負うことは当然の前提として（最3小判昭和63・3・15民集42巻3号
　　199頁参照）、当該飲食店にカラオケ装置をリースしている業者もまた著作権
　　侵害の不法行為責任を負うのではないか、負うとすればそれはどのような場
　　合においてであるかが争われたものである。
2 　原判決は、カラオケ装置リース業者の負うべき注意義務の内容について判
　　示した上で、これを本件に当てはめ、結局、相手方（被告、控訴人兼被控訴
　　人。以下「被告」という。）において本件各カラオケスナックの共同経営者で
　　ある A_1 及び同人の妻 A_2 が申立人（原告、控訴人兼被控訴人。以下「原告」
　　という。）の著作権を侵害しているとの理由でカラオケ装置の使用禁止等の
　　仮処分命令の執行を受けたことを認識しながらカラオケ装置を再度リースし
　　た行為のみを著作権侵害の幇助の共同不法行為に当たるものと判断した。
3 　しかし、以下に詳述するとおり、原判決の判断には判決に影響を及ぼすこ
　　とが明らかな不法行為における注意義務（民法709条）の解釈適用を誤った
　　違法があるから、原判決は破棄されるべきである。

第1 　原判決の判断
1 　カラオケ装置リース業者の負うべき注意義務の内容
　　　カラオケ装置リース業者の負うべき注意義務の内容についての原判決の判
　　断は、以下のとおりである（原判決36及び37頁、原判決の引用する第一審判
　　決59ないし61頁）。
　(1) 　カラオケスナック等の社交飲食店がカラオケ装置を使用する場合、著作
　　　権法附則14条の例外に当たらない可能性が一般的に高いのであるから、カ
　　　ラオケ装置が原告の著作権を侵害する危険のあるものである以上、このよ
　　　うな店舗にカラオケ装置をリースしようとする業者としては、この危険性
　　　を当然に知悉しているのであるから、リースの対象となっているカラオケ
　　　装置が著作権侵害の道具として使用されないよう配慮すべき一般的な注意

義務を負っている。

(2) ただし、(ア)リース契約それ自体が直接著作権侵害となるものではなく、また、(イ)リース契約の相手方である社交飲食店の経営者は、リース業者とは別個の独立した権利義務の主体であり、かつ、その者が、著作物使用許諾契約を原告との間で締結すべき法的義務の存在を了知したとすれば、原告との間で著作物使用許諾契約を締結することに格別の妨げがあるものとは認められないから、(ウ)リース業者としては、リース契約締結時に、リース契約の相手方である社交飲食店の経営者に対し、口頭又は書面により、著作物使用許諾契約を締結すべき法的義務のある旨を指導すれば、通常の場合、(1)の配慮義務を果たしたものというべきである。

(3) しかし、リース契約の相手方である社交飲食店の経営者が著作物使用許諾契約を締結しない可能性が相当程度予見できるような場合や、リース契約締結後も当該社交飲食店の経営者が未だ著作物使用許諾契約を締結していない可能性を疑わせるような特段の事情がある場合には、(2)の指導をすれば足りるというわけではなく、当該社交飲食店の経営者が著作物使用許諾契約を締結するのを確認するまでカラオケ装置を引き渡さないとか、引渡し後であればそれを引き揚げるなど著作権侵害を生じさせないような措置を講じなければならない。

2 被告に対する当てはめ

　1の注意義務の被告に対する当てはめについての原判決の判断は、以下のとおりである（原判決37及び38頁、原判決の引用する第一審判決61ないし66頁）。

(1) 被告は、A_1と本件リース契約を締結する際、リース契約の借主の責任で著作物使用許諾契約の締結につき対処されたい旨の注意記載のある契約書面を使用し、同人に対して口頭でも説明したことが認められる。

(2) (ア)本件リース契約の締結当時、A_1が原告と著作物使用許諾契約を締結する意思のないことを予見するに足りるだけの事情を被告が把握していたことを認めるに足りる証拠はなく、また、(イ)その後、A_1に告げられて同人及びA_2が著作権侵害を理由にカラオケ装置の使用禁止等の仮処分執行を受けたことを知るに至った平成7年6月9日ころまでの間、本件各カラオケスナックの共同経営者であるA_1及びA_2が著作物使用許諾契約を締結していない可能性を疑わせるような特段の事情があったことを認めるに足りる証拠はない。したがって、(ウ)本件リース契約の締結当時から平成7年6月9日ころまでの間においては、被告に注意義務違反はない。

(3)　しかし、㋐被告は、平成7年6月9日以降になって、A₁に告げられて同人及びA₂が著作権侵害を理由にカラオケ装置の使用禁止等の仮処分執行を受けたことを知り、同人らがそれまで原告との間で著作物使用許諾契約を全く締結していなかったことを認識するに至ったこと、及び㋑A₁が原告とのトラブルについては責任をもって解決し、迷惑をかけないと誓約したため、被告は、A₁に対し、新たにカラオケ装置をリースしたことがいずれも認められる。これによれば、㋒被告は、リース契約後に契約の相手方が原告との著作物使用許諾契約を締結していないことを疑わせる特段の事情があり、A₁及びA₂がその後も著作物使用許諾契約を締結しない可能性があることは十分に予見できたというべきであるから、漫然とA₁の述べるところを軽信し、著作権侵害が生じないような措置を特に採ることなく、漫然とカラオケ装置を再度リースした被告の行為には注意義務違反が認められる。

(4)　以上によると、被告は、A₁及びA₂に新たなカラオケ装置をリースした平成7年9月ころ以降同人らと共同して原告の著作権を侵害してきたものである。

第2　カラオケ装置リース業者の負うべき注意義務

第1の1の原判決の判断のうち、(1)は正しいが、(2)は誤っている。

原判決がこのように判断を誤ったのは、本件のような態様による著作権侵害の問題の深刻さの実態を直視することをせず、カラオケ装置のリース業者が負うべき注意義務をコピー機等の機器のリース業者が負うべき注意義務と同列のものととらえているところに直接の原因がある。不法行為における注意義務の設定に関するこれまでの判例及び学説の到達点を正しく理解すれば、原判決のこの点についての判断が誤ったものであることは明らかである。

以下、順次検討することとする。

1　リース業者によるカラオケ装置の提供の意味及びリース業者に故意による著作権侵害の不法行為が成立する場合

社交飲食店の経営者が原告の許諾を受けずにカラオケ装置（カラオケ用楽曲ソフトを含む。）を使用して原告の管理著作物を再生し、客又は店の従業員に歌唱させることは、故意による著作権侵害の不法行為に当たる。前掲最3小判昭和63・3・15は、著作権法附則14条の存在のゆえに、歌唱に着目し

て社交飲食店経営者の著作権侵害を認めたのであるが、その後の科学技術、特にデジタル化の著しい進展を反映して、本件当時のカラオケ装置が著作権法施行令附則3条1号にいう「客に音楽を鑑賞させるための特別の設備」に当たることとなったため、カラオケ伴奏音楽の再生についても著作権侵害を認めることに異論がない（なお、著作権法附則14条は、平成11年12月31日をもって廃止された。）。

　リース契約を締結して、同契約に基づきカラオケ装置を社交飲食店の経営者に提供するリース業者の行為は、客観的には著作権侵害のための道具を提供するという性質の行為（幇助行為）である。

　したがって、リース業者において、社交飲食店の経営者が無許諾のままその営業にカラオケ装置を使用することを認識しながら、リース契約に基づきカラオケ装置を提供して、著作権侵害の結果を招来した場合には、故意による幇助の不法行為責任を負う。大阪高判平成9・2・27判時1624号131頁（いわゆる魅留来事件高裁判決）は、この理を正面から認めたものであるが、原判決も、前記**第1**の1の(1)の判断に照らし、これと同じ立場に立っているものと思われる。

　そうすると、実際には、リース業者が上記の認識をしていない場合に、過失による幇助の不法行為が成立するための要件として、リース業者の負うべき注意義務の内容が問題となる。

2　不法行為における注意義務の設定に関する基本原則

　不法行為における注意義務は、一般に、結果の発生を回避することが可能であり、かつ、その回避を義務付けることが社会的に相当である場合に認められるものと解されており、個別の注意義務の内容自体を定めた法令を必要とするものではない。

　また、注意義務の基準は、「抽象的過失」と呼ばれるものであって、行為者の個人的能力・技量等を基準とするのではなく、通常人の能力・技量等を基準として一般的・客観的に決定されるのであり、「善良な管理者の注意」と同一であるとされる。そして、ここでいう「通常人の能力」とは、職業・地位・地域等の要因によって類型化されたものである。健全な社会生活を営むために、お互いがそれぞれの活動の場において合理的に活動することを期待し、信頼するのであるから、注意義務の基準がそれぞれの活動の場に応じたものでなければならないのは当然である。

　そして、不法行為における注意義務の成立には、3つの要素——①　必要性（権利侵害の回避のためにある当事者にそのような注意義務を課する必要

があること）、②　実行可能性（権利侵害の回避のために実行可能であること）、③　利益考量（全体的立場からみて関係当事者の利益のバランスがとれていること）──が必要とされる。

　　以上は、現在の判例・学説がほぼ異論なく受け入れているところである（四宮和夫＝事務管理・不当利得・不法行為中巻334－338頁参照）。

３　リース業者の負うべき注意義務の設定に当たって考慮すべき要素

　　２の判例・学説の到達点を前提にすると、カラオケ装置リース業者の負うべき注意義務の内容を決定するためには、カラオケ装置のリース契約を取り巻く実際の状況に照らして、著作権侵害の結果を回避するために必要とされる行為（作為・不作為）であって、それを実行することがリース業者にとって可能であり、それをリース業者に要求しても関係当事者の利益のバランスを失することがないものを探求するという作業が必須となる。そこで、これらを順次検討することとする。

(1)　カラオケ装置のリース業務の独自性について

　　カラオケ装置リース業者の負うべき注意義務の内容を検討する前提として理解しておくべき最も重要でかつ基本的な点は、業務用カラオケ装置を社交飲食店にリースした場合において、社交飲食店経営者が原告の許諾を得ないまま当該カラオケ装置を使用するときは、当然に原告の著作権を侵害する結果を招来するという事実である。

　　業務用カラオケ装置とは、伴奏音楽を再生しこれに合わせてマイクロホンを使用して歌唱することのできる機能を有する機器と多数の楽曲の伴奏音楽及び歌詞の文字表示を収録したソフトとによって構成される装置をいい、収録された楽曲の中から社交飲食店等に来集する客に好みの楽曲を選ばせてその伴奏音楽及び歌詞の文字表示を再生し歌唱させることによって客を集め、これによって利益を収めることを目的として、社交飲食店等の店舗内に設置される営業設備である。現在普及している業務用カラオケ装置は、１万数千曲にも及ぶ伴奏音楽及び歌詞の文字表示を収録したソフトを内蔵しており、収録楽曲のタイトル・リスト（業務用カラオケ装置とともにリース業者から提供される。）から好みの楽曲を選んでそのコード番号を入力するという簡単な操作によって、選んだ楽曲の伴奏音楽及び歌詞の文字表示が自動的に再生される方式のものである（本件各カラオケスナックで使用された業務用カラオケ装置も、この方式のものである。）。そして、業務用カラオケ装置に収録されている楽曲は、このような使用目的に沿って、社交飲食店等に来集する客の好む歌謡曲、ロック、ジャズ、シャンソ

ン等のいわゆる軽音楽で構成されており、そのほとんどすべては邦楽・洋楽の別を問わず原告の管理著作物である（以上は公知の事実であり、もちろん当事者間に争いはない。）。

したがって、原告の許諾を得ないまま業務用カラオケ装置を稼働させるときは、自動的に原告の著作権を侵害する結果を招来することになるのである。これを事の実態に即して整理すると、「業務用カラオケ装置の使用は、原則として、原告の著作権（演奏権又は上映権）を侵害する不法行為となるが、原告の許諾を事前に得ていた場合のみがその例外となる。」ということになる。

業務用カラオケ装置をリースする業務と、例えば業務用コピー機をリースする業務とを比較してみると、著作権侵害の結果の発生する危険性がその性質及び程度において顕著に異なることがよく分かる。すなわち、コピー機を使用する場合には、これを業務用に使用するときであっても、自己の著作物を複写する、他人の著作物を法律上許された自由使用の範囲内で複写するなどの適法な使用が幅広く予定されているから、その使用に先立って特定の著作権者の許諾を得ておかないと、およそ適法に使用を開始することができないという事態になることはない。

これに対し、カラオケ装置を業務用に使用する場合には、その使用に先立って原告の許諾を得ておかない限り、その使用の開始から終了まで時々刻々原告の著作権侵害という結果を招来し、その使用のすべてが不法行為を構成することになるのである。

このように一口にリース業といっても、その扱う機械・装置の性質の相違を反映して、著作権侵害の結果が発生する危険性には質的な相違があるから、同一に論ずることはできないのである。カラオケ装置リース業者の負うべき注意義務の内容を検討するに当たり、この点を看過すると、正しい結論を導くことはできない。

前掲大阪高判平成9・2・27は、この点につき、「控訴人会社〔カラオケ装置リース業者〕は、自ら本件装置を操作するものではないが、被控訴人〔原告〕が管理する音楽著作物の上映権及び演奏権を侵害するおそれの極めて高い、業務用カラオケ装置をユーザーに提供することを内容とする、リース業務を日常的に反復継続する者」と判示して（判時1624号135頁）、正しい理解をしている。

これに対し、原判決は、「一般的にカラオケ装置が一審原告の著作権を侵害する危険があるとはいえても、その危険が極めて高いことまでを認めるに足りる証拠はない」と判示しており（原判決53及び54頁）、その判示

する内容自体が曖昧で判然としないことをひとまず置いても、誤った認識に立っていることを示しており、これが結論を誤る重要な原因になっている（この点は、更に後述する。）。

(2) 前記2の3つの要素——必要性、実行可能性、利益考量——について

① 必要性

著作権の侵害は、民事上、不法行為として損害賠償請求の対象となり（民法709条）、侵害の停止・予防請求又は侵害行為に供された機械の廃棄請求（著作権法112条1・2項）の対象となる行為であるばかりか、刑事上、3年以下の懲役又は300万円以下の罰金（同法119条）という法定刑の定められた犯罪行為であって、社会的非難可能性・違法性の高い行為である。

したがって、著作権侵害を未然に防ぐべしという法的要請は強いものがあり、特に、近時の知的財産権保護の国際的ハーモナイゼイションの観点からしても、著作権侵害の道具を提供し、そのことによって営業利益を挙げているカラオケ装置リース業者に対し、後記のような実行可能な侵害回避措置を採るべきことを要求する必要性は極めて高いものである。

② 実行可能性

カラオケ装置リース業者には、リース契約の各段階（締結準備—締結—履行—終了）において、著作権侵害の結果を回避するために格別の困難を伴うことなく採り得る方策が存在するという点である。

すなわち、リース業者においてリース契約の相手方である社交飲食店経営者に対し、カラオケ装置を適法に使用するためには原告との間で著作物使用許諾契約を締結する必要があることを指導し理解させることが実行可能であることは明らかである。

また、リース契約の相手方である社交飲食店経営者が原告との間で著作物使用許諾契約を締結したこと又は少なくともその申込みをしたことは、リース業者において音楽著作物利用許諾書又は許諾契約申込書の控えの提示を求めることによって又は当該店舗に許諾ステッカーが掲示されているかどうかを確認することによって容易に判明する（音楽著作物利用許諾書及び許諾契約申込書の控えについては別紙1の1、2を、許諾ステッカーについては別紙2を、それぞれ参照されたい。）し、原告に問い合わせることによっても容易に判明するのである。これらの方策は、いずれも、それをするためにリース業者において不相当な費用の支出を要することはないし、不相当な危険を冒す必要もなく、実行可能なもの

であることは明らかである。

③　利益考量

　　関係当事者は、原告、カラオケ装置リース業者及び社交飲食店経営者である。

　　著作権者である原告にとっては、カラオケ装置リース業者において②に挙げたような実行可能な方策を採ることにより著作権侵害を未然に予防することができ、又は著作権侵害の継続を防止することができれば、そのことによる利益は極めて大きい。

　　これに対し、カラオケ装置リース業者は、②に挙げたような実行可能な方策を採ることを要求されたからといって、その権利又は法律上保護された利益が侵害されることはない。カラオケ装置リース業者は、前述のとおり、客観的にみると著作権侵害の道具を提供するという業務を日常的に反復しているのであって、しかも、その業務はリースの目的とする装置の性質からして著作権侵害の結果が発生する危険の極めて高いものである上、音楽著作物の存在をその存立の基盤とし、これによって営業利益を得ているのであるから、その職業ないし社会的地位に相応した内容の注意義務を負うべきことは当然である。

　　また、カラオケ装置リース業者に対してこのような方策を採ることを要求したとしても、そのことによって社交飲食店経営者に対して不利益が及ぶことは全くない。

4　カラオケ装置リース業者の負うべき注意義務の内容

　　原判決も述べるとおり、カラオケ装置リース業者は、リースの対象となっているカラオケ装置が著作権侵害の道具として使用されないように配慮すべき一般的な注意義務を負っているのであるが、3に述べたところに従って、配慮義務の具体的な発現の態様をリース契約の締結準備から終了に至る各段階において検討すると、カラオケ装置リース業者の職業ないし社会的地位に照らして、以下の内容の注意義務を負うものと解するのが相当である。

(1)　リース契約の締結まで

　　カラオケ装置リース業者は、社交飲食店経営者とリース契約を締結するに至るまでの間に、当該経営者に対し、カラオケ装置をその営業に使用するためには、原告との間で著作物使用許諾契約を締結する法的義務があることを指導し理解させるべき注意義務を負う（この点は、原判決も認めるところである。）。

　　カラオケ装置リース業者がこの義務に違反して、漫然とリース契約を締

結し、著作権侵害の結果を招来した場合には、過失による幇助の共同不法行為責任を負う。

　カラオケ装置リース業者において著作物使用許諾契約を締結すべきことを告知したところ、当該経営者が上記契約を締結する意思がない旨を表明したり、それまで無許諾でカラオケ装置を使用していたことを理由に他のリース業者がリース契約を解除したとの事実を知るなどして、当該経営者において上記契約を締結しないであろうことが相当程度予見し得る場合には、カラオケ装置リース業者は、リース契約の締結前であるならばリース契約の締結を留保し、リース契約の締結後カラオケ装置の引渡し前であるならばその引渡しを留保するなどして著作権侵害の結果を招来しないように措置すべきである。そのような措置を採らず著作権侵害の結果を招来した場合には、これを容認していたときは未必の故意による幇助の共同不法行為責任を、これを容認していないときであっても過失による幇助の共同不法行為責任を負うのである。

　原判決の引用する第一審判決は、「リースの相手方が原告との間で著作物使用許諾契約を締結しない可能性が相当程度予見できるような場合……には、……その相手方が原告との間で著作物使用許諾契約を締結するのを確認するまではカラオケ装置を引き渡さないようにする……など原告の著作権侵害を生じさせないような措置を講じなければならない」と判示している（第一審判決60‐61頁）ところ、この判示部分それ自体は正しいものであるが、このような場合の大部分の事案では、注意義務違反による過失の共同不法行為にとどまらず、未必の故意による共同不法行為が成立することに注意しておく必要がある。

(2)　リース契約の締結後カラオケ装置の引渡しまで

　カラオケ装置リース業者は、リース契約の締結後カラオケ装置の引渡しに先立って、社交飲食店経営者が原告との間で著作物使用許諾契約を締結したこと又は少なくとも当該経営者が原告に対して当該契約締結の申込みをしたことを、音楽著作物利用許諾書若しくは許諾契約申込書の控えの提示を求める、当該店舗に許諾ステッカーが掲示されているかどうかを確認する、又は原告に問い合わせるなどの確実な方法で確認すべき注意義務を負うものと解すべきである。

　前述のとおり、カラオケ装置が社交飲食店経営者に引き渡されれば、原告との間の著作物使用許諾契約の締結が既にされていない限り、その時点以降いつでも著作権侵害の不法行為が開始される状態に置かれるのであるから、著作権侵害の結果を招来させないためには、カラオケ装置の引渡し

に先立って上記の確認をすることが決定的に重要である。そして、これは、カラオケ装置リース業者が一挙手一投足でできることなのである。

　カラオケ装置リース業者においてこの義務に違反して漫然とカラオケ装置を引き渡し、著作権侵害の結果を招来した場合には、過失による幇助の共同不法行為責任を負う。

　カラオケ装置リース業者において上記の確認をしたところ、未だに著作物使用許諾契約の締結もその申込みもされていないことが判明した場合には、カラオケ装置リース業者は、カラオケ装置の引渡しを留保しなければならないのであって、留保しないで著作権侵害の結果を招来した場合には、特段の事情のない限り、著作権侵害の結果を容認していたものとして未必の故意による幇助の共同不法行為責任を負うことになる。

　原判決の引用する第一審判決は、「契約締結後もリースの相手方が未だ右許諾契約を締結していない可能性を疑わせるような特段の事情がある場合には、……その相手方が原告との間で著作物使用許諾契約を締結するのを確認するまではカラオケ装置を引き渡さないようにする……など原告の著作権侵害を生じさせないような措置を講じなければならない」と判示しており（第一審判決61頁）、これを注意義務違反による過失の共同不法行為ととらえているが、(1)に指摘したのと同様、このような場合の大部分の事案では未必の故意による共同不法行為が成立するのである。

　なお、カラオケ装置リース業者が上記の確認をしたところ、社交飲食店経営者から、未だ著作物使用許諾契約の締結もその申込みもしていないが、それには一定の合理的な理由があり、遅滞なく著作物使用許諾契約が締結されることになっている旨の説明を受けたような場合に、当該リース業者が著作権侵害の結果を回避するためにどのような措置を採るべきであるかについては問題なしとしない。著作権侵害の結果を回避するための最も確実な措置は、著作物使用許諾契約の締結を確認するまでカラオケ装置の引渡しを留保することである。ただし、社交飲食店経営者の説明の内容が合理的であって、カラオケ装置の引渡し後遅滞なく著作物使用許諾契約が締結されるものと信頼してよい事情のある場合には、当該リース業者としては、カラオケ装置を引き渡すことが許されることもあり得るであろう。しかし、著作物使用許諾契約の締結又はその申込みがされていることを確認しないままカラオケ装置を引き渡すのであるから、当該リース業者は、その後遅滞なく著作物使用許諾契約が締結されたことを前記のような確実な資料に基づいて確認する措置を採らなければならないものというべきである。カラオケ装置リース業者は、少なくとも月1回の頻度で新譜の

音楽ソフト及びタイトル・リスト（別紙3を参照されたい。）の更新配布をするのであるから、カラオケ装置の引渡し後遅くとも最初の更新配布の時までに上記のような確認措置を採るべきである。

(3) カラオケ装置の引渡し後

カラオケ装置リース業者は、カラオケ装置を社交飲食店経営者に引き渡した後において、以下に述べるとおりの内容の注意義務を負うものというべきである。

(2)で述べたとおり、カラオケ装置リース業者はカラオケ装置の引渡しに先立って著作物使用許諾契約の締結又はその申込みを確実な方法で確認すべきものであるから、この義務を履行したリース業者は、当該飲食店について著作物使用許諾契約が締結され、存続しているものと信頼することも合理的である。したがって、カラオケ装置リース業者は、上記許諾契約が解除されるなどして存続していないことをうかがわせる特段の事情のある場合に限って、その時点で上記許諾契約が存続しているかどうかを積極的に確認すべき注意義務を負うが、上記特段の事情のない場合には、積極的に確認するまでの必要はないものということができる。すなわち、カラオケ装置の引渡し後においては、カラオケ装置リース業者は、著作物使用許諾契約が有効に存続していることを積極的に点検しておくまでの必要はないのであって、上記の特段の事情があることを了知した時点で確認のための措置を採れば足りるのである。

リース業者において上記の確認をしたところ、著作物使用許諾契約が解除されるなどして有効な契約が存在しないことが判明したにもかかわらず、何らの措置を講ぜずに著作権侵害の結果を継続した場合には、判明後について故意による幇助の共同不法行為責任を負うことになる。

第3　原判決の判断の誤り

原判決は、前記**第1**の1のとおり、カラオケ装置リース業者にリースの対象となっているカラオケ装置が著作権侵害の道具として使用されないよう配慮すべき一般的な注意義務を認めながら、その配慮義務の具体的な発現の態様として、**第2**の4の(1)の注意義務のみを認め、同(2)及び(3)の注意義務を認めなかったのである。**第2**における検討に加えて、以下、原判決の判断の誤りをその理由付けに即して指摘することとする。

原判決は、**第2**の4の(2)及び(3)の注意義務を認めることができないとする理由として、次の3点を挙げる。

(i)　一般的にカラオケ装置が原告の著作権を侵害する危険があるとはいえて

も、その危険が極めて高いことまでを認めるに足りる証拠はない（原判決53頁。前記**第2**の3の(1)参照）。

(ⅱ) カラオケ装置のリース契約それ自体が直接著作権侵害となるものではない（原判決36、54頁。前記**第1**の1の(2)の(ア)参照）。

(ⅲ) カラオケ装置のリース契約の相手方である社交飲食店経営者は、リース業者とは別個の独立した権利義務の主体であり、かつ、その者が、著作物使用許諾契約を原告との間で締結すべき法的義務の存在を了知したとすれば、原告との間で著作物使用許諾契約を締結することに格別の妨げがあるものとは認められない（原判決37、54頁。前記**第1**の1の(2)の(イ)参照）。

1　カラオケ装置の著作権侵害の危険性の性質と程度

　(i)は、カラオケ装置リース業者の負うべき注意義務という法的観点からみて、何を言おうとするものかその意味するところ自体が判然としない。

　著作権侵害の危険性の性質をいうものとすると、前記**第2**の3の(1)に述べたとおり、カラオケ装置を業務用に使用する場合には、その使用に先立って原告の許諾を得ておかない限り、その使用の開始から終了まで時々刻々原告の著作権侵害という結果を招来し、その使用のすべてが不法行為を構成することになるのであるから、危険性の極めて高いものであることが明らかであり、誤った判示といわざるを得ない。

　また、著作権侵害の危険性の程度、すなわち飲食店経営者が原告の許諾を得ないままカラオケ装置の使用を開始し、継続する割合をいうものとしても、これまた誤った判示といわざるを得ない。すなわち、甲第22、第24号証から明らかなとおり、①　社交飲食店の経営者が原告に対してカラオケ装置を営業に使用し始める以前に著作物使用許諾契約の締結の申込みをしてくる例は皆無といってよく、使用し始めた後の申込みについてもほとんど同様の状況である、②　そこで、原告は、飲食店経営者らで組織する環境衛生同業組合との間で、著作物使用許諾契約書をとりまとめることなどの協力をする旨の協定を結ぶ、原告の職員が社交飲食店を訪問して著作物使用許諾契約を締結するよう説得をする、社交飲食店に対して上記契約の締結を求める文書を定期的に送付する、無許諾使用を継続する悪質な社交飲食店の経営者に対しては、仮処分申請や本訴の提起といった法的措置を採るなどの努力を重ねてきた、③　このような努力を重ねた末の平成11年3月31日現在においてすら、契約締結率は、全国平均で60.4％、本件各店舗の存する茨城県では52％にすぎないのである（なお、これらの事実関係は、事実上当事者間に争いがない。）。

このようなカラオケ装置の著作権侵害の危険性の性質と程度に鑑みると、(i)の原判決の判示部分が全く根拠のないものであることが明らかである。これが注意義務の設定について原判決が誤った判断をすることになった主要な原因の1つとなっている。

2 リース契約それ自体が直接著作権侵害となるものではないこと

(ii)は、カラオケ装置リース業者の負うべき具体的注意義務の内容を検討するのに何ら意味のあるものではない。

原告は、カラオケ装置のリース契約それ自体が著作権侵害を構成するなどと主張してはいない。原告は、社交飲食店においてリースされたカラオケ装置が使用されて広範に著作権侵害が行われているという実態を前提にして、リース契約の締結準備から終了に至るまでの各段階において著作権侵害の結果を招来させないために、リース業者に要求することが法的にみて相当と考えられる措置があると主張しているのである。

(ii)は、原告の主張を排斥するための理由とは全くならないものである。

3 社交飲食店経営者が別個独立の権利義務の主体であり、かつ、上記経営者に著作物使用許諾契約を締結するに格別の障害がないこと

カラオケ装置リース業者と社交飲食店経営者とは、カラオケ装置のリース契約を締結する当事者であって、これらが別個独立の権利義務の主体であることは当然の事理であり、上記経営者が適法に著作物を使用しようとして原告との間で許諾契約を締結することに格別の障害がないのも当然の事理である。したがって、(iii)は、それ自体としては当然のことであるが、これを原告の主張する注意義務を否定する理由とすることは完全な誤りである。

社交飲食店経営者が著作物使用許諾契約を締結すべき法的義務のあることを了知した場合に、カラオケ装置リース業者において、別個の法的主体である上記経営者が当該法的義務に従って行動するものと信頼してよい事実としての基盤（根拠）が存在するのであれば、原判決が続けて判示するように、「通常は、該経営者が、かかる法的義務に従い、一審原告との著作物使用許諾契約を締結するものと考えて差し支えない」との結論を導くことができる。すなわち、「およそ市民又は国民たる者は、法的義務の存在を知れば、その内容や自らにとっての経済的利害等の如何にかかわらず、それを履行するものである。」ということが事実として妥当しているのであるならば、上記の結論を導くことができる。しかし、現実の世界においては、法的義務の

存在を知っても、自らの経済的利益を追求するのに急であって、他者の権利や法的に保護された利益を顧みない者も存するのであって、特に、他者の権利等に対する侵害が当該他者の目に触れないところで行なわれる場合には、そうである。このような社会生活における実際を踏まえて、当該権利ないしその侵害と一定の関係を有する者に、当該権利の侵害という結果発生を回避すべく配慮する義務というものが認められることになるのである。むしろ、このような配慮義務は、「一般市民は、法的義務に従って又はその場の客観的状況に応じて理性的・合理的に行動するとは限らない。」という現実認識を前提として、考えられるものというべきである。

これを本件の著作権（その支分権である演奏権又は上映権）侵害の関係においてみると、社交飲食店経営者が原告との間で著作物使用許諾契約を締結すべき法的義務の存在を了知した場合に、原告に対し、その法的義務に従って自発的に著作物使用許諾契約締結の申込みをし、同契約を締結し、適法にリースの対象であるカラオケ装置の使用を開始し、継続するということが現実に広範に実行されているのであれば、原判決の立論は根拠のあるものということができる。しかし、原告において日本の津々浦々にある社交飲食店でカラオケの使用がいつ開始され、また現に継続されているかどうかを常に把握しているということが事実上不可能であることに乗じて、法的義務の存在を十分に了知しながら、自らの経済的利益を優先させ、著作物使用許諾契約を締結しないままあえて不適法な使用を開始し、継続する社交飲食店経営者があとを絶たない（使用の開始についてみると、不適法なものが圧倒的多数である。）というのが現実の姿なのである。これは、1に述べたとおり、公知の事実といってよいものであるが、このような広範な著作権侵害が日々継続している先進国は日本以外に存しないといって過言でない（別紙4を参照されたい。）。

以上のとおり、法的義務の存在を了知した社交飲食店経営者がその法的義務に従って適法にリースの対象であるカラオケ装置の使用を開始するものと信頼してよいとする基盤が全く存しないのであるから、その職業ないし社会的地位に照らして前記のような一般的配慮義務を負うカラオケ装置リース業者は、カラオケ装置の引渡しという著作権侵害ないしその回避にとって決定的な段階において、その回避のために合理的な措置を採るべき具体的配慮義務（注意義務）を負うことになるというのが正しい帰結である。そして、原告の主張する回避措置は、カラオケ装置リース業者としては一挙手一投足でできることであって過大な負担をもたらすものではない。

原判決の判断は、信頼の基盤のないところに「信頼の原則」ともいうべき

ものを導入した結果、カラオケ装置のリースにかかわる当事者間において著作権侵害回避のために分担すべき責任の判断、換言すると不法行為における注意義務の判断を誤ったものである。

4　小括

　以上のとおり、前記**第2**の4の(2)及び(3)の注意義務を認めることができないとする理由として原判決の挙げるものは、いずれも根拠のない誤ったものである。

　原判決が判断を誤った原因は、カラオケ装置のリースをコピー機等のリースと同視したため、著作権侵害の性質と危険とについての判断を誤ったこと、「信頼の原則」を導入し得る基盤のない社会関係に無批判にこれを導入して、関係者間の利害の調整を真摯に検討しなかったこと、前記**第2**の4の(2)及び(3)の注意義務を果たすために採るべき措置がカラオケ装置リース業者に過大な負担をもたらすものと誤解したこと（又は、コピー機等のリース業者も同様の注意義務を負うとの結論が導かれるものと誤解して、そのような結論を避けようとしたこと）等にあるが、いずれも誤ったものである。

　原判決の採った結論が通用することになれば、カラオケ装置リース業者としてはリース契約書中に「カラオケ装置のリースを受ける者は、原告との間で著作物使用許諾契約を締結する必要がある。」旨記載すること以外には何もしない方がよいということになる。なぜなら、カラオケ装置リース業者がリース先の社交飲食店において著作権侵害の結果が招来しないように配慮して、当該社交飲食店経営者が著作物使用許諾契約を締結した上でカラオケ装置の使用を開始するかどうかを確認したりすると、原判決のいう「特段の事情」を認識せざるを得ない羽目になることが考えられるから、法的責任を追及されないためには、できるだけリース契約の相手方である社交飲食店経営者の事情などは知らないで済ませた方が賢明であるということになるからである。このようなパラドクシカルな現象が出現することになるのは、これまで繰り返し述べてきたとおり、原判決の判断が法的な観点からして誤っているばかりでなく、その採った結論が妥当性を欠いているからである。

　カラオケは、我が国において市民の娯楽として広く深く根付き、その文化の一部を成すに至っているのであるが、それが社交飲食店で使用されるときには、その開始時においては圧倒的多数が著作権を侵害しており、その後の原告の社交飲食店経営者に対する説得等によっても、ほぼ半数が著作権を侵害して行われているのである。このような事態は、著作権保護の国際的状況からして極めて異常なものである。これを招いているのは、著作物を営業に

利用して利益を挙げ、自らの存立の基盤としながら、その侵害回避のための一挙手一投足の措置を採ろうとしない関係当事者に責任が帰せられることは当然であるが、このような異常な事態を解消するため、司法には、法的に深い洞察をして、関係当事者の利益においてバランスのとれた方策を案出することが期待されているのである。

第4　被告に対する当てはめ

1　前記第1の2のとおり、被告の採った著作権侵害回避のための措置として原判決が認定したのは、本件リース契約を締結するに際し、リース契約の借主の責任で著作物使用許諾契約の締結につき対処されたい旨の注意記載のある契約書面を使用し、口頭でその説明をしたというものにすぎない。

2　被告は、A_1にカラオケ装置を引き渡すのに先立って、原告との間で著作物使用許諾契約を締結したこと又は上記契約締結の申込みをしたことを何ら確認することをせず、漫然とカラオケ装置を引き渡し、その結果、著作権侵害の結果を招来したのであるから、明らかな注意義務違反があるものというべきである。

さらに、被告は、A_1にカラオケ装置を引き渡した後、リース料金の徴収、新譜の音楽ソフト及びタイトル・リストの配布、カラオケ装置の保守点検等の目的で、毎月、本件各店舗又はA_1の事務所を訪れていたのに、原告との間で著作物使用許諾契約を締結したこと又は上記契約締結の申込みをしたことを何ら確認することをせず、漫然とリース契約を維持し、その結果、著作権侵害の結果を継続せしめたのであるから、カラオケ装置の引渡しに先立って確認をしなかったことに何らかの事情があったものと仮定してもなお、この点に明らかな注意義務違反がある。

したがって、被告は、本件リース契約を締結してカラオケ装置を引き渡した日以降につき、又はカラオケ装置の引渡し後遅くとも1月を経過した日以降につき、少なくとも過失による幇助の共同不法行為責任を負うのである。

3　原判決は、注意義務の判断を誤り、その結果、被告の行為についての適用を誤ったものである。

第5　大阪高判平成9・2・27判時1624号131頁（いわゆる魅留来事件高裁判決）の判断との相反性

1　魅留来事件高裁判決の判断

（1）　魅留来事件高裁判決は、「控訴人会社〔カラオケ装置リース業者〕は、控訴人 B_1 及び同 B_2〔リース先社交飲食店の共同経営者〕が被控訴人〔原告〕の許諾を得ないまま本件店舗において本件装置を使用して客に歌唱させていることを認識しながら、右著作権侵害の結果を認容しつつ、本件リース契約を継続、更改して本件装置を提供し、控訴人 B_1 及び同 B_2 による前示本件著作権侵害行為に加担したというべきである。」と判示して、当該カラオケ装置リース業者につき、故意の幇助による共同不法行為の責任を認めた。

（2）　その上で、同高裁判決は、当該カラオケ装置リース業者が無許諾使用の事実を認識していなかったとしても、著作権侵害行為を幇助した者として、過失の共同不法行為責任を免れない旨の判断を示した。

同高裁判決は、上記の結論を導くに当たって、カラオケ装置リース業者には、原告の管理する音楽著作物の演奏権・上映権を侵害するおそれの極めて高い業務用カラオケ装置を提供することを内容とするリース業務を日常的に反復継続する者として、次の3つの注意義務がある旨説示する。

①　リース契約を締結又は更改する際、ユーザーが原告の許諾を得ないままカラオケ装置を使用する事態を予想して、カラオケ装置を使用するには原告との間で著作物使用許諾契約を締結する必要があることを伝え、これを周知徹底させる注意義務。

②　リース契約締結後も、随時、著作物使用許諾契約締結の有無を調査確認し、締結に至っていない場合には、速やかに原告との間の許諾契約の締結に努めるよう促すべき注意義務。

③　②のように促してもユーザーがこれに応じない場合には、リース契約の解消を検討し、カラオケ装置の引き揚げに努めるべき注意義務。

2　原判決の判断との相違点

（1）　魅留来事件高裁判決と原判決とは、リース業者の負うべき注意義務の内容に関する判断において顕著に相違している。このような相違が生じた原因を整理すると、以下のとおりとなる。

①　業務用カラオケ装置ないしカラオケ装置のリース業務の著作権侵害の危険性についての性質及び程度についての認識の相違

②　前述の「信頼の原則」を適用し得る基盤が存するかどうかの認識の相

違
③ カラオケ装置リース業者に対して「周知させる注意義務」を超える具体的注意義務を要求することがその職業ないし社会的地位に照らして過大であるかどうかの認識の相違

(2) 前記1のとおり、魅留来事件高裁判決は、(1)に整理した3点についての基本的な認識において正鵠を射ており、原判決は的外れなものといわざるを得ない。原告の基本的認識も、上記の魅留来事件高裁判決のそれと全く同一である（ただし、リース業者の負うべき注意義務の内容についての原告の立場は、既に詳細に述べたとおりである。）。

第6 結 論

以上のとおり、原判決は、著作権侵害という重大な権利侵害の結果の発生を回避するためにカラオケ装置リース業者の負うべき注意義務についての判断を誤った上、被告に対する適用を誤ったものであるから、破棄されるべきである。

附 属 書 類

1の1　音楽著作物使用許諾書
1の2　音楽著作物使用許諾契約申込書
2　　　許諾ステッカー
3　　　タイトル・リスト（抄）
4　　　朝日新聞（平成8年5月11日夕刊）

平成12年2月2日

最 高 裁 判 所 御中

6 ADR申立書（原子力損害賠償紛争解決センター）
──産業廃棄物処分場営業損害請求事件

Appendix7の和解仲介手続申立書は、原子力損害賠償紛争解決センターに対する ADR 申立書です。原子力損害賠償紛争解決センターについては、本文第3章、Ⅲ4を参照してください。

政府は、平成23年3月11日の東日本大震災の発生を受けて、原子力災害対策特別措置法に基づき、警戒区域（住民の原則立入り禁止区域）を指定しました。申立人（X）は、警戒区域内に産業廃棄物最終処分場（本件処分場）を有していた産業廃棄物処分業者ですが、東京電力株式会社（Y）を被申立人として、原発事故がなかったとしたら同年6月1日から平成25年5月31日までの間に本件処分場の営業によって得られた逸失利益等の賠償を求めました。

申立て以前の交渉過程におけるYの対応から、主要な争点は、Xの策定した計画値が合理的な推計といえるかどうかにあることが明らかになっていました。この申立書は、様々な観点から、上記の計画値を達成することが確実であることの根拠となる事実を説明するとともに、予想されるYの反論についてのXの立場をも明らかにしています。

この申立書は、「申立ての趣旨」と「申立ての理由」の2部構成とし、不法行為に基づく損害賠償請求訴訟の訴状としても通用する程度に、一々の主張の根拠となる文書である証拠を括弧書きして摘示し、当該文書の写しを添付するだけでなく、詳細な証拠説明書をも添付しています。申立人がこのような工夫をすることによって、迅速な和解成立が可能になります。

Appendix8の和解契約書は、この申立ての結果合意に至った和解契約書であり、文部科学省の HP 上に「和解事例256」として公表されています（http://www.mext.go.jp/component/a_menu/science/detail/__icsFiles/afieldfile/2013/04/10/1329343_156.pdf）。申立てから3か月弱で和解が成立しており、ADR の存在意義が十分に発揮されたといってよいと思われます。

Appendix7 和解仲介手続申立書

和解仲介手続申立書

平成24年9月○日

原子力損害賠償紛争解決センター　御中

　　　　　　　　　〒979-1131
　　　　　　　　　福島県双葉郡富岡町大字上郡山字太田○番
　　　　　　　　　申　　立　　人　　株式会社X
　　　　　　　　　同代表者代表取締役　　　　　　　　　　A

　　　　　　　　　〒105-0001
　　　　　　　　　東京都港区虎ノ門○丁目○番○号
　　　　　　　　　○○法律事務所（指定通知場所）
　　　　　　　　　電　　話　03-3580-XXXX
　　　　　　　　　ＦＡＸ　03-3580-XXXX

　　　　　　　　　申立人代理人弁護士　　　　　　田　中　　豊

　　　　　　　　　同　　　　　　　　　　　　　中　野　雅　也

　　　　　　　　　〒100-8560
　　　　　　　　　東京都千代田区内幸町1-1-3
　　　　　　　　　被　申　立　人　　　東京電力株式会社
　　　　　　　　　同代表者代表執行役　　　　　　B

目　次

申立ての趣旨……………………………………………………………………………… 4
申立ての理由……………………………………………………………………………… 4
第1　申立てに至った経緯……………………………………………………………… 4
　1　申立人の概要……………………………………………………………………… 4

2	廃掃法上の許可と営業の継続………………………………………………	4
3	被申立人に起因する原発事故により営業不能を余儀なくされたこと……	6
4	被申立人との被害弁償の交渉経緯…………………………………………	6

第2 計画値の達成可能確実性…………………………………………………… 7
  1 廃掃法における産業廃棄物処分業の許可基準と計画値との関係………… 7
   (1) 経理的基礎という厳格な要件を満たしている必要があること……… 7
   (2) 福島県が経理的基礎の判断に際して精査した書類…………………… 9
  2 本件処分場の規模拡大を無視することは許されないこと……………… 10
   (1) 逸失利益の算定に考慮される事実……………………………………… 10
   (2) 本件処分場の残余容量の拡大と申立人の増収増益…………………… 11
第3 地震・津波による大量の廃棄物の処理が見込まれたこと……………… 14
  1 大量の廃棄物の発生による特需の存在…………………………………… 14
  2 放射能汚染の問題がない場合に委託される廃棄物数量………………… 15
   (1) 大震災により対策地域等で発生した廃棄物の数量等………………… 15
   (2) 福島県による社団法人福島県産業廃棄物協会に対する要請………… 15
   (3) 申立人に委託される災害廃棄物の数量………………………………… 15
  3 計画値をはるかに上回る売上高を得る機会を逸したこと…………… 17
   (1) 計算方法…………………………………………………………………… 17
   (2) 売上高の比較……………………………………………………………… 18
   (3) 小括………………………………………………………………………… 18
第4 被申立人の主張の誤り…………………………………………………… 18
  1 被申立人の逸失利益の算定に係る基準自体の誤り…………………… 18
  2 平成18年1月6日提出の事業収支計画書と実績値に18％の乖離が生じた
   理由………………………………………………………………………… 19
  3 取引先の処分委託取引契約書により受入れ数量を把握できないこと…… 20
第5 逸失利益の算定…………………………………………………………… 21
  1 申立ての趣旨1について………………………………………………… 21
  2 申立ての趣旨2について………………………………………………… 22

申立ての趣旨

1　被申立人は、申立人に対し、金2億0205万3498円及びこれに対する平成24年9月1日から支払済みまで年5分の割合による金員を支払え。

2　被申立人は、申立人に対し、平成24年9月1日から平成25年5月31日までの各月末日限り金2031万1492円及びこれらに対する各月末日から支払済みまで年5分による金員を支払え。

申立ての理由

第1　申立てに至った経緯

1　申立人の概要

　　申立人は、産業廃棄物の最終処分等を業とする株式会社（本店所在地は福島県双葉郡富岡町大字上郡山字太田○番地）であるところ、平成13年3月5日、福島県知事から産業廃棄物処分業の許可（廃棄物の処理及び清掃に関する法律（以下「廃掃法」という。）14条6項）を受けた（甲1）。申立人は、管理型最終処分場（Xクリーンセンター。以下「本件処分場」という。）を福島県双葉郡富岡町大字上郡山字太田○番地外16筆に有する（甲1）。

2　廃掃法上の許可と営業の継続

　　産業廃棄物の処理施設を設置するには、当該産業廃棄物処理施設を設置しようとする地を管轄する都道府県知事の許可（廃掃法15条1項）を得なければならない。

　　申立人は、福島県知事から、平成8年3月25日に本件処分場（埋立て容量を21万8413m³[(1)]とする。）の設置の許可（甲2）を受け、平成9年10月1日本件処分場の工事に着工し、平成13年3月5日に産業廃棄物処分業の許可を受けて、同日本件処分場による産業廃棄物処分業の営業を開始した（甲1）。

　　申立人は、福島県から、平成18年3月9日、産業廃棄物処分業の許可の更新（廃掃法14条7項、廃掃法施行令6条の11第3号の許可の更新。産業廃棄物処分業の許可は5年を下らない期間ごとに更新を受けなければ失効する。）を受けた（甲1）。

　　そして、申立人は、平成21年2月23日には産業廃棄物処理施設の処理能力の変更許可（甲3、旧廃掃法15条の2の5第1項、現廃掃法15条の2の6第1項、本件処分場の埋立て容量を96万2126m³[(2)]と従前の4倍以上とするための許可）を受けて、工事請負代金として12億0750万円の費用（甲4）をかけて本件処分場の埋立て容量を拡大する工事を行い、平成22年6月15日、産業廃棄

---

(1)　設置許可の段階（本件処分場の建設前）における埋立て容量は21万8413m³であるが、本件処分場の建設後（完成後）に埋立て容量を計測したところ、23万1564m³であった。そこで、申立人は、福島県に対し、埋立て容量の軽微変更届を提出し、本件処分場の埋立て容量23万1564m³として営業を開始した。

(2)　産業廃棄物施設の処理能力の変更許可の段階（本件処分場の施設の拡大工事前）における埋立て容量は96万2126m³であるが、本件処分場の規模拡大工事後に埋立て容量を計測したところ、96万3911m³であった。そこで、申立人は、福島県に対し、埋立て容量の軽微変更届を提出し、本件処分場の埋立て容量96万3911m³として営業を開始した。

物処分業の処理能力の変更許可（廃掃法14条の2第1項）を受け、従前の4倍以上の埋立て容量により営業を開始した。なお、申立人は、平成23年3月5日、産業廃棄物処分業の許可の更新を受けた（甲1）。

　以上の経緯をまとめておくと、以下のとおりである。

平成8年3月25日　　本件処分場設置の許可

平成9年10月1日　　本件処分場の工事に着工

平成13年3月5日　　産業廃棄物処分業の許可

　　　　　　　　　　産業廃棄物処分業の営業開始

平成18年3月9日　　産業廃棄物処分業の許可の更新（1回目）

平成21年2月23日　　産業廃棄物処理施設の処理能力の変更許可

　　　　　　　　　　埋立て容量を拡大する工事

平成22年6月15日　　産業廃棄物処分業の処理能力の変更許可

　　　　　　　　　　埋立て容量を4倍以上に拡大した状態で営業開始

平成23年3月5日　　産業廃棄物処分業の許可の更新（2回目）

3　被申立人に起因する原発事故により営業不能を余儀なくされたこと

　上記2のとおり、申立人は、福島県知事から、平成23年3月5日、2回目の産業廃棄物処分業の許可の更新を受けたが、その矢先である同月11日、東日本大震災が発生した。申立人及び本件処分場の所在する富岡町は、福島第1原子力発電所から半径20キロメートル圏内にあり、政府が原子力災害対策特別措置法に基づいて各地方公共団体の長に対して住民の避難を指示した避難区域（平成23年4月21日には、原則立ち入り禁止となる警戒区域に指定された。）内にある。申立人は、平成23年3月11日以降、被申立人に起因する原発事故により、本件処分場に立ち入ることができなくなったため、一切の営業が不能となり、現在に至っている。

4　被申立人との被害弁償の交渉経緯

　申立人は、被申立人に対し、平成23年6月20日付け請求書、同年11月7日付け請求書、同年12月12日付け請求書、同月27日付け請求書により、同年3月12日以降の逸失利益の損害賠償請求を行ったところ、被申立人は、申立人の「平成21年の収入額を基準」として逸失利益の額を算定し、申立人が主張する計画値による売上高等を基準とした逸失利益を認めなかった。「平成21年の収入額を基準」とするとは、申立人の25期（平成21年5月期、平成20年6月1日から平成21年5月31日までの1事業年度をいう。）の実績値によることをいう。

　ところで、申立人は、福島県知事に対し、平成23年1月12日付け産業廃棄物処分業許可申請書及び添付資料を提出し、平成23年3月5日に産業廃棄物

処分業の許可の更新を受けた。その添付資料の１つである「Ｘ収支計算書」（別紙３。以下「本件収支計算書」という。）には、申立人の過去の売上等の実績に基づく数額と平成23年１月以降の売上等の計画に基づく数額を記載した。以下、それぞれの数額を実績値及び計画値という。

そこで、申立人と被申立人とは、「甲（申立人）の計画値を基準とした逸失利益の算定について継続的に協議を行うことを確認」した上で、暫定合意（以下「本件暫定合意」という。）を成立させた。申立人と被申立人とは、平成24年４月６日、平成23年３月11日から同年11月30日まで及び同年12月１日から平成24年２月29日までの営業損害等につき、平成21年５月期の実績値により逸失利益を算定し、上記期間に応じて２通の合意書の調印に至った（甲５（賠償対象期間平成23年３月11日～同年11月30日）、甲６（賠償対象期間平成23年12月１日～平成24年２月29日））。

申立人は、平成24年４月６日以降、被申立人と協議を継続した。しかし、被申立人は、申立人に対し、同年６月１日、申立人の計画値が確実に達成されるもしくはほぼ確実に達成されることの具体的かつ合理的な根拠は認められないとし、継続協議の打切りを通告した（甲７）。すなわち、被申立人は、本件暫定合意の前提になっていた申立人との協議に応じない意向を明らかにした。そこで、申立人は、被申立人の認める逸失利益を上回る部分につき、損害賠償を求めるため、本件申立てに及ぶ。

なお、申立人は、本件和解仲介手続に一定程度の時間を要すること及び申立人の財務状況の一層の悪化を考慮し、本件申立てと並行して、被申立人に対し、平成24年７月３日、平成21年５月期の実績値により算定した損害賠償請求（対象期間は平成24年３月１日から同年５月31日まで。）をした。申立人の被った損害についての内金請求であり、本件暫定合意と同一の基準による請求であるから、この分については迅速に合意に至るものと考えている。

第2　計画値の達成可能確実性

1　廃掃法における産業廃棄物処分業の許可基準と計画値との関係

(1)　経理的基礎という厳格な要件を満たしている必要があること

廃掃法14条10項１号は、産業廃棄物処分業の許可は「その事業の用に供する施設及び申請者の能力がその事業を的確に、かつ、継続して行うに足りるものとして環境省令で定める基準に適合するものであること」を認めるときでなければしてはならないと定める。そして、同号が許可基準の細目を委任した環境省令は、「申請者の能力に係る基準」として「産業廃棄物の処分を的確に、かつ、継続して行うに足りる経理的基礎を有するこ

と。」を要求する（廃掃法施行規則10条の5第1号ロ(2)）。そして、申請者は、申請書に、廃掃法施行規則10条の4第1項各号に定める記載を行い、「当該事業の開始に要する資金の総額及びその資金の調達方法を記載した書類」等の書類を添付しなければならない（廃掃法施行規則10条の4第2項）。

　しかし、上記法令は、「産業廃棄物の処分を的確に、かつ、継続して行うに足りる経理的基礎を有すること。」という許可基準（以下「経理的基礎」という。）につき、都道府県知事が、どのような具体的な資料に基づいて判断すべきであるかを明確に定めていない。そこで、環境省大臣官房廃棄物・リサイクル対策部産業廃棄物課長は、都道府県知事による経理的基礎についての判断が適正にされることを担保するため、各都道府県・政令市産業廃棄物行政主管部（局）長に対し、「今般、許可事務の取扱いについて下記のとおり要領を定めたので、産業廃棄物処理業若しくは特別管理産業廃棄物処理業又は産業廃棄物処理施設設置の許可に当たっては、これらに十分留意の上、厳格な運用に努められたい」とした上で、「事業の開始に要する資金の総額及びその資金の調達を記載した書類、貸借対照表、損益計算書並びに法人税の納付すべき額及び納付済額を証する書類（確定申告書の写し及び納税証明書）の内容を十分に審査し、事業を的確に、かつ、継続して行うに足りる経理的基礎を有するか否かを判断する」こと等を通知（甲8）しており、各都道府県知事は、これに従った厳格な審査を実施している。

　ちなみに、岡山県は、「産業廃棄物処理業等における経理的基礎の審査に係る手続準則」（甲9）を公開している。そこでは、経理的基礎の判断につき、「収支計算書、借入返済計画書等の審査に当たっては次の点に留意すること。①廃棄物の処理量は、施設の処理能力、運搬車両、従業員等に照らして適正な数量か。②廃棄物の収集・運搬、処分等の単価は実勢価格に照らして適正な価格か。③上記①②から積算される収入額見込みは適正か。④売上原価、従業員の給与、役員賞与、最終処分業者の埋立後の維持管理費用、損害保険料等の必要経費が適正に計上されているか。⑤借入金がある場合は、その返済計画が上記①②から積算される収入から④により積算される支出額等を控除し、税金等を差し引いた後の利益により適正に返済される計画となっているか。」として手続準則を定め、収入額見込みの適正さと経費計上の適正さの両面から精査して経理的基礎を有するかどうかを判断するとしている。

(2)　福島県が経理的基礎の判断に際して精査した書類

申立人は、福島県に対し、平成23年1月12日に産業廃棄物処分業許可申請書及び添付書類のうち「当該事業の開始に要する資金の総額及びその資金の調達方法を記載した書類」（廃掃法施行規則10条の4第2項7号）に関連する書類として、資金計画書、本件収支計算書（別紙3と同じ。甲10）、貸借対照表（甲11）、キャッシュフロー計算書（甲12）等を提出した。

　これらの収支計算書等は、平成22年6月15日の産業廃棄物処分業の事業範囲の変更許可を受けたことにより本件処分場の残余容量が拡大した状態での営業が可能となったため、当然に発生する廃棄物の受入れ数量の増大を反映し、①　廃棄物の受入れ数量を年々逓増させ、1事業年度、受入れ数量6万トン、単価1万6000円、売上高9億6000万円という本件処分場が安定して稼働することができる状態を継続すること、②　平成34年5月期までに金融機関から借り受けた融資（甲13、甲14）を返済スケジュール(3)どおり完済すること、③　本件処分場の残余容量等を考慮し、本件処分場の残余容量がゼロとなる時期を16年後の平成39年5月期（平成38年6月〜平成39年5月）と予定したものである。

　福島県知事は、申立人の提出したこれらの書類により経理的基礎を満たしているかどうかについての審査をした上で、廃棄物の受入れ数量が増大することを見込むこと等が合理的なものであり、それらを前提とした申立人の経営が経理的基礎を満たすものと判断し、平成23年3月5日に許可を更新した。したがって、福島県知事は、申立人の更新許可申請の前提とする廃棄物の処理量、廃棄物の受入れ数量、廃棄物の処分の単価、金融機関への返済等が、確実に達成可能であり、継続的に産業廃棄物の処分をすることのできる業者であると判断したのである。

---

(3)　申立人は、N銀行との間で、平成13年2月28日付け金銭消費貸借契約（甲13）を締結し、N銀行から、産業廃棄物最終処分場建設工事費等として12億円を借り受けた。この金銭消費貸借契約における元本の返済の方法は、平成15年11月20日から平成28年2月20日まで、毎年2月、5月、8月、11月の20日限り、2400万円返済するというものである（以下「第1貸付け」という。申立人の第25期における計算書類（甲15）において1年内返済予定長期という科目で9600万円が計上されている。）。その後、申立人は、株式会社M銀行らとの間で、平成19年9月28日付け「限度貸付契約書（50億円）」を締結し、50億円を借り受けた。この限度貸付け契約における元本返済のスケジュールは、平成21年11月末日から平成34年5月31日までの間、毎年5月、11月の末日限り、元本金額を均等に26回に分割した額を返済するというものである（以下「第二貸付け」という。甲14の10条2項、別表2参照。申立人の第25期における計算書類（甲15）において1年内返済予定長期という科目で3億8461万5384円が計上されている。）。

よって、本件事故によって申立人が被った損害（逸失利益）を算定するに当たっても、これらの数値によることが合理的なものというべきである。

2 本件処分場の規模拡大を無視することは許されないこと

(1) 逸失利益の算定に考慮される事実

　原子力損害賠償紛争解決センター総括委員会は、原子力損害賠償紛争解決センターに申立てがなされた事件のうち、複数の事件に共通する取扱いについて総括基準を策定した。この総括基準は、原子力損害賠償紛争解決センターにおける和解の仲介を進めていく上での基準を示すものであって、仲介委員が行う和解の仲介に当たって参照されるものである。

　営業損害算定に係る総括基準（営業損害算定の際の本件事故がなければ得られたであろう収入額の認定方法について）は、「本件事故がなければ得られたであろう収入額については、唯一の合理的な算定方法しか存在しないという場合は稀であり、複数の合理的な算定方法が存在するのが通常であるところ、仲介委員は、その中の1つの合理的な算定方法を選択すれば足りる。合理的な算定方法の代表的な例としては、以下のものが挙げられ、これらのいずれを選択したとしても、特段の事情のない限り、仲介委員の判断は、合理的なものと推定される。」として、「平成23年度以降に増収増益の蓋然性が認められる場合には、上記の額に適宜の金額を足した額」、「営業開始直後で前年同期の実績等がない場合には、直近の売上額、事業計画上の売上額その他の売上見込みに関する資料、同種事業者の例、統計値などをもとに推定した額」を例に挙げ、過年度の収益の実績に加え収益の増加が見込まれる根拠があればそれを考慮に入れるべきこと、前年度の実績がない（又は前年度の実績があてにならない）場合は事業計画上の売上高など様々な要素を考慮して売上高の推定を行うべきことという逸失利益の合理的な算出方法を明示する。これは、これまでの裁判例によって確立した考え方であり、極めて常識的なものということができる。

(2) 本件処分場の残余容量の拡大と申立人の増収増益

ア　本件処分場の処理能力の拡大

　前記第1(2)、2のとおり、申立人は、平成22年6月15日に処理施設の処理能力の変更に係る処分業の許可を受け、従前の23万1564m^{3}から4倍以上である96万3911m^{3}の容量の廃棄物の受入れが可能となった。そこで、申立人は、本件処分場の規模拡大による売上高の増大を見込んだ本件収支計画書（廃棄物の受入数量を年々逓増させ、1事業年度、受入れ数量6万トン、単価1万6000円、売上高9億6000万円という状態を平成39年5月まで継

続するという計画）を添付して、更新許可の申請をした。上記 1 (2)のとおり、福島県知事は、それが適正なものであるとの判断をした。

イ　埋立て容量の増大は売上高の増加をもたらすこと

　産業廃棄物処分業の新規参入者は、当初から大規模な埋立て容量の処分場の設置許可及び産業廃棄物処分業の許可を受けるのが困難であるというのが当業界の実態である。実際に、申立人は、平成 5 年当時、産業廃棄物処理施設の埋立て容量を88万 m³ と計画していたが、福島県の行政指導等により、産業廃棄物処理施設の埋立て容量を21万8413m³ と減少させた上で、産業廃棄物処理施設の設置申請をし、平成 8 年 3 月25日にその設置の許可を取得した。しかし、平成 8 年 3 月25日に設置の許可を受けた埋立て容量では、残余容量がゼロとなるまで営業しても、処分場の建設コストなどの初期投資を回収し収益を上げることはできないことから、申立人は、福島県に対し、平成 9 年時、今後、産業廃棄物処理施設を当初予定していた規模に拡大したい旨を相談したところ、福島県から、現在の埋立て容量により、一定期間営業を行い、地元の理解を得るなどして、廃棄物処分業者としての実績を作った上で、埋立て容量の拡大の許可を申請するようにとの指導を受けた。

　このように、新規参入者は、小規模の埋立て容量による処分場の設置許可及び産業廃棄物処分業の許可を得た上で、法令に従った適正な営業を一定期間継続して、地元の理解を得るなどして、営業実績を示した上で、埋立て容量を拡大する処理能力の変更の施設許可及び産業廃棄物処分業の処理能力の変更許可を受けて、ようやく本格的な営業（投資コストを回収できるだけの売上げを得る営業）ができるようになるというのが実態である。

　以上のとおりの事情のため、平成13年 3 月 5 日に産業廃棄物処分業の営業を開始してから、産業廃棄物処理施設の処理能力の変更許可及び産業廃棄物処分業の処理能力の変更許可を受けるまでの間の営業（廃棄物の受入れ）は、制限的・抑制的なものにならざるを得ないのである。

　したがって、申立人は、平成13年 3 月 5 日の営業開始以降、施設の処理能力の変更の許可及び産業廃棄物処分業の処理能力の変更許可を得ることのできる時期を想定し、それまでは、小規模な処分場の残余容量がなくなって営業継続不能の事態を招くことのないよう、産業廃棄物の受入れ量を調整しながら営業を継続していたのである。

　以上の実態は、「 1 —③　当社決算年度別（ 5 月末）埋立処分量一覧表」（甲16）から明らかである。この一覧表は、当該年度において埋め立てた産業廃棄物の種類及び容積（m³）を集計し、本件処分場の残容量を算出

するものである。平成21年度までの年度別の埋立て容量と残余容量は、以下のとおりである。

	年度別埋立て容量	残（余）容量
本件処分場完成時	―	23万1564m³
平成12年度	351m³	23万1213m³
平成13年度	1万1707m³	21万9506m³
平成14年度	2万2814m³	19万6692m³
平成15年度	2万3853m³	17万2839m³
平成16年度	2万4152m³	14万8687m³
平成17年度	2万3813m³	12万4874m³
平成18年度	1万9733m³	10万5141m³
平成19年度	2万5677m³	7万9464m³
平成20年度	2万4438m³	5万5026m³
平成21年度	2万0846m³	3万4180m³
平成22年度 （平成22年6月1日～平成23年5月31日）	2万0846m³ （前年度と同量の廃棄物を埋め立てたと仮定した場合の埋立て容量）	1万3334m³ （前年度と同量の廃棄物を埋め立てたと仮定した場合の残容量）

　平成14年度から平成21年度までの年度別埋立て容量が、平成18年度の1万9733m³を最低とし、平成19年度の2万5677m³を最高として推移しているのは、申立人は、施設の処理能力の変更の許可と産業廃棄物処分業の処理能力の変更許可との2つの許可をともに取得することができるのは、平成22年度ころになることを見通しており、それより前に残余容量がゼロとなることのないよう受入れ量を調整（制限）してきたことによる。実際に、平成21年度末の残余容量が3万4180m³となっており、仮に平成21年度と同じペースで廃棄物を受け入れたとすると約1年7か月で残余容量がゼロとなる数値まで減少している。これは、申立人が上記許可をともに取得することができるのは平成22年度ころになると予測を立てており、廃棄物の受入れ量を調整していたことを示している。

第3　地震・津波による大量の廃棄物の処理が見込まれたこと
1　大量の廃棄物の発生による特需の存在

　平成23年3月11日の大地震・大津波により大量のがれき等の廃棄物が発生した。この大量に発生したがれき等の廃棄物は、被申立人の保有管理する福島第1原子力発電所の事故に起因する放射性物質の拡散によって、放射能に

汚染されたため、大地震・大津波のみであれば迅速に進む廃棄物の処理が遅々として進んでいない。大震災における津波被害が特に多かった岩手、宮城、福島3県の沿岸市町村で発生したがれきの量は、環境省の推計によると、岩手県約476万トン、宮城県約1573万トン、福島県約201万トンであり、3県合計で約2251万トンに上る（甲17）。

福島第1原子力発電所の事故による放射性物質の拡散がなければ、申立人は、平成23年3月11日以降、津波・地震により生じた災害廃棄物の処理を本件収支計算書に記載の受入れ数量をはるかに超えて処分を委託されたことは、本件処分場の立地・残余容量の大きさからして明らかである。

2 放射能汚染の問題がない場合に委託される廃棄物数量

(1) 大震災により対策地域等で発生した廃棄物の数量等

「平成23年3月11日に発生した東北地方太平洋沖地震に伴う原子力発電所の事故により放出された放射性物質による環境の汚染への対処に関する特別措置法」（以下「特措法」という。）11条1項の規定に基づき汚染廃棄物対策地域（以下「対策地域」という。）が指定された。対策地域として、津波により多くの災害廃棄物が発生した沿岸部（南相馬市、浪江町、双葉町、大熊町、富岡町及び楢葉町）の地域が指定されている。環境省は、これらの対策地域内の沿岸自治体における廃棄物の総量は合計47万4000トンと推定している（甲18、甲19）。

また、環境省は、この廃棄物の総量に加え、国が廃棄物の代行処理の要望を受けている新地町、相馬市、南相馬市（一部）、広野町の廃棄物の総量を63万9000トンと推定している（甲20）。結局、国の直轄及び代行地域における災害廃棄物推定量は、111万3000トンにも及ぶ（甲20）。

(2) 福島県による社団法人福島県産業廃棄物協会に対する要請

福島県は、社団法人福島県産業廃棄物協会（以下「協会」という。申立人は協会の会員である。）に対し、平成24年3月31日、平成19年3月27日付け「大規模災害時における災害廃棄物の処理等の協力に関する協定」に基づき、南相馬市、いわき市等の合計13地方自治体で生じた廃棄物の処理につき、協力するよう要請した（甲21）。協力要請を受けた災害廃棄物の合計推定量は、少なくとも127万5535トンに及ぶ。そして、協会は、福島県から協力要請のあった合計13の地方自治体と廃棄物処理を一括して受託し、協会の会員に対して再委託することにより、廃棄物処理を実施している（甲22）。

(3) 申立人に委託される災害廃棄物の数量

申立人は、平成23年3月11日以降、福島第1原子力発電所の事故による

災害廃棄物の放射能汚染がなかったとすれば、平成23年３月11日から平成26年３月末[4]の間に、国の直轄及び代行地域における災害廃棄物推定量111万3000トンを焼却等中間処理[5]した後の残さ合計22万2600トン[6]の廃棄物のすべてについて処理を要請され、本件収支計算書を超える売上高が達成されたことは、以下の①〜⑤の諸事情から、明らかである。

① 申立人が、協会から、上記(1)・(2)等の事実を前提にして、平成23年３月11日以降、福島第１原子力発電所の事故による放射能汚染がなかったとすれば、申立人に災害廃棄物の受入れ要請がされたかを聴取したところ、協会の専務理事兼事務局長であるＣ氏[7]は、本件処分場の立地や残余容量から、平成23年３月11日から数年間にわたって、国の直轄及び代行地域における災害廃棄物を焼却等中間処理した後の大量の残さの処理を要請されただろうと述べたこと。

② 申立人が、環境省大臣官房廃棄物・リサイクル対策部から、平成24年６月に受領した「株式会社Ｘ社の管理型処分場における指定廃棄物等の埋立て処分について」（甲23）によると、環境省は、対策地域内廃棄物及び災害廃棄物の国代行処理地域から発生する災害廃棄物量について、およそ111万トンと推計しており、その焼却残さ率を20％と仮定しているところ、国は、申立人に対し、そのすべての焼却残さの埋立処分の委託を行う予定であると述べていること。

③ 環境省は、対策地域内の災害廃棄物の処理につき、民間管理型処分場である申立人の本件処分場を活用することを明言しており、その理由は、最も量の多い対策地域内廃棄物の発生箇所の近くに立地し、十分な残余容量を有していることにあると述べており（甲24の８頁）、災害廃棄物処理における埋立て処分場の選定に当たっては、処分場の残余容量

---

(4) 国は平成26年３月末までに災害廃棄物を処理するとの目標を掲げている。

(5) 焼却等により廃棄物の容積を減らす処理のこと、焼却等の中間処理をした残り（残さ）が最終処分場に埋め立てられる。

(6) 災害廃棄物を焼却等の中間処理をし、残さとするとその重量は20％に減少する。

(7) Ｃ氏のプロフィール●専門分野：環境一般及び廃棄物●主な講演内容：環境一般及び廃棄物　昭和23年生まれ。茨城大学工学部卒業。福島市在住。(社) 福島県産業廃棄物協会専務理事兼事務局長。元福島県生活環境部大気環境グループ参事。技術士（環境部門）。福島大学資源循環・廃棄物マネジメント研究所客員教授。福島県職員として大気汚染や水質汚濁、廃棄物など環境行政に携わっており、今日の環境問題に造詣が深い（福島県作成による平成24年度環境アドバイザープロフィールより引用）。

が十分に確保されていること（残余容量の十分性）、及び災害廃棄物の発生箇所に近接していること（立地の優位性）が重要な考慮要素となること。

④　申立人の本件処分場は福島県における管理型最終処分場の総残余容量の40％（平成22年度の福島県内の管理型最終処分場の合計残余容量は188万2000m^{3}であり（甲25）、そのうち申立人が占める残余容量は約74万5561m^3（甲26）である。）を占めているところ、地震・津波による影響が本件処分場に及ばなかったことから、継続的かつ安定した廃棄物処理が可能であること。

⑤　災害廃棄物が大量に発生した相双方部地域（甲27）には、申立人以外に協会の会員事業者による管理型最終処分場がなく、申立人の本件処分場は、相双方部地域（上述した国の直轄及び代行地域をすべて含んだ地域）で十分な残余容量を有する唯一の管理型最終処分場であること。

⑥　本件処分場における埋立て処分ができないことも一因となり、上記の災害廃棄物の処理は現実にはほとんど進捗していないこと。

3　計画値をはるかに上回る売上高を得る機会を逸したこと

(1)　計算方法

申立人における売上高は、本件収支計算書記載のとおり、受入れ数量(t)×単価で計算される。本件収支計算書上、単価を、28期では1万4500円、29期では1万5000円、30期では1万5500円としているが、現在、協会が会員に対して再委託する際の単価は、2万5000円である（甲15）。現在、単価が高騰しているのは、津波被害により大量の災害廃棄物が生じたことにより、処分の需要が高まっていることによる。

ここでは、申立人が、28期・29期・30期の合計3事業年度（平成23年6月1日から平成26年5月31日まで）の間に、合計受入れ数量22万2260トン、単価2万5000円により、埋立て処分を受託したと仮定した上で、売上高を算出し計画値の売上高と比較する。

(2)　売上高の比較

放射能漏れ事故がなかった場合の各事業年度における売上高は、以下のとおりである（トン未満切り捨て。）。

28期　7万4200トン×2万5000円＝18億5500万円
29期　7万4200トン×2万5000円＝18億5500万円
30期　7万4200トン×2万5000円＝18億5500万円

本件収支計算書上の各事業年度の売上高は以下のとおりである。

28期　5万5000トン×1万4500円＝7億9750万円

29期　6万0000トン×1万5000円＝9億0000万円

30期　6万0000トン×1万5500円＝9億3000万円

以上のとおり、被申立人による放射能漏れ事故がなかった場合、計画値を大きく上回る売上高となることは、間違いない状況にあった。

(3)　小括

本件収支計算書上の売上高は、大量の災害廃棄物の処理依頼（特需）を考慮していないから、本件大地震によって見込まれる売上高を大きく下回るものになっている。申立人は、被申立人に対し、特需を前提にした損害賠償請求をすることも可能である。しかし、迅速な被害の回復という観点から、本件収支計算書に基づく損害賠償請求をすることにした。申立人は、仲介委員に対し、その点を十分に考慮した上で和解案を提示するよう求める。

第4　被申立人の主張の誤り

1　被申立人の逸失利益の算定に係る基準自体の誤り

被申立人は、申立人に対し、平成24年6月1日、本件収支計算書上の数値による逸失利益の算定につき、「これまで貴社からご提出していただいた資料等について検討させていただきましたが、かかる資料等からは、貴社の計画値が確実に達成されるもしくはほぼ確実に達成されることの具体的かつ合理的な根拠は認められない」と通告してきた（甲7）。

しかし、この被申立人の主張は、本件処分場を拡大するため12億0750万円にも及ぶ請負代金を支出した事実、平成22年6月15日に申立人が本件処分場の処理能力の4倍以上もの拡大を前提とする産業廃棄物処分業の処理能力の変更許可を取得した事実、申立人が同許可を取得するまでは廃棄物の受入れを調整（制限）していた事実等の様々な事実をすべて忘れた上で、将来の売上高等を直接示すような証拠（例えば、契約書）がない限り、逸失利益の算定をしないというものである。

前述した統括基準が、原発「事故がなければ得られたであろう収入額の算定方法には、複数の合理的な算定方法が存在するのが通常である。しかしながら、その複数の方法を比較しても、いずれも期待利益の予測方法であることから五十歩百歩であって、決定的に優れた方法は存在しないのが通常であることから、その算定方法の選択は、仲介委員の合理的な裁量にゆだねられる。」としている。本件収支計算書による逸失利益の算出が合理的な算定方法の1つであることは疑いようがない。本件処分場の処理能力が4倍以上にも増大したのに、廃棄物の受入れ数量が増大することはなく、したがって売

上高も営業利益も増大することはないと想定するのは、非現実的であるとさ
えいうことができる。

2 平成18年1月6日提出の事業収支計画書と実績値に18%の乖離が生じた理由

　被申立人は、申立人が平成18年1月6日に福島県に提出した「当社決算年
度別（5月末）事業収支計画表」の計画値（甲28）と実績値とを比較し、平
成17年度から平成21年度までの事業収支計画表の計画値と実績値の売上高に
約18%の乖離が生じていることを理由に、申立人が平成23年3月5日に産業
廃棄物処分業の許可の更新を受けた際に提出した本件収支計算書上の売上高
が確実に達成されることはないとの見解を示している（甲7）が、誤りであ
る。

　上記事業収支計画表は、申立人が福島県から平成21年2月23日の処理施設
の能力の変更許可及び平成22年6月15日の産業廃棄物処分業の処理能力の変
更の許可を取得する前のものであり、本件処分場の規模拡大を前提とする事
前手続遂行中のものである。すなわち、申立人は、平成22年1月ころには本
件処分場の残余容量がなくなることを示す資料として上記の平成18年提出の
事業収支計画表を作成したものであり、申立人が、福島県に対し、平成22年
1月ころには、本件処分場の残余容量がなくなることを示すことによって、
本件処分場の処理施設の能力の変更許可及び産業廃棄物処分業の処理能力の
変更の許可をできるだけ早期に出すよう促すという目的で提出した計画表な
のである（甲28の備考欄参照）。

　上記事業収支計画表は、実際に想定される受入れ量よりも多く見積もった
ものとなっているのであるが、それは、本件処分場の規模拡大に係る事前手
続が迅速に進行しない状況を前にして、申立人としては、本件処分場の残余
容量をゼロにすることができないという事情があったため、需要があっても
受入れ容量を制限するという措置を取らざるを得なかったのである。

　したがって、平成18年提出の事業収支計画表と本件処分場の規模拡大につ
いて平成21年2月23日に産業廃棄物処理施設の処理能力の変更許可を受け、
平成22年6月15日に産業廃棄物処分業の処理能力の変更許可を受けた後の本
件収支計算書の数値の正確さとを同一に論ずるのは誤りである。

3　取引先の処分委託取引契約書により受入れ数量を把握できないこと

　被申立人は、将来の売上高につき、その根拠となる取引先との契約書等の資料が見受けられないから、本件収支計算書によることができないと主張する（甲7）。しかし、この主張は、産業廃棄物処分業における契約の実際を知らない机上の空論である。

　産業廃棄物処分業者と廃棄物排出事業者とは、廃棄物処分委託取引を開始する際、処分委託基本契約書を締結する。通常、処分委託基本契約書は、契約時から1年間を契約期間とし、その後は自動的に1年ずつ更新するという自動更新条項が付けられている。また、処分委託基本契約書には、処分を委託する産業廃棄物の種類、数量及び処分単価を記載する。実務上、取引開始時における処分委託基本契約書締結時に1年間の産業廃棄物の委託数量を予定数量として記載するが、あくまでも予定数量にすぎないため、委託数量の記載は目安にすぎない（甲29）。

　なお、取引開始時における処分委託契約書には、上述の自動更新条項が付けられるのが通常であり、1年だけではなく継続的な廃棄物処理委託を想定しているところ、廃棄物排出事業者は、継続的に廃棄物の処分委託取引を行い、廃棄物処分業者の能力、実績及び処分の単価等の諸事情を考慮し、委託数量を増減させることが一般的である。

　したがって、申立人と廃棄物排出事業者との処分取引基本契約書を参照しても、契約当時の1年間の予定数量が記載されているにすぎないため、処分委託基本契約書の委託数量の記載により本件収支計算書上の将来の売上高が正しいかどうかを把握することは、そもそも困難である。処分委託基本契約書により売上高を確定することができないという主張は、本件収支計算書の合理性を否定する材料とならない。

第5　逸失利益の算定

1　申立ての趣旨1について

　申立ての趣旨1は、平成23年6月1日から平成24年8月31日までの逸失利益の差額、弁護士費用及び遅延損害金である（1円未満切り捨て）。

　平成23年6月1日から平成24年5月31日まで（28期）の差額分である1億3700万8757円（別紙1参照）と、平成24年6月1日から同年8月31日までの3か月分である5915万9688円（平成24年6月1日から平成25年5月31日まで（29期）の差額分である2億3663万8757円（別紙2参照）の12分の3の金額）を合算した1億9616万8445円及び弁護士費用として1億9616万8445円の3％である588万5053円を加算した2億0205万3498円並びに平成24年9月1日か

ら年5分の割合による遅延損害金を求める。

2 申立ての趣旨2について

　申立ての趣旨2は、平成24年9月1日から平成25年5月31日までの逸失利益の差額、弁護士費用及び遅延損害金である（1円未満切り捨て）。平成24年9月1日から平成25年5月31日までの逸失利益は、将来の損害に係る賠償請求となるため、各月の末日限り支払を求める。

　申立人は、平成24年6月1日から平成25年5月31日まで（29期）の差額分である2億3663万8757円（別紙2参照）を12か月で除した1か月分である1971万9896円に、弁護士費用として59万1596円（1971万9896円の3％）を加算した2031万1492円を平成24年9月1日から平成25年5月31日までの各月末日限り支払を求め、同各月末日の翌日から年5分の割合の遅延損害金を求める。

証　拠　方　法

証拠説明書(1)記載のとおり

添　付　書　類

1	和解仲介手続申立書副本	2通
2	証拠説明書(1)	3通
2	甲号証写し	各3通
3	資格証明書	1通
4	委任状	1通

Appendix8　和解契約書

警戒区域内に最終処分場を有する産業廃棄物処理業者の逸失利益等が賠償された事例。	256

和解契約書（全部）

原子力損害賠償紛争解決センター平成○○年（東）第○号事件（以下「本件」

という。）において、申立人株式会社Ｘ（以下、「申立人」という。）と被申立人東京電力株式会社（以下「被申立人」という。）は、次のとおり和解する。

第1　和解の範囲

　　申立人と被申立人は、本件に関し、下記の各損害項目（下記期間に限る。）について和解することとし、それ以外の点について、本和解の効力は及ばないことを確認する。

記

　1　損害

　　⑴　営業損害　金247,543,226円

　　　但し、本件収支計算書の計画値に基づく逸失利益と平成21年5月期の実績値に基づく逸失利益との差額分の9割相当額

　　⑵　弁護士費用　金4,950,000円

　2　期間

　　　自　平成23年6月1日　至　平成24年12月31日

第2　和解金額

　　被申立人は、申立人に対し、第1項所定の損害項目及び期間に対する和解金として合計金252,493,226円の支払義務があることを認める。

第3　支払方法

　　（省略）

第4　手続費用

　　本件に関する手続費用は、各自の負担とする。

第5　清算条項

　　申立人と被申立人は、第1項記載の損害項目（同項記載の期間に限る。また、その遅延損害金を含む。）については、本和解に定めるもののほか、当事者間に何らの債権債務がないことを相互に確認する。

　　本和解の成立を証するため、本和解契約書を2通作成し、申立人及び被申立人が署名（記名）押印の上、申立人が1通、被申立人が1通を保有するものとする。また、被申立人は、本和解契約書の写し1通を、原子力損害賠償紛争解決センターに交付する。

平成24年12月25日

（仲介委員　飯塚孝徳）

●事項索引●

【A-Z】

「ａ＋ｂ」の関係 …………………………18,177
ADR（Alternative Dispute Resolution） ……126
ADR 申立書 …………………………………449
citation ……………………………………… 30
contemporaneous documents ……… 99,114,136
HOA（Head of Agreement） …………………320
Legal Reasoning …………………………………3
Legal Research …………………………21,22
LOI（Letter of Intent） …………………319,320
MOU（Memorandum of Understanding） …320

【あ行】

アウトライン………………………………… 37
アクション・プラン………………………… 30
あっせん…………………………………126,129
争い
　──方の強度………………………………… 83
　──の実情………………………………… 124
　──のない事実…………………………… 268
生きている判例の特定……………………… 24
異議についての決定………………………… 83
意見…………………………………………… 67
意見を求められた論点（依頼事項）………103
意思形成過程の自由…………………………213
意思表示の要素………………………………349
意思表示を求める訴え………………………149
一時的契約……………………………………360
一部抗弁………………………………………180
逸失利益…………………………449,457,465
一般的な理由付け命題……………………… 70
委任契約書…………………………………… 92
違約罰…………………………………………323
依頼者
　──迎合的…………………………………111
　──との面談（インタビュー）………… 94
　──と弁護士との関係…………………… 92
いわゆる事情（単なる事情）…………157,162
インタビューの技術………………………… 96
インタビューの目的………………………… 95
引用……………………………………………281
　──添付……………………………………298

判決 ……………………………………281
　──表記方法（system of citation） ………235
動かぬ証拠…………………………………… 99
訴え
　──提起前の和解（即決和解）…123,124,331
　──取下げの合意…………………………309
　──（の）却下 ………………… 79,168,293
得べかりし利益の喪失………………………322
売主の担保責任………………………………356
営業損害算定に係る総括基準………………457
援用……………………………………172,184
応訴管轄………………………………………169
覚書……………………………………………352

【か行】

解決基準………………………………………130
解釈技法……………………………………… 49
解釈方法論…………………………………… 48
会社の税務処理又は会計処理………………317
解除
　──条項……………………………………363
　──に基づく原状回復請求権……………120
　──に基づく交付時からの法定利息請求権
　　　………………………………………120
　──前の第三者……………………199,201
かえって認定…………………………………279
下級審裁判例………………………………… 53
各自……………………………………………146
学説………………………………………35,116
確定判例……………………………110,114
確認
　──条項……………………………………311
　──の訴え…………………………143,147
　──の利益…………………………………293
貸出稟議書……………………………212,301
家事調停………………………………………126
過失による幇助の共同不法行為責任………439
仮説的問題（hypothetical question）………274
仮定抗弁…………………………………82,173
家庭裁判所…………………………………… 73
仮差押え………………………………………133
　──命令……………………………………134
仮執行の宣言…………………………………149

仮執行免脱の宣言の申立て……………………170
仮処分……………………………………………133
　——命令………………………………………134
仮の地位を定める仮処分………………………134
簡易裁判所………………………………………73
簡易性・非公開性………………………………130
看過し得ない瑕疵………………………………418
管轄違い…………………………………………168
関係図………………………………8,233,259
簡潔な結論要旨案………………………………108
慣習（法）………………………………………47
間接事実……………………………13,99,109
　——のうち（で）重要なもの……155,173,174
　——の自白……………………………………171
間接反証成功型…………………………………279
鑑定嘱託…………………………………………209
関連性……………………………………………56
起案することは考えること……………………37
記憶の正確性……………………………………221
機会主義的行動…………………………………326
危急時条項…………………………………330,362
期限の利益喪失条項……………………………312
技術裁量…………………………………………418
起承転結と三段論法……………………………42
擬制自白…………………………………………170
擬制陳述…………………………………………189
規範
　——的要件……………………………………12
　——の当該事案への適用……………………36
　——の特定と規範の内容（要件と効果）の説明
　………………………………………………32
基本契約書………………………………………323
基本文書…………………………………………158
記名………………………………………………347
客観的文書…………………3,33,36,102,113,138,250
客観的変更………………………………………135
救済方法の特約…………………………………358
求釈明……………………………………………184
旧商法と会社法の適用関係……………………23
給付条項…………………………………………311
給付の訴え………………………………………143
教科書……………………………………………27
強行規定…………………………………………339
供述………………………………………………83
強制執行認諾文言………………………………124
共通作成プロセス………………………………6

共同代表…………………………………………346
許可抗告…………………………………246,296
　——審決定書の構成…………………………300
虚偽表示…………………………………………17
銀行取引約定書…………………………324,328
金銭消費貸借契約証書…………………………324
金融 ADR 制度…………………………………127
クロス方式………………………………………371
訓示規定…………………………………………228
経過規定…………………………………………415
計画値の達成可能確実性………………………454
経験則………………………86,87,100,115,245
　——違反……………………………425,428,429
形式的記載事項…………………………141,167,256
形式的形成訴訟…………………………………309
形式的証拠力（成立の真正）………………20,277
刑集………………………………………………53
系図………………………………………………110
形成条項…………………………………………311
形成の訴え………………………………143,148
係争物に関する仮処分…………………………134
継続的契約…………………………325,342,360
契約
　——解除……………………………194,196,200
　——自由の原則………………………………304
　——終了原因…………………………………360
　——上の地位の承継…………………………393
　——締結権限の確認…………………………346
　——内容不適合………………………………366
　——の解釈……………………………………368
　——の成立……………………………………319
　——の成立を期待したことによって被った
　　損害………………………………………322
契約書
　——原案………………………………………332
　——の構成……………………………………350
　——の存在理由………………………………316
　——を作成する付随的目的…………………317
結果が発生する危険性…………………………436
結審………………………………………………84
決定書……………………………………………296
結論………………………………36,111,235,294
　——命題…………………………………57,66
　——要旨………………………………………106
原告………………………………………………77
原産地（の）誤認惹起行為…………………378,380

原始取得原因‥‥‥‥‥‥‥‥‥‥‥‥‥176
原状回復義務‥‥‥‥‥‥‥‥‥‥‥‥‥343
検証物送付嘱託‥‥‥‥‥‥‥‥‥‥‥‥210
原子力
　──災害対策特別措置法‥‥‥‥‥‥‥453
　──損害賠償紛争解決センター‥‥‥127,449
　──損害賠償紛争解決センター総括委員会
　‥‥‥‥‥‥‥‥‥‥‥‥‥‥‥‥‥457
原判決を正解しないでする非難‥‥‥‥‥415
原本・写しの別‥‥‥‥‥‥‥‥‥‥‥‥218
権利
　──根拠規定‥‥‥‥‥‥‥‥‥‥88,172
　──障害規定‥‥‥‥‥‥‥‥‥‥89,172
　──消滅規定‥‥‥‥‥‥‥‥‥‥89,172
　──阻止規定‥‥‥‥‥‥‥‥‥‥89,172
　──能力‥‥‥‥‥‥‥‥‥‥‥‥‥394
故意否認‥‥‥‥‥‥‥‥‥‥‥‥396,408
行為規範‥‥‥‥‥‥‥‥‥‥‥‥‥‥‥46
　──の明確化‥‥‥‥‥316,334,343,354,355
合意書（覚書）‥‥‥‥‥‥‥‥‥123,329
攻撃方法としての請求原因‥‥‥‥‥‥‥150
抗告審決定書の構成‥‥‥‥‥‥‥‥‥‥299
公示
　──による意思表示‥‥‥‥‥‥‥‥193
　──の原則‥‥‥‥‥‥‥‥‥‥‥‥69
　──の方法‥‥‥‥‥‥‥‥‥‥‥‥193
号証番号‥‥‥‥‥‥‥‥‥‥‥‥‥‥218
公正証書‥‥‥‥‥‥‥‥‥‥‥‥‥‥123
控訴‥‥‥‥‥‥‥‥‥‥‥‥‥‥‥‥‥72
　──状‥‥‥‥‥‥‥‥‥‥‥‥‥224
　──状の構成‥‥‥‥‥‥‥‥‥‥225
　──の趣旨‥‥‥‥‥‥‥‥‥‥‥281
控訴審‥‥‥‥‥‥‥‥‥‥‥‥‥‥‥224
　──裁判所‥‥‥‥‥‥‥‥‥‥‥‥74
　──判決書‥‥‥‥‥‥‥‥‥‥‥280
　──判決書の構成‥‥‥‥‥‥‥‥283
控訴理由
　──書‥‥‥‥‥‥‥‥‥227,417,418
　──書の構成‥‥‥‥‥‥‥‥‥‥232
　──に対する反論の準備書面‥‥‥‥236
構造の決定‥‥‥‥‥‥‥‥‥‥‥‥‥‥30
拘束力排除条項‥‥‥‥‥‥‥‥‥321,325
口頭弁論終結後の承継人‥‥‥‥‥‥‥‥68
口頭弁論の終結‥‥‥‥‥‥‥‥‥‥‥‥84
後文‥‥‥‥‥‥‥‥‥‥‥‥‥‥‥‥353
衡平‥‥‥‥‥‥‥‥‥‥‥‥‥‥‥‥130

抗弁事実‥‥‥‥‥‥‥‥‥‥‥‥13,172
　──についての認否‥‥‥‥‥‥‥189
　──の主張‥‥‥‥‥‥‥‥‥‥‥‥81
抗弁の表題‥‥‥‥‥‥‥‥‥‥‥‥‥174
合理的な措置を採るべき具体的配慮義務
　（注意義務）‥‥‥‥‥‥‥‥‥‥‥444
効力条項‥‥‥‥‥‥‥‥‥‥‥‥‥‥310
個別意見‥‥‥‥‥‥‥‥‥‥‥‥291,295
個別契約書‥‥‥‥‥‥‥‥‥‥‥‥‥323
コンメンタール‥‥‥‥‥‥‥‥‥‥‥‥27

【さ行】

債権者代位訴訟‥‥‥‥‥‥‥‥‥‥‥310
債権者の意思表示による期限の利益の喪失‥‥312
最高位の判例‥‥‥‥‥‥‥‥‥‥‥‥‥33
最高裁
　──調査官‥‥‥‥‥‥‥‥‥‥‥‥71
　──判決書の構成‥‥‥‥‥‥‥‥291
最高裁判所
　──裁判集‥‥‥‥‥‥‥‥‥‥53,55
　──判例委員会‥‥‥‥‥‥‥‥‥‥53
　──判例集‥‥‥‥‥‥‥‥‥‥‥‥53
最高裁判例‥‥‥‥‥‥‥‥‥‥‥‥‥53
再抗弁事実‥‥‥‥‥‥‥‥‥‥‥13,189
催告解除条項‥‥‥‥‥‥‥‥‥‥‥‥365
催告をしなくてもあながち不合理とは認められ
　ないような事情‥‥‥‥‥‥‥‥‥‥342
財産分与に伴う課税‥‥‥‥‥‥‥‥‥348
最終準備書面‥‥‥‥‥‥‥‥84,202,396
最終文書（Final Product）の作成‥‥‥‥‥42
採証法則違反‥‥‥‥‥‥‥‥‥‥425,428
裁判
　──規範‥‥‥‥‥‥‥‥‥‥‥‥‥46
　──規範の明確化‥‥‥‥‥316,334,354
　──（仲裁）管轄条項‥‥‥‥‥‥370
　──長の補正命令‥‥‥‥‥‥‥‥142
細部の誤りや前後の統一‥‥‥‥‥‥‥‥43
財務会計上の行為の違法‥‥‥‥‥‥‥425
財務会計法規上の違法と先行行為の違法との
　関係‥‥‥‥‥‥‥‥‥‥‥‥‥‥417
債務超過（無資力）‥‥‥‥‥‥‥‥‥409
債務名義‥‥‥‥‥‥‥‥‥‥‥‥‥123
在来様式の判決書‥‥‥‥‥‥‥‥‥‥251
詐害行為‥‥‥‥‥‥‥‥‥‥‥‥‥411
作成者‥‥‥‥‥‥‥‥‥‥‥‥‥‥218
作成年月日‥‥‥‥‥‥‥‥‥‥‥‥218

差入れ契約書……………………………305
参考になる判決例…………………………53
参考文献（学説）の特定…………………27
参照条文……………………………………54
三審制………………………………………72
三段論法……………………………………30
暫定的な認定・判断……………………250
事案
　　――の概要…………233, 261, 262, 268, 285
　　――の概要（争点の特定）と結論の提示……31
　　――の整理と問題点の抽出……………………7
時機に後れた攻撃防御方法…………74, 188, 227
時系列表……………………………9, 110, 233, 259
時効援用権の喪失…………………………18
時効利益の放棄……………………………18
事後審主義………………………………228
自己利用文書……………………………212
持参債務（債権者の現在の住所における弁済）
　　の原則………………………………342
事実
　　――及び理由……………………257, 260
　　――上の拘束力…………………………52
　　――上の争点…………………………261
　　――たる慣習……………………………47
　　――の裏付け……………………………99
　　――問題（issues of fact）… 11, 29, 75, 106, 114
　　――論…………………………………… 4
事実認定……………………………………87
　　――の誤り……………………230, 427
　　――の誤りの原因……………………230
支出等の差止め…………………………417
質権設定行為……………………………396
実印………………………………………354
実行可能性………………………………437
執行証書…………………………………124
執行認諾条項のある公正証書…………331
実質的証拠力………………………………20
実体条項……………………………356, 362
実務書………………………………………27
質問をする技術……………………………97
指定紛争解決機関………………………128
時的因子…………………………………110
時的要素…………………………………110
自動執行的な（self-executing）条約 ………47
支配人……………………………………346
自白…………………………………………80

――の拘束力………………………………86
――の撤回……………………………171, 184
支払不能…………………………………409, 411
締め切り（deadline）………………………44
借地借家法………………………………341
釈明………………………………88, 172, 390
　　――権の行使…………………………185
　　――準備命令…………………………185
借家法と借地借家法の適用関係………24
集刑…………………………………………55
自由心証主義…………………………86, 87
修正又は変更する勇気……………………42
集民…………………………………………55
住民訴訟…………………………………423
重要な間接事実…………………………269
重要な事実（material facts）……………57
主観的変更………………………………135
主尋問…………………………………83, 219
主張…………………………………………86
　　――・立証責任の構造……………58, 88
　　――自体失当………………80, 390, 393, 396
　　――書面………………………………78
　　――の撤回……………………………203
　　――の要約……………………………197
主文………………………………………256
　　――が不明確のゆえに違法…………314
主要事実……………………13, 98, 109, 269
主要な争点………………………………203
受理決定…………………………………290
種類又は品質に関する不適合…………357
主論（ratio decidendi）…………………66
準拠法条項………………………………370
準備書面……………78, 81, 164, 187, 197, 202
　　――の構成……………………………187
　　――の提出期間………………………188
照会申出（所属弁護士会）……………205
承継取得原因……………………………176
証拠…………………………………86, 158
上告…………………………………72, 237
　　――事件の処理………………………287
　　――の制限……………………………286
上告受理申立て……………………237, 287
　　――理由書……………………………239, 430
　　――理由書の構成……………………242
上告審……………………………………237
　　――裁判所……………………………75

――判決書……………………………286
上告理由……………………………54
　――書………………………………239
　――又は上告受理申立て理由についての判断
　　　…………………………………294
証拠
　――収集……………………………205
　――調べ……………………………83
　――説明書……………163,216,218,449
　――の記載…………………………174
　――弁論……………………85,87,204
　――方法…………………………163,215
　――力（証明力）…………………275
証拠申出……………………………215
　――書………………………………217
詳細な結論要旨案…………………107
商事契約（ビジネス契約）………318
少数意見……………………………66
上訴審………………………………223
譲渡益課税…………………………348
消費者契約…………………………318
　――法………………………………341
商品販売の差止め…………………378
商品目録……………………………387
証明活動……………………………204
証明すべき事実（要証事実）……215,216
消滅時効期間の始期………………415
消滅時効の起算点…………………312
書証…………………………………158
職権
　――証拠調べの禁止………………86
　――進行主義……………………85,142
　――探知主義………………………169
　――調査事項………………………169
処分権主義………………………86,142
処分証書…………20,114,136,305,338
　――の成立の真正…………………277
署名…………………………………347
署名（記名）押印欄………………354
所有権
　――侵害の不法行為に基づく損害賠償請求権
　　　…………………………………153
　――喪失の抗弁……………176,179,182
　――的構成…………………………192
　――に基づく返還請求権…………153
　――の範囲…………………………309

――留保特約………159,179,192,193,195,200
　――留保特約の再抗弁……………177
知らない（不知）………………80,170
事例判例……………………61,63,114
真意に従った条項…………………338
侵害
　――行為の差止め…………………385
　――行為を組成した物の廃棄……385
　――の危険性の性質と程度………442
審級制………………………………72
真正の成立…………………………338
尋問
　――事項書………………………83,217
　――についての異議………………83
　――メモ……………………………219
新様式の判決書……………………251
信頼
　――関係……………………………94
　――してよい事実としての基盤（根拠）…443
　――の原則…………………………444
審理計画……………………………188
推認…………………………………276
　――不十分型………………………279
スケジュール………………………101
捨てる勇気…………………………246
ストーリーの記載…………………174
図表の活用…………………………7
請求………………………260,262,267
　――棄却…………………79,169,176
　――認諾……………………………169
　――の特定…………………………142
　――を棄却する場合………………272
　――を認容する場合………………272
　――を理由付ける事実……………150
請求異議の訴え……………………68
　――の原告適格……………………69
請求（の）原因……………………142
　――事実…………………13,78,150
　――に対する認否………………170,181
請求の趣旨…………………………124
　――に対する答弁………………79,168,181
制限（的）解釈…………………51,343
誠実交渉義務………………………321
性質上不可分………………………145
誠実性………………………………221
制定法（statutes）………………46

事項索引　473

税務の確認‥‥‥‥‥‥‥‥‥‥‥‥‥‥348
成立の真正‥‥‥‥‥‥‥‥‥‥‥‥20,277
責任期間‥‥‥‥‥‥‥‥‥‥‥‥‥‥358
積極
　　──認定することができない場合‥‥‥277
　　──認定する場合‥‥‥‥‥‥‥‥275
　　──否認‥‥‥‥‥‥‥82,172,194
説得的文書‥‥‥‥3,33,35,40,102,113,138,250
説明義務‥‥‥‥‥‥‥‥‥‥‥‥‥‥96
全員一致の判決‥‥‥‥‥‥‥‥‥‥295
善管注意義務‥‥‥‥‥‥‥‥‥93,434
先行
　　──自白‥‥‥‥‥‥‥‥‥‥172,184
　　──する原因行為の違法‥‥‥‥‥424
　　──否認‥‥‥‥‥‥‥‥‥‥‥162
専属管轄‥‥‥‥‥‥‥‥‥‥‥‥‥133
全体債務‥‥‥‥‥‥‥‥‥‥‥‥‥146
選択的な抗弁‥‥‥‥‥‥‥‥‥‥‥19
選択的な請求原因‥‥‥‥‥‥‥‥‥267
前提（となる）事実‥‥‥‥‥‥109,286
前文‥‥‥‥‥‥‥‥‥‥‥‥‥‥‥352
専門用語（technical term）‥‥‥‥‥‥‥76
占有正権原の抗弁‥‥‥‥176,179,182,391
先履行‥‥‥‥‥‥‥‥‥‥‥‥‥‥342
先例
　　──がない法律問題‥‥‥‥‥‥‥115
　　──拘束性の原理（doctrine of stare decisis）
　　　‥‥‥‥‥‥‥‥‥‥‥‥‥46,52
　　──となる判決‥‥‥‥‥‥‥‥‥53
　　──となる法的判断‥‥‥‥‥‥‥51
総括基準‥‥‥‥‥‥‥‥‥‥‥‥‥457
相殺期待権‥‥‥‥‥‥‥‥‥‥‥‥414
相殺権‥‥‥‥‥‥‥‥‥‥‥‥‥‥412
送達‥‥‥‥‥‥‥‥‥‥‥‥‥‥‥77
争点‥‥‥‥‥‥‥‥‥‥‥‥‥‥‥268
　　──及び当事者の主張‥‥‥‥‥286
　　──形成‥‥‥‥‥‥‥‥‥‥‥81
　　──に対する判断‥‥‥‥‥261,270
　　事実上の──‥‥‥‥‥‥‥‥‥261
　　法律上の──‥‥‥‥‥‥‥‥‥261
総有財産‥‥‥‥‥‥‥‥‥‥‥‥‥345
即時取得‥‥‥‥‥‥‥‥‥‥‥‥‥176
続審主義‥‥‥‥‥‥‥‥‥‥‥74,227
ソクラティック・メソッド（Socratic Method）
　　‥‥‥‥‥‥‥‥‥‥‥‥‥‥‥57
訴訟

　　──外（訴訟前）‥‥‥‥‥‥‥118
　　──記録の取寄せ‥‥‥‥‥‥‥210
　　──係属‥‥‥‥‥‥‥‥‥‥‥77
　　──材料新提出の釈明‥‥‥‥‥184
　　──材料補完の釈明‥‥‥‥‥‥184
　　──終了の合意‥‥‥‥‥‥‥‥309
　　──承継主義‥‥‥‥‥‥‥‥‥135
　　──費用の負担‥‥‥‥‥‥‥‥149
　　──物‥‥‥‥‥‥‥‥‥‥77,265
　　──要件‥‥‥‥‥‥‥‥‥79,168
訴訟上の和解‥‥‥‥‥‥‥‥‥84,306
　　──による離婚‥‥‥‥‥‥‥‥309
訴状‥‥‥‥‥‥‥‥‥‥‥‥77,138,379
　　──却下命令‥‥‥‥‥‥‥‥‥78
　　──審査‥‥‥‥‥‥‥‥‥‥‥163
　　──の記載事項‥‥‥‥‥‥‥‥138
　　──の構成‥‥‥‥‥‥‥‥‥‥139
　　──副本‥‥‥‥‥‥‥‥‥‥‥163
即決和解‥‥‥‥‥‥‥‥‥123,124,331
「その他」と「その他の」‥‥‥‥‥‥241
疎明‥‥‥‥‥‥‥‥‥‥‥‥‥‥‥136
損害賠償‥‥‥‥‥‥‥‥‥‥‥378,385
　　──条項‥‥‥‥‥‥‥‥‥‥‥365

【た行】

第1案（First Draft）の作成‥‥‥‥‥‥37
第1回口頭弁論期日の指定‥‥‥‥‥‥163
第1準備書面‥‥‥‥‥‥‥‥‥‥‥197
第一審
　　──決定書の構成‥‥‥‥‥‥‥297
　　──裁判所‥‥‥‥‥‥‥‥‥‥73
　　──手続の充実‥‥‥‥‥‥‥‥74
第一審判決
　　──書‥‥‥‥‥‥‥‥‥‥‥‥250
　　──の誤りの概要‥‥‥‥‥‥‥234
　　──の事実認定の誤り‥‥‥‥‥234
　　──の存在効果‥‥‥‥‥‥‥‥236
　　──の認定判断の概要‥‥‥‥‥234
　　──の不正解‥‥‥‥‥‥‥‥‥236
　　──の法律判断の誤り‥‥‥‥‥234
代金の減額‥‥‥‥‥‥‥‥‥‥‥‥359
第三者証人‥‥‥‥‥‥‥‥‥‥‥‥221
貸借型契約‥‥‥‥‥‥‥‥‥‥‥‥341
代償請求‥‥‥‥‥‥‥‥‥‥‥‥‥153
大審院の裁判例‥‥‥‥‥‥‥‥‥‥53
代替品との交換‥‥‥‥‥‥‥‥‥‥359

代表者印………………………………354
大法廷………………………………75
建物の所有目的……………………107
単純否認……………………………172
単純併合……………………………153
単なる事情………………………109,157
担保権設定行為……………………411
担保権的構成………………………192
チェンジ・オブ・コントロール条項………364
地方裁判所…………………………73
「着手を早く」の鉄則………………44
注意義務……………………430,434,444
仲裁（arbitration）………………128
　　──合意…………………………128
　　──判断…………………………128
抽象的過失…………………………434
中立的評価（予測）のための文書……112
調査嘱託……………………………208
調停（mediation）………………126,128
調停に代わる決定…………………129
直接証拠……………………………275
賃借権に基づく返還請求権………390
通貨オプション取引契約証書……324
通常
　　──（の）（生ずべき）損害……319,359,368
　　──損耗…………………………343
　　──損耗補修特約………………344
定期建物賃貸借契約………………331
停止期限付解除の意思表示………122
停止条件の成就……………………198
抵当権設定契約書…………………328
適法に確定された事実……………240
適用される法令の特定……………22
手続
　　──事項（procedural matter）………76
　　──条項………………………356,362
　　──条項の具体化・詳細化……357
手控え………………………………101,260
典型契約……………………305,341,352
転売承認……………………………177
投下資本の回収……………………361
動機の相手方への表示……………349
動機の錯誤…………………………349
当裁判所の判断……………………286
当事者………………………………77
　　──及び法定代理人……………142

──主義……………………………85,142
──照会……………………………207
──の権利救済……………………223,244
──の交渉力………………………344
──の自由処分……………………307
──目録……………………………386
同時履行の抗弁権の存在効果……364
同時履行の抗弁権の発生障害事由又は消滅事由
　　………………………………………122
当然の期限の利益の喪失…………312
答弁書………………………78,79,163,390
──の構成…………………………165
登録のある自動車…………………177
時の判例……………………………72
読者の属性…………………………4
読者又は相手方の視点……………42
特段の事情………………212,214,300
特定を欠いた和解条項……………315
特別
　　──抗告…………………………247
　　──裁判所………………………72
　　──授権事項……………………186
　　──上告…………………………75
　　──損害…………………………320
　　──の事情によって生じた損害……368
特約…………………………………342
ドラフティング・コスト（drafting cost）………333
取引関係に入るための契約………316

【な行】

内部利用性…………………………213
内容証明郵便………………………118,388
任意
　　──規定………………………339,342
　　──条項…………………………310
　　──的記載事項…………………156
認識の正確性………………………220
人証…………………………………215
認定…………………………………274
認否…………………………………80
認否の留保…………………………172
念書…………………………………352

【は行】

「場合において」「ときは」………………262
場合判例……………………………61,63,114

賠償額の予定……………………………323
配達証明………………………………118
排他的交渉義務………………………322
売買契約
　　——の解除…………………120, 193
　　——の成否……………………334
　　——の成立要件………………336
八何の原則………………………………98
判決起案…………………………………84
判決要旨…………………………………54
判示事項…………………………………54
反訴………………………………………81
　　——状……………………………186
反対意見………………………67, 69, 70
反対尋問………………………83, 219, 220
判断………………………………………274
　　——枠組み………………………116
販売店契約………………………………360
判例………………………………………51
　　——解説…………………………26, 70
　　——集……………………………70
　　——による法創造………………70
　　——の射程………………………26, 56
　　——の射程範囲…………………111
　　——の種類………………………61
　　——のヒエラルヒー……………56
　　——批評…………………………28
　　——評釈…………………………70
　　——変更…………………………203
　　——法（judicial precedents）…46
　　——理論…………………………52, 53
反論（counter-argument）……………113
比較法情報………………………………116
東日本大震災……………………………453
引換給付判決……………………………178
被告………………………………………77
　　——地主義………………………371
　　——の主張………………………182
筆界確定訴訟……………………………308
日付………………………………………353
必要十分な認定・判断…………………271
必要性……………………………………437
必要的記載事項…………………………156
非典型契約………………………306, 352
否認………………………………80, 170
被保全権利………………………………134

評価（予測）の確度……………………114
表示目録…………………………………387
表題（タイトル）………………………38, 352
フォーラムショッピング（forum shopping）
　………………………………………74
不可分債務………………………………145
付款………………………………………337
複数の抗弁………………………………272
不更新の意思表示………………………361
不受理決定………………………………290
付随的な争点……………………………203
不正競争行為……………………………380
不存在確認の訴え………………………147
附帯控訴…………………………………237
不知（知らない）………………80, 170
普通郵便…………………………………119
不都合な情報……………………………115
物証………………………………………215
不動産取得税……………………………348
不当を除去する釈明……………………184
不服の範囲………………………………281
不服申立ての範囲………………224, 240
不明瞭をただす釈明……………………184
不利益陳述………………………………267
ブロック・ダイアグラム…14, 259, 266
分割債務…………………………………145
文書………………………………………158
　　——全体のめりはり……………43
　　——送付嘱託……………………210
　　——提出命令……………………211
　　——の作成上の注意点の連続性と不連続性
　………………………………………40
　　——の標目………………………218
粉飾決算…………………………………354
紛争解決条項……………………………369
紛争の全体像……………………………161
文理解釈…………………………………50
平時条項…………………………………362
返還合意…………………………………341
変更合意書………………………………327
弁護士職務基本規程……………………165
弁済＋消滅時効…………………………17
弁論主義………………86, 142, 169, 204
法源（source of law）…………………46
報告文書…………………………136, 305
法人格を有しない社団…………………345

妨訴抗弁……………………………………128
法廷意見…………………………………… 70
法定訴訟担当……………………………310
法的リスク…………………………………4
冒頭部分（introduction）……………… 32
法律
　——関係文書…………………213,215
　——上の争点……………………………261
　——審…………………………… 75,244
　——判断の違法………………………245
　——要件分類説………………………… 88
　——用語（legal term）の誤用……… 39
　——論………………………………………4
法律意見書………………………………101
　——の構成………………………………102
法律文書……………………………………2
　——の構造（structure）……………… 37
法律問題（issues of law）……… 11,21,75,106
　——と事実問題との区別………………9
法理判例…………………………61,63,114
法令
　——及び判例の引用表記方法（system of
　　　citation）……………………………39
　——の解釈適用の誤り…………………230
　——の解釈適用の統一…………223,244
　——の解釈に関する重要な事項………289
傍論（obiter dictum）…………………… 66
保険金支払債務の不存在確認請求に係る訴え
　　………………………………………293
保証契約…………………………………317
補助事実……………………………13,99
　——の自白………………………………171
保全処分…………………………………132
保全すべき権利…………………………133
保全の必要性…………………………133,134
補足意見…………………………………… 67
本案の答弁………………………………168
本案前の答弁……………………………168
本件の概要………………………………286
本文………………………………………352

【ま行】

三行半決定………………………………288
自ら引き受けたリスク（assumed risk）……326
見出し……………………………………353
見通しの伝達……………………………101

認める……………………………………170
身分から契約へ…………………………304
民事契約…………………………………318
民事調停…………………………………126
民集……………………………………… 53
民法416条の類推適用…………………319
民法上の和解……………………………306
無催告解除条項…………………342,364
名義借り…………………………………391
メモ（手控え）………………… 101,260
メモランダム……………………………101
「申込み」と「承諾」…………………305
申立て
　——に至った経緯………………………452
　——の趣旨………………………………451
　——の理由………………………………452
目次………………………………………197
黙示の承認（許諾）………………180,183
目的物の修補……………………………359
目的論的・客観的解釈…………………… 49
目的論的解釈……………………………… 50
物語方式…………………………………257

【や行】

約款………………………………………332
有益費……………………………………178
要件事実…………………………………… 13
　——教育………………………………… 58
　——論……………………………13,88,257
要式契約…………………………317,331
要証事実…………………………215,216
予行演習…………………………………220
よって書き…………………………162,295
予備的抗弁………………82,177,179,182
予備的併合………………………………153
四審制……………………………………… 75

【ら行】

利益考量…………………………………438
履行
　——の遅滞………………………………122
　——不能…………………………………122
　——利益…………………………………360
　——利益相当額の損害賠償……………323
離婚訴訟…………………………………308
リスク要因………………………………199

事項索引　477

立証趣旨……………………………………218
理由………………………………66,109,294
　　——付否認………………………………172
　　——不備又は理由齟齬の違法……………238
留置権の抗弁……………………178,180,183
類推解釈………………………………………50
歴史的・主観的解釈…………………………48
レトリック……………………………………40
労働審判……………………………………126
ロード・マップ……………………………219
論文……………………………………………28

論理的順序…………………………………270,272

【わ行】

和解
　　——契約…………………………………305
　　——契約書………………………………466
　　——仲介手続申立書……………………450
和解条項………………………………………305
　　——案……………………………………84,125
　　——の基本的な解釈態度………………315

●判例索引●

大判明治39・12・1 民録12輯1598頁……………314
大判大正 4・9・29民録21輯1520頁…………171
大判大正10・5・17民録27輯929頁 …………199
大判大正10・12・26民録27輯2219頁………153
大判大正11・4・1 民集 1 巻155頁 …………358
大判大正11・11・24民集 1 巻670頁 …………145
大判大正15・2・10民集 5 巻128頁 …………153
大判昭和 9・5・4 民集13巻633頁 …………274
最 3 小判昭和25・7・11民集 4 巻 7 号316頁 …171
最 3 小判昭和27・2・19民集 6 巻 2 号110頁 ……63
最 3 小判昭和27・6・17民集 6 巻 6 号595頁 …189
最 2 小判昭和29・1・22民集 8 巻 1 号198頁 …359
大阪高判昭和29・7・3 下民集 5 巻 7 号1036頁
　　………………………………………………280
最 2 小判昭和29・11・5 民集 8 巻11号2023頁 …63
最 3 小判昭和29・12・14民集 8 巻12号2143頁 …63
最 2 小判昭和30・1・21民集 9 巻 1 号22頁……154
最 3 小判昭和30・7・5 民集 9 巻 9 号1002頁 …54
最 2 小判昭和31・3・30民集10巻 3 号242頁
　　………………………………………………306,315
最 1 小判昭和31・9・13民集10巻 9 号1135頁 …280
最 2 小判昭和32・6・7 民集11巻 6 号948頁 …146
最 2 小判昭和32・11・1 民集11巻12号1832頁 …411
最 2 小判昭和33・3・7 民集12巻 3 号469頁 …171
最 1 小判昭和33・3・13民集12巻 3 号524頁 …178
最 1 小判昭和33・6・14民集12巻 9 号1449頁
　　………………………………………………199,201
最 1 小判昭和34・2・12民集13巻 2 号91頁……54
最 1 小判昭和34・9・17民集13巻11号1372頁 …171
最大判昭和34・12・16刑集13巻13号3225頁……47
最 3 小判昭和35・6・14民集14巻 8 号1324頁 …314
最 2 小判昭和35・12・2 民集14巻13号2893頁 …357
最 2 小判昭和36・12・15民集15巻11号2852頁 …356
最 1 小判昭和37・2・1 民集16巻 2 号157頁 …92
最 1 小判昭和37・3・8 集民59号89頁…………282
最 2 小判昭和38・6・21集民66号615頁 ………275
最大判昭和40・11・24民集19巻 8 号2019頁……50
最大判昭和41・4・20民集20巻 4 号702頁 ………18
最 1 小判昭和41・9・22民集20巻 7 号1392頁 …171
最 3 小判昭和41・12・6 判時468号40頁 ………171
最 3 小判昭和42・5・2 民集21巻 4 号859頁
　　………………………………………………411,412
最 2 小判昭和42・6・23民集21巻 6 号1492頁 …312

最 3 小判昭和42・12・5 民集21巻10号2545頁
　　………………………………………………107,108
最 1 小判昭和43・11・21民集22巻12号2741頁…342
最 1 小判昭和43・11・21民集22巻12号2765頁…178
最 1 小判昭和44・2・27民集23巻 2 号441頁 ……367
最 1 小判昭和44・7・10民集23巻 8 号1450頁 …315
最 2 小判昭和45・1・23判時589号50頁…………314
最 1 小判昭和45・3・26民集24巻 3 号165頁 …209
最 2 小判昭和45・12・4 民集24巻13号1987頁…177
最 3 小判昭和47・12・19民集26巻10号1937頁
　　………………………………………………411,412
最 1 小判昭和48・6・7 民集27巻 6 号681頁 …319
最 3 小判昭和48・10・9 民集27巻 9 号1129頁…346
最 1 小判昭和49・7・18民集28巻 5 号743頁
　　………………………………………………192,196
最 1 小判昭和49・10・24集民113号47頁 ………67,68
東京地判昭和50・2・24判時789号61頁 ………211
最 2 小判昭和50・2・28民集29巻 2 号193頁
　　………………………………………………200,201
最 3 小判昭和50・5・27民集29巻 5 号641頁 …348
東京高判昭和50・12・22判時810号38頁 ………59
大阪高判昭和51・12・21判時839号55頁 ………206
最 2 小判昭和52・4・15民集31巻 3 号371頁 …171
最 1 小判昭和53・2・16集民123号71頁 ………348
最 2 小判昭和54・3・30民集33巻 2 号303頁
　　………………………………………59,60,61,66
最 3 小判昭和56・7・14判時1018号77頁………200
最 2 小判昭和57・12・17判時1070号26頁………200
最 3 小判昭和58・7・5 判時1089号41頁………199
東京地判昭和58・12・19判時1128号64頁………324
最 3 小判昭和59・9・18判時1137号51頁………319
最 3 小判昭和61・4・8 民集40巻 3 号541頁 …416
東京高判昭和62・3・17判時1232号110頁………322
最 2 小判昭和62・4・24判時1243号24頁………177
最大判昭和62・9・2 民集41巻 6 号1423頁…62,63
最 3 小判昭和63・3・15民集42巻 3 号199頁
　　………………………………64,430,431,433
東京地判昭和63・4・22判時1309号88頁………273
東京地判平成元・2・16判時1334号211頁………79
最 1 小判平成元・9・14判時1336号93頁………348
最 1 小判平成 2・7・5 集民160号187頁………319
最 2 小判平成 3・3・22民集45巻 3 号268頁 ……26
最 1 小判平成 4・10・29民集46巻 7 号1174頁 …71

最 3 小判平成 4 ・12・15民集46巻 9 号2753頁…418
最 3 小判平成 6 ・ 2 ・ 8 民集48巻 2 号373頁……70
最 3 小判平成 6 ・ 3 ・22民集48巻 3 号859頁……50
最 3 小判平成 6 ・11・22民集48巻 7 号1355頁…… 18
最 3 小判平成 7 ・ 9 ・19民集49巻 8 号2805頁…262
最 2 小判平成 7 ・12・15民集49巻10号3088頁……8
最 3 小判平成 8 ・ 3 ・26民集50巻 4 号993頁
　　　………………………………60,61,65
最 3 小判平成 9 ・ 2 ・25判時1599号66頁………369
大阪高判平成 9 ・ 2 ・27判時1624号131頁
　　　………………………434,436,447,448
最 2 小判平成 9 ・ 3 ・14判時1600号89頁………295
最 1 小判平成 9 ・ 9 ・ 4 民集51巻 8 号3657頁…371
最 1 小判平成 9 ・12・18民集51巻10号4210頁…413
東京地判平成10・12・ 8 判タ1011号284頁 ………365
最 3 小判平成11・ 3 ・ 9 判時1708号38頁…277,278
最 3 小判平成11・ 6 ・29判時1684号59頁………239
最 2 小決平成11・11・12民集53巻 8 号1787頁
　　　………………………212,214,301
最大判平成11・11・24民集53巻 8 号1899頁…26,30
東京高判平成11・11・29民集55巻 2 号266頁 …430
大阪地決平成12・ 3 ・28判時1726号137頁
　　　………………………………297,298
最 2 小決平成12・ 7 ・14判時1720号147頁 ………238
最 2 小決平成12・ 7 ・14判時1723号49頁………239
最 1 小決平成12・12・14民集54巻 9 号2709頁…213
大阪高決平成13・ 2 ・15金判1141号32頁………297

最 2 小判平成13・ 3 ・ 2 民集55巻 2 号185頁 …430
最 2 小決平成13・12・ 7 民集55巻 7 号1411頁…297
最 3 小判平成15・11・11民集57巻10号1466頁…… 96
東京地判平成16・ 1 ・26判時1847号123頁
　　　………………………79,128,326,371
最 1 小判平成16・ 3 ・25民集58巻 3 号753頁 …291
最 1 小判平成17・ 3 ・10民集59巻 2 号356頁
　　　………………………………26,30
最 2 小判平成17・12・16判時1921号61頁………343
東京地判平成18・ 2 ・13判時1928号 3 頁………322
最 1 小判平成18・11・ 2 民集60巻 9 号3249頁…426
富山地高岡支判平成18・11・10判時1955号137頁
　　　………………………………378,389
最 3 小判平成19・ 2 ・27判時1964号45頁………319
名古屋高金沢支判平成19・10・24判時1992号117頁
　　　………………………………378,389
東京地判平成20・ 6 ・30判時2014号96頁………396
東京高判平成21・ 1 ・29金法1878号51頁………396
東京地判平成21・ 6 ・19判時2058号75頁………209
東京地判平成24・ 6 ・12判時2165号99頁………171
熊本地判平成26・ 2 ・28LLI/DB 判例秘書
　　　L06950112…………………………………417
東京地判平成28・ 2 ・24LEX/DB25533689 …391
福岡高判平成28・ 4 ・25LLI/DB 判例秘書
　　　L07120173…………………………………418
東京高判平成28・ 7 ・14判例集未登載…………391

■著者紹介

田中　豊（たなか・ゆたか）

現職：弁護士
略歴：1973年　東京大学法学部卒業
1977年　ハーバード・ロー・スクール法学修士（LL.M.）
1987年　司法研修所教官（民事裁判）
1988年　司法試験考査委員（民事訴訟法、民法）
1992年　最高裁判所調査官（民事事件担当）
1996年　裁判官退官、弁護士登録
2004年　慶應義塾大学法科大学院教授
2006年　新司法試験考査委員（民法）

主要著書：
『債権法改正と裁判実務——要件事実・事実認定の重要論点』（編著）（商事法務、2011年）
『債権法改正と裁判実務Ⅱ——要件事実・事実認定の重要論点』（編著）（商事法務、2013年）
『Q&A 金融 ADR の手引き——全銀協あっせん手続の実務』（編著）（商事法務、2014年）
『和解交渉と条項作成の実務』（学陽書房、2014年）
『衆議のかたち2——アメリカ連邦最高裁判所判例研究（2005〜2013）』（共著）（羽鳥書店、2017年）
『民事訴訟判例 読み方の基本——The Fundamentals of Judicial Precedents on Civil Procedure』（日本評論社、2017年）
『論点精解民事訴訟法——要件事実で学ぶ基本原理』（民事法研究会、2018年）
『判例でみる音楽著作権訴訟の論点80講』（編）（日本評論社、2019年）
『紛争類型別　事実認定の考え方と実務［第2版］』（民事法研究会、2020年）
『論点精解改正民法』（弘文堂、2020年）
『事実認定の考え方と実務［第2版］』（民事法研究会、2021年）

ほうりつぶんしょさくせい　きほん　だい　はん
法律文書作成の基本［第2版］——Legal Reasoning and Legal Writing
2011年 2 月20日　第1版第1刷発行
2019年 8 月25日　第2版第1刷発行
2021年12月 1 日　第2版第2刷発行

著　者　　田中　豊
発行所　　株式会社 日本評論社
　　　　　〒170-8474 東京都豊島区南大塚3-12-4　振替 00100-3-16
　　　　　　　　　電話　03-3987-8621（販売：FAX-8590）
　　　　　　　　　　　　03-3987-8631（編集）

印刷所　　精文堂印刷
製本所　　難 波 製 本
装　幀　　林　健造
ⓒ2019　Y. Tanaka　　Printed in Japan　　　　　　　　　　　　　検印省略

JCOPY ＜（社）出版者著作権管理機構 委託出版物＞

本書の無断複写は著作権法上での例外を除き禁じられています。複写される場合は、そのつど事前に、（社）出版者著作権管理機構（電話03-5244-5088、FAX03-5244-5089、e-mail: info@jcopy.or.jp）の許諾を得てください。また、本書を代行業者等の第三者に依頼してスキャニング等の行為によりデジタル化することは、個人の家庭内の利用であっても、一切認められておりません。

ISBN978-4-535-52384-5

民事訴訟判例 読み方の基本

The Fundamentals of Judicial Precedents on Civil Procedure

田中 豊[著]

判例の射程とは？ 主論と傍論とは？ 判例の種類とは？ 50の主要判例と320の関連判例に即して解説する法律実務家のための本格的な「読み方」のテキスト。生きている民事訴訟の全体像を明らかにし、未来を展望する。　■A5判 定価5,170円（税込）

判例でみる
音楽著作権訴訟の論点80講　田中 豊[編]

音楽著作権をめぐる多彩な判決・決定例を素材に、80の論点を抽出し、訴訟の動態の中に位置づけて精緻に検討する注目の書。　■A5判 定価6,380円（税込）

新 ケースでわかる民事訴訟法

小林秀之[著]

重要判例に基づくケース・スタディで民事訴訟法の学説の理解と事案解決能力の確実な修得を可能にした実践型教科書の決定版。　■A5判 定価4,400円（税込）

最新 重要判例解説 民事訴訟法

小林秀之・山本浩美[著]

近年の24の重要判例を子細に読み解き、それらが過去の判例理論・学説といかに関わっているかを平易に解説する。　■A5判 定価3,520円（税込）

判例民事訴訟法入門　川嶋四郎[編著]

制度・手続・原理・原則を解説した上で、重要判例を素材として、わかりやすく説き明かす。初学者の入門書として最適。　■A5判 定価2,860円（税込）

コンメンタール民事訴訟法　[菊井維大・村松俊夫＝原著]

秋山幹男・伊藤 眞・垣内秀介・加藤新太郎・高田裕成・福田剛久・山本和彦[著]

I［第3版］民事訴訟法概説　第1編／総則
第1章～第3章 第1条～第60条
■A5判 定価6,160円（税込）

II［第2版］第1編／総則　第4章～第7章
■A5判 定価5,610円（税込）

III［第2版］第2編／第1章～第3章
第133条～第178条
■A5判 定価5,720円（税込）

IV［第2版］第2編／第4章
第179条～第242条
■A5判 定価5,720円（税込）

V　第2編／第5章～第8章
■A5判 定価4,840円（税込）

VI　第3編／第281条～第337条
■A5判 定価5,720円（税込）

VII　第4編～第8編
第338条～第405条／総索引
■A5判 定価5,280円（税込）

民事訴訟の理論と実務――。第一線の研究者と実務家による「菊井＝村松」の全面改定版！

日本評論社
https://www.nippyo.co.jp/